Werner Kaltefleiter
Hanspeter Oschwald

Spione im Vatikan

Werner Kaltefleiter
Hanspeter Oschwald

Spione im Vatikan

*Die Päpste im Visier
der Geheimdienste*

PATTLOCH

Bibliografische Information Der Deutschen Bibliothek

Die Deutsche Bibliothek verzeichnet diese Publikation in der
Deutschen Nationalbibliografie; detaillierte bibliografische
Daten sind im Internet über http://dnb.ddb.de abrufbar.

Bildnachweis:
I. KNA-Bild o., dpa Picture-Alliance/LaPresse; II. akg-images o.,
dpa Picture-Alliance/CTK u. li., sv-Bilderdienst/Scherl u. re.;
III. dpa Picture-Alliance/ansa o. re., ullstein-Tita Binz o. re., dpa Picture-
Alliance/dpa u. li., Deutsches Historisches Museum u. re.;
IV. dpa Picture-Alliance/ansa o./DB u.,
V. dpa Picture-Alliance/afp o., KNA-Bild u.;
VI. dpa Picture-Alliance/ADN o./dpa mi./AFP u.;
VII. ullstein - ap o., KNA-Bild/Reuters mi., dpa Picture-Alliance/dpa u.;
VIII. KNA-Bild/Reuters (2)

© 2006 Pattloch Verlag GmbH & Co. KG, München

Umschlaggestaltung: ZERO Werbeagentur, München
Umschlagfoto: ©Alessandro Bianchi/Reuters/Corbis
Satz und Herstellung: Hartmut Czauderna
Bildredaktion: Sylvie Busche (Ltg.), Margit Schulzke
Lektorat: Michael Schönberger
Druck und Bindung: Ebner & Spiegel, Ulm
Printed in Germany

ISBN-13: 978-3-629-02126-7
ISBN-10: 3-629-02126-3

www.pattloch.de

24531

Inhalt

Warum so viele auf Rom schauen
*Von der Oktoberrevolution bis zur Angst vor Islamisten
im 21. Jahrhundert* 9

1. Was Papst Benedikt erspart bleibt
*Die Stasi setzte acht IM auf Joseph Ratzinger an. Es hätte
für böse Hetzpropaganda gereicht* 15

2. Neue Zeiten, alte Schlapphüte
*Wie der Vatikan mit bescheidenen Mitteln die Geheimdienste
pariert* 24

3. Soutanen unterm Totenkopf
*Expriester und Hasardeure spionieren für die Nazis gegen
die Kirche* 36
  Post vom Spion 45
  Feind hört mit 52
  Mit falscher Feder 56
  Einem Fürsten platzt der Kragen 61
  Kein Kriegsgrund für Hitler 65
  Zackig beim Papst 69

4. Wenn Priester die Orientierung verlieren
*Warum sich Mönche und Pfarrer den Nazis in die Arme
treiben ließen* 71
  Der Fall Pater Hermann Keller 73
  Wenn »Zungen« reden 75
  Den Widerstand verraten 76
  Durch die Hintertür 82
  Experten gesucht.. 84
  Mit dem Stempel der Unwichtigkeit........................ 85

5. Geheimdienst im Beichtstuhl

Die vergebliche Suche nach den vatikanischen Spionen 87
Der Geheimdienst des Vatikans 89
Wo alle Informationen zusammenfließen 93
Montini weiß alles 96
Der Spion des Papstes 97
Pater Robert Leiber, die graue Eminenz im Vorzimmer
des Papstes 99

6. Ohnmächtig zwischen allen Stühlen

Wie Pius XII. von Moskau und Berlin verdächtigt wird 102
Die verfehlte Russlandpolitik des Vatikans 107
Kirchliche Verbündete Hitlerdeutschlands 112
Wenn die Gerüchteküche kocht 115
Opfer falscher Anschuldigung 120

7. Seine Heiligkeit, der päpstliche Verschwörer

Wie Pius XII. höchst riskant den deutschen Widerstand förderte. 123
Amerikas Geheimdienste und der Vatikan 126
Der Widerstand formiert sich 129
Die römischen Gespräche 137
London will nicht mehr 142
Eine Warnung wird in den Wind geschlagen 147
Der Papst verrät sich nicht 151

8. Tod oder Schutzhaft dem Papst

*Idylle im Vatikan und die begründete Angst der Römer
vor den Nazis* 155
Herren über Leben und Tod 164
Als »Gäste« im Vatikan 166
Alles wurde abgefangen 175
Geheime Sprache zwischen den Zeilen 176

9. Der Papst wusste alles

*Das Schweigen von Pius XII. verdeckt die Wahrheit:
Schlimmeres verhüten* 179

10. Päpstlicher Code geknackt

Die Rolle des Giuseppe Roncalli, später Johannes XXIII.,
im Krieg 188

11. Via Vaticana, eine Rattenlinie voller Ordensleute

Warum und wie Nazimörder sogar als Juden getarnt nach
Übersee fliehen konnten 192
    Unternehmen Radetzky 198
    Hilfe von Don Antonio 199
    Ein »Hühnerzüchter aus der Heide« 201

12. Der Vatikan im Kalten Krieg

Gütig, aber nicht dumm oder naiv. Wie Johannes XXIII. die
neue Ostpolitik durchsetzte 205
    Geheimdiplomatie für den Frieden 212

13. Schlapphüte machen Kirchenpolitik

Der BND führt die Bundesregierung gegen den Heiligen Stuhl .. 220
    Manche schrieben nur »Stuss« 230

14. Das erdichtete Protokoll

Rom, Bonn und Berlin und die Intrigen gegen die deutsche
Ostpolitik 233

15. Wie ein Dementi entsteht

Das Tauziehen um die Neugliederung der katholischen
Kirche in Deutschland 243
    Casarolis Reise ins Rheintal 258
    Langer Weg, kurzes Ende 261
    Auf leise, unauffällige Weise 263

16. Ein Attentat und blühende Spekulationen

Am Ende wollte eigentlich keiner den polnischen Papst
Karol Wojtyla töten 265
    Keine greifbaren Belege 282
    Operation Papst 290
    Auf der Drogenspur 292
    Heilige Allianz 293

17. Alles andere als ein Lichtblick
Ein tragisches bundesdeutsches Gespann hilft der Stasi.
Eine ungarische Verstrickung 298

18. Rote Pfarrer hausgemacht
Herausbrechen und einschleusen: wie die Stasi sich
Theologen heranzog 307

19. Ein Priester kommt – und geht
Tondi oder der Weg eines Jesuiten von West nach Ost
und zurück 315
    Zwei Italiener werden als Vatikan-Spitzel herangezogen 325

20. Dreimal Mord im Vatikan
Zwei Päpste und ein Gardekommandant starben unter
ungeklärten Umständen 328

21. Das Ende der polnischen Strippenzieher
Schon gleich nach dem Tod von Papst Johannes Paul II.
wurden Spione und Agenten enttarnt 335

22. Der barfüßige Papst
Warum der Vatikan sich nur wenig durch Islamisten bedroht
fühlt 343

23. Wenn Benedikt XVI. provoziert
    Mit wachsender Autorität steigt das Interesse der Spitzel
    am Papst 347

Bibliografie 355

Register 361

Warum so viele auf Rom schauen

Der Versuch herauszufinden, was die Gegenseite denkt und plant, ist so alt wie die häufige Erfahrung gegensätzlicher und konkurrierender Interessen der Menschen. Das gilt im privaten Alltag genauso – auf dem Marktplatz, in jedem Wettbewerb – wie in der Politik oder auf dem Schlachtfeld. Unter Staaten ändern daran auch diplomatische Beziehungen nichts. Offizielle Diplomatie und Geheimdiplomatie bedienen sich dabei unterschiedlicher Methoden. Während der Botschafter offiziell das Hauptportal durchschreitet, schleicht der Kundschafter sozusagen durch die Hintertür herein. Was also selbst unter befreundeten Nationen vorkommt, gilt umso mehr, wenn Regierungen anderen Regierungen den Krieg erklären. Der Gesandte wird zurückgezogen, der Spion bleibt.

Was hat das mit dem Vatikan, dem Heiligen Stuhl zu tun, der im Mittelpunkt dieses Buches steht? Er führt gegen niemanden Krieg, jedenfalls heute nicht mehr. Dennoch wurde und wird gegen ihn spioniert, als spielte er noch eine entscheidende Rolle in den großen Konflikten des 20. und 21. Jahrhunderts. Wir wollen nachzeichnen, welch schwer durchschaubare Rolle der Vatikan teils freiwillig, teils gezwungen in allen internationalen Konflikten der jüngeren Geschichte gespielt hat: Als ein geopolitisch fast zu vernachlässigender Ministaat, mit seiner Regierung, dem Heiligen Stuhl, als besonderem Völkerrechtssubjekt und mit dem Papst als Oberhaupt des »global player« katholische Kirche. Dann lässt sich besser verstehen, warum auch heute noch kein Geheimdienst der Welt an diesem seltsamen

Gebilde mitten in Rom vorbei kommt. Die Erklärungen für das Interesse der Dienste am Vatikan, die wir gefunden haben, spiegeln auch wider, wie sehr sich der Einfluss der katholischen Kirche in der Gesellschaft verändert hat.

Es klingt vielleicht paradox, wenn wir feststellen, dass der Papst die Weltpolitik umso mehr beeinflussen kann, je weniger sich die Kirchenspitze zum Spielball politischer Partikularinteressen machen lässt. »Roms« Einfluss ist umso größer, je mehr die Interessen der Kirche mit denen der weltlichen Mächte einhergehen. Den Machtinteressen der alten und neuen Großmächte hat sie nichts Entscheidendes entgegenzusetzen. So groß sind ihre Möglichkeiten längst nicht mehr. Selbst katholische Regierungschefs widersetzen sich dem moralischen Druck des Papstes. Mehr als Appelle und Bitten stehen ihm nicht zur Verfügung. In die Gesellschaft wirkt die Kirche so weit hinein, wie sie deren Bedürfnisse, insbesondere die der Schwachen und Unterdrückten in der Gesellschaft erspürt, artikuliert und sich zu ihrem Anwalt macht. Sie kann sie verstärkt vernehmen lassen. Christliche Moral per Geheimdiplomatie bei den Regierenden durchzusetzen, funktioniert dagegen nicht mehr. Die größte Wirkung hatte die Papstkirche des 20. Jahrhunderts immer dann, wenn sie ihre Möglichkeiten realistisch einschätzte.

Die richtigen Lehren aus dieser Erkenntnis zu ziehen ist ein ständiger Erfahrungsprozess auch für die Kirche. Der Wechsel an der Spitze der römischen Kurie gibt dem Buch eine besondere Aktualität. Ein Deutscher folgt auf den Polen Johannes Paul II: Der ehemalige Erzbischof von München und Freising, dann Präfekt der Kongregation für die Glaubenslehre, der Theologe Joseph Ratzinger ist jetzt Papst Benedikt XVI. Von ihm dürfen neue Akzente erwartet werden, wie sie sich im Politischen bereits in den ersten Tagen seiner Amtsübernahme abzeichnen. An der katholischen Lehre wird er nicht rütteln lassen. Auch da waren erste Signale eindeutig. Die jüngsten Entwicklungen aufnehmend wird hiermit ein journalistisches Buch zur Zeitgeschichte angeboten, das ein offenes Ende hat.

Nach Jahrzehnten eines eher provinziell verträumten römischen Kirchendaseins in einem intakt erscheinenden katholischen Milieu wurde der Vatikan in die weltpolitischen Konflikte nach dem Ersten Weltkrieg bzw. nach der Oktoberrevolution in Russland gezerrt. Die Folgen durchziehen die beiden wichtigsten zeitgeschichtlichen Abschnitte, die den Schwerpunkt dieses Buches bilden: der Zweite Weltkrieg und der Kalte Krieg. Eine gewisse Symmetrie der Unterdrückungs-Regime, die dieser Epoche ihren Stempel aufgedrückt haben, ist festzustellen. Beide huldigten einem ideologisch begründeten Universalanspruch. Beide fußten auf einem Unterdrückungsapparat, der ihre »Sicherheitsorgane« nach innen und außen einschloss. Allgemein sind Nachrichtendienste, auch solche, die nach außen und dem Gesetz nach als zivile Einrichtungen in Erscheinung treten, militärisch konzipiert, wie es ihren Ursprüngen entspricht. Die Führungskräfte haben in der Regel eine militärische Vergangenheit, waren oder sind hochrangige Offiziere. In der Praxis waren sich die Nachrichtendienste, egal welcher Couleur, sehr ähnlich. In den Übergangsjahren brauchten daher nicht wenige Agenten nur die »Farbe« zu wechseln, die Arbeitsmethoden blieben die gleichen.

Das Buch berücksichtigt eine weit gestreute Literatur. Eine systematische, umfassende Darstellung wartet allerdings noch auf den öffentlichen Zugang der entsprechenden Archive. Ergänzt wurden die literarischen Quellen durch eine Sichtung von Dokumentenmaterialien im Bundesarchiv, im Politischen Archiv des Auswärtigen Amtes und der Bundesbehörde für die Unterlagen des Staatssicherheitsdienstes der ehemaligen Deutschen Demokratischen Republik, sowie durch Informationen über Ergebnisse der Untersuchungen ähnlicher Institutionen in den ehemaligen Ostblockländern. Wichtige Hinweise haben wir in Hintergrundgesprächen mit Fachleuten aus Kirche und Geheimdiensten erhalten. Viele möchten nicht zitiert werden. Wir haben ihren Wunsch geachtet und auf namentliche Erwähnung verzichtet. Gleichwohl danken wir ihnen für die Bereitschaft mit uns zu sprechen. Auf andere dürfen wir uns beziehen und danken für dieses Entgegenkommen. Besonderer Dank gilt den Jesuitenpatres Peter Gumpel, Pierre Blet und dem inzwischen verstorbenen Robert A. Graham in der Kurie des Generalats der Gesellschaft Jesu in Rom, die wie wenige andere mit der Materie vertraut sind.

Das Buch versucht mit Hilfe der genannten Quellen den Schleier, der über dieser Schattenwelt liegt, so weit zu lüften, dass nicht nur Methoden nachrichtendienstlicher Operationen sichtbar werden, sondern vor allem hervortritt, welchen Gefahren und Angriffen die Kirche in diesen schwersten Epochen des 20. Jahrhunderts ausgesetzt war. Der Heilige Stuhl war Zielobjekt und zugleich »Partner« von Geheimdiensten. Die römische Kurie wurde von den Agenturen »befreundeter« Staaten informiert und stellte Informationen zur Verfügung. Man nannte das den Austausch von Einschätzungen. Im selben Atemzug wurde die Kirche aber auch von eben solchen »Freunden« ausgeforscht. Wo sonst als in diesem Milieu passt das Sprichwort besser: Trau, schau, wem.

Um das Buch auch für ein allgemein interessiertes Publikum lesbar zu machen, wurde auf einen umfangreichen wissenschaftlichen Apparat verzichtet. Orts- und Zeitangaben, Klar- und Decknamen wurden nur dort berücksichtigt, wo diese keiner besonderen Geheimhaltung mehr unterliegen. Originaltexte werden weitgehend in ihrer ursprünglichen Schreib- und Ausdrucksweise wiedergegeben, um die äußeren Umstände, das politische Milieu und manchmal auch das geistige Niveau der Verfasser möglichst unverfälscht zu vermitteln. Eine Literaturliste hilft dem Leser bei der Vertiefung der einzelnen Themen.

Nachrichtendienste führen über ihre Aktionen nicht in allen Fällen minuziös Buch. Agentenberichte bleiben subjektive Wiedergabe mit einem hohen Fehlerpotenzial. Sie sind in der Regel ohne die Einschätzung der Analysten in den Geheimdienst-Zentralen von mäßigem Wert. Andererseits liefern sie oft ein anschauliches Stimmungsbild. Sie gleichen einer Nuss, deren

Schale man aufbrechen muss, um zum nutzbaren inneren Kern vorzudringen. Das vorliegende Material stützt sich, soweit es sich um schriftliche Quellen handelt, vornehmlich auf politisch-militärische Nachrichtendienste. Auf kirchlicher Seite, zumal im Vatikan, blieb in dieser Hinsicht wenig zu erschließen. Der Gegenstand, der zur Diskussion steht, ist zwar auch der Kurie nicht fremd, steht aber von seinem Wesen her außerhalb jeder öffentlichen Erörterung. Es bleibt eine zwar unvermeidliche, irgendwie aber »schmutzige« Angelegenheit, über die man nicht gern spricht.

Nicht wenige Informationen, die in diesem Buch Aufnahme gefunden haben, beruhen auf persönlichen Auskünften, die mit gebotener Vorsicht benützt wurden. Zur Erklärung der Sachverhalte wie auch des »Milieus« schienen sie gleichwohl unverzichtbar. Auch darf der Journalist, unter Beachtung der gebotenen Sorgfalt, Grenzen überschreiten, die der wissenschaftlichen Forschung gesetzt sind. Die Linien zwischen Wahrheit und Gerücht, Information und Desinformation sind oft fließend. Das Feld der mündlichen Überlieferung ist mit Missverständnissen, Täuschungen, schwindenden Erinnerungen gespickt. Dies gilt es zu berücksichtigen. Aber auch die »oral history« hat ihr eigenes Gewicht und prägt Geschichte und Geschichten, wie sie »unter den Leuten« überliefert werden.

Das Buch ist den Menschen gewidmet, die den Unrechtssystemen zum Opfer fielen. Das Andenken gilt zunächst den Toten, aber auch jenen, die überlebt haben und ein Leben lang gezeichnet sind. Sie zu vergessen hieße, ihnen ein zweites Mal Unrecht anzutun.

Wir danken jenen, ohne deren Hilfe dieses Buch nicht hätte geschrieben werden können. Dies sind alle, die zu Hintergrundgesprächen bereit waren, im In- und Ausland, aus der kirchlichen wie politisch-nachrichtendienstlichen Welt, in West und Ost. Wir danken den zuständigen Sachbearbeiterinnen und Sachbearbeitern in den verschiedenen Archiven, wie im Bundesarchiv in Koblenz und Berlin, in der »Stiftung Archiv der Parteien und Massenorganisationen der DDR im Bundesarchiv«, im Politischen Archiv des Auswärtigen Amtes sowie in der Bibliothek der Humboldt-Universität und nicht zuletzt im Vatikanischen Geheimarchiv (Archivio Segreto Vaticano). Besonderer Dank gilt Katrin Heinrich vom Referat »Forschung und Medien« bei der »Bundesbeauftragten für die Unterlagen des Staatssicherheitsdienstes der ehemaligen Deutschen Demokratischen Republik« für ihre unentbehrliche Hilfe auch bei mühevollsten Recherchen.

Wiesbaden und Rom im Frühjahr 2006

Werner Kaltefleiter
und *Hanspeter Oschwald*

1. Was Papst Benedikt erspart bleibt

Die Stasi setzte acht IM auf Joseph Ratzinger an.
Es hätte für böse Hetzpropaganda gereicht

Es knistert in Rom in diesem Sommer 1979. Seit wenigen Monaten ist zum ersten Mal seit 455 Jahren ein Nichtitaliener Papst geworden. Was wird der Pole Karol Wojtyla als Papst Johannes Paul II. ändern? Welche Hoffnungen werden erfüllt, welche enttäuscht? Die ersten Zeichen und Schritte des gerade erst 59 Jahre jungen Kirchenoberhauptes füllen die Schlagzeilen: Die erste Auslandsreise führt ihn nach Mexiko, das per Verfassung kirchenfeindlich ist. Die zweite, die den sowjetischen Machtblock provoziert, geht ins heimatliche Polen. Und außerdem hat er in seinem ersten Konsistorium im Juli auch noch unerwartet den von den politisch Konservativen heftig kritisierten Architekten der vatikanischen Ostpolitik, Agostino Casaroli, zum Kardinalstaatssekretär ernannt, zu seinem engsten Mitarbeiter und zweiten Mann in der vatikanischen Hierarchie.

Gesprächsstoff in Hülle in Fülle, der den Smalltalk der Teilnehmer eines Empfangs im Vier-Sterne-Hotel »Columbus« im Palazzo della Rovere an der Via della Conciliazione beflügelt. Im ersten Jahr eines neuen Pontifikats gibt es für die Spekulationen der professionellen Vatikanbeobachter nichts Spannenderes als die Neubesetzungen der kurialen Spitzenämter. Eine Personalie steht noch aus, die des Präfekten der Glaubenskongregation. Kardinal Franjo Seper, der oberste Glaubenswächter nach dem Papst, geht auf die 75 zu. Der ehemalige Erzbischof von Zagreb führt seit elf Jahren die mächtige Glaubensbehörde – und ist amtsmüde.

Ein Name kursiert unter den Insidern für die Nachfolge. Der Mann ist zwar erst 52 Jahre alt, für eine Kurienkarriere geradezu jugendlich. Sein Name: Joseph Ratzinger. Erst vor zwei Jahren ist er Erzbischof von München geworden als Nachfolger des überraschend gestorbenen, fast schon legendären Julius Döpfner. Und einen Monat nach der Bischofsweihe ist er bereits Kardinal.

Papst Paul VI. hat ihm in seinem letzten Konsistorium ungewöhnlich schnell den Purpur verliehen. Deshalb hat Ratzinger in den beiden Konklaven des heißen römischen Drei-Päpste-Jahres 1978 an den Wahlen von Albino Luciani und Karol Wojtyla teilnehmen dürfen.

Jetzt steht er fast schüchtern in einem mit dunklem Holz edel getäfelten Saal des pompösen Hotels, an dem angeblich ein römischer Kurienkardinal beteiligt ist. Der ehemalige Adelspalast gilt wegen seiner Steinwurfnähe zum Vatikan als Luxusunterkunft für betuchte Katholiken. Beim Empfang während einer der vielen Konferenzen dieses Jahres in der Ewigen Stadt, zu dem deutsche Bischöfe und Journalisten geladen sind, bietet sich eine günstige Gelegenheit, den in Rom noch kaum bekannten Ratzinger direkt zu fragen. Was ist dran an dem Gerücht einer bevorstehenden Berufung an die Kurienspitze? Der Münchner Erzbischof schaut, wie es scheint, verlegen weg und antwortet ausweichend abwiegelnd: »Aber ich bin doch erst seit Kurzem Erzbischof von München.« Vermutlich hat er da schon Bescheid gewusst, denn Ende 1981 siedelt er nach Rom um und leitet die Glaubenskongregation bis zu seiner Wahl zum Papst Benedikt XVI. am 19. April 2005.

In dem Getümmel des Hotels »Columbus« fallen die einzelnen deutschen Romkorrespondenten kaum auf. Sie gehören dazu. Man kennt sich. Man tauscht sich aus, mit den einen mehr, mit den anderen, die anscheinend ständig etwas zu verbergen haben, weniger. Rom gilt als attraktiver Korrespondentenplatz, nicht zuletzt des südländischen Flairs wegen. Viele sind nach dem Krieg hier hängengeblieben. Andere hat das

Zweite Vatikanische Konzil (1962/65) nach Rom geführt. Sie sind geblieben, weil Papst und Vatikan in dieser Zeit gesuchte Themen für alle Medien liefern, nicht nur für kirchliche Blätter, die vor allem von der *Katholischen Nachrichtenagentur* (KNA) bedient werden.

Deutsche finden sich bei Radio Vatikan und der deutschen Ausgabe des *Osservatore Romano*, der amtlichen Papstzeitung. In dieser Zeit weiß noch kaum jemand, dass einige von ihnen nicht nur für ihre offiziellen Brötchengeber arbeiten. Ihre geheimen Auftraggeber und ihr Doppelleben werden erst entdeckt, als Joseph Ratzinger gerade zum Papst gewählt worden ist, 26 Jahre später also.

Bis zu acht V-Männer, so genannte Inoffizielle Mitarbeiter (IM), und eine Reihe unbekannter »Zubringer« haben in Rom für den DDR-Geheimdienst gearbeitet. Deutschsprachige Korrespondenten, die mit dem Vatikan zu tun hatten, sahen sich nach der Wende mit der Frage konfrontiert, ob sie für die Ostberliner Staatsicherheit gearbeitet hätten oder von dieser ausgeforscht worden zu seien. Zwei Deutsche und zwei Italiener waren bis zum Zeitpunkt der Drucklegung dieses Buches mit Namen identifiziert, andere mit ihrem Decknamen bekannt geworden. Dazu zählen der Übersetzer und *Osservatore*-Mitarbeiter Benediktinerpater Eugen Brammertz und der zeitweise als KNA-Büroleiter in Rom tätige Alfons Waschbüsch (siehe Kapitel: Alles andere als ein Lichtblick, S. 298).

Bei den anderen Romkorrespondeneten dieser Zeit haben sich die Verdächtigungen durch die bisher ausgewerteten Stasi-Akten nicht bestätigt. Einer, der nach Waschbüsch das römische KNA-Büro geleitet hat, Gerhard Reifert, hat selbst wissen wollen, was die Stasi über ihn zusammengetragen hat: Es gab nichts. Er ist, wie er heute erzählt, aus allen Wolken gefallen und hat schlaflose Nächte verbracht, als er von den Machenschaften seines Kollegen Waschbüsch erfahren hat.

Es hätte allerdings auch nicht verwundert, wenn er und andere von der Stasi missbraucht worden wären. Hansjakob

Stehle, der *ZEIT*- und *WDR*-Hörfunkkorrespondent und hoch angesehener Kenner der vatikanischen Ostpolitik, sah sich als Mitarbeiter genannt, obwohl er nach eigenem Bekunden davon keine Ahnung hatte. Es reichte wohl, dass er, der ehemalige Polen-Korrespondent der *Frankfurter Allgemeinen Zeitung*, häufig nach Osteuropa reist und als Journalist nicht nur recherchiert, sondern auch bereitwillig Auskunft erteilt. Er wurde dabei »abgeschöpft« und vermutlich nicht einmal unergiebig, weil Stehle sich intensiver mit dem Thema Vatikan und dem Osten befasste als die meisten seiner römischen Kollegen.

Zurück zu der Szene im »Columbus«. Sie zählt zu den vielen, die den Nährboden der römischen Spitzel abgegeben haben. In diesem Fall hinterlässt sie aber einen speziellen Reiz und ist deshalb besonders in Erinnerung geblieben. 26 Jahre später erhellt sie die Grenzen der Vatikanspionage. Im Spätsommer 2005 kommt ans Licht, wie massiv Ratzinger bespitzelt worden ist. Seinen Ruf nach Rom will die Ostberliner Spionage ungewöhnlich früh, schon zwei Jahre vor seiner Ernennung erfahren haben. Jedenfalls werten die Stasi-Leute diese Information angesichts des ohnehin spärlichen Ertrags ihrer Bemühungen offenbar als großen Erfolg.

Der Eindruck täuscht vor, als hätten in Rom besonders tüchtige Spione für die Stasi gearbeitet. Tatsächlich hatte sich die Hauptverwaltung Aufklärung HVA des MfS seit 1969 bemüht, in Rom einen Inoffiziellen Mitarbeiter (IM) aus der DDR zu installieren. Die Vatikanmauern zeigten sich jedoch in diesem Fall besonders resistent. Es blieb bei Zufallstreffern. Die meisten angeblichen Geheiminformationen waren längst einschlägig bekannt oder so dürr wie die Ratzinger-Personalie von 1979.

In Rom wusste zu jener Zeit des »Geheimnisverrats« zumindest jeder deutsche Vatikan-Korrespondent, der sich nahezu täglich mit Papst und Kurie zu befassen hatte, welche Erwartungen mit den Namen Ratzinger verbunden waren.

In italienischen Zeitungen hatte natürlich noch nichts gestanden, weil der amtierende Präfekt Seper und sein möglicher

Nachfolger Ratzinger die Italiener wenig interessierten. Vielleicht beeindruckte deshalb die Nachricht in Ost-Berlin so sehr. Die meisten Ost-Agenten in der italienischen Hauptstadt liefern kaum mehr als die Journalisten. Bis heute werten beide die italienischen Zeitungen aus, die den Vatikan mehr als römisches Lokalereignis betrachten, was leider auch die Berichterstattung über den Vatikan im Ausland beeinträchtigt.

Für Spekulationen und Verdächtigungen bleibt in Rom viel Zeit und Raum. Das liegt nicht nur an der Lust der Italiener, hinter allem irgendwelche Machenschaften zu vermuten. Der Vatikan umgibt sich überdies gerne mit der Aura des Geheimnisvollen, in das nur Eingeweihte eindringen dürfen.

Einfachste Informationen werden als Staatsgeheimnis gehütet. Zumindest bis zur Wahl von Karol Wojtyla wurde schon die Frage nach der Schuhgröße des Papstes oder nach seinem Lieblingsessen wie eine Lästerung gegen den Heiligen Vater verständnislos zurückgewiesen. Ein zwar liebenswürdiger, aber stets unwissender Vatikansprecher, Federico Alessandrini, hatte sich deshalb unter den Kollegen den Spitznamen des »Non-mi-risulta«, des »Keine-Ahnung-Manns« zugezogen.

In diesem Klima werden Kleinigkeiten aufgebauscht und häufig entstellt. Die wirklich spannenden Informationen, gar Geheimnisse, die die Kurie gerne für sich behalten hätte, findet niemand auf offiziellen Wegen. Viele Kontakte, gute Beziehungen und zu viele Arbeitsessen gehören zum Geschäft.

Und das ist trotz mediterraner Kost keineswegs immer angenehm. Vieles legt sich auf die Hüften und endet doch nicht in einer Story. Mancher Prälat plustert sich mit seinem Wissen auf, als habe er den direkten Draht zu Gottvater – und ist doch nur ein unbedeutender »Monsignorini«. Zu diesem Kreis gehören aber nicht nur Hochwürdige Herren, sondern auch Journalisten, die sich selber gerne als Bischöfe oder Kardinäle sähen. Ihr Lebensweg hat sie aber leider in diesen weniger angesehenen Beruf geführt, der sie aber immerhin in die Nähe der Oberhirten gebracht hat. Sie legen sich dieselbe Aura des Wissenden zu, eine seltsame Art von privater Initiierung anstelle der fehlenden höheren Weihen. Sie sprechen deshalb gerne in Andeutungen, hinter denen sich selten etwas verbirgt, das die Öffentlichkeit wirklich wissen will.

Da wundert es nicht, dass der Ostberliner Staatssicherheitsdienst wie andere Nachrichtenorganisationen, denen die Kurienspitze fast völlig verschlossen bleibt, allenfalls Zufallstreffer landen. Joseph Ratzinger erscheint ihnen immerhin als ein Mann mit »gewinnendem Charme, obwohl er zunächst auf einen Gesprächspartner etwas scheu wirkt«. Diesen Eindruck teilen die meisten; schön, dass auch die ostdeutsche Staatssicherheit ihn so in einer Personalkarte verewigt.

Zu einer richtigen Ratzinger-Akte hat es trotz 25 Einträgen seit 1974 nicht gereicht. Die Beobachtung hat zu wenig hergegeben. Der professorale Theologe mit dem scharfen Verstand hat möglicherweise die Spitzel aus dem Osten einfach intellektuell überfordert. Sein Denken stammt sowieso aus einer anderen Welt, die den kirchlich unbedarften Offizieren der Stasi verschlossen geblieben ist.

Eines aber hat die Stasi schnell begriffen. Der Bayer in Rom gefährdet ihre Interessen, denn Ratzinger ist zwar nicht Papst Wojtyla. Möglicherweise ist er in den Augen Moskaus und Ost-Berlins ein noch schärferer Kommunisten-Gegner als der Pole mit seiner Seelsorger- und Lebenserfahrung. Gleichwohl verbindet beide die entschiedene Zurückweisung des »gottlosen Materialismus«, die intellektuelle Auseinandersetzung mit dem Marxismus und seinem Menschenbild. Zu spüren hat das die kommunistische Welt auf einem Schauplatz außerhalb ihres Blocks bekommen.

Als Präfekt der Glaubenskongregation (dessen Bezeichnung die Stasi selten richtig verwendet) hat er die lateinamerikanische Befreiungstheologie wegen ihres angeblichen Marxismusverdachts und jene, die im »Kampf um die Befreiung der unterdrückten Massen« meinten, mit Kommunisten zusammenarbeiten zu müssen, so radikal bekämpft, dass ihre Anhänger mundtot gemacht oder aus der Kirche getrieben worden sind. Sein Schlag hat die katholische Kirche in ganz Lateinamerika so nachhaltig getroffen, dass sie sich nicht mehr davon erholt hat. Brasilianische Bischöfe berichteten auf der Bischofssynode im Oktober 2005 in Rom, dass im einst katholischen Kontinent vor allem nordamerikanische Sekten unglaubliche Zuläufe verzeichneten. Bald sei Südamerika nicht mehr überwiegend katholisch. Mit der Liquidierung der Befreiungstheologie hat Rom vieles zertreten, was urchristlich gewesen wäre, jedenfalls christlicher als das Bündnis der Kirche mit den Mächtigen. Ein bitterer Sieg des Joseph Ratzinger, aber eine schwere Niederlage für die Kommunisten.

Unterlagen aus den Archiven der Ostberliner HVA identifizieren den Präfekten als den Strippenzieher im Untergrundkampf der Gewerkschaft Solidarnosc in Polen und von wichtigen Personalentscheidungen in der katholischen Kirche in der DDR, etwa bei der Nachfolge des Bischofs Gerhard Schaffran in Dresden-Meißen. Der aussichtsreiche Kandidat Joachim Wanke war ihm damals zu offen für die Ökumene, die Rolle der Frau und der Laien in der Kirche. Ein geheimer Informant des Ministeriums für Staatssicherheit (MfS) will von einer Vertrauensperson des Kardinals erfahren haben, dass dieser sich kritisch über die deutschen Bischöfe in Ost und West geäußert habe und von ihnen erwarte, dass sie mehr zur Destabilisierung des politischen System in der DDR beiträgen und energischer eingriffen. Eine Stellungnahme zu diesem Bericht der Kirchenabteilung des MfS hat Benedikt XVI. nicht abgeben wollen. Die Anfrage blieb unbeantwortet.

»Informationen« hat die Stasi aber nicht nur mit Hilfe der möglichen acht Ratzinger-Belauscher gesammelt, sondern auch durch den Ostberliner Prälaten Paul Dissemond, Sekretär der Berliner Ordinarienkonferenz, später Generalsekretär der Berliner Bischofskonferenz. Ihn führt die Stasi als IM »Peter«, wobei bis heute nicht klar ist, ob sie ihn nur abgeschöpft hat, er gezielt für sie spioniert oder mehr berichtet hat, als über den

Rahmen hinaus gegangen wäre, der ihm als offiziellem Beauftragten für die Kontakte mit dem MfS gesetzt war.

Die zwiespältige Rolle von Kirchenleuten, die von Amts wegen mit dem feindlichen Staat zu tun hatten, um ein Mindestmaß an Koexistenz zu sichern, passt genau auf Dissemond. Die Führungsoffiziere von IM »Peter« behandeln ihn mit größtem Respekt, seine Wünsche werden etwa bei gepflegtem Forellenessen im DDR-Gästehaus »Wendenschloss« und gelegentlichen Aufmerksamkeiten in Form von Büchern und Blumen erfüllt, sowie mit manch anderem »Sachgeschenk« belohnt, die penibel von den Agenten gegenüber der Stasi-Kasse abgerechnet, DDR-»Normalbürgern« nicht so ohne Weiteres zugänglich oder erschwinglich waren. Der Gipfel der Zusammenarbeit war schließlich: Zum 30. Jahrestag des MfS und eigener zehnjähriger »Zusammenarbeit« bekommt der Kirchenmann für seine Dienste einen Orden. So zufrieden sind die Aufklärer mit ihm. Sie ignorieren aber völlig, dass er als Grenzgänger zwischen zwei Welten vermitteln und ebenso seinem Chef, dem Erzbischof von Berlin, zuerst Kardinal Alfred Bengsch, dann dessen Nachfolger Joachim Meisner berichten muss.

Ein Urteil fällt schwer, zumal viele Gespräche in jeder westlichen Runde, in unverfänglicher Atmosphäre, mit gleichen Themen hätten geführt werden können: Wird Meisner nach Rom gerufen? Was ist vom Katholikentreffen in Dresden, dem ersten »Katholikentag« 1987 in der DDR zu erwarten? Der SED-Staat hat Angst vor Protesten, der Kirchenmann vor Folgen, die den kirchlichen Alltag noch mehr erschweren könnten. Wie sollten die Gäste behandelt werden, darunter Joseph Ratzinger? Sie werden dann kaum kontrolliert, aber stets beobachtet. Bei Meisner irren die Spitzel und ihre Auftraggeber aus dem Osten. Der Papst versetzt ihn gegen den überwiegenden Willen des Domkapitels und vieler seiner neuen Herde nach Köln.

Erich Mielke, so schreibt die *Berliner Zeitung* am 4. Oktober 2005, hätte wohl getobt an jenem 19. April 2005: »Stellen wir uns die Szene vor: Gerade ist Joseph Ratzinger als neuer Papst

Benedikt XVI. auf den Balkon des Petersdoms in Rom getreten. Stasi-Minister Mielke greift zum Telefonhörer und fragt seine Kirchenabteilung XX und die Auslandsspionageeinheit HVA, was man denn zu Ratzinger so alles im Archiv habe. »Na ja«, wäre die kleinlaute Antwort gewesen, »eher wenig.«

Stasi, HVA und Mielke gibt es nicht mehr. Noch sind nicht alle Spitzel entdeckt, aber ein anderes Szenario lässt noch heute erschauern, und Papst Benedikt XVI. kann wie viele seiner Landsleute nur Gott danken, dass die DDR nicht mehr besteht. Joseph Ratzinger war kaum zum Papst gewählt, als britische Journalisten in seiner Biografie nach verhängnisvollen Belastungen aus des Papstes Jugendzeit vor Kriegsende fahnden. Ratzinger war schließlich, wie viele seines Jahrgangs, in der Hitler-Jugend und wurde gegen Kriegsende noch als Flakhelfer rekrutiert. Die britischen Boulevardmedien überbieten sich in Geschmacklosigkeiten über den deutschen Papst. Nach wenigen Tagen ist der Spuk vorbei. *Sun* und Konsorten haben sich unsäglich blamiert. Ratzingers Jugend im Dritten Reich gibt zu wenig her, selbst für Kirchenfeinde oder auflagengeile Blätter.

Anders wäre es trotz der fehlenden Belege gelaufen, wenn 2005 die Desinformanten und Hetzpropagandisten in Ost-Berlin noch am Werk gewesen wären. Sie hätten mit größter Wahrscheinlichkeit belastende Dokumente produziert und in die westliche Öffentlichkeit geschleust, wie sie es wiederholt gegen Politiker und Kleriker getan haben. Bis heute ist z. B. nicht genau geklärt, aus welcher östlichen Quelle die Hetze gegen Pius XII. gespeist worden ist. Im Kampf gegen die katholische Kirche ist den kommunistischen Geheimdiensten jedes Mittel recht gewesen, genauso wie sie vor ihnen die braunen Machthaber eingesetzt haben. Ihr gemeinsames Ziel haben sie nie aus den Augen verloren: die Kirche zu vernichten.

2. Neue Zeiten, alte Schlapphüte

Unser Endziel ist die restlose Zerschlagung des gesamten Christentums«, verkündete ein ehemaliger Priester und SS-Offizier. Der Redner hieß Albert Hartl, er war Kirchenreferent im Reichssicherheitshauptamt. Er diente dem schlimmsten Terrorapparat Hitlerdeutschlands. Auf einer Arbeitstagung der Kirchensachbearbeiter der Gestapo (der Geheimen Staatspolizei) im September 1941 hielt er das Grundsatzreferat über die kirchen- und religionspolitische Strategie des Sicherheitsdienstes (SD).

»Wir führen keinen Kirchenkampf«, behauptete heuchlerisch Walter Ulbricht (1893–1973), Generalsekretär der SED (Sozialistische Einheitspartei Deutschlands), auf einer SED-Parteiaktiv-Tagung am 28. Mai 1953 und fügte die unverhohlene Drohung hinzu: »Wir interessieren uns für die gegnerische Tätigkeit. Und wenn die Kirche sich solidarisiert mit solchen Leuten, dann ist es schlecht für die Kirche.«

Den Nachrichtendiensten des nationalsozialistischen Deutschlands wie der DDR war die gleiche Zielsetzung in einem weltanschauliche Kampf vorgegeben. An die Stelle des Christentums sollte die je eigene Religion gesetzt werden, eine im Zeichen des Hakenkreuzes, eine andere im Zeichen von Hammer und Zirkel bzw. dem Roten Stern.

Der Konflikt war unausweichlich, zumal die Ziele der menschenverachtenden Systeme diametral den Aufgaben der Kirche entgegenstanden. Vatikanische Politik sei eine Diplomatie der Seelsorge. So formulierte es Agostino Casaroli, einer der prominentesten Vertreter der römischen Kurie im 20. Jahrhundert.

Der verstorbene Kardinalstaatssekretär, sozusagen der Premierminister des Papstes und Architekt der vatikanischen Ostpolitik, schrieb einmal über »Wesen und Sinn der Diplomatie«, diese habe »der Sache des Friedens zwischen den Staaten und der fruchtbaren Zusammenarbeit zwischen den Völkern zu dienen, dass heißt, dazu beizutragen, aus der internationalen Völkergemeinschaft, die die großen und kleinen Völker aller Kontinente, jede Rasse und Religion einschließt, eine wirkliche Familie zu machen, wo niemand sich herausnimmt, die Rechte des anderen zu verletzen, in dem er aus Egoismus sein eigenes Interesse verfolgt. Dies ist eine Familie, in der sich alle solidarisch fühlen in der gleichen Bemühung, den gemeinsamen Fortschritt zu fördern, wie sie wissen, dass das Wohl jedes Einzelnen auf alle zurückfließt und den Frieden im Leben unserer ganzen Gemeinschaft fördert. Der edelste und nützlichste Titel des diplomatischen Dienstes ist ohne Zweifel: ein Instrument des Friedens zu sein.«

Von der »demütigen Aussaat des Friedens«, sprach Erzbischof Giovanni Lajolo, einer der Nachfolger Casarolis als vatikanischer Außenminister. Er ist Sekretär (Leiter) der Zweiten Sektion im Staatssekretariat des Heiligen Stuhls, zuständig für die Beziehungen zu den Staaten. Seit dem Verlust des Kirchenstaates, einer auch mächtigen weltlichen Herrschaft mit dem Papst an der Spitze, hat sich die römische Kurie auf ihren, der Kirche eigenen Auftrag besonnen. »Sie legt heute keinen Wert mehr darauf, eine führende Rolle auf der Bühne der internationalen Politik zu spielen«, versicherte Erzbischof Lajolo. Dabei sprach der Chefdiplomat des Vatikans auch von einer »regen diplomatischen Tätigkeit«, die sich notwendigerweise bedeckt halten müsse und darin bestehe, Meinungsverschiedenheiten aus dem Weg zu räumen, Motive und Erwartungen der anderen Seite zu verdeutlichen und auf mögliche Übereinstimmungen hinzuweisen. Der ranghohe Kurienprälat deutete damit auf die

25

»klassische« Rolle des Heiligen Stuhls im Zusammenleben der internationalen Staatengemeinschaft hin: dem Frieden zu dienen und gegebenenfalls zu vermitteln, seine »guten Dienste« anzubieten, wie es im diplomatischen Sprachgebrauch heißt.

Wesentlich für die vatikanische Diplomatie ist die Betonung der strikten Neutralität des Apostolischen Stuhls als Mitglied der Staatengemeinschaft, die besonders bei kriegerischen Konflikten zwischen Staaten nützlich ist, zu denen der Vatikan selbst diplomatische Beziehungen unterhält. Frei von Bündnisverpflichtungen schafft er sich die Möglichkeit, eigene Initiativen zu ergreifen, friedliche Lösungen zu finden und Feindseligkeiten zu beenden.

Im Zweiten Weltkrieg unterhielt der Papst sowohl zu den »Staaten der Achse«, bzw. des Dreierpakts diplomatische Beziehungen, also zum Deutschen Reich, zum Königreich Italien und zum Kaiserreich Japan. Ebenso bestanden offizielle Kontakte zu den westlichen Alliierten England und Frankreich sowie, auf einer besonderen Ebene, zu den Vereinigten Staaten, da volle diplomatische Beziehungen zu Washington noch nicht bestanden. Allein zur Sowjetunion waren die Beziehungen abgebrochen, obwohl Gerüchte umgingen, Stalin habe sie in Verlauf des Kriegs wieder aufnehmen wollen.

Trotz der offiziellen Kanäle lag es auch im Interesse des deutschen Geheimdienstes, die Politik der römischen Kurie im Fernen Osten zu beobachten. So meldete der unter VM I 6802/2 geführte Vertrauensmann Anfang September 1941, dass der Vatikan und Japan beabsichtigten, eine diplomatische Vertretung Japans, Chinas und Mandschukos beim Heiligen Stuhl zu schaffen. Die japanische Gesandtschaft werde alle drei Staaten repräsentieren, »sobald eine Übereinstimmung erzielt wird«. Ein derartiges Abkommen, so berichtete der Gewährsmann, werde eine »Gewitterstimmung« zwischen dem Heiligen Stuhl und den angelsächsischen Ländern heraufbeschwören, da England und die Vereinigten Staaten Tschiang Kai Tschek, den Staatspräsidenten Nationalchinas, im Dezember 1940 dazu gedrängt hätten, eine Gesandtschaft beim Vatikan zu errichten, dieser aber den Vorschlag zurückgewiesen habe.

Vermutlich handelte es sich um einen V-Mann des Sicherheitsdienstes in Rom, der unter den alliierten Diplomaten verkehrte. Denn er schrieb: Nach amerikanischen Kreisen sei der Papst von Berlin und Rom autorisiert worden, seine Anstrengungen für ein Einvernehmen zwischen Tokio und Washington weiterzuführen; dies sei jedoch deshalb geschehen, weil Deutschland und Italien vollkommen sicher wären, dass Japan niemals seine mit der Unterzeichnung des Dreierpakts übernommenen Verpflichtungen vergessen werde.

Es sind nur kleine Hinweise, nur Andeutungen, die nach der Position und den Möglichkeiten päpstlicher Friedensbemühungen in den Kriegsjahren fragen lassen. Die vatikanische Diplomatie sah sich nicht zuletzt wegen ihrer Neutralitätsrolle immer wieder zwischen allen Fronten. Und auch innerhalb der Kurie gab es unterschiedliche »Lager«, die den Vatikan in ein obskures Licht rückten. In der römischen Kurie selbst fanden sich Sympathisanten Mussolinis.

Außenstehende fragten sich: Wie weit gingen die »deutschen« Neigungen des Papstes? Was war mit dem angeblichen Brief Stalins mit dem Angebot diplomatischer Beziehungen? In Berlin waren die Beziehungen zum Vatikan rein politisches Kalkül; aber auch in London und Washington blieb bis in die Jahre des Kalten Krieges, bei aller Freundlichkeit, ein Rest von Misstrauen gegenüber der päpstlichen Friedensdiplomatie bestehen. Deshalb behielten die Geheimdienste ihre Aufträge und die Spitzel ihre Jobs.

Nach Grund und Boden bemessen ist der Vatikan ein Zwergstaat, sein Territorium umfasst gerade mal einen halben Quadratkilometer. Hinzu kommen allerdings einige Immobilien in und außerhalb Roms, zum Beispiel die Sommerresidenz Castel Gandolfo am Albaner See: Das sind die Reste des einst mächtigen Kirchenstaats, der mit der italienischen Einigung von 1870 unterging und mit Hilfe Mussolinis durch die Lateran-Verträge von 1929 auf einem Flecken Erde am Tiber die weltlichen Insignien eines souveränen Landes zurückerhielt. Gleichzeitig ist der »Staat der Vatikanstadt« – so der offizielle Name – Sitz der römischen Kurie, dem Schaltzentrum der weltumspannenden katholischen Kirche, einer geistlichen Großmacht.

Dieser römisch-katholischen Kirche und den mit ihr verbundenen (unierten) Kirchen gehören über eine Milliarde Menschen an; das ist rund ein Sechstel der Weltbevölkerung. Somit gilt sie als die größte Religionsgemeinschaft der Welt. Die katholischen Gläubigen werden seelsorglich betreut und kirchlich verwaltet von einer hierarchisch strukturierten, auf eine Leitungsspitze hin geordneten Organisation, die mit keinem anderen System der Erde vergleichbar ist: mit dem Papst, dem »Stellvertreter Christi« als unumschränktem Oberhaupt. Bischöfe und Kardinäle unterstützen ihn in der Leitung der Kirche, seit dem Zweiten Vatikanischen Konzil wieder mehr in Form einer praktizierten Kollegialität, die allerdings dem einschränkenden Prinzip unterliegt: »Mit dem Papst und unter dem Papst.« Im Lauf der Jahrhunderte hat sich ein geistliches wie weltliches Machtzentrum am Tiber entfaltet, das kaum eine staatliche Macht übergehen kann.

Als Völkerrechtssubjekt genießt der Vatikan die Anerkennung der Völkergemeinschaft. Der Heilige Stuhl unterhält zurzeit volle diplomatische Beziehungen zu 175 Staaten, dazu kommen Russland, die PLO und der souveräne Malteserorden. Er ist bei 17 internationalen Organisationen vertreten, wie z. B. bei der Organisation der Vereinten Nationen und der Europäischen Union. (Stand bei Drucklegung des Buches). Damit hat sich die diplomatische Weltkarte des Heiligen Stuhls – von Ausnahmen wie China und Nordkorea abgesehen – der anderer Staaten angeglichen. Mit der Errichtung des Moskauer Imperiums nach dem Zweiten Weltkrieg hatten die Ostblock-Staaten ihren Botschafteraustausch zum Vatikan eingestellt. Die DDR unterhielt seit Beginn ihres Bestehens keine offiziellen Kontakte zum Vatikan, im Unterschied zur Bundesrepublik Deutschland, die sich als Rechtsnachfolgerin des Deutschen Reiches versteht. Ostberlin aber war brennend an solchen Beziehungen interessiert. Diese wären einer völkerrechtlichen Anerkennung des »zweiten deutschen Staates« durch die höchste moralische Autorität auf dem internationalen politischen Parkett gleichgekommen, der Prestigegewinn hätte höher gezählt als alle Differenzen in »Glaubensfragen«.

Auch die Papstkirche bediente sich im Laufe der Geschichte nicht nur friedlicher Mittel, um den christlichen Glauben zu verbreiten. Sie kollaborierte mit Herrschern und Regierungen, um selbst Macht und Einfluss zu gewinnen. Sie war auch immer Ziel von Angriffen »von außen«. Religiös-philosophische Gegensätze spielten in der Kirchengeschichte ebenso eine Rolle wie politisch-ideologische, nicht zuletzt seit der Aufklärung. Besonders verschärfte sich der Kampf gegen die Kirche unter den Zwangsregimes des Nationalsozialismus und des Kommunismus im 20. Jahrhundert.

»Die katholische Kirche als umfassendste, zentral gesteuerte Organisation dieser Erde stellt für all jene ein ungeheuer attraktives Vehikel dar, die, aus welchen Gründen auch immer, einen Zugang zu einem weltumspannenden Netzwerk suchen. Geheimdienste rekrutieren ihre Informanten im Vatikan, wie in allen anderen Regierungen auch«, schreibt die amerikanische Journalistin Mary Ellen Reese. Spione gehen ums Haus und verschaffen sich Zugang zu den sensibelsten Bereichen. Das ist fast jedem Mitarbeiter des Vatikans geläufig, sicher aber denen in verantwortlicher Stellung. Das Wissen um die Gefahr sei stets präsent, sagt ein ranghoher Kurienprälat. Jedem werde das oberste Gebot im Umgang mit Dritten eingeschärft: äußerste Diskretion wahren.

Es gilt in gewisser Weise auch für die interne Kommunikation. »Man spürte geradezu physisch, wer da auf einen zukam, etwas von einem wollte«, erinnert sich ein anderer Monsignore, der jahrelang in Diensten der Kurie stand. »Wir sortierten sie

29

in verschiedene Kategorien. Die Politiker hatten oft persönliche Interessen. Kam ein CDU-Mann, den wir nicht kannten, dann mussten wir erst einmal feststellen: West oder Ost? Von selbst sagte er das nicht.« Dann kamen die Journalisten. Das war die größte Gruppe. Und schließlich die Geschäftemacher. Ein Gewährsmann erinnerte sich an einen bekannten Ordenshändler, der gern eine höchst offizielle vatikanische Beglaubigung für irgendeinen Fantasie-Orden haben wollte und mit einer großzügigen Spende lockte. »Wer da mit welchen Absichten kam, war nicht immer leicht zu dechiffrieren«, meinte der Monsignore. »Wir wurden darauf nicht vorbereitet oder gar geschult.« Empfänge und Einladungen waren ein besonders gefährliches Pflaster: »Da fing es an.« Eine spezielle Schulung durchliefen offenbar nur die höheren vatikanischen Diplomaten.

Geheimdienstliche Operationen mit oder gegen die katholische Kirche sind und waren natürlich nicht auf das Territorium des Vatikanstaats beschränkt. Und selbst ein »befreundeter« Dienst handelt nicht immer im freundlichen Sinn. Es gibt Hunde, die sich streicheln lassen und im nächsten Moment zubeißen. Es verwundert deshalb nicht, wenn aus dem Innern des Vatikans zu hören ist, die Skandale um pädophile Priester in den USA seien wohl nicht von ungefähr gerade zu dem Zeitpunkt aufgedeckt worden, als Präsident Bush sein Irak-Abenteuer startete und er es mit Widerstand aus weiten, nicht nur »linken« Kreisen des katholischen Amerika zu tun bekam.

Wer die Binnenstruktur der Kurie durchleuchtet, erkennt, wie schwach ihre Abwehrmöglichkeiten sind, gemessen an den Sicherheitsmaßstäben moderner Staaten. Wache Augen, Passierscheine und elektronische Schleusen können keine Informationen abfangen, die geheim sind. Als wichtigstes Gegenmittel gilt deshalb absolute Verschwiegenheit. Jedem angehenden Vatikandiplomaten wird in der ersten Unterrichtsstunde die Faustregel eingeschärft: »Ein Spion ruft den nächsten herbei.« Sie wird ihm gewissermaßen ins Brevier gelegt. Es fehlte und fehlt auch heute nicht an entsprechenden Vorschriften: Amtseide, die auf die Bibel abzulegen sind, Vorschriften der Geheimhaltung für die päpstlichen Gerichtshöfe: etwa dem *forum internum* der Pönitentiarie, dem päpstlichen Gnadenhof, das *pontificium secretum*, das päpstliche Geheimnis für Staatssekretariat und Glaubensbehörde. Schließlich ist – wo es Anwendung findet – das Beichtsiegel in Verbindung mit dem Bußsakrament die höchste Stufe der Verschwiegenheit.

Einen Geheimdienst, wie ihn andere Staaten einsetzen, unterhält der Vatikan zwar nicht, folgt man den Versicherungen von Kurienprälaten: es gibt also keine Vatikanagenten, die operative Maßnahmen durchführen. Doch das Sicherheitsbedürfnis und das Bewusstsein für eine ständige Bedrohung sind seit dem Attentat vom 13. Mai 1981 auf Papst Johannes Paul II. enorm gestiegen. Zur Abschirmung nach außen verlässt sich die Kurie heute nicht mehr nur auf die sprichwörtliche Diskretion und verpflichtende Geheimhaltung besonders der höheren Beamten. Abhörsichere Räume und Telefone gehören zu den verschärften Sicherheitsvorkehrungen. Wie die *BILD-Zeitung* von einem Vatikan-Insider erfahren haben will, werden schriftliche Aufzeichnungen über geheime Gespräche des Papstes verbrannt (wie es auch schon im Zweiten Weltkrieg bei Pius XII. praktiziert wurde)

Auch die verschiedenen Sicherheitsorgane sind auf die neuen Herausforderungen vorbereitet. Sie unterstehen der Regierung des Staates der Vatikanstadt oder kooperieren mit dem Gouvernement *(Governatorato dello Stato della Cittá del Vaticano*, mit einem Präsidenten im Range eines Kardinals und einem Generalsekretär im bischöflichen Rang). Dieser Sicherheits- und Schutzapparat verfügt über folgende Einrichtungen:

– Die zivile Sicherheits- und Schutzbehörde *(Direzione di Servizi di Sicurezza e Protezione Civile)*.
– Die Gendarmerie *(Corpo di Gendarmeria dello Stato della Citta del Vaticano)*, geführt von einem Generalinspekteur).
Die Gendarmerie ist der alte *Corpo di Vigilanza*, zuständig

für die Sicherheit innerhalb des Staates der Vatikanstadt sowie die extraterritorialen vatikanischen Einrichtungen in Rom und außerhalb, z. B. Castel Gandolfo. Das Korps verfügt über eine Spezialeinheit mit ausgebildeten Scharfschützen, die den Papst auf seinen Fernreisen oder innerhalb Roms und Italiens bewacht.

– Die Schweizer Garde *(Corpo della Guardia Svizzera Pontificia)*. Sie übernimmt den Wachdienst innerhalb des Vatikans sowie den Personenschutz des Papstes auf dessen Reisen zusammen mit Beamten des Polizeikorps.

– Der italienische Staat übernimmt im Rahmen vertraglicher Vereinbarungen die Sicherung des vatikanischen Gebiets außerhalb des Vatikans und auf dem Petersplatz *(Ispettorato Generale di Pubblica Sicurezza presso il Vaticano)*.

Schließlich werden die Sicherheitsmaßnahmen koordiniert von einem Komitee, dem Vertreter der genannten Organe angehören. Das *Comitato per la Sicurezza*, mit einem Präsidenten an der Spitze, ist zwar kein Geheimdienst im strengen Sinne, es dürfte aber unter heutigen Gesichtspunkten den Charakter einer unter strengster Vertraulichkeit handelnden Sicherheitszentrale haben. Nach innen hin steht es in engstem Kontakt zum Substituten im Staatssekretariat (nach den kirchlich-hierarchischen Prinzipien unter seiner Kontrolle), nach außen zu den Geheimdiensten des italienischen Staats.

Auf welcher theoretischen Grundlage arbeiten Nachrichtendienste? Folgen sie einer eigenen »Philosophie« oder handeln sie einfach als Apparate, die, wenn sie einen sicherheitspolitischen Auftrag erfüllen, mal präventiv, mal aggressiv operieren und dabei Grundsätzen folgen, die eher formaljuristischen und methodischen Anforderungen genügen? Diese Frage wird selten gestellt und die Fachliteratur bietet dazu auch wenig Erhellendes an.

Gewiss kann man sagen, dass die Nachrichtendienste unter den früheren deutschen Parteidiktaturen ideologisch geprägt waren und neben Abwehr und Bekämpfung innerer wie äußerer Gefahren auch die Propagierung wie Durchsetzung der Weltanschauung des Staats, dem sie dienten, übernahmen und deren Gegner verfolgten und vernichteten, mithin Teil des Unterdrückungssystems dieser Regimes waren: Als »Schild und Schwert« der Partei, also der SED, bezeichnete sich das MfS. Ähnliches könnte man vom SD als Organ der NSDAP sagen.

Die Nachrichtendienste in der Bundesrepublik entwickelten sich in den Nachkriegsjahren, wie nicht anders im Osten, mit der Zustimmung und in enger Kollaboration mit den jeweiligen Alliierten. In der Bundesrepublik mit den westlichen, insbesondere mit dem zivilen amerikanischen Geheimdienst CIA.

Die bundesdeutschen Dienste sind institutionell voneinander getrennt: das Bundesamt für Verfassungsschutz BfV ist zuständig für das Inland, der Bundesnachrichtendienst BND für die Arbeit im Ausland. Auftrag der Auslandsaufklärung sei allein die Informationsbeschaffung, wird in der Eigenbeschreibung des Dienstes betont. Das soll wohl heißen, der BND ist nicht, wie etwa Amerikaner und Briten, mit der Organisation, Beteiligung oder Durchführung eigenständiger, mitunter paramilitärischer »Aktionen« befasst. Der dritte deutsche Geheimdienst, der Militärische Abschirmdienst MAD, verantwortet einen spezifischen Aufgabenbereich zum Schutz militärischer Geheimnisse.

Die beiden zivilen Dienste bemühen sich seit Längerem um mehr Transparenz in der Öffentlichkeit, um vom Image »finsterer Mächte« und dem »Schlapphut«-Klischee loszukommen und sich stattdessen als eine moderne, auf die Herausforderungen der Zeit eingestellte Sicherheitsbehörde darzustellen, die dem Wohl des Staats und jedes einzelnen Bürgers dient. Es haben sich Studien- und Diskussionskreise gebildet, denen auch ehemalige Mitarbeiter der Dienste angehören. Als unabhängige Foren, wie sie betonen, widmen sie sich der Geschichte und den aktuellen Fragen zum Thema »Intelligence«, wohl auch um das Misstrauen zu zerstreuen, das einen bei der Erinnerung an die »deutsche Vergangenheit« beschleicht, aber auch im Zusammenhang mit den immer wieder bekannt gewordenen Methoden des sowjetischen KGB, der amerikanischen CIA, des italienischen SISMI, der französischen DSGE, des britischen MI6, des israelischen Mossad und wer sonst noch gemeint sein mag. Der BND verzichtet auf eine »ideologisch« oder »philosophisch« legitimierte Selbstdarstellung. Er verfügt über »keine allgemeingültige Definition des Begriffs der nachrichtendienstlichen Tätigkeit«. Nachrichtendienste sollen, so die Aufgabenbeschreibung, eine möglichst zuverlässige Beschreibung und Analyse einer Lage, einer Entwicklung, eines Landes, einer Problemstellung und was auch immer im internationalen Bereich von besonderer Bedeutung für die eigene Regierung ist, liefern.

Nach Aussage der Behörde werden dazu nicht nur offizielle Unterlagen, Medienberichte, Erkenntnisse der Wissenschaften benutzt, sondern für bestimmte Aspekte auch Informationen, die auf nachrichtendienstlichem Wege beschafft und von der »anderen Seite« geheim gehalten werden. Die Beschaffung solcher Informationen und Unterlagen erfolge zielgerichtet. Mit Hilfe der integrierten, auch Ressortgrenzen überschreitenden Analyse schaffe man »ein umfassendes, zuverlässiges und in bestimmten Bereichen detailliertes Bild der Situation des Landes, des Menschen, des Geräts, also dessen, was aufgeklärt werden soll«. In der Ausbildung gehe es neben der gesetzlichen Legitimation »mehr um die Frage der nachrichtendienstlichen Mittel«. Eine detaillierte Definition der »Tätigkeit« würde die Arbeitsweise sehr einengen, wenn man die zahlreichen Veränderungen insbesondere im technischen Bereich bedenke: eine eher nüchterne Welt zwischen Elektronik im Cyberspace und Labor-Analysen. Sicher bleibt die Arbeit am Mann aber ohne Aussicht auf Abenteuer à la James Bond, also »nichts mit Schlapphut«.

Der politische Auftrag des BND ist klar. Er dient der Verteidigung des freiheitlich-demokratisch verfassten Rechtstaats. Ein Blick in Einschätzungen, Dossiers und Informationen des BND macht aber klar, dass die Arbeit zumindest in der Vergangenheit nicht im »wertneutralen« Raum gemacht wurde. Unter einigen seiner Amtsleiter stand man den Konservativen näher als den Linken. Da mag der Geist des Gründer-Generals Reinhard Gehlen noch über den Dächern von Pullach geschwebt haben.

Wie bereits angesprochen: Was für den BND nach Selbstdefinition und Arbeitsweise zutreffen mag, gilt nicht notwendigerweise für geheime Nachrichtendienste anderer Länder. Sie haben andere »Spielregeln«, nicht zuletzt, wenn sie an ein für die Staatsicherheit zuständiges Ministerium, in der Regel das Innenministerium, oder an die Streitkräfte angebunden bzw. einer bestimmten Waffengattung zugeordnet sind. Weitaus weniger zurückhaltend operieren jene Agenturen, die zur Kontrolle der eigenen Bevölkerung und zur geheimen Einflussnahme auf andere Länder angesetzt werden. Aus deutscher Vergangenheit genügen die Hinweise auf das Reichssicherheitshauptamt (RSHA) oder das Ministerium für Staatssicherheit (MfS).

3. Soutanen unterm Totenkopf

Mit eindeutiger Offenheit beschrieb der bereits genannte Expriester und SS-Kirchenreferent Albert Hartl das Feindbild der Nationalsozialisten und unterstrich dabei deren totalen Machtanspruch. Hitlers Weltanschauung wollte selbst Religion und Kirche im Staat sein. Die etablierten Kirchen verwandelten sich damit automatisch zum politischen wie weltanschaulichen Feind. Die katholische Kirche wurde unter dem Begriff »politischer Katholizismus« diffamiert. Laien, Klerus, Kirchengemeinden, Verbandskatholizismus und katholische Parteien wurden ohne Unterschied unter diesem Begriff zusammengefasst.

Das RSHA war am 27. September 1939 errichtet worden. In dem neuen Hauptamt der SS waren die Sicherheitspolizei (SIPO, bestehend aus Gestapo und Kripo) und der Sicherheitsdienst (SD), der Nachrichtendienst der NSDAP, zusammengefasst. Geführt wurde das RSHA anfangs von Reinhard Heydrich und nach dessen Tod, als Folge des Attentats vom 4. Juni 1942 in Prag, vom Reichsführer SS Heinrich Himmler selbst, bis es im Januar 1943 von dem SS-Obergruppenführer und General der Polizei Ernst Kaltenbrunner übernommen wurde. Die Zentrale des »Ordens unter dem Totenkopf« (Heinz Höhne) gehörte zu den am meisten gefürchteten Terrorinstitutionen des Dritten Reichs. Allein das geflüsterte Wort »Prinz-Albrecht-Straße«, die Adresse des Reichssicherheitshauptamts im Berliner Regierungsviertel, ließ die Menschen erzittern. Angehörige des SD waren auch an den Vernichtungsaktionen der Einsatzgruppen im Osten beteiligt.

Sowohl die Gestapo, die politische Polizei des NS-Regimes, wie der Sicherheitsdienst mit einem ausgedehnten Agenten- und Spitzelnetz, waren auf die Kirchen und Religionsgemeinschaften im In- und Ausland angesetzt. Einige wenige Hintermänner, Experten für theologische Fragen und Sachkenner der kirchlichen Strukturen, erarbeiteten die Materialien zur Vorbereitung auf die antikirchlichen operativen Maßnahmen von Geheimpolizei und Geheimdienst des nationalsozialistischen Systems. Wo eigene Sachkunde fehlte, holten sie sich Fachleute, bevorzugt abtrünnige oder zur Kollaboration bereite Priester und Ordensleute, die aus verschiedenen Gründen ihrer Kirche den Rücken gekehrt und sich der nationalsozialistischen Bewegung anschlossen hatten.

Der erste Katholiken-Referent der SS in »der nicht sehr langen, aber gewichtigen und einflussreichen Reihe katholischer Priester«, wie der Historiker Klaus Scholder urteilt, war der SS-Obersturmbannführer Wilhelm August Patin, ein promovierter Jurist und Theologe. Der ehemalige Stiftskanonikus an der Münchner Hofkirche und Vetter Heinrich Himmlers kam schon 1933 zum SD nach München. Bereits 1934 lieferte er seinem Chef Reinhard Heydrich eine erste Expertise für den Kampf gegen die Kirche. Im selben Jahr wurde er vom Erzbischöflichen Ordinariat in den vorzeitigen Ruhestand versetzt. 1938 trat er aus der Kirche aus.

Patins »Ziehsohn« war Albert Hartl, ein ebenfalls abtrünniger Priester der Münchner Erzdiözese. Er leitete ab 1935 zunächst die kirchenpolitische Abteilung des damaligen SD-Hauptamtes.

Der Sicherheitsdienst SD sollte später zu einem eigenen SS-Hauptamt erweitert werden. Für Kirchen und Religionsgemeinschaften wurde ein mehrfach untergliederter eigener Amtsbereich geschaffen. Hartl leitete seit 1934/35 das Referat »Konfessionell-politische Strömungen – politische Kirchen«. Nach Erweiterung des Sicherheitsdienstes zu einem eigenen Hauptamt war dies das Referat II 113 »Politische Kirchen«, nach der

Übernahme in den Auslands-SD (Amt VI) des RSHA die Abteilung II B 3.

Die Funktionen der Kirchenabteilung waren bis ins Kleinste beschrieben: Ausforschung und Überwachung der Struktur und des Personals der Kirchen und Religionsgemeinschaften; Beobachtung der Arbeit der kirchlichen und religiös orientierten Organisationen; die Beschaffung von Informationen sowie die Anwerbung von geheimdienstlichen Mitarbeitern. Wo immer Hartl seine Hand im Spiel hatte, drückte er der Religionspolitik des NS-Systems seinen eigenen, von antikirchlichem Hass gekennzeichneten Stempel auf.

Hartls »Karriere« ist typisch für viele »braune Priester«, die dem NS-Unrechtsregime dienten. 1904 in eine katholische Lehrer-Familie in Roßholzen, Oberbayern geboren, war er als Kind Chorknabe, besuchte dann eine Klosterschule und machte dort 1923 sein Abitur. In München studierte er Theologie, Philosophie und Pädagogik. Schon kurz nach der Priesterweihe 1929 als Kaplan und Religionslehrer näherte er sich dem Nationalsozialismus an. 1933 brach er mit der Kirche und trat in die NSDAP ein. Ein Jahr später wurde er Mitglied der SS. 1939 beteiligte sich Hartl an SD-Aktionen gegen Jesuiten in Krakau. Dann folgt ein Bruch in seiner »Karriere«. Er stolpert über eine »Frauengeschichte«. Da ist der Priester Hartl nicht allein, wie die gebrochenen Lebensgeschichten einiger seiner Mitbrüder im geistlichen Amt, die in den Fängen der Geheimdienste landen, auf beschämende Weise zeigen. Hartl jedenfalls muss 1941 ein internes SS-Disziplinarverfahren wegen angeblicher sexueller Belästigung einer Bibliothekarin über sich ergehen lassen. Seine (dem Zölibatären verbotene) körperliche Zuneigung zum weiblichen Geschlecht hat ihn vermutlich schon vorher in Konflikt mit seinem geistlichen Amt geführt und könnte einen Teil seines Kirchenhasses erklären. Er erhielt einen strengen Verweis wegen »SS-strafwürdigen Verhaltens«.

1942 wurde er zum »Stab der Einsatz-Gruppe C in der Ukraine« strafversetzt, zum BdS (Befehlshaber der Sicherheitspolizei und des SD) in Kiew, SS-Gruppenführer Dr. Thomas. Dort war er in der Personalabteilung tätig, hatte also nichts mit den Mordaktionen der Einsatzgruppe zu tun. Hartl selbst sah die Abkommandierung offenbar als Fortsetzung eines Sonderauftrags, der ihm von Heydrich erteilt worden war. Dieser habe ihn schon 1941 nach Russland geschickt, um die Vorgänge in den Kirchen des Ostens zu beobachten und die dort behandelten religiösen Fragen aufzunehmen.

Nach dem Krieg, im Verhör vor einem amerikanischen Geheimdienstoffizier, lieferte Hartl eine andere Version: Die Versetzung in den Osten habe er einem Racheakt Heydrichs zu verdanken, der auf eine private Affäre zurückzuführen sei. Hartl hatte 1937 geheiratet, seine Frau Marianne war zu jener Zeit Jungmädel-Führerin. Nach der Eheschließung enthielt sie sich jeglicher Parteitätigkeit, freundete sich aber mit Heydrichs Ehefrau an. Gegen den glatten, undurchsichtigen Reinhard Heydrich habe sie immer Vorbehalte gehabt, weil dieser in ihrem gerade mal 160 Zentimeter großen Mann Albert alles andere als den idealen SS-Mann gesehen habe. Als sich Heydrich dann noch eines Tages der Frau seines Untergebenen etwas zu eindeutig genähert haben soll, habe diese ihm kräftig »eine gelangt«, berichtete Hartl nach dem Krieg amerikanischen Vernehmungsoffizieren. Darauf sei es »aus gewesen« mit der Freundschaft.

Was bleibt, ist eine schillernde Story zweier Männer, die ihre sexuellen Triebe nicht immer unter Kontrolle hatten. Vielleicht aber hatte Heydrich bei allem Hass auf das Katholische letztlich doch Mitleid mit seinem Paladin. Er wollte ihn von den Mordaktionen im Osten fern halten und zog ihn deshalb aus der Militärverwaltung ab.

Dennoch sah Hartl genug von dem, was hinter der Front bei den Aktionen der Einsatzkommandos geschah. Er wusste nun, was mit den »Judenangelegenheiten« tatsächlich gemeint war. In seiner Vernehmung durch den amerikanischen Geheimdienst ging er darauf ein. Massenexekutionen, vor allem an Juden, hätten in der Ukraine ständig stattgefunden. Hartl: »Als Eichmann mir 1941 sagte, dass er beabsichtige, die Juden in Russland zu vernichten, habe ich ihn nicht ernst genommen. Nun sah ich, dass diese Politik allen Ernstes durchgeführt wurde. Die großen Massenexekutionen wurden im Dezember 1941 von Einsatzkommandos durchgeführt, die den Kampfeinheiten auf dem Fuß folgten.« Hartl erlitt unter diesen Eindrücken einen Nervenzusammenbruch und musste sich in einem Sanatorium erholen. Vielleicht wollte sich Hartl auch auf diese Weise einer weiteren Zeugenschaft dieser Verbrechen entziehen. Seine Dienste für die SS stellte er allerdings, soweit aus den Akten ersichtlich ist, nicht ein.

Nach dem Genesungsurlaub fand er aber in den SD zurück und wurde nun Agent zur Beschaffung von Informationen. 1943 sehen wir ihn bei Bischof Alois Hudal in Rom, jenem Rektor des österreichisch-deutschen Studienkollegs *Santa Maria dell'Anima*, der nach Kriegsende neben vielen Menschen in Not auch Nazi-Kriegsverbrechern zur Flucht verhalf. Zum Zeitpunkt von Hartls Besuch aber ist Bischof Hudal noch immer der von der Illusion beflügelte, von der Kurie jedoch misstrauisch beobachtete Prälat, der von einer Aussöhnung zwischen Christentum und dem »guten Teil« des Nationalsozialismus und einer Annäherung zwischen Hitlerdeutschland und dem Vatikan träumt.

Gegenüber Hartl behauptete Bischof Hudal, er habe als Nachfolger des verstorbenen Reichskirchenministers Kerrl zur Verfügung gestanden. Dieses Vorhaben sei aber in letzter Minute am Einspruch Martin Bormanns, des allmächtigen Chefs der Parteikanzlei gescheitert. Die Geschichte des Dritten Reiches, wie sie von manchen dieser »Zeitzeugen« in den ersten Nachkriegsjahren verbreitet wurde, ist voll von solchen Geschichten, die zwischen Wahrheit und Märchen changieren. Der Blick in die Archive ist in vielerlei Hinsicht noch immer von Sichtblenden verstellt.

1945 geriet Hartl in Kitzbühel in amerikanische Kriegsgefangenschaft. Er hatte die Amerikaner wohl gesucht, um einem schlimmeren Schicksal zu entkommen. Und er hatte schon neue Pläne. Bereitwillig und ausführlich gab er seine Kenntnisse über die katholische Kirche und seine Erfahrungen in den Kriegsjahren an den Geheimdienst der US-Armee weiter. Den Vernehmungsoffizieren, die ihn in mehreren langen Sitzungen verhörten, diente er sich zugleich als Experte für einen von ihm zu organisierenden Geheimdienst an. Das Chamäleon Hartl hatte keine Skrupel, beim »Umschwung« die Uniform und den Dienstherrn zu wechseln, wie übrigens nicht wenige NS-Größen jener Zeit.

Im Vergleich zu anderen, die das Inferno des Kriegs durchlitten hatten und mit ihrer eigenen Hände Arbeit eine neue Existenz aufbauen mussten, kam der ehemalige »Agent im Zeichen des Totenkopfes«, angeblich vom amerikanischen Geheimdienst gedeckt, einigermaßen unbeschadet über die Runden. Dem Ehepaar Hartl, bis dahin kinderlos, wurden Zwillinge geboren. Hartl unterrichtete Kunstgeschichte an einer Mädchenschule in Ludwigshafen am Bodensee und betätigte sich als Schriftsteller für leichte Kost. Er sympathisierte mit der Bewegung der Freireligiösen, einer Religion ohne persönlichen Gott und ohne Dogmen, die sich als Religion auch schon dem Nationalsozialismus empfohlen hatte. 1982 starb der Mann, der seine Kirche verraten hat.

Aber zurück in die Kriegsjahre. Im Frühjahr 1941 wurden die SS-Kirchenreferate getrennt: ein Teil wanderte zum Amt IV Gegnerforschung und Bekämpfung (identisch mit dem Geheimen Staatspolizeiamt, kurz: »Gestapa« – geleitet von Heinrich Müller, zuletzt SS-Gruppenführer). Hartl, im Rang eines SS-Sturmbannführers, leitete jetzt die Gruppe IV/B »Politische Kirchen, Sekten, Juden«. Er hatte sein Büro in der Prinz-Albrecht-Straße 8, während die Unterabteilung IV B 1 »Politischer Katholizismus« in der Meinekestraße 10 untergebracht war, geleitet von SS-Sturmbannführer Regierungsrat Joseph Roth. Und auch noch eine weitere Abteilung gehörte zur Amtsgruppe des ehemaligen Priesters: das berüchtigte Referat IV B 4, mit der eher verharmlosenden Bezeichnung »Judenangelegenheiten, Räumungsangelegenheiten«, in der Kurfürstenstraße 115–116. Dessen Leiter war SS-Sturmbannführer Adolf Eichmann, der Chefplaner der Deportationen in die Vernichtungslager. Hartl hatte gegenüber dem Eichmann-Referat keine Weisungsbefugnis, es war ihm nur verwaltungsmäßig zugeordnet.

Weitere Aufgaben übernahm das Amt für »Weltanschauliche Forschung und Auswertung«, Amt VII, Amtschef Prof. Dr. Franz Six, letzter Dienstgrad: SS-Oberführer. Er brachte eine »Magnacumlaude«-Promotion bei seinem Eintritt in Himmlers Elitetruppe mit. Von 1937 bis 1939 leitete er faktisch den SD-Inland, bis er die wissenschaftliche Abteilung des SD-Apparats im RSHA übernahm. Er war auch nicht von »operativen Aufgaben« befreit: Im Juni, Juli 1941, im Rahmen des »Unternehmens Barbarossa«, dem Angriff auf die Sowjetunion, wurde er einem »Vorkommando Moskau« der Einsatzgruppe B zugeteilt. Zurück in Berlin leitete er ab 1. September 1942 die kulturpolitische Abteilung des Auswärtigen Amts.

Die Nazipriester Patin und Hartl wurden vom Münchner Erzbischof Kardinal Faulhaber aus dem kirchlichen Dienst entfernt, nachdem die katholische Kirche 1934 beschlossen hatte, dass die Mitgliedschaft von Priestern in der SS unvereinbar sei mit ihrem geistlichen Amt. Dieser Beschluss wurde 1937 auch auf die Mitgliedschaft in der NSDAP ausgedehnt. Patin und Hartl hatten sich ohnehin, sozusagen *ipso facto*, exkommuniziert, sodass es eines eigenen kirchenrechtlichen Verfahrens oder eines Spruchs durch den Papst nicht bedurft hätte – ein Akt, der allerdings ausblieb. Seine öffentliche Wirkung wäre in jenen Jahren sowieso fragwürdig gewesen.

Hartl blieb in der Folge über lange Zeit einer der wichtigsten Kirchen-Experten der Gestapo. In einem von ihm erarbeiteten Arbeitsplan von 1937 beschrieb er, wie vorzugehen sei: »Endziel der Aufgaben der Abteilung ist, die politischen Kirchen und Sekten als Gegnerformen des nationalsozialistischen Staates und der nationalsozialistischen Weltanschauung aus Deutschland völlig zu verdrängen und gleichzeitig ihre Kampfstellung gegen Deutschland im Ausland zu brechen.« …»Nahziel ist, die konfessionellen Gegner von jeder öffentlichen Betätigung zu verdrängen und auf interne religiöse Sektenarbeit zu beschränken.« …»Nächstes Ziel ist die Trennung von Staat und Kirche und die Beschränkung aller kirchlichen Gruppen auf die Tätigkeit eines eingetragenen Vereins.« …»Nachrichtendienstliche Voraussetzung dafür ist die ständige Beobachtung aller Bemühungen dieses Gegners, seiner ständigen Änderung der Taktik, der Angriffe und der Verteidigung, der Illegalität der Führung usw.«

Hartl beschränkte sich aber nicht auf die katholische Kirche in Deutschland, er wollte sogar in das Zentrum kirchlicher Macht in Rom eindringen. Sein Konzept sah vor:»Durch Erfassung und Beobachtung aller wichtigen Vorgänge in der Führung der Kirche am Vatikan und in den wichtigsten Ländern der Welt, durch entsprechende V-Männer am Vatikan und in den verschiedensten wichtigsten katholischen Ländern der Welt, durch enge Zusammenarbeit mit der Auslandsorganisation der NSDAP, mit dem Büro Ribbentrop, mit dem Studentischen Austauschdienst und teilweise mit dem Auswärtigen Amt des Reiches und dem Außenpolitischen Amt der NSDAP, durch enge Zusammenarbeit mit der Zentralabteilung III 1 und durch ständige Beobachtung der in der Presse und im Schrifttum zu diesem Fragenkomplex erscheinenden Mitteilungen, muss dieses Referat in der Lage sein, ständig über die Belegungen, Pläne und Aussichten der kirchlichen Hierarchie in der ganzen Welt und die sich daraus ergebenden weltpolitischen Folgerungen Auskunft zu erteilen.«

Hartl empfahl das»sorgfältige Studium« der vatikanischen Tageszeitung *Osservatore Romano*, der amtlichen Verlautbarungen der römischen Kurie in den *Acta Apostolicae Sedis*. Auch die Zeitschriften der Jesuiten *Civiltá Cattolica* und *Stimmen der Zeit* vergaß er nicht.»Fortlaufende Orientierung des

Reichsführers, des Stellvertreters des Führers, des Propaganda-
ministeriums, des Ministerpräsidenten Göring, der Auslands-
organisationen usw. sind auf diesem Gebiet besonders notwendig.« Schließlich: »Der vatikanische Sender und die sonstigen
katholischen Sendestationen müssen nicht nur während ihrer
normalen Sendezeit, sondern auch allgemein nach geheimen
Sendungen intensiv beobachtet werden.«

Hartl arbeitete eng mit dem ehemaligen Münchner Priester
Joseph Roth zusammen. Der hasste »die Juden«, verdammte die
»Weimarer« und konnte »Versailles« nicht vergessen. 1934 trat
er in die SA ein, 1935 in das neu geschaffene Reichskirchenministerium. Dort übernahm er 1936 die katholische Abteilung.
Roth war für Hartl ein zuverlässiger »Kollege«. Auch er hatte
ein Zölibatsproblem, die immer in diesen Kreisen offenbar übliche »Affäre mit einer Frau«. 1941 kam Roth in Tirol bei einem
Unfall mit dem Faltboot ums Leben.

In Rom konnte Hartl auf einen Mitarbeiter in den vatikanischen Archiven zurückgreifen, einen früheren Kurskamera-
den und Freund, den deutschen Geistlichen Dr. Birkner. Er war
Hartls wertvollster Nachrichtenzuträger, wie ein österreichischer V-Mann aus Rom berichtet. Der Archivar stand auch im
engen Kontakt mit dem für das Auswärtige Amt nachrichtendienstlich aktiven SS-Sturmbannführer Werner Picot an der
deutschen Botschaft beim Heiligen Stuhl.

Birkner, der »Maulwurf« im Geheimarchiv des Papstes, hatte
sich vor allem auf die Jesuiten eingeschossen. Ihre »gefährliche
Arbeit« in Rom würde innerhalb des Reichs noch viel zusehr
unterschätzt, klagte er gegenüber dem V-Mann des SD-Ab-
schnitts Donau. Vor allem war ihm offenbar Jesuitenpater Leiber, der Privatsekretär Pius XII., ein besonderer Dorn im Auge.
Leiber sei die »Graue Eminenz« des Vatikans in allen deutschen
Angelegenheiten. Er vertrete die Meinung, dass für die Kirche
die große Hoffnung darin bestehe, dass das nationalsozialisti-
sche System in absehbarer Zeit durch einen Krieg vernichtet
werde. Sollte kein Krieg kommen, so erwarte die vatikanische

Diplomatie eine Änderung der Lage in Deutschland spätestens nach dem Tod des Führers. Die Kirchenpolitik Hitlers sei so klug, dass gegen sie schwer anzukommen sei. Dies sei auch die Meinung seines Freundes Preysing (Bischof von Berlin, d. A.), den er, Leiber, für noch fähiger halte als Faulhaber (Erzbischof von München und Freising, d. A.). Übrigens sei dies auch die Meinung Brünings. Aus dieser Bemerkung sei zu entnehmen, dass Heinrich Brüning (Reichskanzler 1930–1932, d. A.) vom Vatikan gelegentlich wieder zu Rate gezogen werde.

Post vom Spion

Der Brief kam aus dem Stammhaus in Berlin. Es ging um die Herstellung in Pommern, um einen Stand auf dem bekannten Ausstellungsgelände in der Hauptstadt. Der Repräsentant wurde aufgefordert, sich an Herrn Pape zu halten. Absender der Mitteilung war die Direktion. Sie wurde über die Versandabteilung weitergegeben an die Zweigstelle der Korrespondenzabteilung. Auch sollte die Produktion geklärt werden, d. h. welche Fabrik in Frage käme und welches Muster. Eine Information des Vorstands und des Geschäftsführers sei nicht erforderlich. Der Zentralverlag sei allerdings interessiert zu erfahren, was am Kiosk verbreitet werde. Man beschäftige sich im Übrigen zurzeit intensiv mit dem Befinden der Kundschaft und wolle etwas über eine bestimmte Krankheit veröffentlichen. Sobald der Vertreter den Auftrag erledigt habe, so die Anweisung aus Berlin, könne er sofort eine Erholungsreise nach Flensburg antreten. Er würde dort schon von der Gefolgschaft erwartet. Vielleicht wäre es ja ganz gut, wenn er ein Auge auf die Konkurrenz werfen könne.

Sicherlich fällt dem Leser auf, dass mit dem Text etwas nicht stimmen kann. Wir haben ihn mit Hilfe von Codewörtern fabriziert, die dem Decknamen-Verzeichnis des SD vom 27. August 1940 entnommen wurden. Der Text ist nicht als Scherz gedacht, er soll auch den Ernst des Kampfauftrags der Geheimdienste des Dritten Reiches nicht verharmlosen, sondern einen Blick in die Werkstatt der Schattenkrieger erlauben. In Klartext würde dabei etwa Folgendes herauskommen:

Das Schreiben stammt aus dem Reichssicherheitshauptamt in Berlin. Es geht um Nachrichtenbeschaffung in Italien, und zwar im Vatikan, vor allem über Papst Pius XII. Absender der Weisung ist der Auslandsnachrichtendienst des SD, und zwar die für Italien zuständige Abteilung, die ihre Außenstelle in Rom informiert, ihren auf den Vatikan angesetzten V-Mann entsprechend zu beauftragen. Der soll gleichzeitig klären, ob die Informationen über einen Geheimsender übermittelt und wie sie getarnt werden sollen. Das Auswärtige Amt und der Botschafter sollen nicht informiert werden. Das Propagandaministerium interessiere sich für Informationen über die Kirche und beschäftige sich mit dem jüdischen Einfluss auf das Wirtschaftsleben. (Hier wählen die Kryptografen der SS den Begriff »Krankheit«. Sie schrecken vor keiner Infamie zurück, ganz im Stil der rassistischen Ideologie des NS-Regimes.) Der V-Mann soll nach Erledigung seines Auftrags nach Florenz reisen und dort ein Nachrichtennetz aufbauen. Mitglieder der SS erwarteten ihn dort. Er wird aufgefordert, die Tätigkeit des britischen Geheimdienstes zu beobachten.

Wie gesagt, ein fiktiver Text. Aber die Agenten vor Ort mochten sich wohl nicht so recht mit einer solchen Schreibweise anfreunden. In dem Anschreiben des »befehlsgemäß« eingereichten Decknamenverzeichnisses, das im Verkehr mit den VM des Referats VI E 1 gebräuchlich war, wird bemerkt, dass es zurzeit überflüssig sei zu chiffrieren und dass die Mitteilungen im Großen und Ganzen im Klartext geschrieben werden könnten. Selbst die Experten befürchteten wohl, in diesem Begriffs-Tohuwabohu die Übersicht zu verlieren. Erst mit dem Kriegsausbruch 1939 änderte sich die Berliner Zurückhaltung. Solange Italien noch keinen Krieg führte, musste Rom als Basis genutzt werden, um von dort aus nachrichtendienstlich gegen die Feindmächte und andere Länder zu operieren. Ende 1940 nahm der SD eine systematische Tätigkeit in ganz Italien auf. Für die Geheimpost nach Berlin wurde der diplomatische Kurierweg des Auswärtigen Amts genutzt. V-Männer berichteten aber auch an das Reichssicherheitshauptamt direkt. Damit hatte ein Mann Kontrolle über den Geheimdienstapparat, der Furcht und Schrecken in Rom verbreitete. SS-Sturmbannführer, später SS-Obersturmbannführer Herbert Kappler. Er war hauptamtlicher Mitarbeiter des Reichssicherheitshauptamtes (Amt IV Gestapo) und im diplomatischen Rang eines Polizei-Attachées an die Botschaft Rom versetzt. Von Beginn an beim Aufbau des Spionagenetzes in Italien beteiligt, steuerte er auf römischer Seite die Kurierdienste des SD und ab 1943 die der Abwehr. Kappler musste »eingreifen«, wenn V-Leute Gefahr liefen, von italienischer Seite »dekonspiriert« zu werden. Er unterhielt enge Verbindungen zur Geheimpolizei Mussolinis und den italienischen Nachrichtendiensten. Beim Auslands-SD wurde er unter der Decknummer I/H 6836 geführt, sein Deckname war »Apfel«.

Bei der Auswahl der V-Männer mühte sich Berlin um besondere Vorsicht. Manche der noch zu gewinnenden Mitarbeiter lebten schon lange in Italien und fühlten sich dort wie zu Hause. In einem eng befreundeten Land konnten sie sich leicht einer gewissen Sorglosigkeit hingeben, ein Gefahrenmoment, das die Sicherheitsleute zu berücksichtigen hatten. Das Verhältnis zwischen SD und Gestapo war zu diesem Zeitpunkt nicht gerade reibungslos. In einem Entwurf über Sicherungsmaßnahmen für die Tätigkeit der V-Männer im Ausland wird zwar eine Zusammenarbeit »über den bei der Deutschen Botschaft in Rom befindlichen Beauftragten der Geheimen Staatspolizei« vorgeschlagen. Eine handschriftliche Notiz am Rande des Blatts vermerkt aber: »Unmöglich!«

Die ND-Arbeit (ND = nachrichtendienstlich) war also eingeschränkt. Sie hatte sich nur gegen andere Länder zu richten und das dabei anfallende Nachrichtenmaterial über Italien selbst war nur als ein »Nebenergebnis« zu werten. An diesen Grundsatz musste sich die Ausrichtung der VM (Vertrauensmänner) und der ihnen übertragenen Aufgaben halten. Dennoch war es ein listiger Schachzug des SD gegenüber der Konkurrenz im Reichssicherheitshauptamt, vor allem der Gestapo: Zwar keine direkte Spionage gegen den Freund Mussolini zu betreiben, sondern nur mitzunehmen, was »anfiel«, aber damit war man schon mal im Land. Der Bund Hitlers mit dem Duce war offenbar alles andere als ein »Stahlpakt«. Die internen Papiere des SD machen noch heute deutlich, wie wenig sich die Partner über den Weg trauten.

In einem Tätigkeitsbericht heißt es: »Die Annahme, dass eine nachrichtendienstliche Betätigung in Italien leicht war, beruht auf einem grundsätzlichem Irrtum. Gerade die Stellung Italiens in seiner Eigenschaft als Achsenpartner und politischer Freund des Reiches ließ äußerste Vorsicht als unbedingt notwendig erscheinen, da jedes Bekanntwerden einer illegalen nachrichtendienstlichen Betätigung in dem eng befreundeten Lande bei der Mentalität des Italieners zu katastrophalen Auswirkungen geführt hätte. Aus diesem Grunde ist es selbstverständlich, dass die Tarnung jedes eingesetzten VM, von dem direkte Fäden nach hier laufen, auf das Sorgfältigste vorbereitet und durchgeführt werden musste.«

Ein Jurist leitete von Rom aus unter der Deck-Nummer I 6885 als hauptamtlicher SD-Führer das gesamte VM-Netz in Italien. Er hatte den gesamten Apparat zu sichern, aber auch selbst über alle Lebensgebiete Italiens zu berichten und Verbindungen zu Regierungsstellen zu unterhalten. Getarnt wurde er als offiziell Beauftragter der Deutschen Kongress-Zentrale für die Vorbereitung der Weltausstellung in Rom 1942. Als solcher konnte er sich uneingeschränkt bewegen, »besonders italienischen Behörden gegenüber«.

Als weiterer Führungs-VM fungierte der ehrenamtliche Mitarbeiter des SD mit dem Decknamen »Öttinger« (Decknummer: I/H 6852). Offiziell arbeitete er als Journalist für mehrere deutsche Tageszeitungen in Italien. Das war natürlich nur eine Tarnung. Er schrieb für die *Münchner Neuesten Nachrichten*, die *Münchner Süddeutsche Sonntagspost* und zeitweilig auch für das *Schwarze Korps*, das Organ der Reichsführung SS, Himmlers Zeitung. Später verhalfen ihm seine geheimen Arbeitgeber, die römische Korrespondentenstelle für alle zum niedersächsischen Parteiverlag gehörenden Zeitungen zu übernehmen. Außerdem war er verantwortlich für die deutsche Ausgabe des *Marc Aurelio* und »Lokalschriftleiter« (der Begriff »Redakteur« war im Dritten Reich verpönt) des für die deutsche Kolonie bestimmten Teils des *Tevere*. »Diese Tätigkeit eröffnet ihm viele Verbindungen, gewährleistet ihm auch genügend Bewegungsfreiheit«, – was ja schließlich im Sinne seiner Auftraggeber war – obschon sie ihm keine Reichtümer verschaffte: für seine Spionagetätigkeit erhielt er ein monatliches Auslandsgehalt von 120 Dollar, zuzüglich eines Inlandsgehalts für die Familie von 250 Mark. Für Treffs mit ihm unterstellten VM und Gewährsleuten gab es einen Spesenvorschuss von 140 Dollar, der penibel abzurechnen war, versteht sich.

»Öttinger« war auch zur Tarnung Presseamtsleiter der Auslandsorganisation der NSDAP in Rom und steuerte u. a. im Auftrag des Italienreferats des SD den V-Mann mit der Decknummer 6852/1 (spätere Decknummer I/H 6900). Bei diesem sollte es sich nach einer Geheiminformation des SD um einen Angehörigen eines deutschen Fürstenhauses handeln, der sich in der Ewigen Stadt aufhalte, um eine Kriegsverletzung auszuheilen. »Öttinger« nutzte die guten Beziehungen des Adligen zum italienischen Königshaus und zum Vatikan aus.

Die Berufsbezeichnung »Korrespondent« hatte in jenen Jahren einen zweideutigen Klang. Waren die einen zur Tarnung in Ausübung des eigentlichen Berufs als Journalisten eingebaut, so übernahmen die anderen, die echten Journalisten, die geheimen Schreibarbeiten sozusagen als willfährigen Nebenjob. Insbesondere die Auslandskorrespondenten der *Münchner Neuesten Nachrichten* waren offenbar in die Agententätigkeit des

SD eingespannt. Prominentester »Korrespondent«, der auch aus Rom berichtete: Chefredakteur Giselher Wirsing, in seiner »zweiten Laufbahn« zuletzt SS-Sturmbannführer. Wirsing, der als Spitzenjournalist galt, schrieb nicht nur im Sinne des Systems, auch in seinen Berichten aus Rom, sondern er arbeitete eng mit Walter Schellenberg zusammen. Schellenberg stieg 1944, nach der Ausschaltung von Admiral Canaris und der Übernahme des Auslandsnachrichtendienstes der Abwehr in den SD, zum obersten Geheimdienst-Chef des NS-Regimes auf. Nach dem Krieg gründete Giselher Wirsing, unterstützt von einer Redaktionsgemeinschaft namhafter Publizisten des konservativen Spektrums, die Wochenzeitung *Christ und Welt*, die er viele Jahre leitete.

Unter den weiteren Mitarbeitern des Italienreferats des SD befanden sich ein deutscher Konsul, ein mehrfacher Millionär; ein selbständiger Buchdrucker, zuständig für die »unteren Volksschichten«, und eine Gräfin des ehemaligen österreichischen Hochadels mit verwandtschaftlichen Beziehungen zu Fürstenhäusern anderer Länder.

Mitunter gönnten sich auch die Berliner Oberspione Ausflüge an den Tiber und den Arno. Im Frühjahr 1940 reiste der Katholizismusreferent des SD, SS-Hauptsturmführer Helmut Looß nach Rom und Florenz. In einem anschließenden Bericht vom 20. Mai wird unter »Zusammenarbeit mit kirchlichen Kreisen« festgehalten: »Mit dem V-Mann L 14 wurden die weiteren Aufträge aufgrund seiner neuen Stellung als Assistent im vatikanischen Orientalischen Institut geklärt. L 14 wurde angewiesen, die von diesem römisch-kirchlichen Institut leicht erreichbaren Jahresberichte, Handbücher, Schematismen und sonstigen Materialien zur Bearbeitung und Erkundung des römisch-kirchlichen Gegners zu beschaffen. Darüber hinaus wurde L 14 aufgrund seiner Beziehungen zu Professor Leiber (Privatsekretär von Pius XII., d. A.) und der Schwester des Jesuitenpaters Friedrich Muckermann (ein scharfer Gegner des Nationalsozialismus, d. A.) und zu der Geistlichkeit in der Umgebung Hlonds« (im römischen Exil lebender polnischer Primas August Kardinal Hlond, d. A.) für weitere entsprechende Ermittlungen angesetzt.«

Einen »fruchtbaren Kontakt« hatte der Offizier des SS-Geheimdienstes auch mit V-Mann L 21. Als Spross eines katholischen Adelsgeschlechts und Neffe des Abt-Primas der Benediktiner erhoffte man sich über ihn Zugang zu höchsten Kreisen. Von ihm hatte er erfahren, dass der Adlige bereits Pater Ledochowsky, den Ordensgeneral der Jesuiten, und Professor Leiber, »den jahrelangen engsten Mitarbeiter Pacellis aufgesucht ... und auf verschiedenen Tees und Gesellschaften« auch mit englischen und amerikanischen Kreisen Fühlung genommen habe. »Für die weiteren Besuche und Audienzen wurden mit L 21 die hierbei zu berücksichtigenden Gesichtspunkte geklärt. Ihm wurde eine Audienz bei Kardinalstaatssekretär Maglione zugesichert und eine Privataudienz beim Papst in Aussicht gestellt.« Looß stellte fest: »Gegenüber nachgeordneten Vatikanstellen wäre L 21 dann für weitere Gespräche in der Vorhand.« Der Verdacht liegt nahe, dass es sich bei dem mehrfach genannten Herrn blauen Geblüts um ein und dieselbe Person gehandelt haben muss.

L 21 wusste aber auch zu berichten, dass römische kirchliche Kreise den Eintritt Amerikas in den Krieg nach der Wiederwahl Roosevelts mit absoluter Sicherheit erwarteten. Die Tätigkeit des Sonderbeauftragten des amerikanischen Präsidenten Myron Taylor im Vatikan verfolge lediglich das Ziel, durch eingeschaltete Friedensaktionen im Zusammenwirken mit dem Vatikan den Ablauf des Geschehens bis zum Eintritt Amerikas in den Krieg zu verzögern.

I/H 6900, L 21, usw.: Mit Absicht haben wir auf die »Klarnamen« verzichtet, also auf die Familiennamen der Agenten und V-Leute und belassen es bei den internen Deckbezeichnungen. So erhält man am besten ein Gefühl für das spezifische Milieu dieser Schattenwelt. Wir können angesichts der Vielfalt der Quellen feststellen, dass der SD, der Spionageapparat Nazideutschlands in Italien und speziell beim Vatikan, doch recht gut »aufgestellt« gewesen sein musste. Angesichts dessen, so wird sich noch herausstellen, stand die Qualität des gelieferten Materials und der Erkenntnisse des Reichssicherheitshauptamtes (RSHA), die man aus Rom bezog, in einem eigentümlichen Missverhältnis.

Feind hört mit

In Berlin lauschten die Nazis in den Äther. Die Abhörstelle »Seehaus« war auf das Mitschneiden von Rundfunksendungen aus der ganzen Welt spezialisiert. Dazu gehörte selbstverständlich auch »Radio Vatikan«. Die von Jesuiten geleitete »Stimme des Papstes« fand das besondere Interesse des Reichsministeriums für kirchliche Angelegenheiten (Reichskirchenministerium). Die »äußerst deutschfeindliche Propaganda«, wie in Berlin notiert wurde, veranlasste Goebbels im April 1941, die täglichen Nachrichtensendungen ständig überwachen zu lassen.

Das Redaktionsgebäude von Radio Vatikan befand sich im Übrigen auf italienischem Staatsgebiet, wie auch der Palazzo des Heiligen Uffiziums. In einer Art »Husarenstreich« hatte das vatikanische Staatssekretariat das Gelände durch ein Sperrgitter absichern lassen. Das Gitter existiert heute noch zwischen der Glaubensbehörde und den Kolonnaden und versperrt den Zugang zur Benediktionsaula und zum Campo Santo. Lediglich ein Tor steht offen, das von Schweizer Gardisten bewacht und nachts geschlossen wird. So wurde stillschweigend, ohne Widerrede Mussolinis, ein Stück alter Kirchenstaat »zurückerobert«.

Über die Auslands-Sender bekamen die Nazis auch, und das in reichlichem Maße, ihre eigenen Schandtaten zu hören. Die Mitschriften solcher Nachrichten lieferten dem deutschen Widerstand nützliches Propaganda-Material. Dies ärgerte Goebbels derart, dass er »Seehaus« als eine »Quelle des Defätismus«

bezeichnete. Als »Rundfunktechnische Versuchsanstalt« getarnt, war die Abhörstelle als zentraler Monitor-Dienst im Juli 1940 eingerichtet worden. Die Installationen befanden sich im »Schwedenpavillon«, einem ehemaligen Hotel mit einem angeschlossenem beliebtem Ausflugslokal am Großen Wannsee. Der Dienst unterstand zunächst allein dem Reichsaußenministerium, was Goebbels nicht ruhen ließ, bis auch sein Propagandaministerium direkten Zugriff erhielt. Verbindungsmann im Außenministerium war übrigens der stellvertretende Leiter der rundfunkpolitischen Abteilung Kurt-Georg Kiesinger, der spätere Bundeskanzler.

Rom war – kurz gesagt – ein Bazar von Agenten, V-Leuten, Zubringern, Instrukteuren, Beratern, Tippern. Jede Spezies dieses Gewerbes war am Tiber anzutreffen, tummelte sich vorzugsweise in Salons und auf Cocktailpartys, und wo immer sich die einflussreiche Gesellschaft traf. Mancher Hasardeur und Scharlatan suchte seinen eigenen Schnitt mit der begehrten Ware »Information« zu machen und wurde schnell enttarnt. Andere waren auch für Geheimdienst-Füchse der leibhaftige Schrecken: nämlich jene, die auf zwei oder mehreren Schultern trugen, mit anderen Worten, die als Doppelagenten ihre Kenntnisse an Freund wie Feind verkauften. Andere wiederum wechselten mit den Fronten ihr Hemd, im Krieg für die Deutschen, danach für die Alliierten. So kam man heil über die Linien.

Eine der bekanntesten Figuren auf diesem Schachbrett war Gabriel Ascher, alias Totolino, alias Stern, nach außen hin Journalist, tatsächlich aber auf vielseitige Weise in das Spionagegeschäft verwickelt. In einem Brief an seinen angeblichen Freund Lord Halifax vom 2. Januar 1940 soll er bekannt haben, sowohl für den Secret Service als auch für die deutsche Abwehr und den Auslandsnachrichtendienst des SD in Rom, sowie für SS-Hauptsturmführer Georg Elling, einen der abtrünnigen Priester im SD, gearbeitet zu haben. Ab 1943 will er als wissenschaftlicher Mitarbeiter getarnt aus der deutschen Vatikanbotschaft heraus in Rom eingesetzte Agenten geführt haben.

Aschers Name wird im Archiv des Jesuitenpaters Robert Graham über deutsche Geheimdienst-Agenten festgehalten: »Un Agente della Gestapo assai pericoloso« (ein sehr gefährlicher Gestapo-Agent). Der Hinweis findet sich im Übrigen in einer Operativ-Information des Ostberliner MfS vom 29. November 1984. Bei der Sichtung der Archivbestände der Stasi nach der »Wende« waren Aktenunterlagen des Reichssicherheitshauptamts aufgetaucht, die schon während der 60er und 70er Jahre von den Geheimdiensten in Moskau und Prag dem ostdeutschen »Bruderdienst« zur Verfügung gestellt worden waren, um sie nach »brauchbaren« Informationen auszuwerten. Dies erfolgte im Rahmen des Forschungsvorhabens »Netz«.

David Alvarez und Pater Robert A. Graham SJ zeichnen in ihrer Dokumentation »Nothing Sacred. Nazi Espionage Against the Vatican 1939–1945« einige Stationen im Leben des Gabriel Ascher nach. Der zum Katholizismus konvertierte Jude war 1935 nach Rom gekommen, wo er eine Anstellung als Sekretär von Friedrich Muckermann fand. Der deutsche Jesuit war durch seine scharfen, gegen den Nationalsozialismus gerichteten Stellungnahmen in ganz Europa bekannt geworden. Ascher aber fand über seine neue Arbeitsstelle bei Muckermann rasch Zugang zum Innenleben der katholischen Kirche in Rom und lernte sozusagen alles, was Rang und Namen hatte, persönlich kennen: Äbte und Generalobere der Ordensgemeinschaften, Prälaten der Kurie. 1937, aus Furcht, den drohenden Rassegesetzen in Italien zum Opfer fallen zu können, ging Ascher nach Stockholm. Auch katholisch getaufte »Nicht-Arier« trugen jetzt ein erhebliches Risiko. Vom neutralen Schweden aus schrieb er aber weiter für die *Basler Nachrichten* und den Londoner *New Catholic Herald* über vatikanische Themen.

1941 wird Ascher vom Residenten der Abwehr, der als Diplomat getarnt von der deutschen Botschaft in Stockholm aus operierte, angesprochen. Wahrscheinlich hatte die Abwehr herausbekommen, dass Ascher alte Kontakte zum Geheimdienst in Berlin aufzufrischen suchte, andererseits Beziehungen zu den Briten aufnahm. Dieses vermuten Alvarez und Graham anhand ihrer Dokumente. Ascher wurde für die Abteilung III der Abwehr (das war die Gegenspionage) für den Einsatz in Rom geworben. Sein Führungsoffizier war der Abteilungsleiter Oberst Joachim Rohleder. Wusste dieser von den konspirativen Plänen in der Führungsspitze des eigenen Amtes, von dem Verschwörerkreis um Hans Oster und Hans von Dohnanyi, der vom Amtschef Admiral Wilhelm Canaris gedeckt wurde? Die Anwerbung Aschers deutet klar darauf hin, dass die Abwehr davon ausging, dass in Rom und im Vatikan »etwas lief«.

Ascher reiste zunächst, mit einer Bestätigung der *Basler Nachrichten* in der Tasche, Vatikan-Korrespondent dieser Zeitung zu sein, sowie mit einem Empfehlungsschreiben des katholischen Bischofs von Stockholm, Johannes Erich Müller, nach Berlin. Rohleder versorgte ihn mit Geld und der Apostolische Nuntius Cesare Orsenigo mit einer Empfehlung für Giovanni Battista Montini, den Substituten (vatikanischer »Innenminister«, d. A.) im Staatssekretariat.

In Rom ging der »Journalist« Ascher sogleich seinem neuen Auftrag nach, sprach mit Pater Robert Leiber, dem Sekretär des Papstes, mit Prälat Ludwig Kaas, dem ehemaligen Zentrumsvorsitzenden, der ebenfalls zum »deutschen Kreis« an der Kurie zählte, sowie mit Monsignore Giovanni Battista Montini. Dass Ascher angesichts der für ihn persönlich gefährlichen Lage ungehindert quer durch Europa nach Italien reisen konnte, löste Verwunderung aus. Leiber erkundigte sich vorsichtshalber bei einem ihm bekannten schwedischen Journalisten über Ascher und erfuhr, dass der in Stockholm als deutscher Informator galt. Ascher kehrte nach »getaner Arbeit« nach Stockholm zurück. Dort wurde er eines Tages von der schwedischen Polizei zum Verhör abgeholt. Die Behörden stellten eine »starke mentale Veränderung« bei dem Verdächtigen fest. Er wurde in eine Klinik für psychisch Kranke eingeliefert, wo er bis Kriegsende verblieb.

55

Mit falscher Feder

Die Italien-Abteilung des SD-Auslandsnachrichtendienstes versuchte, ein eigenes Netz von V-Leuten aufzubauen. Sie sollten unter deutschfreundlichen Italienern und in Italien lebenden Ausländern und Staatenlosen gewonnen werden, und möglichst aus allen Gesellschaftsschichten stammen, um ein umfassendes Bild der italienischen Lebensverhältnisse zu bekommen. Andere sollten Zutritt zu den höchsten Stellen der italienischen Gesellschaft haben. Die Bandbreite reichte schließlich, wie die nach dem Krieg sichergestellten Dokumente belegen, vom Bäcker und Fischhändler bis in höchste adelige Kreise, zu Militärs, Geschäftsleuten und Diplomaten.

Die Berliner Geheimdienstzentrale verordnete zudem, dass sämtliche Italien bereisende Personen aus Deutschland erfasst und zur Berichterstattung über ihnen bekannt gewordene Informationen aus Italien angehalten werden sollten. Praktisch alle Personen, die aus beruflichen, privaten oder sonstigen Gründen zeitweilig in Italien weilten, hatten nach Abschluss ihres Italienaufenthalts einen schriftlichen Bericht anzufertigen. Fast jeder Deutsche, der in Italien seinen ständigen Wohnsitz hatte oder als Urlauber, Journalist, Handelsvertreter, Künstler, Wissenschaftler, Student oder Austauschbesucher nach Italien kam, wurde auf diese Weise zur Sammlung von Spionagematerial ausgenutzt. Mitte 1941 waren allein rund 50 V-Männer von der Abteilung VI E 1 des Auslands-SD in Italien eingesetzt.

Die V-Leute sollten möglichst selbständig arbeiten und über private Deckadressen mit ihrem Auftraggeber korrespondieren, zum Beispiel über eine Schreibmaschinengroßhandlung in Berlin. Ihr »Handwerkszeug« bestand aus »Geheimschriftmitteln, wie Schreibstiften und Chemikalien für die Herstellung des Entwicklers zur Sichtbarmachung der Geheimschrift«. Briefe, die geheimschriftliche Mitteilungen enthielten, waren besonders gekennzeichnet.

Als Kontaktstellen und Treffpunkte eigneten sich zwischenstaatliche Einrichtungen wie die Deutsche Kongresszentrale, der Deutsche Akademische Austauschdienst, das Auslandsamt der Studentenschaft. Besonderes Interesse galt den gut informierten Korrespondenten, den individuell arbeitenden wie den Mitarbeitern der Agenturen. Hier kamen zum Beispiel das *Deutsche Nachrichtenbüro Berlin* – DNB – und der Informationsdienst *Transocean* in Frage. Journalisten galten nun mal als bevorzugte Informationsquellen. Man vermutete, dass sie leichter als manch andere Berufszweige in der Lage waren, ein doppeltes Spiel zu treiben. Nicht wenige schrieben mit falscher Feder. Die Korrespondentenstelle diente als Tarnung. Sie schrieben für die kontrollierte Presse in Deutschland oder für Organe der Partei und der SS. Das RSHA öffnete den gesamten Schriftverkehr zwischen dem DNB Rom und Berlin und kopierte ihn.

Einige weitere Beispiele mögen dieses in der Nachkriegsgeschichte kaum aufgearbeitete Kapitel über Journalisten, die zu Nazi-Spitzeln wurden, verdeutlichen: Da gibt es den Rom-Korrespondenten, der in vielerlei Funktion in Erscheinung tritt. Er schreibt für den *Westdeutschen Beobachter* und für den *Zeitungsdienst Graf Reischach* in Berlin. In der Aktensammlung des MfS befindet sich ein Bericht vom 29. September 1942, der an diesen Zeitungsdienst gerichtet war und ausführlich die Situation der römischen Kurie behandelt, unter der Überschrift »Der Vatikan im Krieg«. Der Beitrag ist als »streng vertraulich« gekennzeichnet und nicht zur Veröffentlichung, sondern nur zur Information gedacht. Der »Zeitungsdienst« war nichts anderes als eine getarnte Geheimagentur. Der Autor bleibt ungenannt, aber die Sache scheint zusammenzugehen.

Der erwähnte Rom-Korrespondent leitete auch die Außenstelle Rom des Reichspropagandaministeriums und war Pressebeauftragter des Landesgruppenleiters der Auslandsorganisation der NSDAP in Italien. Ob es sich um den bereits erwähnten »Öttinger« handelt, ist aus den vorliegenden Unterlagen nicht eindeutig ersichtlich. Im Vatikan kannte sich der schreibende Parteifunktionär offenbar einigermaßen gut aus. Im Juli 1941 übermittelte er folgende Einschätzung Papst Pius' XII.: Dieser sei ein schwacher Tiara-Träger im Vergleich zum »hitzigen, verbohrten« Vorgänger Pius XI. und dessen »senilen Anormalitäten«. Die »ganze bisherige Weisheit« des jetzigen Papstes, so der Informant, äußere sich in dem Ausspruch »Non prendiamo posizione – Wir nehmen nicht Stellung«. Der Journalist bezog sich auf die päpstliche Rundfunkansprache vom 29. Juni 1941: »Betrachtung über die göttliche Vorsehung in den Ereignissen des Menschenlebens.« Er berichtete weiter, Pius XII. vermeide ängstlich jede Stellungnahme zum Krieg gegen Moskau. Den Vatikan hätten »zahlreiche Proteste aus katholischen Ländern« wie Spanien, Ungarn und der Slowakei erreicht. »In zum Teil kräftiger Sprache« werde das Schweigen des Papstes gegenüber dem Erzfeind der Kirche kritisiert.

Ein anderer »Korrespondent« war »zur Tarnung in Ausübung seines eigentlichen Berufs als Journalist eingebaut«. Wie eilfertig und ausführlich solche »Schreibkräfte« für den Spionageapparat des NS-Regimes arbeiteten, wird aus einem Geheimbericht deutlich, der am 20. September 1941 das Italien-Referat des SD erreichte. Die Schriftleiterin der Zeitschrift *Aktion* hatte eine Italienreise intensiv für Spitzeldienste genutzt. Ihr Report ist umfassend und vergisst auch nicht die kirchliche Seite: »Wegen Vatikan« sei sie vorher in Berlin bei Nuntius Orsenigo gewesen, »der nach anfänglichem Misstrauen ziemlich aus sich herauszugehen schien und eine längere Predigt über die vielerlei angeblich vorhandenen inneren Verwandtschaften zwischen Nationalsozialismus und Katholizismus hielt, eine Predigt, die in dem Bedauern über den augenblicklichen Streit gipfelte.« (Gemeint ist die Kontroverse in der Warthegau-Frage. Dem Berliner Nuntius wurde nach der Besetzung Polens der Zugang zu den katholischen Gemeinden im »Reichsland Warthegau« verwehrt. Das Reichskonkordat und damit der Verantwortungsbereich des Heiligen Stuhls galt nur für das »Altreich«, d. A.) Im Übrigen habe Nuntius Orsenigo erklärt, lange nicht in Rom gewesen zu sein und über die wahre Stimmung dort wenig zu wissen. »Mein Eindruck in Rom bestätigte merkwürdigerweise diese scheinbar unglaubwürdige Behauptung.«

In Rom findet die Journalistin nach eigenen Angaben prominente Gesprächspartner. Sie trifft im Vatikan mit dem Substituten Montini, in der »Anima« mit Bischof Hudal, im Kloster Sant' Anselmo mit dem Abtprimas der Benediktiner, Freiherrn von Stotzingen zusammen und im Orientalischen Institut mit Jesuitenpatres. Auch der Italien- und Vatikan-Korrespondent Freiherr Raitz von Frentz, »Geheimkämmerer des Papstes«, zählt zu ihren Gesprächspartnern.

Aus dem Vatikan weiß die »Korrespondentin« über »zwei Strömungen« zu berichten. Die eine sei für »strikte Zurückhaltung«. Die Vertreter dieser Richtung seien kompromisslos deutschfeindlich. Sie sähen in der Verfolgung der Kirche auch einen Vorteil. Dieser bestünde, so will die Schriftleiterin erfahren haben, in einer Reinigung des Klerus und in der Durchsetzung wirklich gesunder religiöser Kräfte. Die andere Richtung vertrete die Auffassung, dass die Kirche »angesichts der drohenden Katastrophe eines gesamteuropäischen Zusammenbruchs als Folge dieses Kriegs keineswegs tatenlos zusehen« dürfe. Diese Richtung stehe dafür, dass der Vatikan aktiv für den Frieden einzutreten habe. Die Kirche sehe in einem neuen Europa, das den Ostens einschließe, ein gewaltiges Wirkungsfeld. Sie hoffe auf einen Ausgleich mit dem Reich. Diese Richtung sei überzeugt von der Unausweichlichkeit des deutschen Sieges. Sie werde »von den diplomatischen Repräsentanten unserer Gegner im Vatikan als Deutschfreunde und eine Gefahr« angegriffen.

Im Verlauf ihres ausführlichen Berichts kommt die Informantin auch auf die Situation in Polen zu sprechen: Die Ausrottung eines Volkes katholischen Glaubens sei eine Aktion, mit der sich der Vatikan auch um den Preis des Untergangs der Kirche nie abfinden werde. »Es müssen die unglaublichsten Gräuelberichte über Polen von den Engländern und Amerikanern in Rom verbreitet werden«, notiert sie. Die Münchner Journalistin empfiehlt, »ein paar führende Italiener aus dem nicht ausgesprochen faschistischen Lager zu einem Besuch des Generalgouvernements einzuladen, damit sie sich von der heutigen Lage dort überzeugen und der Gräuelpropaganda entgegenwirken können«

.Im politischen Kalkül des Vatikans spiele im Übrigen nicht England, sondern Amerika die erste Rolle. Sie führt dies auf den »Fortschritt bei Entwicklung des Katholizismus in den USA« zurück. »Jedenfalls wurde mir die Geschichte mit den Columbus-Rittern von allen Seiten vorgehalten«.

Die Kolumbus-Ritter – Knights of Columbus – waren als US-amerikanische katholische Laienorganisation 1882 von dem Priester Michael McGiveney gegründet worden. Diese Organisation hatte sich im Laufe der Jahre eine gewaltige wirtschaftliche Macht erworben und ist mit rund 1,6 Millionen Mitgliedern die größte katholische Laienorganisation der Welt. Immerwährende Treue zu Kirche und Papst steht gewissermaßen auf dem Wappenschild dieser streng konservativen Organisation. Im Vordergrund der Papstgetreuen steht karitatives Engagement; den Vatikan unterstützen sie immer wieder mit Millionen-Spenden.

Was wollte die Informantin mit diesem Hinweis auf die Kolumbus-Ritter andeuten? Standen die Kolumbus-Ritter als einflussreiche »pressure group« im Zweiten Weltkrieg auf Seiten der Feinde Hitlerdeutschlands, waren sie vielleicht eine Art fünfte Kolonne des Papstes? Informationen über die militanten amerikanischen Katholiken nach Berlin zu liefern, findet die Korrespondentin jedenfalls aufregend genug. Diese Organisation, mit starken Ablegern in Südamerika, unternehme fortgesetzte geschickte Versuche, auf der Iberischen Halbinsel Verbindungen anzuknüpfen, berichtete die spionierende Journalistin dem SD in Berlin. In einem Leitartikel des Verbandsorgans der Kolumbus-Ritter sei der Nationalsozialismus im Vergleich zum Bolschewismus gar als der gefährlichere Feind des Katholizismus bezeichnet worden. Die Katholiken seien dort aufgerufen worden, die Kriegspolitik Roosevelts zu unterstützen.

Einem Fürsten platzt der Kragen

Die Berichte der Journalistin lassen vermuten, dass sie ihre Informationen nicht aus kirchlichen, sondern aus diplomatischen Kreisen bezogen hatte. Sie empfahl, diese für weitere nachrichtendienstliche Aufklärung zu nutzen. »Jedenfalls besteht unter allen Umständen die Möglichkeit, vom Vatikan her Fäden nach London und Washington zu knüpfen, vor allem jedoch festzustellen, welche konkreten Pläne dort für die Einbeziehung des europäischen Südwestens durch die Vermittlung Südamerikas in die angelsächsischen Interessensphäre bestehen.«

Schließlich berichtete die Journalistin über einen Vorgang aus Italiens »höheren Kreisen«, der die Leser ihres Stimmungsbildes wenig erfreut haben dürfte: Er betraf die Familie Radziwill. Fürst Radziwill, mit einer österreichischen Erzherzogin verheiratet und ein naher Verwandter der italienischen und spanischen Königsfamilie, war durch Vermittlung des Auswärtigen Amts aus einem KZ im Osten befreit worden und lebte danach in Rom. »Dieser Fall hat ungeheuren Staub aufgewirbelt«, berichtete die deutsche Redakteurin. Im »Grand Hotel« in Rom sei es kurz vor dem Tod des ehemaligen spanischen Königs Alfons zu einem Eklat gekommen. Der Fürst habe »mit lauter Stimme im ganzen vollen Saale vernehmlich eine donnernde Anklagerede gegen die deutschen ›Schweine‹ vom Stapel gelassen, denen er angeblich nie solche unvorstellbaren Schandtaten zugetraut habe«.

Andere Korrespondenten stellten sich als weniger »tauglich« für Spitzeldienste heraus. Das kann für Edmund Freiherr Raitz von Frentz gelten. Der Spross des katholischen rheinischen Reichsadels, von 1920 bis 1924 Redakteur der *Kölnischen Volkszeitung*, berichtete anschließend viele Jahre lang vor und während des Zweiten Weltkriegs als Italien- und Vatikan-Korrespondent für katholische Zeitungen in Deutschland. 1924 verlieh ihm der Vatikan den Ehrentitel eines Päpstlichen Geheimkämmerers, 1954 die Bundesrepublik Deutschland das Bundesverdienstkreuz.

Baron Raitz schrieb nicht nur eigene Artikel, sondern gab seinen Kollegen in Deutschland, denen er vertraute, auch Informationen »für den Hinterkopf«. So teilte er dem Schriftleiter des *Passauer Bistumsblatts* unter dem Datum des 27. November 1940 als »vertrauliche Information« seine Einschätzung bestimmter Vorgänge im »vatikanischen Milieu« mit. Der *Osservatore Romano* sei nach einer Pause in der Polemik gegen den Bolschewismus, »die übrigens nicht mehr die frühere Schärfe« habe, am 21. November mit einem Artikel unter der Überschrift »Internationalismus und Räterussischer Patriotismus« hervorgetreten. Der *Osservatore* beziehe sich in diesem Artikel auf eine angebliche Kursänderung in der Sowjetunion. Westliche Beobachter hätten einen Aufsatz in der Moskauer Zeitschrift *Bolschewik* vom 15. August 1940 entsprechend interpretiert. Der Aufsatz deute an, dass Russland sich durch graduelle Änderung der Methoden und Systeme ideologisch neu orientiere und einige der bisherigen Stellungen verlasse. Die Kursänderung ziele auf eine Stärkung des autoritären Gedankens, die Steigerung der Schlagkraft der russischen Armee und damit verbunden eine Aufwertung der vaterländischen und nationalen Anschauungen. Der *Osservatore* aber komme zu der Überzeugung, dass von einer solchen Evolution in Russland im Grunde keine Rede sein könne. Der *Bolschewik* lehne ausdrücklich neue Formen des Nationalismus ab und verbleibe bei der hergebrachten Ideologie der proletarischen Internationale. Er rede sogar vom »Gift« des Nationalismus. Der Verfasser des Artikels im *Bolschewik* erkläre weiter, dass das internationale Proletariat u. a. die Verteidigung der russischen Räterepublik fordere. Der *Bolschewik* verlange ferner die Vereinigung der westlichen Ukraine, Weißrusslands, der baltischen Randstaaten, Kareliens, Bessarabiens und der Nordbukowina als Etappen auf dem Weg zur Stärkung der internationalen kommunistischen Verbindungen und fordere dazu auf, dass in den jüngst mit Russland vereinigten Gebieten die Arbeiter im Geist des proletarischen Internationalismus erzogen würden.

Dieser »Aufsehen erregende Artikel« veranlasste Raitz von Frentz, in »kirchlichen Sphären«, wie er schrieb, Meinungen einzuholen. Nach seiner Darstellung handelte es sich um »Stimmen hochgestellter Persönlichkeiten«. Diese verträten die Auffassung, die herrschenden Kreise in Russland hätten endlich doch erkannt, dass im System des Materialismus irgendetwas Entscheidendes fehle. Man werde sich allmählich darüber klar, dass die auf verschiedenen Gebieten in Räte-Russland herrschende Desorganisation auf Lücken in der Ethik beruhe und dass irgendwie Abhilfe geschaffen werden müsse. Ob das Bewusstsein des Mangels an ethischer Stütze für das Staatsleben auf Umwegen wieder auf die Religion zuführe, sei eine vorderhand nicht zu beantwortende Frage. Raitz ging auch auf die Papstpredigt vom 24. November 1940 ein. Die italienische Presse habe diese in größeren Auszügen veröffentlicht. Wie der deutsche Korrespondent nach Passau berichtete, erinnere Pius XII., wenigstens bei der älteren Generation, »in der Höhe und Feinheit seiner Ideen stark an Leo XIII. und in der diplomatischen Haltung an Benedikt XV.«. Der Papst schildere die Kriegsleiden, wie schon in der Predigt vom 20. Juni 1940, wo er ebenfalls einzelne Seiten des modernen Zerstörungskriegs mit seinen Folgen beklagt habe.

Raitz kommentierte diese Haltung des Pontifex so: Das sei die unbestreitbare sittliche Aufgabe des Papstes als Vater der Christenheit, die ihm auch sicherlich nirgendwo missverstanden werde. Zu Missverständnissen und Meinungsverschiedenheiten könnten viel eher Kundgebungen über das Natur- und Völkerrecht führen. Wörtlich schreibt er:»Wer in Rom lebt und, wenigstens in einzelnen Sphären des Vatikans, ein Obwalten des Legitimitätsgedankens wahrnehmen kann, namentlich im Zeremonialen, ist leicht versucht, Kundgebungen des Heiligen Stuhls zur Rechtsidee unter diesem Gesichtswinkel anzusprechen. Eine prominente kirchliche Persönlichkeit hat mir dies kürzlich zu entkräften gesucht, in dem sie geltend machte, dass auch bei Erklärungen des Heiligen Vaters während dieses

Krieges, die für unsere politischen Ohren schwerer verwind-
bar waren, durchaus ethische Motive vorgelegen haben.« ...
»Keineswegs«, so Raitz, »hätte der Papst etwas dagegen einzu-
wenden, wenn sich bei einer Neuordnung Europas größere
Zusammenhänge bildeten, die schließlich für das Völkerleben
doch praktische Vorteile mit sich brächten.« Er schließt »Mit
deutschem Gruß« – der ohnehin zugelassenen Formel. Auf
»Heil Hitler« kann er verzichten. Seine Kollegen in Passau hätten sich anderenfalls wohl eher gewundert.

Persönliche Begegnungen mit hohen Nachrichtenoffizieren
kann der Vatikan-Korrespondent, der von Berlin aus genau beobachtet wird, natürlich nicht umgehen. So trifft der bereits erwähnte Katholizismus-Referent im SD, SS-Hauptsturmführer
Helmut Looß, in Rom auch mit Raitz von Frentz zusammen. Sie
führen ein Gespräch »im Plauderton«. Journalisten kennen das.
Raitz gibt, um sich nicht verdächtig zu machen, eine Kostprobe
seines Insider-Wissens. Er spricht vom starken Einfluss der Alliierten auf die Kurie und erwähnt besonders den französischen
Botschafter beim Vatikan, Charles Roux und dessen »bildschö-
ne Töchter«. Ebenso weist er auf amerikanische Tendenzen und
das Interesse Japans an der vatikanischen Diplomatie hin.

So ganz sicher sind sich die Nachrichtenleute in Berlin des
deutschen »Vatikanisten« unter den Journalisten nicht: Dieser
sehe sich zwar in einer Vermittlerrolle zwischen den deutschen
Stellen in Rom und dem Vatikan. Aber trotz seiner liberalen
und versöhnlichen Haltung sei sein einseitig katholischer und
vatikanischer Standpunkt unzweifelhaft. Dennoch möchte man
ihn nicht ganz aus den Augen verlieren. Es wird vorgeschlagen, dass ein dauernd in Rom ansässiger Verbindungsmann des
SD die Verbindung zu Raitz von Frentz und einem deutschen
Monsignore aufrechterhält.

Auch Albert Hartl interessierte sich offenbar lebhaft für den
bestens informierten Journalisten, unter anderem, weil dieser
für den *Kirchlichen Informationsdienst* des Erzbistums München schreibt. In einer Mitteilung vom 13. Januar 1941 weist

Hartl den Führer des SD-Leitabschnitts München an, »die von Raitz von Frentz übersandten Berichte nach Möglichkeit laufend erfassen zu lassen und umgehend an das RSHA II B 3 zu geben«.

Kein Kriegsgrund für Hitler

Die Position des Vatikans zu Russland stand nicht zuletzt nach dem Beginn des deutschen Angriffs im Juni 1941 – dem »Unternehmen Barbarossa« – auf der Auftragsliste zur Ausforschung des Vatikans ganz oben. Ein V-Mann erfuhr, dass in der Kurie zum »deutsch-russischen Krieg« die Auffassung vertreten werde, für den »Ritt gen Osten« fehle Hitler jede Rechtfertigung. Er könne keinen wirklichen Kriegsgrund anführen. Der Moskauer Vertrag sei zur Vermeidung eines Zweifronten-Kriegs aus der Sicht Deutschlands vielleicht noch erklärlich gewesen, aber jetzt habe Hitler dieses Abkommen »über den Haufen gerannt«.

Ein deutscher Sieg, so die vatikanischen Beobachter, bringe nichts ein, aus weltpolitischer Sicht auch kein Kriegsende. Wenn Deutschland nur einen Schwächeanfall zeige oder Schlachten und Positionen verliere, werde »ganz Europa und die ganze Welt« dem Deutschen Reich »an die Gurgel fahren«. England warte nur darauf, stehe vor einem diplomatischen Großsieg mit zwei Großmächten, den USA und Sowjetrussland, als spontanen Verbündeten. Die vatikanischen Analysten sehen, nach dem, was der V-Mann erfahren haben will, Deutschlands Schwäche auch in einem anderen Grund. England könne, dank seines weltweiten Kolonialbesitzes, auf seine strategischen Positionen uneingeschränkt zurückgreifen.

Deutschland als Bollwerk gegen den Bolschewismus? Wie oft ist Pius XI. und seinem Nachfolger unterstellt worden, allein schon aus diesem Grund sich an Deutschland anzulehnen und auf Hitler zu vertrauen. Mussten Äußerungen aus dem Vatikan Anfang der 30er Jahre nicht in diesem Sinne verstanden

werden? Auch hier gibt der geheime Informant des SD einige
Auskünfte, die freilich damals nicht die geringste Chance hatten, an die Öffentlichkeit zu gelangen und die auch heute viele
nicht wahrhaben wollen.

Es sei vorauszusehen, dass vielleicht etliche Bischöfe und
Priester enthusiastisch gegen Russland agitieren werden, berichtet der V-Mann. Solche Bekundungen würden im Vatikan aber
als bedauerlich empfunden, da Russland wie Deutschland gleichermaßen Hauptfeinde der Kirche seien. Der Vatikan habe
keinerlei Veranlassung, Deutschland gegen Russland zu unterstützen. Der Vatikan müsse sich hüten, in eine ideologische
Falle hineingelockt zu werden. Papst Pius XI. habe in seinen
bekannten Enzykliken sowohl gegen Sowjetrussland als auch
gegen Nazideutschland Stellung bezogen. Davon dürften die
Kirche und alle Katholiken nicht abweichen. Von Pius XII. sei
keine neue Stellungnahme zu erwarten. Deshalb blieben die
Rundschreiben des Vorgängers gültig. (Gemeint sind die beiden 1937 veröffentlichten Enzykliken *Cum cura ardenti – Mit
brennender Sorge*, den Nationalsozialismus verurteilend, und
Divini Redemptoris gegen den Kommunismus, d. A.).

Ein weiterer V-Mann berichtet im Juli 1941, sogar der Jesuitenorden neige, »in Hinsicht auf den Russlandkrieg«, keineswegs zu Deutschfreundlichkeit. »Zwar ist die Haltung des
Ordens selbstverständlich nicht russenfreundlich, doch fehlt
absolut die Anerkennung der deutschen Tat im Osten.« Eine
Niederlage Russlands bedeute nur einen Sieg der Deutschen,
»die gleichfalls für das Christentum nichts übrig haben«, zitierte der V-Mann eine Aussage von Pater Marchetti, einem Vertrauten des Ordensgenerals Pater von Ledochowsky.

Nicht immer verlief die Rekrutierung von Spitzeln auch aus
anderen Tätigkeitsbereichen nach den Wünschen der Berliner
Zentrale. Das Amt VI sah sich jedenfalls veranlasst, im Januar
1941 den SS-Untersturmführer Geppert mit einem Sonderauf-
trag nach Rom zu entsenden. Bei Antritt der Dienstreise stand
es fest, so beginnt dieser nach seiner Rückkehr, »dass in Rom

alle Möglichkeiten, die ein nachrichtendienstliches Eindringen in den Vatikan bieten könnten, genauestens überprüft werden müssten«. Und fasst zusammen, er sei fast ausnahmslos auf negative Feststellungen getroffen.

Ebenso hatte sich die Leitstelle des SD in Klagenfurt an einen in Rom lebenden deutschen Staatsbürger herangemacht, der eine ergiebige Informationsquelle zu sein schien. Er wurde als »äußerst gebildeter und intelligenter Mensch« beschrieben, der neben seiner Muttersprache auch Englisch, Französisch, Italienisch und Holländisch beherrsche. Die vierte Fremdsprache habe er wohl im Umgang mit Prälat E. erworben, einem »sehr reichen Holländer«, dem er angeblich zehn Jahre als Privatsekretär diente. Diese Stellung, so habe der Deutsche von sich behauptet, habe ihm Beziehungen bis in die höchsten Kreise des Vatikans verschafft.

Dieser ins Auge gefasste V-Mann hatte nach seinem Ausscheiden aus kirchlichen Diensten in Rom eine Pension übernommen, in der »sämtliche Kuriere des Auswärtigen Amts und auch die Kuriere der Wehrmachtsmissionen abstiegen«. Positiv wird vermerkt: »Reichsdeutscher, alter Parteigenosse, Mitbegründer der Ortsgruppe Rom.« Gleichzeitig aber werden sein Ruf und der seiner Pension angezweifelt. Er sei auch politisch unzuverlässig. Andererseits verfüge er über enge Beziehungen zum Vatikan und es sei ihm jederzeit möglich, neue anzuknüpfen. Da seine Geschäfte schlecht gingen, habe er sich um eine Anstellung als Botschaftskurier bei der weißen Botschaft bemüht. (Als »weiße« Botschaft wird amtsintern die Vertretung beim italienischen Staat bezeichnet, im Gegensatz zur »schwarzen« Botschaft, der deutschen Mission beim Heiligen Stuhl, d. A.).

Aber die Hoffnung des SD, in den Vatikan hineinzukommen, ist stärker als der Zweifel an der Qualität des künftigen Spions. Er soll Kontakt zu Vatikan-Dektektiv C. aufnehmen sowie zu Vatikanschneider N., »der allein die Patente und Lizenzen für die Herstellung der Uniformen für die päpstliche Schweizer Garde kennt und besitzt, der einzige Deutsche im Vatikan, wenn man von einigen emigrierten Zentrumsgeistlichen« absehe. Er wird von dem Berliner SD-Offizier zunächst einmal entsprechend eingeschüchtert, durch »strengste Ermahnung« und auf die möglichen Konsequenzen hingewiesen, wenn er nicht »spurt«. Ihm sei klar gemacht worden, dass »jede Schwatzhaftigkeit ausschließlich als Landesverrat gewertet« werde. Es genügt der Wink mit der Ausweisung: »Rückbeförderung« sei ein Leichtes. Der vatikanische Detektiv soll im Übrigen »unter Einsatz von Geldmitteln für Ausspähungszwecke innerhalb des Vatikans« herangezogen werden. »Daneben nimmt N. seine Beziehungen zu den ihm gut bekannten Vatikankreisen auf«, schließt der SD-Beauftragte aus Berlin seinen Bericht.

Aber die Sache sollte nicht reibungslos laufen. So berichtete der für den neuen Zubringer bereits erwähnte Führungs-VM »Öttinger« im Februar 1941 über finanzielle Schwierigkeiten seines »Mitarbeiters«. Die Zentrale reagierte einigermaßen sauer: »Sind wir ein Wohltätigkeitsunternehmen? Wir haben großzügig 100 Dollar zur Verfügung gestellt und als Gegenleistung einen Bericht erhalten, der keine 5 Pfennig wert ist.«

Auch dem SD selbst ging die Luft in Rom ziemlich rasch wieder aus. Ende 1941 wurde der ND-Apparat in Rom »aus Sicherheitsgründen« aufgelöst. Die deutsche Spionage gegen Italien, zumal nach dem Ende der »Achsen«-Freundschaft, sowie gegen den Vatikan war damit nicht erledigt. Jetzt nahm ein anderer die Fäden in die Hand: SS-Obersturmbannführer Herbert Kappler, erst Polizei-Attachée, dann Chef der Sicherheitspolizei und des SD in Rom. Seinen Namen werden viele Menschen nie vergessen: die Hinterbliebenen der Opfer der Deportationen vom Oktober 1943 und der Geiselerschießungen im März 1944 in den Ardeatinischen Höhlen.

Zackig beim Papst

Aus welchem Geist und mit welcher Absicht so mancher »Stimmungsbericht« geschrieben wurde, verdeutlicht das Beispiel eines Zuträgers, der für den SD-Abschnitt Weimar arbeitete, aber auch sonst fleißig spionierte. Zurückgekehrt von einer Reise nach Italien, um »geschäftliche Angelegenheiten zu regeln« und seinen Sohn zu besuchen, gab er seine Eindrücke zu Protokoll: »Sobald der berichtende VM deutsche Soldaten auf den Straßen ansprach und begrüßte, bildete sich schnell ein Kreis Neugieriger und bestaunte und bewunderte die Reichsdeutschen. Einige deutsche Flieger erzählten dem Berichterstatter, dass 15 deutsche Flieger beim Papst in Audienz gewesen wären. Mit ihnen seien ebenfalls einige italienische Flieger dabei gewesen. Die Schweizer Garde habe die Besucher im Saal aufgestellt, und alle wären aufgefordert worden, bei Erscheinen des Heiligen Vaters niederzuknien. Die deutschen Kameraden hatten aber vorher untereinander ausgemacht, ein Niederknien kommt für uns Deutsche auf keinen Fall in Frage. Allgemein hieß also die Parole: Wir knien nicht!«

Der V-Mann berichtete weiter: »Der Papst erscheint, alles sinkt zu Boden, die Deutschen aber nehmen eine zackige militärische Haltung ein. Die Schweizer Garde bedeutete den Deutschen, dass sie niederknien müssten. Aber die Deutschen bleiben unbeirrt stehen. Dem Heiligen Vater scheint das zu imponieren. Er begrüßt die deutschen Soldaten in deutscher Sprache und sagt hierbei, dass er sich freue, sie in Rom sehen zu können. Dann gibt er einem jeden die Hand und fragt die einzelnen Deutschen nach ihrem Herkommen. Bei Bekanntwerden des ergötzlichen Schauspiels beim Heiligen Vater wurde in den Kreisen der Reichsdeutschen herzlich gelacht.«

Heute darf man bei der Lektüre solcher Spitzelbericht fragen, wer sich da tatsächlich der Lächerlichkeit preisgegeben hat. Damals war die Sache anders. Der Papst zeigte Noblesse. Nur der SS-Sturmbannführer in Weimar hat es nicht bemerkt und gab diesen Nonsens an die Zentrale des Auslandsnachrichtendienstes in Berlin weiter.

Zuträger und V-Leute aus dem inneren kirchlichen Bereich, Diözesanpriester und Ordensleute konnten dem Spitzeldienst des SD nur willkommen sein, obschon ein Rest von Misstrauen blieb. Man war sich nie sicher, ob diese Personen nicht zwei Herren dienten und am Ende doch der Kirche näher standen als der Partei. Der Kreis der »Verräter in Soutane« hielt sich vermutlich in Grenzen. Der Autor des Buches *Himmlers Glaubenskrieger*, Wolfgang Dierker schätzt, dass zwischen 20 und 200 katholische Geistliche während des Dritten Reichs für den Nachrichtendienst der SS tätig waren.

Der Überläufer Hartl wiederum war 1940 von Bormann beauftragt worden, über alle früheren katholischen und protestantischen Geistlichen, Priester und Ordensleute, die ihre Kirche verlassen hatten, eine Liste aufzustellen. Hartl schrieb, wie aus seiner Vernehmung durch den amerikanischen Militärgeheimdienst hervorgeht, die Namen von 2000 solcher Renegaten auf. Er behauptete gegenüber den Amerikanern, dass die abtrünnigen Kirchenmänner nicht gerade wärmstens von der Partei aufgenommen worden wären, vielmehr sei man ihnen mit Misstrauen begegnet. Die NSDAP habe eine breit angelegte Aktion der Kirche befürchtet, die den Nationalsozialismus beeinflussen sollte, behauptete Hartl. Er selbst habe in seiner Personalakte die Warnung entdeckt: »Vorsicht – Spitzel von Kardinal Faulhaber.«

Der Nachfolger Heydrichs, SS-Obergruppenführer Ernst Kaltenbrunner löste Hartls Apparat auf, der vom Sicherheitsdienst zum Amt IV des RSHA verlegt worden war, also in den Aufgabenbereich der Gestapo. Er mochte keine politisierenden Priester. Auch schien er den geistlichen Dissidenten zu misstrauen. Selbst Albert Hartl wurde verdächtigt, ein verkappter Jesuit und Doppelagent zu sein, der auch für den Vatikan arbeite. In diesem Punkt mag Hartl die Wahrheit gesagt haben. Katholische Priester waren den Nazis suspekt bis hinauf zu Hitler.

4. Wenn Priester die Orientierung verlieren

Welche Motive veranlassten katholische Geistliche, sich Heydrichs Unterdrückungsorganen, dem Sicherheitsdienst (SD), der Schutzstaffel (SS) und der Staatspolizei (Gestapo) zur Verfügung zu stellen? Der Amerikaner Kevin P. Spicer nennt eine Reihe von Gründen. Diese laufen fast alle auf den Zusammenbruch eines persönlichen Weltbilds hinaus, der seine Ursache im Ergebnis des Ersten Weltkriegs hatte. Diese Gründe prägten das allgemeine Klima im Nachkriegsdeutschland und erfassten auch die katholische Kirche. Sie lassen sich mit verschiedenen »Ismen« charakterisieren: wie Patriotismus, Antisemitismus, Antiliberalismus, Antibolschewismus, Oportunismus. Man konnte die »Schande von Versailles« nicht verwinden: den Friedensschluss nach dem Ersten Weltkrieg, der Deutschland als den Hauptschuldigen des Weltenbrands brandmarkte, der das Ende der Monarchie herbeiführte und die Weimarer Demokratie von Anfang an vergiftete. Die Nachkriegszeit hatte in den Augen dieser Kirchenmänner eine »verruchte« Gesellschaft gezeitigt, in der Gott keinen Platz hatte, Anstand und Sitte verfielen. Die »wilden Zwanziger« – ein Orgie der Dekadenz, so ließen sich die Moralapostel vernehmen. Mit diesen Zuständen würde die neue deutsche Bewegung Schluss machen: so hofften nicht wenige Geistliche, nicht nur Kapläne und Gemeindepfarrer. Die Sympathie für den Nationalsozialismus reichte bis in die Spitze der kirchlichen Hierarchie und erreichte auch jene, die später zu entschiedenen Gegnern des Hitler-Regimes wurden. Schon der so genannte Röhm-Putsch von 1934 sollte nicht wenigen die Augen öffnen, als auch Männer wie Erich Klausener, der Vorsitzende der Katholischen Aktion in Berlin, der anfangs Hitlers Machtergreifung nicht abgeneigt war, den Mördern zum Opfer fiel.

»Gefallene« Priester mit persönlichen Schwächen, wie Alkohol oder »Frauengeschichten«, boten sich geradezu an, erpresst zu werden, um »mitzumachen«.

Die Anwerbe-Methoden der Aufklärungsdienste sollten sich auch später im Kalten Krieg nicht ändern. Da wurde schon mal einem Kleriker eine attraktive Frau ins Haus geschickt, um eine kompromittierende Situation zu provozieren: die bekannte »Honigfalle«. Ein Vatikan-Insider nennt es den »Ungarischen Trick«. Innerhalb weniger Jahre habe es rund 200 Fälle gegeben, bei denen es um eine Verletzung des Zölibats ging und ein politischer Hintergrund mitspielte, haben wir von einem ehemaligen Mitarbeiter der Kurie erfahren. Priester im Ostblock mussten vorsichtig sein, wenn sie um ein neues Glockengeläut für ihre Kirche einkamen oder sich eine Reise nach Rom genehmigen lassen wollten. Dann konnte es sein, dass sie vorher »unterschreiben« mussten. Sie erhielten Aufträge: Mal ging es um interne Schriftstücke, dann wieder um Namenslisten und dergleichen mehr. Tschechen und Ungarn, so meint der Gewährsmann, waren »teuflischer« als die anderen.

Reinhard Heydrich hatte es von Anfang an auf die vertraulichen Kanäle zwischen den Ortsbischöfen und der römischen Kurie abgesehen, wobei ihn anfangs nur die Oberhirten im Deutschen Reich interessierten, später auch die in den besetzten Gebieten. In einer Direktive von April 1940 ordnete er an, diese Verbindungen noch schärfer zu kontrollieren und Agenten in die Kurierwege einzuschleusen. Als einer der wichtigsten V-Leute in Rom galt ein geistlicher Herr, ein Kirchenhistoriker am Deutschen Kolleg, dem Collegio Teutonico di S. Maria in Campo Santo. Von dort hatte er nur wenige Schritte sowohl zum Heiligen Uffizium, der Glaubensbehörde, wie zum Staatssekretariat auf der anderen Seite des Petersplatzes. Der römische Informator war Kurskamerad und Freund Hartls. Funktionierende »Seilschaften« kannte man schon damals.

Der Fall Pater Hermann Keller

Auffällig war die Zahl der Benediktiner, die ihre Ordensgelübde vergaßen. Um nur einen mit Namen zu nennen: Dr. Hermann Peter Keller, ehemaliger Prior der Erzabtei Beuron.

Im Frühjahr 1940 korrespondierte das Italien-Referat des Auslandsnachrichtendienstes des SD mit dem SD-VI-Referenten in Stuttgart wegen »nachrichtendienstlicher Tätigkeit durch einen katholischen Geistlichen als V-Mann«. Gemeint war der Benediktinerpater. Der hatte sich angedient und seine hervorragenden Kontakte in Rom erwähnt. Ein alter Freund in Rom habe sich erboten, ihm laufend aus römischen Adelskreisen zu berichten. Dieser »alte Freund«, so lässt Keller wissen, sei auch bereit, Informationen durchzugeben, die von einem hohen russischen Geistlichen, von einem französischen Kardinal und einem französischen Industriellen stammten.

Auch die Münchner Leitstelle des SD kam auf diesen Vorgang zu sprechen.

Die zuständige Abteilung in der Berliner SD-Zentrale hatte von München genauer wissen wollen, wer hinter der Person des verräterischen Mönchs steckte. Keller wurde also zu einem Gespräch über »Beschaffung politischer Nachrichten« einbestellt. Am 5. April 1940 berichtete die SD-Leitstelle München nach Berlin, dass Keller seit Kriegsbeginn eingezogen und der Abwehrstelle München des militärischen Geheimdienstes zugeteilt worden sei.

Das Amt Ausland/Abwehr, so die offizielle Bezeichnung, war dem Oberkommando der Wehrmacht (OKW) direkt zugeordnet und operierte unabhängig vom parteipolitischen Nachrichtendienst, dem SD. Es war aber das Ziel Heydrichs, den gesamten

Spionageapparat des Hitler-Reichs zu kontrollieren, sich also das Amt Canaris einzuverleiben.

Keller gab im Rückblick zu, sowohl für den SD-Leitabschnitt als auch für die Abwehrstelle Stuttgart des militärischen Geheimdienstes gearbeitet zu haben. Das sollte sich als eine höchst prekäre Kombination herausstellen, wie sich noch zeigen wird, weil sich in der Zentrale des militärischen Nachrichtendienstes eine Widerstandszelle gebildet hatte, die ab Ende 1939 mit der Umgebung des Papstes in Verbindung stand. Im Verlauf des schon erwähnten Gesprächs in München wurde Pater Keller vorgehalten, als Kurier für die Berliner Nuntiatur vertrauliche Mitteilungen in den Vatikan zu transportieren. Keller habe dies offen zugegeben. Bei der Post sei es aber nur um harmlose interne Angelegenheiten gegangen. Die Münchner berichten nach Berlin auch über die römischen Kontakte Kellers. Keller unternehme Reisen nach Italien und unterhalte über einen italienischen Freund Verbindungen zum italienischen Adel, zum Beispiel zur Familie Ciano. Besser konnte es für die SS-Spione nicht kommen.

Galeazzo Ciano, Graf von Cortelazzo, war nicht nur der Schwiegersohn Mussolinis, sondern italienischer Außenminister (1936–1943) und einer der Architekten der »Achse« Berlin–Rom. Später verurteilte er den Überfall Hitlers auf Polen und entzweite sich in dieser Frage mit seinem Schwiegervater Mussolini. Nachdem er dessen Absetzung zugestimmt hatte und sich um einen Separatfrieden mit den Alliierten bemühte, wurde er verhaftet und am 11. Januar 1944 in Verona hingerichtet.

Im Gespräch mit Dr. Keller habe sich ergeben, so der Sicherheitsdienst aus München, dass Keller in der Lage sein könnte, über die Verflechtungen des römischen und des vatikanischen Adels mit dem englischen bzw. französischen Adel und über andere diesbezügliche politische Beziehungen eine darstellende Niederschrift zu fertigen. Während des Gesprächs in der Münchner SD-Leitstelle wird Keller auch gefragt, wie er seine Tätigkeit für die NSDAP mit seinem Priesterberuf bzw. seiner katholischen Weltanschauung in Einklang brächte. Keller habe geantwortet, dass es einem deutschen katholischen Geistlichen genauso möglich sein müsse, seinem Vaterland in Kriegszeiten Hilfe zu leisten, wie einem französischen. Der Gegensatz seines Glaubens zur Weltanschauung des Nationalsozialismus bliebe bestehen. Dieser Gegensatz bilde jedoch keinen Hinderungsgrund für seine Tätigkeit. Er habe aber einräumen müssen, dass er infolge dogmatischer Meinungsverschiedenheiten in maßgeblichen Kreisen des Münchner Klerus angefeindet werde. Soweit zusammengefasst, was sich aus Materialien des Reichssicherheitshauptamts ersehen lässt, die in den Archiven des Ministeriums für Staatssicherheit der DDR aufgefunden wurden.

Wenn »Zungen« reden

Der bereits erwähnte »schwarze Adel«, der sich dem päpstlichen Hof erpflichtet sah und mit Ehrendiensten bedacht war, bildete für viele Spione eine begehrte Informationsquelle. Eine bevorzugte Anlaufstelle war auch der Malteser-Ritterorden, dem viele italienische Adlige angehörten. Der Großmeister des Ordens werde in vatikanischen Kreisen als glühender Verteidiger Deutschlands und der Rechten in Europa und in der Welt angesehen, berichtete im Juli 1941 ein V-Mann nach Berlin. Die Gegensätze zwischen Deutschland und dem Vatikan seien nach Auffassung des Großmeisters »nur Missverständnisse, die leicht aus der Welt geschafft werden könnten«. Im Freundeskreis habe er verlauten lassen, die ganze Welt stünde hinter Deutschland im Kampf gegen Russland. Der Kriegszug gegen Sowjetrussland würde dann sofort als ein Kreuzzug erscheinen, sobald Berlin wieder freundliche Beziehungen zum Vatikan aufnehmen wollte. Wenn Deutschland auch noch die Jesuiten für sich gewinnen könnte, was gar nicht so schwer sei – so hätte Berlin den Vatikan »in der Hand«.

Der Großmeister werde öfters vom Papst in Privataudienz empfangen, berichtet der Informator. Pius XII. schätze den Adeligen und lasse ihn in seiner deutschfreundlichen Politik gewähren. Auch zum faschistischen Regime stehe der Orden durchaus gut. Er habe alle seine Vorrechte behalten dürfen und verfüge über eigene diplomatische Vertretungen, die intern als »Zungen« bezeichnet werden. Viele faschistische Würdenträger und Politiker erachteten es als Ehre und Auszeichnung, dem Orden anzugehören. Etliche Minister seien Ordensbrüder. Bei einem Kabinettsmitglied habe der Ordensvorstand sogar die Kandidatur für die Mitgliedschaft abgelehnt, weil der Antragsteller »nicht rein arischer Abstammung« gewesen wäre.

Den Widerstand verraten

Zurück zu Benediktinerpater Keller. Er war es, der seine Auftraggeber auf die Spur einer Verschwörergruppe brachte, dass Offiziere im Amt Ausland/Abwehr Hitler stürzen und das Regime durch eine neue Ordnung ersetzen wollten. In seiner Doppelrolle als Spion des SD wie auch als Mitarbeiter für die Abwehr kam er den »römischen Gesprächen« zwischen dem deutschen Widerstand und den Engländern auf die Spur, die der Papst vermittelt hatte. Pater Keller war ein gefährlicher Mann.

Es sollte sich in diesem Zusammenhang als fatal herausstellen, dass nicht nur Pater Keller der Münchner Abwehrstelle zugeteilt war, sondern auch der Münchner Rechtsanwalt Dr. Josef Müller. Müller war dies allerdings nur pro forma, zur Tarnung, im Range eines Oberleutnants und mit dem offiziellen Auftrag, »über die Lage in Italien zu berichten«, wie Müller nach dem Krieg in seinen Memoiren festhält. Tatsächlich hatte der »Ochsensepp« eine andere Mission.

(Müller trug seit seinen Pennäler-Jahren diesen Spitznamen. Er stammte aus bescheidenen Verhältnissen, war in einem Dorf im Frankenwald aufgewachsen. In den Ferien verdiente er sich etwas Geld hinzu, indem er bei einem Bauern arbeitete und mit dem Ochsengespann auf die Felder fuhr.)

Dr. Josef Müller, ein strenggläubiger Katholik, hatte sich als juristischer Berater in diversen kirchlichen Angelegenheiten Ansehen erworben, nicht zuletzt bei dem politischen Referenten von Kardinal Faulhaber, dem damaligen Domkapitular Johannes Neuhäusler. Dieser nutzte Müllers wiederholte Italien-Reisen, um ihm schriftliche Informationen für den Vatikan mitzugeben, vor allem für Kardinalstaatssekretär Eugenio Pacelli, den späteren Papst Pius XII., der als ehemaliger Nuntius in München und Berlin mit den Verhältnissen in Deutschland bestens vertraut und an den Vorgängen seit der Machtübernahme Hitlers, insbesondere an der Situation der katholischen Kirche im Reich, persönlich interessiert war. Zwischen Pacelli und Müller hatte sich ein so enges Vertrauensverhältnis entwickelt, dass es bis in den privaten Bereich führte. Der Kardinalstaatssekretär hatte dem glaubenstreuen Bayern sogar erlaubt, sich im Petersdom, am Grab des Apostelfürsten trauen zu lassen. Prälat Neuhäusler vollzog die kirchliche Eheschließung.

Diese engen Beziehungen Müllers in den Vatikan schufen die Voraussetzung für eine höchst geheime, dramatische Aktion einige Jahre später, in der sowohl der »Ochsensepp« als auch der inzwischen zum Papst gewählte Pius XII. eine Schlüsselrolle spielen sollten. Und eben auch der Verräter Pater Hermann Keller mit seinen römischen Aktivitäten.

Bereits Ende 1939/40 hatte sich ein Kreis führender Militärs und Diplomaten um Ludwig Beck, Hans Oster und Hans von Dohnanyi gebildet. Die Verschwörer suchten mit London einen Separatfrieden zu erzielen, um den Rücken frei zu haben für einen Staatsstreich, der endlich das Hitler-Regime beenden sollte. Papst Pius XII. stellte sich als Vermittler zur Verfügung.

Es war ein hoch konspiratives, gefährliches Unternehmen, für die katholische Kirche geradezu tödlich. Der Papst, als Staatsoberhaupt zu Staatsoberhaupt gegenüber Hitler immerhin in einer gewissen Verpflichtung und durch die offiziellen diplomatischen Beziehungen gebunden, war gleichzeitig Komplize des Widerstands. Gestapo und SD hatten bereits die Spur aufgenommen. Hintergrund und Auslöser waren, dass Heydrich belastendes Material gegen Abwehrchef Admiral Canaris sammelte, um diesem die Abwehr abzujagen. Diese Suche führte auch in den Vatikan. SD-Mann Schellenberg, der Auslandsexperte des SS-Nachrichtendienstes enthüllte in seinen Erinnerungen: »Wir nannten den Vorgang *Schwarze Kapelle*.«

Josef Müller bot sich als Kurier des Widerstandskreises zum Papst geradezu an, dank seiner Kontakte zu den deutschen Geistlichen im Umfeld des Papstes, den Jesuitenpater Robert Leiber und den früheren Fraktionsvorsitzenden der Zentrumspartei im Reichstag, Prälat Ludwig Kaas (s. auch Kapitel »Die römischen Gespräche«, Seite 137).

Keller, der als Agent Heydrichs den Verschwörern auf der Spur war und besonders Müller ins Visier genommen hatte, suchte in Rom die Verbindung zu den Benediktinern von San Anselmo auf dem Aventin. Dort erzählte er Pater Paul Augustin Mayer, was er über die Kontakte der militärischen Opposition zum Vatikan herausgefunden hatte, ohne zu wissen, dass Pater Mayer selbst über seine Heimatabtei Metten und dessen Abt Corbinian Hofmeister mit den Verschwörern in Berlin in Verbindung stand.

Kloster Metten, das Wahrzeichen der bayerischen Marktgemeinde an der Donau, war von der geheimen Widerstandsgruppe im OKW als Zwischenstation für die Kurierdienste nach Rom eingebaut worden. Rechtanwalt Josef Müller hatte den Abt des Klosters als V-Mann gewinnen können. Abt Hofmeister soll schon 1933 gegenüber Gästen des Kloster gesagt haben: »Wir werden im Gegensatz zu diesem Regime stehen, und wenn wir es mit dem Kopf bezahlen müssen.« Dieser höchste Preis blieb ihm erspart, wie einigen anderen katholischen und evangelischen Geistlichen, die wie Abt Hofmeister in Dachau als Sonderhäftlinge Hitlers im so genannten Kommandantur-Arrest saßen: unter diesen Pastor Martin Niemöller und Rechtsanwalt

Josef Müller, der Kurier nach Rom, nach dem Krieg Gründungs-politiker und erster Vorsitzender der CSU, der »Ochsensepp«: Sie alle erlebten in diesem ersten KZ der Nazis das Ende der Heimsuchung. Pater Mayer war damals Dogmatik-Professor an der Hochschule des Benediktinerordens. 1985 wurde er von Papst Johannes Paul II. zum Kurienkardinal ernannt. Er ist Nef-fe von Eugen Bolz, dem Zentrumspolitiker und letzten demo-kratisch gewählten Staatspräsidenten von Württemberg, der als Mitglied des Widerstands gegen Hitler nach dem Attentat vom 20. Juli in Berlin-Plötzensee hingerichtet wurde.

Pater Mayer erkannte natürlich sofort, welche Gefahr den Männern des Widerstands von Seiten Kellers drohte: vor allem dem Kurier, Rechtsanwalt Josef Müller aus München, wie auch der Gruppe der Abwehroffiziere um Hans Oster selbst. »Ich habe gewarnt«, sagte Kardinal Mayer in seiner stets zurückhal-tenden Art, über diese Vorgänge zu reden.

Nachdem Keller in Rom gefährlich geworden war, gelang es der Abwehr, den Mönch, der auf die falsche, für die Verschwö-rer höchst gefährliche Spur geraten war, kaltzustellen und ihn nach Deutschland zurückzuholen. Das hielt den treulosen Or-densmann aber nicht davon ab, weiter das Umfeld um Pius XII. auszuforschen. Er sondierte weiter, wer aus dem Kreis der Ver-schwörer in Berlin direkt oder indirekt mit dem Papst in Ver-bindung stand: also der Emissär Josef Müller und die beiden en-gen Berater des Papstes, Jesuitenpater Robert Leiber und Prälat Ludwig Kaas. Seine Zuträger suchte Keller in den Kreisen seines früheren Ordens. Statt Keller reiste nun der Benediktiner Da-masus Zähringer nach Rom. Er war nach dem Krieg von 1965–1967 Erzabt von Beuron. Dieser sollte Kellers Freund Anselm Stolz, Professor an San Anselmo, zur Mitarbeit gewinnen. Stolz sei ein guter Theologe gewesen, meinte Kardinal Paul Augustin Mayer von seinem Vorgänger an der Ordenshochschule: »Man hat ihn hereingelegt.«

Keller knüpfte weiter an seinem Netz: Pater Zähringers Schwester, ebenfalls eine Benediktinerin, sollte bei Pascalina

Lehnert, der deutschen Haushälterin des Papstes, durch einen verfänglichen Brief herausbekommen, welcher Art Zugang Müller zu den päpstlichen Privatgemächern habe. Dieser Versuch über Pascalina Lehnert schlug aber fehl.

Pater Stolz wiederum stand im Kontakt zu dem bereits erwähnten Gabriel Ascher (s. Seite 53), einer der schillernsten Figuren im römischen Agentenbetrieb. Ascher ging in katholischen Kreisen Roms ein und aus. Stolz machte Ascher mit Ludwig Kaas bekannt, wohl auf Wunsch Kellers, denn dieser sah in Prälat Kaas, den Müller neben Pater Leiber bei seinen Rom-Besuchen aufsuchte, den wichtigsten Mittelsmann zu Pius XII. Kaas aber war von Müller gewarnt worden und hatte wohl selbst ein Gespür für solche Gefahrenmomente.

Keller wurde schließlich auf Drängen Heydrichs als Agent des SD nach Paris versetzt, wo er es, wie Harold C. Deutsch schreibt, »in der bunt gemischten Schar der Schmarotzer des Besatzungsregimes bald zu einem gewissen Ansehen« brachte.

Glaubte Keller, sich in die Höhle des Löwen begeben zu müssen, um Schlimmeres zu verhüten, oder war er ein Karrierist, der mit Hilfe der Nazis sogar seinen Abt »ausbooten« wollte, um selber Erzabt zu werden und an seiner Stelle die ehrwürdige Erzabtei Beuron führen zu können? Unter seinen Mitbrüdern galt er als »hochbegabter Spieler«, der sich allen überlegen fühlte. Noch heute tun sich manche im Orden mit dem »Fall Keller« schwer.

Um Pater Hermann gebe es viele Gerüchte, aber keine konkreten Beweise, wird jede kritische Anfrage beantwortet. »Seine Tätigkeit im Amt Canaris als Dolmetscher ist nicht ehrenrührig, seine Tätigkeit beim SD-Ausland – wohl eher als ›freier Mitarbeiter‹, jedenfalls nicht als aktives Mitglied des SD oder der SS, lässt sich in Einzelheiten nicht fassen«, schreibt Benediktiner-Bruder Jakobus im Auftrag des Erzabtes von Beuron. »Es reicht eben nicht, dass man empört darüber ist, dass ein Priester für den SD oder/und die Abwehr arbeitete.« Da erübrigt sich jeder weitere Kommentar.

In Berlin und für Aufträge in Rom stand dem SD ferner der frühere Benediktiner Georg Elling zur Verfügung. Elling war Reichsredner der völkisch-freidenkerisch orientierten Deutschen Glaubensbewegung gewesen, einer der Gestapo eher suspekten Organisation. Der ehemalige Mönch im Rang eines SS-Hauptsturmführers wurde als »Wissenschaftlicher Hilfsarbeiter« in der deutschen Vatikanbotschaft platziert, nachdem Ribbentrop seinen Widerstand gegen Geheimdienstler in seinen Botschaften aufgegeben hatte. Unter Albert Hartls Führung baute Elling sein eigenes Informanten-Netz in Rom auf. Als »Briefkasten« konnten die V-Leute die geheimen Funkstationen des SD benutzen.

Wie das funktionierte, berichtet Walter Schellenberg, der Chef des Nachrichtendienstes der SS und Nachfolger Heydrichs, in seinen Memoiren an einem Beispiel. Es sei nach mehr als einjähriger Arbeit gelungen, einen unmittelbaren funktechnischen Kontakt zu einer wichtigen Mittelsperson im Vatikan aufzunehmen, ohne Gefahr zu laufen, von der feindlichen Spionage abgehört zu werden. Nach Schellenbergs Darstellung handelte es sich um ein »hohes Mitglied des Vatikans«, das sich bereit erklärt habe, »wichtige Meldungen über Russland an uns durchzugeben, ohne jedoch etwas schriftlich oder mündlich über irgendeinen Unteragenten weiterzuleiten«.

Ein unablässiger Strom, gespeist aus vielerlei Quellen, erreichte die Verbindungsstellen des SD und der Gestapo. In Berlin war man sich nicht immer sicher, ob das, was aus Rom angeliefert wurde, sauber recherchiert war oder die Finte eines Doppelagenten. Die Analytiker im Auswärtigen Amt hatten wiederholt Grund zur Beschwerde über die Zuverlässigkeit vor allem von so genannten »Stimmungsberichten«.

Im Sekretariat des Papstes und im vatikanischen Staatssekretariat wusste oder ahnte man, dass man beschattet wurde. So wird von einer Quelle in der Terza Loggia, dem dritten Stock des Apostolischen Palastes, berichtet. Angeblich soll das Staatssekretariat schon 1939 von einem Agenten der Gestapo in einer ihrer Abteilungen gewusst haben. In einem anderen Fall soll der deutsche Spitzel umgedreht worden sein,»double crossed«, wie es im Fachjargon heißt.

Durch die Hintertür

Beim Monsignore Hermann Maria Stöckle, 1931–1954 Rektor des Campo Santo Teutonico, (er starb am 12. März 1972 in Rom im Alter von 84 Jahren), hatten die Späher des SD wenig Glück. Wie der Katholiken-Referent des Nachrichtendienstes, SS-Hauptsturmführer Helmut Looß, bei seiner römischen Erkundung feststellen musste, machte sich der Geistlichen »in den politischen Fragen fast ausschließlich den Standpunkt des Vatikans zu Eigen«. Der Kundschafter aus Berlin über sein Gespräch mit Stöckle:»Unter Hinweis auf die deutschen Verhältnisse versicherte er, dass starke Kräfte in Deutschland noch nicht erstorben seien, die in kritischen Augenblicken in Auswirkung der jahrelangen Kirchenverfolgungen verhängnisvoll spürbar werden könnten. Die Befürchtungen seien durchaus bereits zum Ausdruck und dem Vatikan zur Kenntnis gekommen. Die Kirche sei auch darüber hinaus aus absolut einwandfreier Quelle, und zwar aus deutschen Offizierskreisen, eingehend über die Maßnahmen gewisser Elemente in Polen (gemeint war die SS, d. A.) unterrichtet worden.«

Spielte Stöckle hier auf die »römischen Gespräche« der Verschwörergruppe in der Abwehr an? Looß dürfte zu diesem Hintergrund kein Sterbenswort gehört haben. Der Besuch im Campo Santo hatte nicht die erwünschten Ergebnisse gebracht. Hatte die »weiße« Botschaft, also die deutsche Botschaft bei der italienischen Regierung, zunächst noch geplant, den »Campo Santo« als eine »deutsche Position am Vatikan« auszubauen, also Mitarbeiter in die Institute »Collegio Teutonico« und das Römische Institut der Görresgesellschaft zu lancieren, die dem NS-Regime ergeben waren, so wurde nach der Begegnung mit

Stöckle zunächst abgewartet. Man wollte die Neubesetzung der Institutsleitung zunächst abwarten, da – O-Ton,»der augenblickliche Rektor nach der vorab bezeichneten Haltung in keiner Weise den Anforderungen entspricht«.

Bessere Ergebnisse versprach sich da der SS-Spionagedienst von seinem V-Mann L 14. Der hatte gerade neu eine Stellung als Assistent im vatikanischen Orientalischen Institut erhalten. Deshalb sollte geklärt werden, welche Aufträge er künftig übernehmen könnte, berichtete Looß aus Rom. Er könnte zum Beispiel die Jahrsberichte beschaffen, sowie Handbücher, Schematismen und sonstige Materialien zur Bearbeitung. Wegen seiner Beziehungen zu Professor Leiber und zu der Schwester von Pater Muckermann, einem der schärfsten Kritiker des Hitler-Regimes, sowie zu Geistlichen aus dem persönlichen Umfeld des im römischen Exil lebenden polnischen Kardinals Hlond wurde er auf diese Personen für weitere entsprechende Ermittlungen angesetzt.

Das deutsch-österreichische Collegio Teutonico di Santa Maria dell' Anima galt als bevorzugte Adresse verdeckter Ermittlung. Über dessen Rektor, den österreichischen Titularbischof Alois Hudal, der zeitweilig mit dem Nationalsozialismus sympathisierte, haben wir schon geschrieben. Seine Haltung brachte ihm den Ruf des»braunen Bischofs« ein, seine Hilfe bei Kriegsende für flüchtige Nazis, die er mit seiner seelsorglichen Pflicht begründete, brachte ihn allerdings gänzlich in Misskredit. Am Ende wollte ihn auch die Kurie nicht mehr halten, obschon er auch manch hilfreichen Dienst dank seiner guten Beziehungen zu den Kommandostellen der deutschen Besatzung geleistet hatte. Dazu gehörte der Versuch, die Deportation der römischen Juden zu verhindern. Ebenso galt sein Stellvertreter in der Leitung der Anima, nach der Satzung ein Deutscher, als nicht ganz zuverlässig. Er musste auf einen Wink aus dem Vatikan hin nach Deutschland zurückgerufen werden.

Experten gesucht

Wie dilettantisch die deutschen Spionage-Experten vorgingen, mag auch der gescheiterte Versuch belegen, über ein vom SD finanziertes und von Papst Pius XII. unwissentlich mit dem päpstlichen Segen bedachtes Kolleg für Theologiestudenten aus Georgien eigene Agenten einzuschleusen. Spezialisten aus der Georgischen Legion der Wehrmacht sollten eine geheime Funkstation betreiben. Sie wurden als angehende Priester getarnt und erschienen in Soutane. Doch schon beim ersten Test stellte eine kirchliche Prüfungskommission fest: »Von Frauen verstanden sie viel, von Theologie wenig.«

Als Kuriosum sei erwähnt, dass sich auch Heydrich selbst 1939 mit dem Gedanken getragen haben soll, junge Männer aus den eigenen Reihen zum Studium für das Priesteramt zu animieren. Sie sollten offiziell geweiht und anschließend als »U-Boote« in katholische Einrichtungen eingeschleust werden. SS-Obersturmführer Kunze hatte auf der bereits erwähnten Arbeitstagung der SS-Kirchen-Experten im September 1941 in seinem Referat über die nachrichtendienstlichen Aufgaben im Kampf gegen den politischen Katholizismus im Reich besonders auf die geforderte Qualität der Sachbearbeiter im Amt und die »Gewährspersonen« draußen hingewiesen. Als Voraussetzungen, sozusagen als »berufliche Befähigung«, nannte er: völlige Kenntnis der Gegnermaterie, völlige innere Festigung des Bearbeiters und Loslösung von allen konfessionellen Bindungen.

Unter drei Kategorien von V-Leuten seien erstens solche Personen der Gegnerkreise, die aus Idealismus mitarbeiten, auszuwählen, zweitens solche, die ausschließlich gegen Bezahlung arbeiten, und drittens überzeugte Nationalsozialisten innerhalb der Gegnerkreise, die diese Haltung nach außen hin dokumentieren. Von diesen seien, wie Kunze ausführte, die als erste Gruppe genannten »als die Besten anzusehen, denn sie haben vor allem den Vorteil nicht erkannt zu werden«. SS-Offizier Kunze, seit dem Aufbau des Kirchenreferats im Jahre 1935 einer der engsten Mitarbeiter Hartls, zählt insbesondere die »gesamte katholische Pfarrjugend« zu den »Gegnerkreisen«. Sie müsse als eine staatsverneinende Organisation angesehen werden, wenn auch nicht juristisch, so doch vom staatspolizeilichen Gesichtspunkt aus.

Selbstverständlich arbeiteten SD und Gestapo mit den italienischen Diensten zusammen, so lange die »Achse« funktionierte. Auf militärischer Seite half der Servizio Informazione Militare (SIM) aus, die Gestapo konnte auf die OVRA (Organizzazione di Vigilanza e Repressione del' Antifascismo – Organisation für die Wachsamkeit und Unterdrückung des Antifaschismus) zurückgreifen, praktisch das italienische Gegenstück der Gestapo. Die OVRA warb Priester an, unterwanderte die vatikanische Gendarmerie und zapfte die innerhalb des Vatikans untergebrachten alliierten Diplomaten an. Der SIM kannte den Code-Schlüssel des vatikanischen Staatssekretariats, Diplomatenpost wurde entgegen allen internationalen Abmachungen gefilzt.

Mit dem Stempel der Unwichtigkeit

Die Qualität des Inhalts der Informationen aus Rom entsprach oft nicht der Quantität der Flut an »Stimmungsberichten«, Einzelmeldungen und dergleichen. Man konnte nie sicher sein, wer da alles aus welchen Gründen etwas »lieferte«. Hinzu kam wohl die interne Konkurrenz der Vielzahl der deutschen Dienste, die für untereinander rivalisierende Nazi-Größen arbeiteten. Ein geradezu »typisch deutsch« aufgeblähter Instanzenweg dürfte ein Übriges dazu beigetragen haben, den Erfolg zu minimieren.

Die Analysten des Außenministeriums in Berlin waren jedenfalls eher verwundert über das, was ihnen bisweilen als angebliche Topinformation aus Rom auf den Schreibtisch gelegt wurde. Das galt zum Beispiel für so genannte Stimmungsberichte aus dem Vatikan, die zwischen Mitte und Ende März 1943 von der römischen Abwehrstelle des Oberkommandos der Wehrmacht übermittelt und auch an das Außenamt weitergegeben wurden. Dort reagierte man schließlich außerordentlich »sauer«, wie dem Entwurf einer Stellungnahme vom 9. April 1943 zu entnehmen ist: Das OKW lege laufend Fälle von angeblich erprobten und zuverlässigen V-Männern vor, die mitunter – Zitat: »... den Stempel der Unwichtigkeit sozusagen auf der Stirn tragen.« Wegen der häufig jedoch sensationellen Aufmachung riefen diese Mitteilungen in Berlin ein gewisses Aufsehen hervor. In den Berichten würde jedoch Wichtiges und Unwichtiges vermischt. Schließlich klagten die Beamten, die Informationen müssten immer wieder überprüft werden.

Auch Vatikanbotschafter Diego von Bergen mokierte sich, dass die Stimmungsberichte oft fehlerhafte Ortsbezeichnungen, Daten und Namen enthielten. Als Beispiel führte er die falschen Informationen über Erzbischof Constantini an. Dieser sei nicht Leiter des angeblichen vatikanischen Nachrichtendienstes, sondern Sekretär der »Propaganda Fide« (gemeint ist die päpstliche Kongregation zur Verbreitung des Glaubens, also die für die Mission zuständige Kurienbehörde, d. A.), eine Stellung, so von Bergen, die Constantini völlig in Anspruch nehme. »Welche Aufgaben die Kongregation zu erfüllen hat, darf ich als bekannt voraussetzen«, fügte der Botschafter nicht ohne Ironie hinzu.

Im Übrigen ist bei den Annäherungsversuchen des deutschen Geheimdienstes nicht viel herumgekommen. Die Quellen, die im und um den Vatikan herum angezapft werden konnten, seien im Allgemeinen äußerst dürftig gewesen, meint der Vatikan-Historiker, Jesuitenpater Robert Graham. Er kommt zu dem Schluss: »Hoffnungslos unzuverlässig.«

Der Angriff der Nazi-Spionage auf den Vatikan scheiterte mehr oder weniger an den hohen Pforten von St. Peter. Vielleicht rührte den einen oder anderen auch das Gewissen oder er versuchte, sich im Apostolischen Palast einen Fürsprecher zu sichern, für alle Fälle, denn spätestens ab 1943 sah es für Eingeweihte mit dem Endsieg nicht mehr so hoffnungsvoll aus.

5. Geheimdienst im Beichtstuhl

Zum wiederholten Mal ruft die Stimme aus der Sendezentrale in Übersee den Mann am Ort:»Rom, bitte kommen!« Aber der Korrespondent in der Ewigen Stadt antwortet nicht. Nicht in diesem Moment, am späten Nachmittag des 19. April 2005. Er lässt kein Auge vom Dach der Sixtinischen Kapelle zwischen Petersdom und Apostolischem Palast. Der Blick konzentriert sich auf ein schmales, ziemlich primitives Schornsteinrohr, das seit einigen Tagen wie ein Bleistift aus dem Dach der berühmten Sixtina heraussticht und jetzt metallisch in der Abendsonne glänzt. Kamerateams, Reporter und Fotografen richten ihre Geräte auf die Kapelle, lange Brennweiten, Richtmikrofone – das Beste, was die Technik zu bieten hat. Vielleicht versucht das eine oder andere Medium gar mit lasergestütztem Gerät die Fenster abzutasten, um über die Schwingungen, die von den Stimmen erzeugt werden, das gesprochene Wort aus den hermetisch verschlossenen Räumen mitzuhören. Sind etwa auch Geheimdienste am Werk?

Unter diesem Dach sitzen 115 Kardinäle in ihrer purpurroten Soutanen und treffen die vielleicht wichtigste Entscheidung ihres Lebens: Sie wählen den 264. Nachfolger des heiligen Petrus, mit anderen Worten, den 265. Papst der römisch-katholischen Kirche, wenn man der offiziellen Zählung folgt. Die Kardinäle haben zweimal geschworen, per Eid und mit der Hand auf den Evangelien, die Wahlordnung strengstens zu achten, auch nicht im Geringsten zu kungeln, allein vor Gott ihre Stimme abzugeben und vor allem: kein Sterbenswort über den Verlauf der Wahl in die Öffentlichkeit zu tragen, auf immer und ewig. Das haben sie geschworen, dabei Christus zum Zeugen angerufen und zum »Jüngsten Gericht« hoch geschaut, das Michelangelo an die Stirnwand der Sixtina gemalt hat. Nach dem vierten Wahlgang ist die beinahe sicher vorausgesagte Sensation, die damit eigentlich keine ist, perfekt: die Wahl fällt auf Joseph Kardinal Ratzinger, den Präfekten der Kongregation für die Glaubenslehre.

Die geforderte Zweidrittelmehrheit von 77 Stimmen hatte er mit Mühe überschritten. Die Schätzungen von Vatikan-Journalisten und sonstigen Insidern schwankten zunächst zwischen 107 und 95 Stimmen, man sprach von einer »satten Mehrheit« im vierten Wahlgang.

Kein Funksignal verkündet das Wahlergebnis der Außenwelt, sondern der weiße Rauch aus dem Kamin. Der Vatikan, sonst modernster Technik nicht abhold, bedient sich einer überkommenen Signal-Methode: Feuer und Rauch, dem ein wenig Chemie beigemengt wird. Allerdings so beißend, dass es den Wahlmännern schier den Atem verschlägt, wie ein Beteiligter später verrät.

Die Stadt des Vatikanstaats gleicht einer belagerten Festung. Keine Maus darf herein oder heraus. Noch nie wohl waren die Vorschriften für ein Konklave so streng wie die Normen, die der verstorbene Johannes Paul II. für seine Nachfolge verfügt hat – sicherlich mit gutem Grund. Es sollte auch nicht die geringste Einmischung von außen in die Entscheidung des exklusiven Wahlmännergremiums geben und nichts verlauten, was den Gewählten in seiner Amtsführung belasten oder beeinflussen könnte. Im Zeitalter der Massenmedien und den technischen Möglichkeiten der modernen Elektronik ist jeder Korrespondent natürlich darauf erpicht, nicht nur umgehend das Ergebnis und die Anzahl der Wahlgänge herauszubekommen, sondern möglichst auch, wer und unter welchen Umständen dieser das Rennen gemacht hat und was dabei gesprochen wurde. Das würde Schlagzeilen bringen! Wer hat die erste Meldung, wer die heißeste Nachricht? Die Papstwahl nach dem Tod von Johannes Paul II., dem »Papst aus Polen«, dem »Jahrhundert-Papst« wurde, wie schon die Tage seines Sterbens und seiner Beisetzung zu einem Medien-Ereignis, wie es die Welt bis dahin nicht erlebt hatte.

Etliche Tage im Voraus »säuberten« Spezialisten alle gefährdeten Räumlichkeiten, besonders das Wahllokal: keine »Wanze« sollte sich hier verstecken, kein Handy funktionieren können. Auch Fernsehen und Laptop sind streng verboten. Die Kardinäle sind von der Außenwelt abgeschlossen – *cum clave* – wie in einem Hochsicherheitstrakt. Sichtbarer konnte nicht vor aller Welt demonstriert werden, wie sehr das Hauptquartier der größten Einzelkirche der Welt sich vor unbefugtem Zutritt und Einblick zu schützen weiß – aus einem vergleichsweise »harmlosen« Anlass.

Es gab auch andere Zeiten, andere Interessenten und weniger Instrumentarien, ungebetene Gäste fernzuhalten. Nachrichtendienste – Freund und Feind – hielt die Heiligkeit des Ortes nie ab, ihre Spione auszusenden, um herauszufinden, was der Papst und seine Regierung dachten und planten.

Dies galt mit aller Rücksichtslosigkeit während des Zweiten Weltkriegs und des Kalten Kriegs. Die Profis zeigten – anders als selbst hartnäckige Journalisten – dabei keine Skrupel.

Der Geheimdienst des Vatikans

Verfügt der Vatikan über einen eigenen Geheimdienst? Eine immer wieder gestellte Frage. Sie beflügelt die Fantasie stets mehr als wirklich dahintersteckt. Man sollte vorher vielleicht erst fragen: Braucht er einen solchen Apparat überhaupt? Hat er nicht mehr als alle Staaten der Welt »Augen und Ohren« sozusagen überall – in jedem Dorf, wo ein Priester wirkt, in jeder Region, wo ein Missionar unterwegs ist, in jedem Land, wo ein Nuntius vertreten ist, überall dort, wo gebeichtet wird?

Neben den innerkirchlichen Kanälen wie Nuntiaturen, Bischöfen und Missionsorden, versorgte eine weitere Gruppe von Informationsbeschaffern die römische Kurie: die »Gewissenstäter«. Das sind Mitarbeiter der Botschaften und anderer internationaler Einrichtungen, die aus eigenem Antrieb den zuständigen Stellen im Vatikan mitteilen, was sie zum Wohl »ihrer« Kirche für wissenswert erachten. »Rom ist voll von dieser Truppe«, sagt ein Kenner der Szene. »Die Wege und Mittel der vatikanischen Diplomatie sind natürlich mannigfaltig. Dazu gehört auch die Benachrichtigung ihrer Verbündeten von diplomatischen und militärischen Geheimnissen, die von den vatikanischen Agenten jeder Stufe und jeden Rangs ausgekundschaftet werden«, heißt es in einer Expertise für Zar Alexander II., der wissen wollte, was ihm ein eventuell verbündeter Vatikan einbringen würde.

In seiner Vernehmung durch den amerikanischen Militärgeheimdienst hatte Albert Hartl von der Existenz eines Vatikan-Geheimdienstes gesprochen, womit er wohl weniger eine Organisation im herkömmlichen Sinn meinte, als ein aus der Kirchenstruktur heraus entfaltetes Informationssystem. Dem Vernehmungsoffizier versicherte er, dass er ungefähr sechs Monate brauchen würde, um die Hauptpläne des Vatikan-Geheimdienstes auf der Grundlage der allgemeinen Situation festzustellen, die sich nach der Kapitulation Deutschlands ergab. Gegenwärtig sei er nur in der Lage, einige Pläne der vergangenen Jahre darzulegen. Das ausführliche Protokoll dieser Verhöre hatte sich – wen wundert es – auch die DDR-Auslandsspionage aus dem Sonderarchiv in Washington beschafft.

Die Amerikaner hielten offenbar wenig von diesem windigen Herrn, der sich ihnen so bereitwillig anbot: »Hartls Kenntnis der Persönlichkeiten, die mit dem Vatikan-Geheimdienst Verbindung haben, ist mager«, heißt es in der nichtamtlichen Übersetzung der HVA. Und warum mager? »Hauptsächlich weil die Kenntnis von Agenten des Vatikan-Geheimdienstes das Problem der Abwehr war und zweitens, weil Hartl behauptet, dass er nur an der Sammlung von Geheiminformationen über die Kirche gearbeitet hat.«

Über einen Geheimdienst à la CIA oder BND oder ähnlicher Art, wie immer wieder von außen behauptet wird, verfügt der Vatikan also nicht, wie auch uns gegenüber wiederholt versichert wurde: also keine Agenten, keine konspirativen Operationen. Und doch weiß der Papst alles. Das glauben jedenfalls die Geheimdienste aller Länder. Natürlich sind Reisende im vatikanischen Auftrag gehalten, sich umzuschauen, insbesondere dort, wo die kirchlichen Stellen der besuchten Staaten keine – oder nur unter schwierigen Umständen – schriftlichen Mitteilungen über bestimmte Vorkommnisse nach Rom geben, weil sie befürchten, dass ihre Informationen von dort über Spione an die Sicherheitsorgane des eigenen Staats zurückkommen.

Ein Insider nennt als Beispiel Litauen. In dem baltischen Staat lebt ein traditionsreicher Katholizismus aus der Zeit der litauisch-polnischen Union. Im Kalten Krieg lag es nahe, dass der sowjetische KGB auch Litauer in Rom einsetzte. Wenn andererseits ein Dominikanerpater gebeten wurde, sich bei einer Reise in den Osten zu erkundigen, was unter einem GULAG zu verstehen war, dann war er noch kein Geheimagent des Vatikans. Aber wie viele Priester, vor allem Missionare, mussten ins Gefängnis, weil ihnen Spionage vorgeworfen wurde, obwohl sie nichts anderes taten, als der Kurie über ihre Arbeit zu berichten und natürlich auch über die gesellschaftlich-politischen Verhältnisse, die ihre Arbeit begleiteten.

Die Nazis waren der Meinung, der Vatikan wisse sozusagen alles. Das meinte jedenfalls SS-Obersturmführer Heinz Kunze, als er 26. September 1941 seinen Vortrag im großen Hörsaal des Reichssicherheitshauptamts vor Sachbearbeitern des Kirchenreferats hielt. Dabei erklärte er:»Der ganze Vatikan ist eine einzige weltumspannende Spionageorganisation. Jeder Katholik ist Instrument dieses Systems, das vom einzelnen Laien über den Pfarrer, den Bischof bis zum Papst reicht. Ebenso die religiösen Orden, vor allem die Jesuiten. Sogar der Papst selbst. Er hat Agenten zu seiner unmittelbaren Verfügung, die sich dem Vatikan verpflichtet fühlen und in manchen Fällen gleichzeitig Beamte verschiedener Staaten sind und im Geheimdienst des Vatikans arbeiten.«

Das Bild vom Vatikan als einem Hort der Konspiration hatte sich in den Köpfen des Führungsapparats festgesetzt, selbst Hitler drohte, das »ganze Spionagenest« auszuräuchern. Genährt wurde dieses Klischee nicht zuletzt durch die Unterbringung von ausländischen Diplomaten innerhalb des Vatikans. Es waren die beim Heiligen Stuhl akkreditierten Botschafter und Geschäftsträger, deren Länder zu den Feindstaaten Italiens und Deutschlands zählten. (s. a. Seiten 124 und 166 ff.)

»Anscheinend zuverlässiger V-Mann berichtet, der Vatikan sei als das größte und erfolgreichste Kriegsspionage-Zentrum, jedoch auch als besonders gefährliches Propaganda-Zentrum im achsenfeindlichen Sinne anzusehen«, meldet Oberst von Veltheim, stellvertretender Luftattachée an der Reichsbotschaft in Rom, am 4. Juni 1942 nach Berlin. Die Information war in siebenfacher Ausfertigungen als Geheime Kommandosache deklariert: fünf waren für das Reichsluftfahrtministerium bestimmt, die gingen also an Göring, eine an Ribbentrops Auswärtiges Amt sowie eine »zu den Akten«. Wenige Tage später allerdings gab der deutsche Botschafter beim Quirinal, SS-Gruppenführer Hans Georg von Mackensen vorläufige Entwarnung. Als »Geheime Reichssache« meldete er nach Berlin, Erkundigungen beim italienischen Außenministerium hätten ergeben, die italienische Regierung habe bisher keine greifbaren Beweise dafür erlangen können, dass vom Vatikan aus Spionage betrieben würde bzw. wichtige militärische Geheimnisse von dort aus an die Feindmächte gelangten.

Überzeugt von einer Art Geheimdienst des Vatikans war aus ganz anderen Gründen ein Mann in der Schweiz: der Vertreter des Jüdischen Weltkongresses in Genf, Gerhard Riegner. Als er mit seinem Bericht über den Beginn des Massenmords an Juden auf Skepsis stieß, forderte er den Vatikan auf, diese Informationen doch durch den eigenen Geheimdienst überprüfen zu lassen. Riegner ging davon aus, dass ein gewisser Signor Malvezzi vom italienischen Institut für industriellen Wiederaufbau (IRI) für den von ihm vermuteten Geheimdienst des Vatikans arbeitete.

Auch die Amerikaner waren während des Zweiten Weltkrieges überzeugt, dass der Papst einen umfassenden Geheimdienst-Apparat kontrollierte, der besonders in Europa operierte und den man sich zunutze machen sollte. Der Vatikan sei für das Außenministerium eine wichtige Quelle politischer Information, berichtete der amerikanische Botschafter in Rom, William Philipps nach Washington. Und Harold H. Tittmann, der einige Kriegsjahre als Diplomat innerhalb des Vatikans verbrachte, notierte in seinen Erinnerungen: »There was much inside information available to the Pontiff from secret sources.« (»Der Papst verfügte über vielfache, interne Informationen aus geheimen Quellen.«) Und Alexander Haig, Außenminister unter Präsident Reagan meinte einmal, man habe den Eindruck gehabt, dass »die früher und besser informiert waren als wir«. Das galt vielleicht für die politische Führung in Washington. Tat der Ex-generalstabschef nur ahnungslos? Denn der Supergeheimdienst der USA, die National Security Agency (NSA) hörte während der polnischen Krise Anfang der 80er Jahre sämtliche Telefonate zwischen dem Vatikan und dem polnischen Episkopat ab. Vermutlich wussten nicht einmal der amerikanische Präsident und sein Außenminister von diesen Operationen.

Wo alle Informationen zusammenfließen

Experten sind überzeugt, dass der Vatikan, wenn schon nicht über einen Geheimdienst, so doch über Spezialisten verfügt. Was natürlich niemand von der Kurie zugeben würde. Selbst der Geheimdienstexperte der *Frankfurter Allgemeinen Zeitung*, Udo Ulfkotte meinte, der Papst gebiete »über einen der effizientesten Geheimdienste der Welt«. Beeindruckt jedenfalls sind die weltlichen Experten von ihren geistlichen Kollegen, die in der Lage sind, sehr genaue Analysen über die Lage in der Welt zu erstellen und bestimmte Vorgänge zu klären.

Wo aber sollte der kirchliche Geheimdienst untergebracht sein? Als erste Adresse galt natürlich das Staatssekretariat. Mal wird die allgemeine Sektion, mal die außenpolitische genannt. Der Fantasie sind da keine Grenzen gesetzt. Aber die »gegnerische Propaganda« hat sich vor allem auf die »1. Sektion des Staatssekretariats Seiner Heiligkeit« eingeschossen. Ihr obliegen verschiedene, der Geheimhaltung unterworfene kirchenpolitische Aufgaben und, so urteilen Kenner der Materie, damit auch informelle, nachrichtendienstliche Aufgaben. Die kommunistische Propaganda pflegte sie während des Kalten Kriegs als eine von der CIA finanzierte Abteilung zu bezeichnen.

Immerhin bestand im Staatssekretariat einmal für wenige Jahre eine Einrichtung, die für die damalige Zeit als geheimdienstlich bezeichnet werden könnte. Sie hieß »Sodalitium Pianum« und wurde von einem Hausprälaten im Staatssekretariat, dem aus Perugia stammenden Umberto Benigni geleitet, der deshalb auch immer wieder in Publikationen – wenn auch wenig überzeugend – als vatikanischer Geheimagent firmiert.

Benigni hatte unter Papst Pius X. 1907 eine vatikanische Informationsagentur *Corrispondenza Romana* gegründet, die ein Jahr später ihren definitiven Namen annahm. Offiziell wurde die Agentur aber nie eingerichtet, zumal sie nach dem Ableben des Papstes 1914 geschlossen und unter dem Nachfolger Benedikt XV. von 1915 bis 1921 nur kurz und wegen des Kriegs nochmals reaktiviert wurde.

Benigni starb 1934, ohne je wieder geheimdienstlicher Arbeit für den Papst verdächtigt zu werden. Sein Dienst bestand aus einem sehr effektiven Netz von ausländischen Zeitungskorrespondenten in und außerhalb Italiens. Mit ihrer Hilfe und seinen umfassenden Fremdsprachenkenntnissen stellte Benigni einen Pressedienst zusammen, den ersten des Heiligen Stuhls überhaupt. Als Spion verstand er sich nie. Vielmehr definierte er seine Arbeit als einen Dienst an der Wahrheit, was in Zeiten des Ersten Weltkriegs in der Tat nützlich war, zumal das den Vatikan umgebende politische Italien extrem kirchenfeindlich eingestellt war. Wobei das große Wort vom Dienst an der Wahrheit vom Vatikan gerne beansprucht und missbraucht wird. Wenn ein Journalist die banale Wahrheit von unangenehmen Fakten im Vatikan veröffentlicht, wird er leicht übelster Böswilligkeit verdächtigt und von den Informationsflüssen abgeschnitten.

Dennoch gingen und gehen bis heute die Geheimdienste davon aus, dass der Vatikan, mit oder ohne eigene Abteilung, über nachrichtendienstliche Experten verfügt, die sehr genaue Analysen über die Lage in der Welt erstellen und bestimmte Vorgänge klären können. Dass diese Experten eigentlich gut ausgebildete, diskret, effizient und unauffällig arbeitende Diplomaten sind, wird meistens übersehen. »Wir sind davon ausgegangen«, sagt ein Insider, dass sie so etwas »wie einen Geheimdienst« bilden, nicht vergleichbar mit den großen Diensten anderer Staaten, aber schon eine Sondereinheit, die Nachrichten beschafft und auswertet, weltweite Analysen erstellt und vor allem die Kompetenz dazu hat. Wenn der Vatikan also laufend über Kräfteverhältnisse und Gegebenheiten in der Welt informiert ist, dann war er nicht nur in der Zeit des Kalten Kriegs von außerordentlichem Interesse für die Nachrichtendienste der politischen Machtblöcke.

»Korea-Krieg, Suez-Konflikt, Algerien-Putsch – erste Nachrichten über diese Ereignisse waren durchschnittlich zehn Tage bevor sie stattfanden im Vatikan bekannt«, meinte ein Exagent eines östlichen Geheimdienstes. Das Staatssekretariat habe diese Informationen dem US-Geheimdienst weitergegeben, der diese Nachrichten nur als Kontroll-Information verwertete und es freistellte, diese Information an den englischen und französischen Geheimdienst zu verkaufen. Gleiches soll für die Kuba-Krise gegolten haben.

Montini weiß alles

Vorrangiges Ziel geheimdienstlicher Ausforschung im Zweiten Weltkrieg war also das Staatssekretariat, die politische Schaltzentrale der römischen Kurie. Dort arbeitete Monsignore Giovanni Battista Montini seit dem 13. Dezember 1937 als Substitut. Damit war er gewissermaßen die Nummer Drei in der Leitungshierarchie der Kirche. Er war zuständig für die »ordentlichen Angelegenheiten der Kirche«. Es gab kaum etwas, was nicht über seinen Schreibtisch ging. Verbunden mit dem Amt war gleichzeitig die Funktion eines Sekretärs der Cifra, d. h. des Chiffrierdienstes. Montini kannte also auch den geheimen, verschlüsselten Schriftwechsel mit den Nuntien und wer sonst noch auf diese Weise mit dem Vatikan in Verbindung stand. Wer war also im päpstlichen Palast besser informiert als Montini? Montinis »Karriere« führte ihn folgerichtig an die Spitze der Kirche: von 1963 bis 1978 als Papst Paul VI.

Der »kluge Substitut aus Brescia«, wie ihn der deutsche Botschafter am Heiligen Stuhl, Ernst von Weizsäcker charakterisierte, beriet Pius XII. in allen diplomatischen Angelegenheiten und zog seinerseits als »Arbeitsbiene« (v. Weizsäcker) alle Details an sich. Kuriendiplomaten, die Montini nach dem Krieg kennen lernten, berichteten, dass dieser selbst noch als Papst in Kleinigkeiten sich eine eigene Entscheidung vorbehalten habe. »Selbst die Lohnberechnung für die Diener im Vatikan hat er mit spitzem Bleistift nachgerechnet.« Weizsäcker zollte Montini allerdings Respekt. Ein als Zeitungskorrespondent getarnter V-Mann des SD lieferte seinen Auftraggebern dagegen eine Karikatur und bezeichnete den Substituten als den »bösen Geist« des Vatikans.

Auch für die Amerikaner war das Staatssekretariat die erste Anlaufstelle. Sie sprachen sowohl mit Montini als auch mit Domenico Tardini, dem Sekretär der damals selbständigen Kongregration für die diplomatischen Beziehungen. Damit hatten sie Zugang zu den wichtigsten Kurienbehörden während des

Kriegs, in denen die Fäden zusammenliefen. Amtliche Gespräche konnten ausländische Diplomaten nach dem Tod von Kardinalstaatssekretär Luigi Maglione, der nicht ersetzt wurde, nur mit Montini führen, in »rein politischen Fragen« mit dem Chef der Diplomatie (dem Sekretär der für die außenpolitischen Beziehungen zuständigen Sektion, d. A.) Domenico Tardini. Die übrigen Geistlichen des Staatssekretariats hatten grundsätzlich nicht das Recht, Diplomaten zu empfangen. »Die Schweigepflicht war streng, das Gespräch mit ihnen meistens einseitig«, schildert ein führender Vatikandiplomat den Verlauf solcher Begegnungen.

Der Spion des Papstes

Wenn es auch keinen Geheimdienst gab, Geheimdipomatie war der Kirche nie fremd. Die älteste Bürokratie der Welt mit der längsten diplomatischen Erfahrung setzte schon im 11. und 12. Jahrhundert päpstliche Gesandte und wohl auch so etwas wie Geheimagenten ein. Die Päpste bedienten sich im Mittelalter eigener, vereidigter Kuriere *(cursores)* als Briefboten, die ja auch gefahrvolle Wege durch papstfeindliche Hoheitsgebiete nehmen mussten. Abt Wibald von Corvey und Stablo war einflussreichster Ratgeber des Stauferkönigs Konrad III. (1138 bis 1152). Gleichzeitig König und Papst zu Gehorsam verpflichtet, versicherte er Papst Eugen III. (1145–1153), alles was Konrad entscheide und den Papst angehe, werde er melden. War er ein Doppelagent im Mönchsgewand?

Historisch gesehen ist der Vatikan die älteste Regierung zumindest in Europa, die für die Übermittlung von Geheiminformationen ein Code-System einsetzt. Im 14. Jahrhundert, unter Papst Johannes XXII. (1316–1334), war der päpstliche Notar Bernhardus Stephanie zuständig für Chiffrierung und Decodierung der Geheimpost, also für Verschlüsselung und Entzifferung. Er war sozusagen der erste Chef einer Art päpstlichen

Geheimdienstes, als der Papst noch weltlicher Herrscher eines ausgedehnten Territoriums war.

Im 15. Jahrhundert befasste sich der Gelehrte und Humanist Leon Battista Alberti (1404–1472) im Auftrag der Kurie mit der Frage verschiedener Chiffriermöglichkeiten und überreichte dem päpstlichen Sekretär Leonhard Datus die erste ausgearbeitete Kryptografie, die für die päpstliche Geheimkorrespondenz eingesetzt werden konnte. Selbstverständlich verwendete der Vatikan, damals wie heute, für die geheime Korrespondenz mit den Auslandsvertretungen einen eigenen Übertragungscode. Während des Zweiten Weltkriegs galten verschiedene Geheimhaltungsstufen; sie wurden allerdings problemlos von den italienischen Abhörspezialisten entschlüsselt. Nicht alles, aber wichtige Erkenntnisse wurden auch den Deutschen mitgeteilt.

Die Situation heute dürfte sich nicht grundlegend geändert haben: Was an Informationen, verschlüsselt oder nicht, aus dem Vatikan über den Äther geht, kann mitgehört und mitgeschrieben werden. Über die erforderlichen Mittel verfügt jeder große Nachrichtendienst.

Wenn auch der Vatikan nach allen uns von verschiedener Seite gegebenen Auskünften über keinen eigenen Geheimdienst verfügt, so kann man aber davon ausgehen, dass das vatikanische Staatssekretariat direkt oder indirekt über Erkenntnisse der Nachrichtendienste befreundeter Staaten informiert wird. Der politische italienische Nachrichtendienst SISDE (Servizio per le Informazioni e Sicurezza Deomocrazia) und der militärische Geheimdienst SISMI, wie wohl auch andere Sicherheitsorgane, übermitteln als Behörden einer »nahe liegenden Nation«, wie eine zuverlässige Quelle betätigt, regelmäßig Berichte zu Erkenntnissen, die auch den Vatikan berühren. Auch andere Nachrichtendienste helfen mit Informationen aus: während der Polenkrise die amerikanische CIA; einige Zeit vor dem Anschlag auf dem Petersplatz auf Johannes Paul II. gab es eine Vorwarnung durch den französischen SDECE.

Alexandre Comte de Marenches, von 1970 bis 1981 Generaldirektor des französischen Auslandsgeheimdienstes SDECE (Service de Documentation Extérieur et de Contre-Espionage), will das vatikanische Staatssekretariat frühzeitig vor einem Anschlag auf Johannes Paul II. gewarnt haben. Admiral Pierre Lacoste, Direktor der Nachfolgeorganisation DGSE (Direction Générale de la Sécurité Extérieur – Generaldirektion für äußere Sicherheit), relativierte diese Behauptung, es habe sich lediglich um allgemeine Informationen gehandelt. Gleichwohl zeigte er sich überzeugt, dass der Auftrag in Moskau erteilt worden sei. Ein anderer Fall: Der israelische Mossad soll auf einen möglichen terroristischen Angriff hingewiesen haben. Was wahr ist oder Zweckmeldung lässt sich mangels zuverlässiger Belege natürlich nicht nachweisen. Vor allem dürften der Generalinspekteur des vatikanischen Polizeikorps (Corpo di Vigilanza) und der Kommandant der päpstlichen Leibwache (Schweizer Garde) instruiert sein, wenn es um die innere Sicherheit des vatikanischen Stadtstaates geht. Seit den großen Auslandsreisen von Paul VI., Johannes Paul II. und nun auch von Benedikt XVI., mit ihrem erhöhten Gefährdungspotenzial, ist die Verantwortung der päpstlichen Sicherheitsbehörden gewachsen.

Pater Robert Leiber, die graue Eminenz im Vorzimmer des Papstes

Ein Meister der geheimen päpstlichen Diplomatie war sicher Pater Robert Leiber SJ, der Privatsekretär Pius XII., über dessen Schreibtisch wohl alles lief, was den Papst erreichen sollte. Deshalb fand Pater Leiber natürlich das besondere »Interesse« der deutschen Geheimdienste. Erstaunlicherweise wusste man bis Anfang des Krieges wenig über seinen biografischen Hintergrund. Erst die konspirativen Aktivitäten von Pius XII. mit dem deutschen Widerstand veranlassten den SD, seine Spitzel auszusenden, um mehr über die Person des päpstlichen Privatsekretärs zu erfahren. In einer ersten Mitteilung aus Rom hieß es, Leiber sei bereits 1917 dem damaligen Nuntius Pacelli in München als »Adlatus deutscher Nationalität« beigegeben worden. 1929 sei er nach Rom gegangen, um dem neuen Kardinalstaatssekretär Pacelli als politischer Berater in fast allen Angelegenheiten zur Verfügung zu stehen. Die Nazis suchten Pater Leiber in der Öffentlichkeit absichtlich herabzusetzten. Er sei ein »echter Jesuit, charakterlich jedoch kaum«. Das war ein Seitenhieb auf den von den Nazis verhassten Orden. Andererseits konnte man den Respekt vor Leibers intellektueller Brillanz und seinem diplomatischen Geschick nicht versagen. Seine Gedanken seien »völlig gradlinig, sein Wort wie geschliffener Stahl«. Soweit ein Bericht der Abwehr am 30. Mai 1940.

Botschafter von Mackensen, der das Deutsche Reich bei Mussolini vertrat, teilte am 27. Juni 1940 dem Auswärtigen Amt mit, Pater Leiber und einige seiner hiesigen Ordensbrüder neigten in kirchenpolitischen Fragen zur Intransigenz (Unnachgiebigkeit). Leiber sei schon von Pacelli zur Erledigung seiner umfangreichen deutschen Korrespondenz herangezogen worden, allerdings gegen seinen Wunsch und den seiner Oberen. Daraus habe Leiber keinen Hehl gemacht. Der Jesuitenpater, Professor für Kirchengeschichte an der Gregoriana, hätte lieber seine Aufgabe zu Ende geführt, die *Geschichte der Päpste seit dem Ausgang des Mittelalters* von Ludwig Pastor abzuschließen. Aber man sei im Orden der Auffassung gewesen, dass man sich dem Ersuchen eines Kardinals nicht habe verschließen zu können.

Vatikanbotschafter von Bergen sah sich veranlasst, einmal mehr die gereizte Stimmung zwischen Berlin und dem Vatikan zu mäßigen und schrieb dem Außenministerium, Leiber genieße das besondere Vertrauen des Papstes, der sich von ihm in allen das Verhältnis der katholischen Kirche zum Reich betreffenden Angelegenheiten beraten zu lassen pflege. Ganz und gar Diplomat verbarg er seine Absicht hinter Formulierungen, die kaum den Argwohn Berlins erregen konnten. Leibers frühere Intransigenz habe einem unter dem wachsenden deutschen Einfluss zunehmenden Verständnis Platz gemacht. Der Satz mag interpretierfähig sei. Heute neigt man wohl eher dazu, von Bergens Wirken im Interesse des Vatikans wertzuschätzen. Der Stern des verdienten Diplomaten, der das Reich schon seit 1920 am päpstlichen Hof vertrat, war in den Augen seiner braunen Vorgesetzten schnell verblasst. Er passte spätestens in den 40er Jahren nicht mehr ins System.

Eine Personenbeschreibung Pater Leibers im Stile von Bergens half dem Geheimdienst wenig. Leiber ahnte oder wusste sogar sicher, dass er beschattet wurde. Ob bei den Herren des inneren Führungszirkels im Apostolischen Palast »viel zu holen war«, darf füglich bezweifelt werden. Man wird die vollständige Öffnung der Archive aus dieser Zeit abwarten müssen, soweit im Staatssekretariat überhaupt irgendwelche Notizen aus den Kriegsjahren angefertigt und verwahrt wurden, die solche Fragen beantworten. Pius XII. hatte immer auf strengste Geheimhaltung bestanden. Gleichwohl führten die hohen Prälaten Gespräche mit Vertrauten, vertraten oft auch unterschiedliche Positionen. Das, was durchsickerte oder was offen ausgesprochen wurde, konnte auf allen Seiten Misstrauen auslösen, bei den Deutschen, den Engländern wie auch im Vatikan selbst. Selbst der frühere deutsche Zentrumspolitiker Prälat Ludwig Kaas, ein politischer Taktierer seit den Tagen der Weimarer Republik, geriet in London in den Verdacht, ein doppeltes Spiel zu treiben.

6. Ohnmächtig zwischen allen Stühlen

Mit bleichem Gesicht und völlig verständnislos blickt der päpstliche Nuntius Eugenio Pacelli aus dem Fenster. Auf der Straße beobachtet er die rüpelhaften und bisweilen brutalen Umtriebe der Räte-Revolutionäre in München in den Nachkriegsmonaten von 1919. Sie dringen gewaltsam in die Nuntiatur ein, halten ihm die Pistole vor die Brust und beschlagnahmen seine Dienstlimousine. Mehr noch mag den feinnervigen, aristokratischen Vatikan-Diplomaten die Schilderung seines Sekretärs nach dessen Besuch im Hauptquartier der bolschewistischen Aufrührer schockieren, der von ungezügelten Rädelsführern berichtet. Die sind vor den Häschern des Zaren nach Deutschland geflohen und haben Zuflucht in der Schwabinger Bohème gefunden. Unter ihnen sind einige jüdische Intellektuelle, die sich von Lenins Bolschewismus eine Befreiung von den Ketten ihrer endlosen Verfolgungen erhoffen. Sie haben die neue Lehre mit ins Exil gebracht und sehen jetzt, nach der Niederlage Deutschlands, ihre Stunde gekommen. »Galizier« nennen die Münchner sie pauschal. Für die politische Rechte sind sie nichts anderes als Moskaus Agenten, die den Auftrag haben, das alte politische System in Deutschland zu zerstören und ein neues aufzubauen.

Ein arbeitsloser Wiener Postkartenmaler, der wie viele Weltkriegssoldaten auf die Straße gespült wurde, sollte aus der Erfahrung dieser Unruhetage einen maßlosen Hass auf alle Juden entwickeln. Der Mann hieß Adolf Hitler. Aber auch Eugenio

Pacelli war über die Erscheinungsform des Bolschewismus in den Tagen der Münchner Räterepublik und den Wirren danach erschüttert. In einem seiner Berichte an das Staatssekretariat übernahm er Formulierungen seines Sekretärs, die ihm in der Diskussion um seine Seligsprechung bis in unsere Zeit als antisemitisch ausgelegt wurden. Der damalige Nuntius in Bayern (von 1917 an, ab 1920 war er für ganz Deutschland zuständig) wurde seit dieser Zeit von einem Gespenst verfolgt. Es hieß bolschewistische Revolution und bedeutete für ihn die Herrschaft eines ungläubigen, materialistischen Proletariats. Dieses Gespenst könnte eines Tages das christliche Haus in ganz Europa zersetzen: vom Ural bis zum Atlantik.

Der eigentliche Feind, der noch gefährlichere Widersacher, so sahen es Pacelli und viele in der katholischen Kirche noch 1933, saß in Moskau. So notierte Michael Kardinal Faulhaber, der an dem Geheimen Konsistorium am 13. März 1933 in Rom teilgenommen hatte, in seinem Bericht vom 20. April: »In Rom beurteilt man den Nationalsozialismus wie den Faschismus als einzige Rettung vor dem Kommunismus und dem Bolschewismus.« Der Heilige Vater (gemeint ist noch Pius XI.) sehe das aus weiter Ferne, nicht die Begleiterscheinungen, sondern nur das große Ziel.

Zwischen der römischen Kurie und den deutschen Bischöfen hatten sich offensichtlich deutliche Meinungsunterschiede aufgetan. Pius XI. hatte zuvor gewissermaßen indirekt Faulhabers berechtigte Sorge bestätigt, als er sich rühmte: »Bis in die letzten Zeiten blieb die Stimme des römischen Papstes die einzige, die auf die schweren Gefahren (hinwies), die der christlichen, fast bei allen Völkern eingeführten Kultur drohen.« Der deutsche Vatikan-Botschafter Diego von Bergen erhielt aus dem Staatssekretariat den Hinweis, den er noch vor dem Konsistorium nach Berlin kabelte: »Im Staatssekretariat wurde mir nahegelegt, darauf hinzuweisen, daß dieses Wort als indirekte Anerkennung des entschiedenen Vorgehens des Reichskanzlers sowie der Regierung gegen den Kommunismus zu deuten wäre.«

In der Reichskanzlei konnte man zufrieden sein, bot sich doch möglicherweise eine interessante Allianz mit der römischen Kirche an, die man trotz ideologischer Gegnerschaft als nützliches Instrument für die eigenen Ziele zunächst gut brauchen konnte. Nach dem Endsieg wollte man dann abrechnen. Hitler selbst hat sich aus politischem Kalkül wiederholt gegen ein zu scharfes antikirchliches Vorgehen ausgesprochen, wie es etwa Heydrich im Kopf hatte.

Für die vatikanische Diplomatie blieb es auch für den Rest des Jahrhunderts immer ein gewagtes Spiel, den passenden Alliierten im Kampf gegen den Erzfeind Bolschewismus zu finden: Anfangs setzte man auf ein starkes Deutschland, für das man nach Hitlers Sirenenklängen durchaus bereit war, den Nazi-Diktator in Kauf zu nehmen. Nachdem sich die Niederlage Deutschlands abzeichnete, sollte der Westen der passende Alliierte sein, namentlich die USA. Die Westmächte ihrerseits versuchten sowohl während des Zweiten Weltkriegs als auch nach dem Krieg diese »Urangst« der Kirche für ihre Zwecke auszunutzen. Dies belegen Dokumente, die in den deutschen und vatikanischen Archiven erhalten sind. Die Informationen über die vatikanische Diplomatie während des Zweiten Weltkriegs – mal heißt es: Papst und Hitler Hand in Hand gegen den Bolschewismus, dann wiederum: Bolschewismus und Nationalsozialismus sind gleichermassen die Feinde Roms – lesen sich für Außenstehende bisweilen widersprüchlich. Wenn man Propaganda von Wahrheit trennt, dann drückt sich in mancher vermeintlichen Ungereimtheit eher die Schwäche und Verletzlichkeit der Kirche gerade in jenen Jahren aus.

Nach dem Krieg musste man dann nicht lange warten, bis die Kommunisten ein Thema für ihre antikirchliche Propaganda entdeckt hatten: Der Vatikan hatte doch mit diesem Ungeheuer »Nazismus« paktiert, wie einige Expriester und der prominente DDR-Kirchenhistoriker Eduard Winter in seiner polemischen Studie schrieben. Umgekehrt sei die Kirche für die Nazis nur an vierter Stelle auf der Liste der zu bekämpfenden Ideologien gestanden, weit hinter dem »Weltjudentum« und noch hinter der Freimaurerei. Der Kommunismus und damit die Sowjetunion aber seien sowohl für Hitler als auch für den Vatikan der »Feind Nr. 1« gewesen. SS-Größen wie der Kirchenreferent Albert Hartl sahen die Reihenfolge allerdings anders: Ihnen galt der Katholizismus als der gefährlichste Widersacher der braunen Weltanschauung.

Der DDR-Historiker Eduard Winter versuchte seine Behauptung mit einer »auf den ersten Blick ungeheuerlich erscheinenden mündliche Vereinbarung« zwischen dem Jesuitengeneral Wlodzimierz (Wladimir) Graf Halke von Ledochowski (1866–1942), Ordensoberer von 1915–1942, und dem Reichssicherheitshauptamt zu belegen. Dabei sei es um den Austausch von Listen gegangen, in denen der Vatikan die Freimaurer den Nazis und umgekehrt die Nazis die Kommunisten dem Vatikan denunzierten, weil man hoffte, gemeinsam den Kampf gegen den Kommunismus und die Freimaurerei erfolgreicher führen zu können. Als Unterhändler nannte Winter auf vatikanischer Seite den Fürsten Urach, auf nationalsozialistischer Seite den Ministerialdirektor Josef Roth aus dem Reichskirchenministerium.

Eine wahrhaft bizarre Verbindung zwischen dem Vatikan und dem »Drittem Reich« wird hier hergestellt. Tatsächlich gab es wohl im Vatikan einflussreiche Männer, allen voran der Papst, die den Nazismus wegen seines Extremismus auf längere Sicht zwar für unhaltbar, wenngleich zunächst für weniger gefährlich als den Kommunismus hielten.

Winter bezog sich auf Wilhelm Höttl, den Italien-Referenten des Auslands-SD, der auch mit der Spionage gegen den Vatikan befasst war. Höttl, der sich selbst als angeblicher Unterhändler mit Ledochowsky zu erkennen gab, kommt in seinen Erinnerungen allerdings zu einem völlig entgegengesetzten Ergebnis als Winter: Zu einer, zwar geplanten, Zusammenarbeit mit Ledochowsky sei es nie gekommen: »Der Jesuitengeneral hatte eine lebhafte Vorstellung von den weltweiten Gefahren des Bolschewismus«, schrieb Höttl. Der Ordensobere sei davon ausgegangen, dass im Falle einer Niederlage Deutschlands die Sowjetunion eine »drückende und direkte Gefahr für die gesamte westliche Welt« werden würde. »Dank seiner Informationen, mit denen der weit verzweigte Orden ihn, Ledochowsky, versorgen konnte, war er in einer Position, ein viel besseres und umfassenderes Bild der gesamten politischen und militärischen Situation zu gewinnen als die meisten anderen hohen Würdenträger der Kirche.«

Aus diesem Grund sei Ledochowsky, auf der Basis gemeinsamen antikommunistischen Vorgehens zu einer »Maßnahme der Zusammenarbeit« zwischen dem Jesuitenorden und dem Deutschen Geheimdienst bereit gewesen, die zunächst auf den Austausch von Informationen begrenzt sein sollte. Später sollte daraus im Rahmen eines Gesamtkonzepts von Vereinbarungen zwischen den westlichen Alliierten und den Achsenmächten eine große amerikanische und europäische Koalition gegen den Kommunismus und Imperialismus der Sowjetunion gebildet werden. Ledochowsky habe sich dagegen ausgesprochen, dass die Operationen der deutschen Wehrmacht durch die Aktivitäten der Priester des »Collegium Russicum« in den Territorien behindert würden, welche die deutsche Armee zu besetzen plante. Dies habe den Missionaren gegolten, die ausgebildet worden waren, um unter der orthodoxen Bevölkerung in der Sowjetunion zu arbeiten. Es wäre damit zu rechnen, dass sie zwar nicht Partei für den Kommunismus ergreifen, sich wohl aber auf Seite der ihnen anvertrauten russischen Bevölkerung stellen würden. Eine Problematik, mit der sich in anderem Zusammenhang dann auch Pius XII. konfrontiert sah. Die deutsche Regierung habe aber, wie Höttl schreibt, jegliche Konzessionen gegenüber der Kirche abgelehnt, mithin auch die Zusammenarbeit mit den Jesuiten. »Die Bemühungen des politischen Geheimdienstes scheiterten.« Alle Versuche endeten für die deutschen Unterhändler in einem Desaster.

Die Geheimkontakte des SD blieben dem Konkurrenzdienst

der Gestapo nicht verborgen. Ledochowsky hatte seine Korrespondenz mit seinen Gesprächspartnern über die Apostolische Nuntiatur in Berlin geleitet. Dort aber saß, »in der Mitte der päpstlichen Mission«, so der ehemalige SD-Mann Wilhelm Höttl, ein Agent der allgegenwärtigen Gestapo. War damit der Steyler Missionar Eduard Gehrmann gemeint, der einzige deutsche Priester an der Apostolischen Nuntiatur, der Einblick in die geheimsten Vorgänge hatte? Oder wurde hier nach dem Krieg eine schwarze Legende in die Welt gesetzt? Wir werden darauf zurückkommen.

Die verfehlte Russlandpolitik des Vatikans

Eduard Gehrmann, 1888 in Schalmey bei Braunsberg im Ermland geboren, verfügte über persönliche Kenntnisse Russlands. Ab 1922 übernahmen er und einige Mitbrüder die Organisation und Verteilung von Nahrungsmitteln im Auftrag der päpstlichen Hilfsaktion für Russland. Gehrmann leitete die zentrale Verteilungsstelle in Eupatoria auf der Krim und organisierte Suppenküchen auf der Halbinsel am Schwarzen Meer. Die »Russische Sozialistische Föderative Sowjetrepublik« stand gegen Ende des Ersten Weltkriegs am Rande des wirtschaftlichen Ruins. Das Volk hungerte. Der Völkerbund und karitative Organisationen begannen mit Hilfsaktionen. Papst Benedikt XV. und sein Nachfolger Pius XI. schlossen sich ihnen mit einer eigenen Hilfsmission an.

1923 ging Gehrmann nach Moskau und übernahm dort die Leitung der päpstlichen Hilfsmission. Seine Aktivitäten wickelte er über die deutsche Botschaft ab, auch die telegrafische Kommunikation mit Rom. Gehrmann war Nachfolger des amerikanischen Jesuiten Edmund Walsh und wie dieser ein entschiedener Gegner des Bolschewismus. Walsh hatte 1919 an der Georgetown University in Washington eine Schule für den diplomatischen Nachwuchs gegründet, die später nach ihm benannte »The Walsh School of Foreign Service«. Die Friedensverhandlungen von Versailles hatten nach Walsh ein Defizit der amerikanischen Diplomatie deutlich gemacht. Walsh stellte die Frage der interkulturellen Verständigung in den Vordergrund. Er erkannte einen erheblichen Nachholbedarf im Wissen über die slawische Kultur. 1922 wurde er von Pius XI. mit der Leitung der päpstlichen Hilfsmission für Russland beauftragt.

So wie die Angelegenheit im Vatikan gehandhabt wurde, war dies ein etwas eigentümliches Unternehmen, umgeben von einem Hauch von Konspiration, wenn Walsh sich angeblich an allen offiziellen Wegen und »Kanälen« vorbei zu nächtlichen Gesprächen mit dem Papst traf. Das habe im damaligen päpstlichen Staatssekretariat Zorn erregt. Insofern mag sich erklären, dass die Mission von Walsh nicht nur aus »russischen« Gründen von kurzer Dauer war.

Sein Nachfolger Gehrmann ging nicht minder forsch zu Werke. Er forderte eine Verurteilung der marxistischen Lehre durch den Vatikan und mischte sich in den internen Kreml-Machtkampf um Lenins Erbe ein. Gehrmann geriet in Verdacht, zu den Trotzkisten zu halten. Hinzu kamen wachsende Schwierigkeiten der Bolschewiken, ihre Beziehungen zur Religion im Allgemeinen und zur römisch-katholischen Kirche, vertreten durch den Papst, im Besonderen zu definieren. Im September 1924 musste Gehrmann Russland verlassen. Seine Hilfsmission war nicht länger erwünscht. In Berlin fand Gehrmann eine neue Aufgabe.

Anfang der 20er Jahre erhoffte sich der Heilige Stuhl, die im Verlauf der bolschewistischen Revolution zerstörte Organisation der katholischen Kirche in Sowjetrussland wieder errichten zu können. Man wollte mit der Hierarchie beginnen, das heißt, mit den Bischöfen in der Kirchenleitung gemäß dem Grundsatz des heiligen Kirchenvaters Ambrosius: »Wo der Bischof ist, dort ist die Kirche.« Die Chancen schienen nicht ungünstig. Ein Geheimabkommen vom 12. März 1922 stellte diplomatische Beziehungen zwischen dem Heiligen Stuhl und Sowjetrussland in Aussicht. Doch mit der zunehmenden Erkrankung Lenins schob sich der Georgier Dschugaschwili, Kampfname: Stalin, in den Vordergrund.

Eugenio Pacelli wechselte 1925 von München nach Berlin, um von der deutschen Reichshauptstadt aus Verhandlungen mit der russischen Seite führen zu können, die das Ziel einer vertraglichen Regelung auf der Basis eines Konkordats verfolgten. Gehrmann wurde auf Wunsch Pacellis dessen Berater. Er hatte ihm schon den Vertragsentwurf für ein Abkommen mit Moskau vorbereitet.

Die Verhandlungen stießen bald auf unüberwindliche Hindernisse. Die äußeren Vorbehalte verdecken nur dürftig die inneren. Die waren von grundsätzlicher Natur. Die Bolschewisten wollten eigentlich keine Einigung mit der katholischen Kirche. Der Vatikan suchte einen Modus Vivendi, ohne in die Nähe zur Moskauer Ideologie gerückt zu werden. Jedenfalls verweigerte der Heilige Stuhl dem noch auf unsicheren Füßen stehenden Regime die völkerrechtliche Anerkennung, also auch den Austausch von Botschaftern. Bis zu einer internationalen Regelung wollte der Vatikan nur einen Apostolischen Delegaten entsenden. Daran wiederum war Moskau nicht interessiert. Gravierender allerdings – weil den Intentionen des Papstes geradezu diametral entgegenstehend – war, dass die Russen die Einführung eines von der Kirche zu erteilenden Religionsunterrichts an den Schulen kategorisch ablehnten.

Da die Verhandlungen zunehmend stockten und zu scheitern drohten, ließ sich die römische Kurie auf ein riskantes Spiel ein. Pius XI. wollte nun den Katholiken in Russland »auf geheimen Wegen« priesterlichen Beistand schicken. Der Historiker Hansjakob Stehle beschreibt diese Geheimaktion in seinem Standardwerk *Die Ostpolitik des Vatikans* eingehend. Der französische Missionar Pater Michel d'Herbigny SJ, Präsident des Päpstlichen Instituts für Östliche Studien in Rom (Pontificio di Studi Orientali, 1922 von Pius XI. dem Jesuitenorden anvertraut) und Berater (Consultor) der Kongregation für die Ostkirchen, war für diesen riskanten Auftrag ausersehen. 1925 unternahm er zunächst eine als private Urlaubs- und Studienreise getarnte Erkundungsfahrt. Sein Bericht bestärkte den Papst in seiner Absicht, nicht erst das Ergebnis der von den Sowjets offenbar absichtlich verschleppten Verhandlungen abzuwarten. Selbst die Ergebnisse eines gewisse Hoffnungen weckenden Gesprächs vom 6. Oktober 1925 zwischen Pacelli und dem sowjetischen Außenkommissar Grigori Tschitscherin, »einem Mann von hohem Niveau«, sollten im Verlauf des weiteren diplomatischen Prozesses im Sand der Moskauer Kommissariate versickern.

In dieser Situation machte sich Anfang 1926 ein Jesuitenpater auf den Weg nach Moskau, der mit der lateinischen Ostkirche und der Orthodoxie bestens vertraut war. Auf einer Zwischenstation in Berlin wurde er am 29. März »hinter verschlossenen Türen« in der Hauskapelle der Apostolischen Nuntiatur in der Rauchstraße von Eugenio Pacelli zum Bischof geweiht. Gehrmann dürfte Zeuge des geheimen Rituals gewesen sein. Die Bischofsweihe war nach dem Verständnis der so genannten apostolischen Sukzession – der ununterbrochenen Weihekette in der Nachfolge der Apostel Jesu – Voraussetzung für d'Herbigny, um seinerseits in Russland Bischöfe weihen zu können. Kurzum: Am Gründonnerstag, es war der 1. April 1926, kam d'Herbigny, jetzt Bischof, in Moskau an. Am 21. April bereits weihte er in der katholischen Pfarrkirche St. Ludwig in einer geheimen Schnellaktion einen französischen Russland-Missionar zum Bischof, da der sowjetische Geheimdienst offenbar die Spur der katholischen »Eindringlinge« aufgenommen hatte. Weitere geheime Weihen sollten an anderen Orten folgen.

Die Einschleusung von Jesuiten in das neue kommunistische Reich blieb den Sicherheitsorganen in Moskau nicht verborgen. Die katholische St.-Ludwigs-Kirche befindet sich vis-à-vis der Lubljanka, dem berüchtigten Gefängnis der GPU und später des KGB. Dass d'Herbigny sich selbst zu erkennen gab und später auch die von ihm geweihten Bischöfe, änderte an der Sachlage nichts mehr. Das Geheimkommando des Vatikans im kommunistischen Großreich endete in einer Katastrophe. Die Verfolgung der Kirche erreichte unter Stalin jetzt ihren Höhepunkt: Arbeitslager in Sibirien, Ermordung von Priestern und Bischöfen, Unterdrückung der Gläubigen, Katakombenkirche – die Passion der russischen Christen und jener in den Satelliten-Staaten Moskaus ist bekannt.

Ein in der Öffentlichkeit wenig beachteter Effekt kommt hinzu. Schon bei den Verhandlungen in den 20er Jahren brachen die alten russisch-polnischen Gegensätze durch. Moskau lehnte seinerzeit Missionare polnischer Abstammung kategorisch ab. Der Primas in Warschau wiederum beobachtete die vatikanische Aktion in der Sowjetunion mit großem Misstrauen.

Die vatikanische Russland-Mission in den 20er Jahren war letztlich an den grundsätzlichen Widersprüchen zweier Weltmächte gescheitert, der alten geistigen und einer neuen, die gerade erst aus dem Ei geschlüpft war und sich anschickte, die Proletarier aller Länder zu vereinen. Gewisse Methoden der katholischen Seite, die bisweilen Undercover-Aktionen nahe kamen, so würde man in der Geheimdienst-Sprache sagen, dürften den Misserfolg beschleunigt haben. Die Leidensgeschichte der Christen im Reich der roten Zaren wurde fortgeschrieben.

Die ausgewiesenen Patres läuteten nach ihrer Rückkehr die Sturmglocke. Zu ihnen zählte nicht nur Eduard Gehrmann, sondern auch Jesuitenpater Josef Ledit, ein Francokanadier mit US-amerikanischem Pass. Zusammen mit seinem Mitbruder, dem Tiroler Josef Schweigl, war er im Rahmen des Unternehmens d'Herbigny im Oktober 1926 nach Russland gekommen. Beide waren als Studienreisende getarnt. Ihr Ziel war Leningrad. Sie sollten dort das künftige Priesterseminar übernehmen und als Lehrer tätig sein. 1927 aber wurden sie ausgewiesen.

Ledit kehrte nach Rom zurück, wo er am Russicum wirkte und aus seinem Antibolschewismus, der sicherlich durch seinen kurzen »Studienaufenthalt« in Sowjetrussland genährt war, keinen Hehl machte. Zusammen mit Pater Friedrich Muckermann gab er von 1935 bis 1939 die *Lettres de Rome* heraus, »ein anti-kommunistisches und antisowjetisches Kampfblatt«, wie der vom Nazi zum Kommunisten gewendete Eduard Winter in seinem Hauptwerk nach dem Krieg schreibt. Er bezeichnet Ledits Publikation als »die antisowjetische Posaune des Vatikans«. 1943 gründete Ledit in Quebec die Zeitschrift *Action catholique*, 1952 übernahm er in Rom das *Centre d'Information pro Deo*, die Nachfolgepublikation der *Lettres de Rome*, und schlug damit ein neues Kapitel im Kalten Krieg auf.

Kirchliche Verbündete Hitlerdeutschlands

Die Nazis hörten die antibolschewistischen Töne aus Rom offenbar mit Wohlgefallen. Das *Deutsche Nachrichtenbüro* (DNB), das auch den SD auf dem Laufenden hielt, gab weiter, was Ledit schrieb. Selbst Heinrich Himmler blieben die Aktivitäten Ledits nicht verborgen. Bereits 1937, unter dem Datum vom 7. Dezember, schreibt er an das Hauptamt Sicherheitspolizei:

Mein lieber Heydrich!
Noch eine dienstliche Kleinigkeit. Vorher sei bemerkt, dass die Reise sehr interessant war und dass ich unendlich viel gesehen habe. In Taormina selbst habe ich sehr schöne Ruhe und erhole mich sehr gut. Ich spiele Tennis, bade und lese.
Nun zur dienstlichen Kleinigkeit:
Ich hörte, dass in Rom ein Jesuit Leudix – wie alle Jesuiten ein sehr kluger Kopf – vom Vatikan aus eine Stelle des Kampfes gegen den Bolschewismus aufgemacht hat und glänzend mit Nachrichten versehen ist.
Ich gebe zu erwägen, ob man auf irgendeinem Wege mit dem Mann Verbindung aufnimmt.

H e i l H i t l e r ! I h r
gez. H. Himmler

Auf der vorliegenden Abschrift des Briefes wurde handschriftlich der Name des Jesuiten in Ledieux korrigiert. Gemeint ist Ledit, der offenbar die Schreibweise seines Namens verändert hatte, um sie leichter les- und sprechbar zu machen.

In einer Anlage zu Himmlers Brief wird dies auch erklärt:»In dem Schreiben des RFSS (gemeint: Reichsführer SS) handelt es sich wohl um den französischen Jesuiten Ledit, der zz. Leiter der vatikanischen Russlandarbeit ist. Seine Arbeit ist im Wesentlichen dadurch charakterisiert, dass er weniger die Abwehr des Weltbolschewismus als vielmehr den Einmarsch des Vatikans in Russland vorbereitet. Nach außen tarnt er seine Arbeit selbstverständlich als Kampf gegen den gottlosen Bolschewismus. Da der Vatikan heute noch sehr viele Agenten in Russland hat und vor allem zz. an der Grenze Polen-Tschechoslowakei-Rumänien einerseits, Russland andererseits Einfallszentralen für Russland aufbaut, hat die vatikanische Russlandabteilung wohl das beste Russlandmaterial der Welt ...«

Der unbekannte Autor, der die Arbeit Ledits und der *Lettres de Rome* auswertete, kam zu dem Ergebnis:»Aus der Tendenz der vatikanischen Russlandarbeit ergeben sich die Vorteile und die Gefahren einer Verbindungsaufnahme mit Ledit.

VORTEILE:

a) Glänzendes Material,

b) Einblick in die vatikanische Russlandpolitik, die eine Gefahr für unsere Russlandpolitik ist,

c) Möglichkeit eines weiteren nachrichtenmäßigen Eindringens in den Vatikan.

GEFAHREN:

a) Die antibolschewistischen Pläne Deutschlands gelangen über Ledit an Russland zur Kenntnis.

b) Die ganze Arbeit gegen den Bolschewismus bei anderen Ländern (Polen, Ungarn) kann dadurch abgebogen werden im Sinn des Vatikans.

c) Möglichkeit des nachrichtendienstlichen Eindringens des Vatikans in unsere Arbeit.«

Es wurde ein Schreiben an Ledit von neutraler Seite vorgeschlagen. Vorher wurde von Dr. Franz Six, der für Weltanschauungsfragen zuständig war, eine Besprechung anberaumt. Die Themen der Tagesordnung waren:»Charakterisierung von Ledieux« und Vorschlag,»wie Verbindung aufzunehmen«.

Wie sehr gerade die Einstellung des Papstes zur Situation in Russland und zum Bolschewismus für die NS-Führung und somit auch für die nachrichtendienstliche Arbeit von Interesse war, zeigt die »Sammelleidenschaft« der Dienste vor und während der ersten Zeit des deutschen Angriffs auf die Sowjetunion. Ein einigermaßen »ungeschminkter« Bericht eines V-Manns vom 26. Juni 1941 räumt mit der Illusion auf, im Vatikan einen Bündnispartner im »Kampf gegen den Bolschewismus« zu finden, wie Hitler seinen Eroberungskrieg im Osten begründete. In einem von der Außenstelle Berlin des Amtes VI zusammengefassten Bericht des V-Manns heißt es: »Was die offizielle Einstellung des Vatikans zum deutsch-russischen Konflikt anbelangt, so ist diese – wie im vatikanischen Staatssekretariat die Losung lautet – durch die beiden Enzykliken Pius XI. gegen den Kommunismus und gegen den Faschismus (und Nationalsozialismus) festgelegt und bestimmt. Der Vatikan als solcher ergreift weder für die Russen noch für die Deutschen Partei. Für die Nationalsozialisten gegen die Bolschewisten Partei ergreifen, hieße den Teufel mit Beelzebub austreiben wollen! Demnach bleibt der Vatikan an der großen östlichen Auseinandersetzung unbeteiligt. Er hält sich jedoch in Bereitschaft, die geistlichen Interessen der Kirche wahrzunehmen, falls sich die Gelegenheit ergäbe, in Russland eine katholische ›Kolonisierung‹ zu unternehmen. Die im römischen ›Russicum‹ ausgebildeten Priester sind jederzeit bereit, nach Russland gesandt zu werden, um dort der katholischen Seelsorge zu obliegen. Dieses offizielle Abseitsstehen des Vatikans hindert jedoch nicht, dass die vatikanischen Prälaten für oder gegen Deutschland, für oder gegen Russland empfinden, sprechen und handeln. Und bei dieser Gelegenheit wird wieder deutlich, dass die überwiegende Mehrheit im Vatikan gegen Deutschland eingestellt ist; ja es ergibt sich daraus die paradoxe Situation, dass der Großteil der vatikanischen Würdenträger eher den Sieg des bolschewistischen Russland als den des nationalsozialistischen Deutschland erhoffen…« (s. a. Seite 107)

Wenn die Gerüchteküche kocht

Im Frühjahr 1943 beschäftigte Berlin das Gerücht, Stalin und Pius XII. wollten diplomatische Beziehungen aufnehmen. Das Auswärtige Amt wollte aus einer »streng vertraulichen Quelle« erfahren haben, so eine Mitteilung vom 3. März 1943, »dass eine vatikanische Persönlichkeit die Möglichkeit von Überlegungen nicht ausschließe, dass zwischen dem Vatikan und der Sowjetunion diplomatische Beziehungen aufgenommen werden könnten«. Es wurde allerdings einschränkend nur von dem »Bestehen von Gedankengängen in der Richtung« gesprochen. Der im Jahre 1877 in St. Petersburg geborene, in Rom in der Emigration lebende Bischof der russischen unierten Kirche Alexander (Alessandro) Evreinoff wird als möglicher erster Nuntius in Moskau genannt. Bischof Evreinoff leitete zu diesem Zeitpunkt im Vatikan das von Pius XII. begründete Informationsbüro für Kriegsgefangene.

Auch der deutsche Luftattachée in Rom trug zur Gerüchtebildung bei. Er berichtete über eine Unterhaltung mit dem Botschaftsrat der französischen Vertretung beim Vatikan. Der Franzose habe in verschiedensten Kreisen des Vatikans eine günstige Stimmung für die Erhaltung Deutschlands als Bollwerk gegen eine Vorherrschaft der Sowjetunion in Europa beobachtet. Mit zunehmender Aktivität des Vatikans sei in diesem Sinne zu rechnen, die getragen sei von der Angst einer drohenden Bolschewisierung Europas und dem damit unvermeidlichen Verlust des katholischen Einflusses auf ein dann bolschewistisches Deutschland.

Der Militärattachée erkannte gleich einen zweiten Feind am Horizont entsprechend den Informationen seines V-Mannes. Der Vatikan sei besorgt, dass der anglikanische und die russisch-orthodoxe Kirche zu stark in Erscheinung treten könnten, wenn es zu einem Friedensschluss käme. Die amerikanischen Katholiken drängten den Papst zu Aktivitäten gegen den Anglikanismus. Sie würden von irischen und englischen Katholiken darin unterstützt. Die Aktivierung der deutschen Politik beim Vatikan, falls eine solche beabsichtigt sei, sehe der V-Mann jetzt als »günstig« an. Bei näherem Hinsehen scheint dies eine der undurchsichtigen Meldungen zu sein, vor denen die Analytiker des Auswärtigen Dienstes stets warnten. Wer im Vatikan vertrat diese Linie? War dies eine Retourkutsche auf die auch im Staatssekretariat bekannten »anglikanischen« Vorbehalte im britischen Foreign Office gegen die Papstkirche, spielten etwa auch französische antienglische Ressentiments mit, die durch den französischen Kurienkardinal Eugene Tisserant verkörpert wurden?

Vatikan-Botschafter von Bergen konnte die Aufregung in Berlin dämpfen: Das Gerücht in Rom sei nichts Neues. Es werde zwar von einem Kommuniqué des katholischen Presse-Instituts in Mailand genährt und betreffe eine »informative« Sowjetmission, (eine Reisedelegation aus Moskau, d.A.), die sich angeblich auf dem Weg in die Vatikanstadt befände. Einem von der Botschaft mit entsprechenden Sondierungen beauftragten Gewährsmann sei von zuständiger vatikanischer Stelle aber erneut bestätigt worden, dass nicht die entfernteste Möglichkeit einer Fühlungnahme des Heiligen Stuhls mit Sowjetrussland bestünde. Bergen wies darauf hin, dass Evreinoff als Anhänger der russischen »Legitimisten« gelte und insofern weniger als andere geeignet sei für eine diplomatische Mission in Moskau. Dies zeige schon den Gerüchtecharakter der Information.

Bergen erinnerte daran, dass er Evreinoff aus gemeinsamer diplomatischer Zeit in Peking kannte. Dort sei Evreinoff an der russischen Gesandtschaft beschäftigt gewesen. Er sei später Priester geworden und absolut antikommunistisch eingestellt. Botschafter von Mackensen bestätigte seinen Botschafter-Kollegen: »Aus hiesigem Außenministerium (gemeint ist das italienische) höre ich, dass man im Vatikan ausgesprochen antibolschewistisch eingestellt sei.«

Immerhin wurde die Angelegenheit Anfang 1943 so hoch gehängt, dass sich SS-Spionagechef Walter Schellenberg höchstpersönlich genötigt sah, einen etwas ausführlicheren Bericht an das Auswärtige Amt zu senden. Schellenberg machte die Quelle der Überlegungen in der Kongregation für die Orientalischen Kirchen aus, der Evreinoff angehörte: Hinter der Idee, die auf das Jahr 1941 zurückgehen soll, stünde nach Meinung des Sicherheitsdienstes der Leiter der Kongregation, der französische Kurienkardinal Eugene Tisserant. Unterstützt werde er angeblich von dem Patriarchen von Venedig, Giovanni Piazza, der als Verbindungsmann zwischen dem Vatikan und der Sowjetunion fungiere und dabei die Kurier-Linien über Kroatien und Finnland benutze.

Anfang 1942 habe Stalin eine persönliche Botschaft an den Papst gerichtet und seine Genugtuung darüber geäußert, dass Pius XII. zu keinem internationalen Kreuzzug gegen die Sowjetunion aufgerufen habe. Stalin soll gewissermaßen als Gegenleistung die unbeschränkte Religionsfreiheit in ganz Sowjet-Russland garantiert haben. Schellenberg berief sich auf einen römischen Gewährsmann der SS-Auslandsspionage. Dieser sondierte im Vatikan, was es mit dem angeblichen Stalin-Brief auf sich habe, und erhielt die Antwort, Gerüchte über einen Brief Stalins an den Papst seien so unwahrscheinlich, dass sie nicht einmal dementiert zu werden brauchten.

Ende November 1942, nach dem Besuch des amerikanischen Sonderbotschafters Taylor im Vatikan, liefen erneut Gerüchte und Meldungen über Annäherungsversuche zwischen dem Vatikan der Sowjetunion um. Auch der Besuch von Erzbischof Francis Kardinal Spellman von New York im Vatikan am 12. März 1943 trieb die Spekulationen an. Spellman wurde großer Einfluss auf den Papst nachgesagt. Der Gewährsmann des SD in Rom meldete, dass in der vatikanischen Geheimdruckerei die alten kirchenpolitischen Verträge des Vatikans mit Russland aus den Jahren vor 1914 in mehrfacher Ausfertigung gedruckt würden als Material für die bevorstehende Sitzung der Kardinäle der Kongregation für die äußeren Angelegenheiten der Kirche. Die ganze Angelegenheit würde als »Lösung der Ostkirchenfrage« getarnt und würde von Tisserant betrieben. Eine Annäherung zwischen dem Vatikan und der Sowjetunion würde auf Wunsch von England und Amerika, insbesondere von Präsident Roosevelt vorgeschlagen.

Schellenbergs Gewährsmann schien besser informiert. Er hatte offenbar engen Kontakt zu Pater Leiber oder erfuhr über Dritte, was im Arbeitszimmer des Papstes vertraulich gesprochen wurde. Jedenfalls soll Leiber den Papst gefragt haben, was er über die in Rom kursierenden Gerüchte denke. Der Papst sei außer sich gewesen und habe sich empört, dass solche Gerüchte überhaupt aufkommen könnten. Schellenberg zog daraus den Schluss: Aus solchen Meldungen gehe hervor, »dass der Papst selbst niemals für eine Annäherung an die UdSSR eingetreten ist, sondern dass in diesem Zusammenhang immer nur von der Arbeit einiger Kardinäle gesprochen wird«.

Nach hiesiger Ansicht, so Schellenberg, dürfte der Papst im Innern eindeutig antibolschewistisch eingestellt sein. Allein schon diese Tatsache, dass Europa das Fundament für die gesamte katholische Kirche darstelle, dürfte diese antibolschewistische Haltung des Papstes ohne Weiteres bestimmen, meinte der nüchtern kalkulierende Spionage-Experte des Reichssicherheitshauptamts. Als absolut sicher könne auch angenommen werden, dass die Botschaft Roosevelts an den Papst, deren Überbringer Kardinal Spellman aus New York gewesen sei, dessen Bedenken gegen den Bolschewismus nicht habe zerstreuen können. Dementsprechend sei die Antwort des Papstes an Roosevelt ausgefallen.

Welche diplomatischen Möglichkeiten hätte der Heilige Stuhl in seiner Sorge vor der »bolschewistischen Gefahr« einsetzen können, in einer für ihn politisch nahezu ausweglosen Situation? Hitlerdeutschland hatte die Sowjetunion überfallen, die USA würden Stalin zur Seite stehen: Bereits am 17. September 1941 schrieb Domenico Tardini, der Chef des diplomatischen Dienstes, an den amerikanischen Sondergesandten Taylor: »Haben Sie sich überlegt, dass wenn der Bolschewismus siegen sollte, das gesamte Europa unter seinen Stiefel kommen würde? Wären Sie dann bereit, einen neuen Kreuzzug gegen den Bolschewismus zu unternehmen?«

Washington aber konnte jetzt keinen prononcierten Antikommunismus des Papstes gebrauchen. Die USA standen im Krieg. Roosevelt war Stalins Verbündeter, der Amerikaner nannte den Diktator »Onkel Joe«. Nach der Niederwerfung Deutschlands würde man darangehen, die Welt untereinander aufzuteilen. Die amerikanischen Katholiken sahen sich nun aber einem inneren Konflikt ausgesetzt. Waren sie nicht auf die Enzyklika *Divini Redemptoris* – »Über den atheistischen Kommunismus« verpflichtet? Das Rundschreiben vom 19. März 1937 trug zwar die Unterschrift Pius XI. Die Federführung bei diesem Dokument lag aber bei seinem Staatssekretär Eugenio Pacelli, genauso wie schon bei der Enzyklika *Cum cura ardenti* – »Mit brennender Sorge – Über die Lage der Kirche in Deutschland«, die eine Woche zuvor, am 14. März 1937 veröffentlicht worden war. Die päpstlichen Sendschreiben verurteilten die beiden »gottlosen Ideologien« gleichermaßen, den Nationalsozialismus wie den bolschewistischen Kommunismus.

Sollte der gleiche Pacelli, der Autor der Antikommunismus-Enzyklika, der eine sowjetische Vorherrschaft auf dem europäischen Kontinent bis zum Atlantik fürchtete, jetzt als Pius XII. Washington in einer kriegspolitisch heiklen Situation aus der Klemme helfen, weil der amerikanische Präsident auch den

Rückhalt der amerikanischen Katholiken brauchte? Der Papst beauftragte den Erzbischof von Cincinnatti, John Timothy Mc-Nicholas, immerhin klarzustellen, dass in der päpstlichen Enzyklika *Divini Redemptoris* nicht das russische Volk verurteilt würde, sondern nur die gottlose kommunistische Ideologie. Dies übernahm der amerikanische Oberhirte in einem Hirtenbrief vom 30. Oktober 1941. McNicholas gehörte dem Predigerorden an und galt als der führende Theologe der amerikanischen Hierarchie, ganz der Tradition der Dominikaner entsprechend. Mit seinen Stellungnahmen gegen Irrglauben und Atheismus sowie als Sprecher des Antikommunismus war er in der Öffentlichkeit hervorgetreten.

Woher aber rührte das Gerücht über die Annäherungsversuche des Vatikans an Moskau? Waren die Geheimdienste am Werk, die Experten der psychologischen Kriegführung und Desinformation? Am 3. Oktober 1942 berichtete der Geheimsender *Agenzia Radio Urbe*, Stalin habe in einem Brief an den Papst die Aufnahme diplomatischer Beziehungen angeregt. Sollte der Papst, der überzeugte Gegner des Bolschewismus, die Fronten wechseln? Wer steckte hinter dem Gerücht? Sicher nicht die Nazis. Es lag nicht in ihrem Interesse. Es sah wohl eher nach geheimdienstlicher Schützenhilfe auf alliierter Seite aus, um auch auf diese Weise den Diktator in Moskau den amerikanischen Katholiken schmackhaft zu machen. Im Kampf gegen das »Reich des Bösen«, seinerzeit Hitlerdeutschland, sollte wohl der »Teufel mit Beelzebub« ausgetrieben werden. Jedenfalls wurde die Meldung von der englischen und US-amerikanischen Presse aufgegriffen und durch die amerikanische Nachrichten-Agentur *AP* auch über die Schweiz in Europa verbreitet.

Opfer falscher Anschuldigung

Diktaturen schaffen ein Klima, in dem Verdächtigungen und Intrigen gedeihen, die den Betroffenen oft weit über ihren Tod hinaus anhängen, zumal wenn die Beweismittel durch das Gerücht verdrängt werden. Wir sprachen von Eduard Gehrmann, dem Privatsekretär der Apostolischen Nuntiatur in Berlin bis Kriegsende. Nach der Ernennung von Eugenio Pacelli zum Kardinalstaatsekretär am 12. Dezember 1929 wurde Pater Gehrmann von dessen Nachfolger Césare Orsenigo als Sekretär übernommen. In dieser Funktion blieb er an der Apostolischen Nuntiatur in Berlin bis zu deren Zerstörung durch Bombenangriffe und vertrat bis Kriegsende den Nuntius, der nach Eichstätt ausgewichen, man könnte auch sagen »geflüchtet« war.

Ihm wurde nachgesagt, dass er ein verkappter Nazi gewesen wäre und für die Partei gespitzelt hätte. In den Akten liegt, soweit es die Nachforschungen ergaben, nichts gegen den Ordensgeistlichen vor. Hans Preuschoff hat in seiner Biografie über Eduard Gehrmann abwertende Aussagen Walter Adolphs, des kirchenpolitischen Mitarbeiters des Berliner Bischofs Konrad von Preysing, unter die Lupe genommen. Adolph »mochte« Gehrman nicht, aus welchen Gründen auch immer. Wollte er ihm eine »Braunfärbung« anhängen? Jedenfalls hielt er in seinen Aufzeichnungen fest: Gehrmann habe eingeräumt, dass er bereits 1928 innerlich Nationalsozialist gewesen sei. Seine politische Haltung habe sich wesentlich und entscheidend durch seinen Aufenthalt in Sowjetrußland gebildet.

Preuschoff zitiert auch den früheren Oberbürgermeister von Krefeld, Fritz Stepkes, mit einer Äußerung von Anfang September 1945. Er habe 1933 mit Pater Eduard Gehrmann von der Nuntiatur gesprochen, der ihm gesagt habe, er bete jeden Tag, dass Hitlers Werk gelinge, weil er die Dinge im kommunistischen Osten gesehen habe. Für Preuschoff liegt die Sache klar auf der Hand. Gehrmann war aufgrund seiner eigenen Erfahrungen mit dem Bolschewismus zunächst des Glaubens, ihm könne nur der Nationalsozialismus Paroli bieten.

Der Steyler Missionar war einer von den deutschen Katholiken, bei denen Hitlers Machtübernahme zunächst einen Anfangsoptimismus ausgelöst hatte. Auch die Bischöfe Clemens

August Graf von Galen in Münster oder Konrad Gröber in Freiburg zählt Preuschoff dazu, ebenso Ministerialdirektor Erich Klausener, der 1934 im Zusammenhang mit dem so genannten Röhm-Putsch ermordete Vorsitzender der Katholischen Aktion in Berlin. Adolph habe dafür gesorgt, so Preuschoff, dass Gehrmanns Meinung rasch unter die Leute kam. So habe sich schließlich das Gerücht bilden können, der Pater sei Mitglied der NSDAP gewesen. Preuschoff aber kommt zu dem bündigen Ergebnis: Er war es nicht. Auch spätere Nachforschungen bestätigen dies. Gehrmann selbst hat sich immer gegen die Unterstellung verwahrt, Spitzel der Partei gewesen zu sein, an die er »gewisse Nachrichten« übermittelt haben soll. Er mag Sympathisant der NS-Bewegung im politischen Sinne gewesen sein, wobei er gewiss keine Ausnahme im deutschen Klerus war. Er war nach eigenen Angaben nicht bereit, vertrauliche Informationen aus seinem Dienstbereich weiterzugeben. Wie schon gesagt: die Nazis vertrauten ihm so oder so nicht. Gegenüber katholischen Priestern bestand ein grundsätzliches Misstrauen.

Der italienische Mitarbeiter der Nuntiatur de Meglio soll versucht haben, Gehrmann beim Papst anzuschwärzen. Aber das hat bei Pius XII. nicht verfangen. Vielmehr behandelte er Gehrmann bei dessen Besuch im Vatikan außerordentlich zuvorkommend. Pius XII. dankte seinem getreuen Pater, als dieser 1945 im Vatikan Bericht erstattete und zeichnete ihn mit dem Orden »Pro ecclesia et pontifice« aus. Nach Nuntius Orsenigos Tod übernahm Pater Gehrmann zunächst Leitungsaufgaben seines Ordens in Deutschland (Oberer im Haus in Bischofshofen) und in Norditalien (im Haus der Steyler Missionare in Varone) und Deutschland. Von 1950 an wirkte er als Seelsorger im Krankenhaus in Siegburg. Dort starb er am 3. Dezember 1960. Er wurde mit einem Orden und einer Dankesurkunde ausgezeichnet. Gehrmann sah, so Preuschoff, im Nationalsozialismus nichts anderes als im Kommunismus, nämlich ein kirchenfeindliches, tödliches System.

7. Seine Heiligkeit, der päpstliche Verschwörer

Präsident Franklin D. Roosevelt schob alle Bedenken des Kongresses beiseite. Trotz der strikten Trennung von Kirche und Staat in den USA ließ er sich kurz nach Ausbruch des Krieges in Europa von seinem Außenminister Cordell Hull und dessen Stellvertreter Unterstaatssekretär Sumner Wells überzeugen, engere Kontakte zum Heiligen Stuhl zu suchen. Der Vatikan verfüge über viele Informationsquellen, besonders über Deutschland, Italien und Spanien, die die USA nicht besäßen. Weshalb es selbstverständlich wünschenswert wäre, auch darauf zugreifen zu können.

Roosevelt ernannte am 23. Dezember 1939 den ehemaligen Industriellen Myron C. Taylor als seinen persönlichen Beauftragten beim Papst. Für diesen hielt der Diplomat Harold Tittmann, der von der Kriegserklärung Italiens an die USA vom 11. Dezember 1941 bis zur Befreiung Roms im Vatikan untergebracht war, die Stellung. Taylor suchte bereits im Februar 1940 zum ersten Mal den Vatikan auf und wurde später von Tittmann auf dem Laufenden gehalten. Beider Auftrag lautete, »alles, was in Ausübung seiner Mission zu seiner Kenntnis gelangt und wovon er das Gefühl hat, dies zu erfahren, könne im Interesse der Vereinigten Staaten sein«, nach Washington zu berichten. Taylor sollte im Verlauf der Kriegsjahre den Papst wiederholt persönlich sprechen. Seine Aufgabe war es, »Kommunikationskanal« zwischen Weißem Haus und Apostolischem Palast zu sein.

123

Schon vor der Kriegserklärung erfährt das RSHA Ende September 1941 aus Rom, dass die diplomatischen Vertreter der USA im Krieg zwischen den Vereinigten Staaten und der Achse nicht mehr auf italienischem Territorium residieren dürfen. Auch lasse die italienische Regierung nicht zu, dass sich zwei amerikanische Diplomaten im Vatikan aufhalten. Entweder Tittmann oder Taylor habe das Land zu verlassen. Der Vatikan hatte da bereits für einen der beiden eine Wohnung in der Casa Santa Marta hinter den Vatikanmauern bereitgestellt. Nach der Kriegserklärung Italiens an die USA am 11. Dezember 1941 zog Tittmann mit seiner Familie dort ein. Er blieb bis zur Befreiung Roms am 4. Juni 1944, also rund zweieinhalb Jahre im Vatikan. Dann zog er wieder in sein altes römisches Domizil um. Für Taylor arbeitete er noch bis 1946. Auch ohne offizielle diplomatische Bevollmächtigung wurde Tittmann von Kardinalstaatssekretär Luigi Maglione wie andere Missions-Chefs behandelt.

Harold H. Tittmann knüpfte also die Fäden. Er entstammte einer Familie aus Dresden, die nach den USA ausgewandert war. Im Ersten Weltkrieg als Jagdflieger schwerstverwundet und hoch dekoriert, wechselte er in die diplomatische Laufbahn, kam nach Paris und Rom und wurde im August 1939, kurz vor Ausbruch des Zweiten Weltkriegs, als Generalkonsul nach Genf entsandt. Von hier aus übernahm er die Begleitung Taylors in Rom zunächst nur zeitweilig, wurde Ende 1940 aber als Konsul an die amerikanische Botschaft in Rom versetzt, um nun als ständiger Assistent Taylors und »Horchposten« der USA zur Verfügung zu stehen

Mit Montini traf sich Tittmann regelmäßig zu vertraulichen Gesprächen. Es waren nur wenige Schritte über den Hof zum Appartement des Substituten, in jenem Flügel des Apostolischen Palastes, in dem auch das Staatssekretariat untergebracht war. Montini dürfte für Tittmann der am besten informierte Prälat der römischen Kurie gewesen sein. Beide übernahmen später eine Schlüsselrolle bei den Waffenstillstandsverhandlungen des kriegsmüden Italiens, das am 8. September 1943 bis auf Mussolinis Rest-Republik Salo am Gardasee kapitulierte. Montini ein Komplize der Amerikaner? Beide Seiten deklarierten ihre Gespräche nach außen hin als Informationsaustausch, keineswegs als Weitergabe von Nachrichten im geheimdienstlichen Sinn. Dennoch: Der deutsche Geheimdienst witterte Gefahr. So berichtete VM I 6802/1 schon Anfang Oktober 1941 aus Rom nach Berlin:»An den Stammtischen der Journalisten und Intellektuellen im Café Aragno wird dem Verdacht lautvernehmlich Ausdruck gegeben, dass Herr Myron Taylor nach seinem Besuche beim Papst in Rom mit gefüllter Aktentasche nach London gefahren sei, d. h. mit Spionagemeldungen, die er zufolge seiner diplomatischen Immunität ruhig mitnehmen konnte, ohne Untersuchung seines Gepäcks zu befürchten. Dieser Verdacht«, so meldet der V-Mann weiter, richte sich übrigens auch »gegen sämtliche vatikanischen Kuriere, welche unkontrolliert und unzensuriert alles, was sie wollen, ins Ausland befördern können«.

Der V-Mann, der sich unter Korrespondenten mit Parteiabzeichen umgehört hat, fügt hinzu:»Man denkt, dass eine schärfere Kontrolle der Machenschaften des Vatikans in Kriegszeiten erforderlich wäre, und man erinnert daran, dass auch zur Zeit des Ersten Weltkriegs Italien sich schließlich gezwungen sah, das ›diplomatische‹ Gepäck der vatikanischen Kuriere von Zeit zu Zeit untersuchen oder ›verschwinden‹ zu lassen.«

Gute Ansätze, um den Vatikan besser in den Griff zu bekommen, vermuteten die Berliner in einer persönlichen Beziehung des deutschen Vatikan-Botschafters von Bergen zu seinem italienischen Kollegen Graf Bernardo Attolico di Adelfa. Dieser wurde angezapft. Attolico hatte den Posten beim Vatikan erst 1940 übernommen. Zuvor war er fünf Jahre in Berlin akkreditiert gewesen. Die deutsche Seite mochte also auf einen leichten Zugang zu Informationen aus den Besprechungszimmern hoffen, deren Türen für die eigenen Leute verschlossen waren. Attolico traf sich mit von Bergen häufiger als mit anderen ausländischen Diplomaten. So erfuhr Berlin über Taylors Besuche im Vatikan am 16. und 17. September 1941. Der Papst glaube offenbar, so wurde Bergen durch Attolico fehlinformiert, dass ein Kriegseintritt der USA nicht unmittelbar bevorstünde.

Jedenfalls waren bei Kriegseintritt der USA die entscheidenden Positionen in Europa besetzt, die gegebenenfalls eine Rolle im nichtmilitärischen Kampf gegen Hitlerdeutschland, sei es in einer möglichen Verschwörung zum Sturz des braunen Diktators oder bei Friedensverhandlungen spielen konnten.

Amerikas Geheimdienste und der Vatikan

Aber nicht alle Nachrichten konnten über die offizielle Linie auf Botschaftsebene laufen. Besonders wegen des instabilen Italiens in den beiden letzten Kriegsjahren und auch nach der Kapitulation klopften US-Geheimdienstbeamte häufiger beim päpstlichen Staatssekretariat an. Hier in erster Linie, wie schon beschrieben, bei Giovanni Battista Montini, der ja direkten Zugang zu Pius XII. hatte.

In London und in Bern hatten die Amerikaner ihre wichtigsten europäischen Geheimdienst-Zentralen eingerichtet, die auch den Vatikan im Auge behielten. An der Themse residierte William »Bill« Casey, ab 1943 für den OSS, ab 1944 als Resident der Special Intelligence Branch. Casey war ein erzkonservativer Katholik, der noch Karriere machen sollte. Unter Präsident Ronald Reagan leitete er von 1981 bis 1987 die CIA.

Die Schweizer Bundeshauptstadt wiederum galt, wie Rom, in jenen Jahren als ein Umschlagplatz für Nachrichtendienste der Kriegsgegner. Verständlich, dass der amerikanische Militär-Geheimdienst OSS (Office of Strategic Services) sich für die neutrale Schweiz entschied, um seine Zentrale auf dem europäischen Festland einzurichten. In der US-Botschaft residierte Allen Welsh Dulles, getarnt als Botschaftsrat mit dem Auftrag, europäische Wirtschaftsfragen zu studieren. Dulles war der »Puppenspieler«, von seinem Büro im Kirchfeld-Viertel zog er die Fäden und spannte ein weit verzweigtes Netz von V-Leuten. Er unterhielt auch eine »deutsche Linie« – vom Widerstand bis zu ranghöchsten SS-Führern, die ein vorzeitiges Kriegsende suchten.

1951 rückte er übrigens zum Vizedirektor auf und von 1953 bis 1961 war er Direktor der aus dem OSS hervorgegangenen CIA. Sein Bruder, John Foster Dulles, war in den 50er Jahren Außenminister unter Eisenhower. Sein Name verbindet sich mit der ersten Phase des Kalten Kriegs, der antisowjetischen Politik des »containment«, des »roll-back« und der »massiven Vergeltung«. Allen Dulles sollte als CIA-Chef in dieser Zeit diese Politik massiv unterstützen.

Allen W. Dulles gelang es, die Kontakte zu Kreisen des Widerstands innerhalb der deutschen Wehrmacht zu festigen. Einer der Mittelsmänner war Hans Bernd Gisevius. Er trat zum einen für die Verschwörer um General Hans Oster auf. Als Vizekonsul mit Amtssitz in Zürich getarnt, stand er zum anderen Dulles als V-Mann zur Verfügung. Schon bald nach seiner Ankunft in Europa geriet Dulles in eine Situation, die bis heute die Arbeit des amerikanischen Geheimdienstes auf dem europäischen Kriegsschauplatz überschattet. Es betrifft die Informationen über das Ausmaß der Naziverbrechen, über die den Amerikanern umfassende Informationen zugetragen wurden.

Eduard Schulte, ein Breslauer Industrieller, Vorsitzender der Firma »Georg von Griesches Erben«, damals eines der größten deutschen Bergbauunternehmen, lernte als Wehrwirtschaftsführer das wahre Gesicht des Regimes kennen. Er informierte ab Herbst 1939 die alliierten Nachrichtendienste in der Schweiz über den polnischen Agenten Sczesny Chojnacki, zu einem Zeitpunkt, als die Verschwörer am Tirpitzufer, dem Sitz der militärischen Abwehr in Berlin, den Sturz Hitlers planten. Ende Juli gibt Schulte Erkenntnisse über den Beginn der systematischen Vernichtung der Juden in Europa weiter, auch an Gerhard Riegner, den Vertreter des Jüdischen Weltkongresses in Genf. Dieser informierte die Amerikaner und, über den Apostolischen

Nuntius in Bern, auch den Vatikan. Schulte kam im Verlauf des Kriegs direkt mit Dulles in Kontakt und wurde von diesem 1944 beauftragt, ein Gutachten zum wirtschaftlichen Wiederaufbau Deutschlands zu erstellen.

Dulles' Mission war auf die Zeit nach Hitlers Niederlage und auf die Neuorganisation Deutschlands angelegt. Man brauchte nicht nur Experten, die das Metier der Geheimdienste beherrschten, sondern auch schon vor der förmlichen Kapitulation Wirtschafts- und Verwaltungsfachleute. Dulles lernte sie in seinem Nachrichten-Geschäft kennen. So auch Fritz Kolbe, den »kleinen Beamten in der Ahnengalerie des Widerstands«. Kolbe hatte als Beamter im Verbindungsbüro des Reichsaußenministeriums zum Oberkommando der Wehrmacht Zugang zu geheimsten Informationen über die politischen und militärischen Pläne des Regimes. Er pendelte von Zeit zu Zeit als diplomatischer Kurier zwischen der Wilhelmstraße und der deutschen Gesandtschaft in Bern. Diese Gelegenheit nutzte er, um die Residentur des OSS in der Schweizer Bundeshauptstadt aufzusuchen und den amerikanischen Geheimdienst-Chef nicht zuletzt auch über Gräueltaten zu informieren. Unter dem Decknamen »George Wood« wurde Kolbe schließlich Mitarbeiter von Dulles. Später stellte er seine Kenntnisse sowohl beim Nürnberger Militär-Tribunal wie etwa bei der Organisations-Planung für ein künftiges deutsches Außenministerium zur Verfügung.

Ermutigt wurde Kolbe von seinem »väterlichen Freund«, Prälat Georg Schreiber, einem ehemaligen Reichstagsabgeordneten des Zentrums, der nicht nur ein namhafter Kulturpolitiker der Weimarer Republik sondern auch ein entschiedener Gegner des Nationalsozialismus war, wie Kolbe bei einer Begegnung im Hause von Professor Ferdinand Sauerbruch erfahren konnte. Schreiber beruhigte Kolbe auch, als diesem später einmal Zweifel wegen seines Beamteneids kamen: »Es ist kein Hochverrat, wenn man einen Eid nicht hält, dem man einem Verbrecher gegeben hat.« Schreiber fand Zuflucht in der Benediktiner-Abtei

Ottobeuren. Auch da war man nicht völlig sicher. Das Kloster wurde ständig von der Gestapo observiert. Abt Josef Einsiedler machte die Bekanntschaft mit der Polizei bei einer Hausdurchsuchung.

Fritz Kolbe gab auch den Inhalt von Berichten des deutschen Vatikan-Botschafters Ernst Freiherr von Weizsäcker weiter. Der war vorher unter Außenminister Joachim von Ribbentrop Staatssekretär des Reichsaußenministeriums gewesen. 1942 verlieh ihm Himmler den Rang eines SS-Brigadeführers, was einem Generalmajor entsprach. Am 24. Juni 1943 trat er sein Amt als Botschafter des Deutschen Reichs beim Heiligen Stuhl an. Seine wechselvolle Haltung, einerseits dem Regime dienend, anderseits den Kontakt zu Widerstandskreisen suchend, ergibt ein doppeldeutiges Persönlichkeitsbild.

Durch Kolbe erfuhren die Amerikaner, Pius XII. habe gegenüber von Weizsäcker den Wunsch geäußert, Deutschland möge an der russischen Front standhalten. Er hoffe, dass der Friede nahe sei, weil sonst der Kommunismus der einzige Sieger sein werde. Wollte von Weizsäcker auf diese Weise den Papst aus der Schusslinie Berlins nehmen? Oder stand dahinter die Idee einiger Nazi-Größen, eine neue Achse zu propagieren: Deutschland zusammen mit den Westalliierten gegen Stalin.

Der Widerstand formiert sich

Vom Sommer 1939 an stand für jene fest, die mit Sorge den Aufstieg des Dritten Reichs verfolgt hatten, ohne jedoch aktiv einschreiten zu können: Es durfte kein »zweites München« geben, wie der Diplomat Albrecht von Kessel in seinen Aufzeichnungen notierte. Nicht noch mal sollte der Größenwahnsinnige die Welt blenden. Nach den Raubzügen des Diktators gegen die Tschechoslowakei und Polen nahmen die Aktivitäten des Widerstands deshalb konkretere Formen an: »Diesmal würden wir Hitler zu Fall bringen.«

Der Widerstand gegen Hitler und seine Helfer hatte sich in den Jahren 1938/39 in diversen militärischen und zivilen Zirkeln, Gruppen und Kreisen organisiert. In dieser Opposition, die für das »andere Deutschland« stehen wollte, waren Offiziere des deutschen Generalstabs und höhere Regierungsbeamte ebenso zu finden, wie prominente Politiker, evangelische und katholische Geistliche.

Diese oppositionellen Kräfte bildeten alles andere als eine homogene Bewegung. Die militärische Opposition sammelte sich in einer Gruppe um Ludwig Beck, den ehemaligen Generalstabs-Chef des Heeres. Er hatte vor dem Hintergrund der Sudetenkrise und als Zeichen des Protestes gegen Hitlers militärische Eroberungspläne am 18. August 1938 seinen Abschied eingereicht. Dieser wurde am 1. Oktober 1938 angenommen. Beck war von den Verschwörern in einer Nach-Hitler-Regierung als Staatsoberhaupt vorgesehen.

Das »Gehirn« der Verschwörergruppe aber war Generalmajor Hans Oster, Chef des Stabes der Abwehr unter Admiral Wilhelm Canaris. Hans Oster ein leicht zu Emotionen neigender Mann, war 1935 von Admiral Canaris zur Abwehr geholt worden, dem Geheimdienst des Heeres im OKW. Er wurde als Leiter der Zentralabteilung 1939 zum Oberst i.G. und 1942 zum Generalmajor befördert.

Unter Canaris Schutz, zumindest mit seiner Duldung, konnte Oster die Planungen zum Sturz Hitlers vorbereiten. Zu seinen engsten Vertrauten zählte der in die Abwehr übernommene Reichsgerichtsrat Hans von Dohnanyi, früherer persönlicher Referent des Reichsjustizministers Gürtner und Schwager des evangelischen Theologen Dietrich Bonhoeffer, der ebenfalls zum Kreis um General Oster stieß. Dohnanyi wurde beauftragt, die Umsturzpläne vorzubereiten.

Der Diplomat Ulrich von Hassell vermittelte zwischen den Gruppen um Ludwig Beck, Carl Friedrich Goerdeler und dem »Kreisauer Kreis«, in dem sich die »Grafenrunde« Helmuth James Graf von Moltke, Peter Graf Yorck von Wartenburg,

Adam von Trott zu Solz mit Sozialdemokraten wie Carlo Mierendorf, Julius Leber, Adolf Reichwein und exponierten Christen beider Konfessionen wie Jesuitenpater Alfred Delp, Eugen Gerstenmaier, Theodor Steltzer, Hans Lukaschek trafen, um Konzepte für ein »Deutschland ohne Hitler« zu entwerfen. Nach der Verhaftung Moltkes im Januar 1944 wechselten einige der Kreisauer zu den Männern im Oberkommando der Wehrmacht (OKW) um Claus Schenk Graf von Stauffenberg. Der 20. Juli 1944 sollte ihr gemeinsamer Schicksalstag werden. Sie waren bereit, wie Henning von Tresckow es vor seinem Freitod formuliert hatte, das »Nessushemd zu tragen«, das Attentat auf Hitler und den Umsturz zu wagen. »Alle Gruppen wirkten zusammen: Canaris und Oster von der Abwehr aus, Helldorf mit seiner Schutzpolizei im innenpolitischen Sektor, Beck unter der Generalität, wir im Auswärtigen Amt oder in den Behörden, denen wir angehörten oder bei denen wir sympathisierende Beamte kannten«, erinnerte sich Albrecht von Kessel nach dem Krieg.

Albrecht von Kessel (1902–1976), seit 1927 im diplomatischen Dienst, gehörte seit 1937 der deutschen Widerstandsbewegung an. Er zählte zu den »Aktivisten«, wie Kessel den Kreis jüngerer Diplomaten nennt, die schon ab 1936 entschlossen waren, das NS-Regime zu bekämpfen. Seine Versetzung an die deutsche Botschaft beim Vatikan rettete ihn vor dem Schicksal, das seine Kameraden und Mitverschworenen nach dem gescheiterten Attentat vom 20. Juli 1944 traf. Die Internierung auf neutralem vatikanischem Boden, der auch von der Wehrmacht respektiert wurde, schützte ihn vor dem Zugriff der Gestapo. Herbert Kappler, der Polizei-Attachée in Rom, hätte sonst nicht lange gezögert.

Eine enge Freundschaft verband Kessel mit der »wohl größten außenpolitischen Begabung des Widerstands überhaupt«, wie der Historiker Peter Steinbach urteilt. Gemeint ist Adam von Trott. Der junge Diplomat und Hitler-Gegner, im preußischen Berlin geborener Spross aus altem oberhessischem evangelischem Landadel, war durch Studium und diplomatischen Dienst »weit in der Welt herumgekommen«. Der hochbegabte Adelige und Rhodes-Stipendiat hatte einige Jahre im Ausland verbracht, unter anderem in den USA und in China. Er versuchte, seine internationalen Verbindungen für seine Freunde im Widerstand nutzbar zu machen. Eine Anstellung in den zwar ungeliebten Büroräumen des Auswärtigen Amts sollte ab Frühjahr 1939 die unverdächtige Schaltstelle sein. Trott hielt Verbindung zu von Dohnanyi und über diesen auch zu dessen Schwager Dietrich Bonhoeffer.

Der »Kreis der Unbedingten« (Peter Steinbach) in Kreisau beschäftigte sich aber, anders als die Offiziere am Tirpitzufer, mehr mit theoretischen Fragen und der Konzeption einer künftigen Nachkriegsregierung als mit Sprengfallen und anderen Gewaltmitteln, mit denen Hitler zu beseitigen wäre. General Oster aber war bereit, auch zum letzten Mittel zu greifen und den Tyrannen zu töten, um einen Weltkrieg zu verhindern.

Albrecht von Kessel erinnert sich: »Im Gegensatz zu Außenstehenden, vor allem Ausländern, hielten wir die Gefahr eines Fortlebens von nationalsozialistischen Ideologien und Theorien für geringer als die Gefahr eines um sich greifenden Nihilismus. Dem musste so bald als möglich entgegen gewirkt werden.« Als Lösung habe sich aufgedrängt, zu diesem Zweck auf die beiden christlichen Kirchen zurückzugreifen. Dies sei vor allem die Aufgabe von Yorck und Moltke gewesen, die seit längerer Zeit Fühlung mit katholischen Kreisen in Süd- und Westdeutschland gehabt hätten und dabei eine völlige Übereinstimmung der beiderseitigen Auffassungen hätten feststellen können. Der Vatikan sollte nach den Aufzeichnungen von Kessels von den Plänen und Zielen vorsorglich unterrichtet werden.

An internationalen Beziehungen fehlte es wie gesagt nicht. Männer mit privaten wie diplomatischen Auslandsbeziehungen machten mit. Sie konnten in jener Zeit noch ohne allzu große Schwierigkeiten ins neutrale Ausland reisen oder gar im »feindlichen Ausland« Verbindungen aufnehmen. Dies galt auch für die Brüder Erich und Theo Kordt. Die Kordts zählten zum rheinischen Katholizismus.

Theodor Kordt, Botschaftsrat in London, war, das hatte Ernst von Weizsäcker eingefädelt, noch vor Kriegsausbruch in die Schweiz versetzt worden, wie dieser in seinen *Erinnerungen* notierte. Von Bern aus sollte Theodor Kordt Verbindung mit London halten. Erich Kordt saß von 1938 bis 1941 als Legationsrat im Ministerbüro und hielt von dort aus Oster auf dem Laufenden, der wiederum Weizsäcker für seine Putsch-Pläne zu gewinnen suchte. Erich Kordt ging dann bis 1945 als Gesandter an die deutschen diplomatischen Vertretungen in Nanking und Tokio.

Zusammenfassend lässt sich bis hierhin sagen: Der Widerstand gegen Hitler bot kein geschlossenes Bild. Von einer abgestimmten Organisation und Strategie oder gar von einer wirksamen Anti-Hitler-Koalition konnte nicht die Rede sein. Man war sich einig in dem, was man nicht wollte – nämlich den größenwahnsinnigen Hitler. Aber wofür man war – da fehlte die Gemeinsamkeit.

In den ersten Monaten nach Kriegsbeginn durften die Vertreter des »anderen Deutschland« noch auf verständnisvolle Gesprächspartner jenseits des Kanals hoffen, denen es um eine schnelle Beendigung des Kriegs ging, bevor dieser auf den Westen übergriff und sich zu einem Weltbrand ausweiten könnte. Zu jenen, die zwischen »guten« Deutschen und Nazis zu unterscheiden wussten, zählte der Bischof von Chichester, George Bell. Er war zu eigenen Friedensfühlern mit der deutschen Opposition bereit und traf sich mit den evangelischen Pastoren Dietrich Bonhoeffer und Hans Schönfeld in Stockholm, fand aber weniger Gehör bei der politischen Führung seines eigenen Landes. Anglikanische englische und holländische Geistliche sowie der norwegische lutherische Bischof Eivind Berggrav, der mit dem »Kreisauer« Theodor Steltzer bekannt war (Steltzer war 1946–47 erster Ministerpräsident von Schleswig-Holstein), suchten in Abstimmung mit den Engländern nach Friedensmöglichkeiten.

Auf alliierter Seite überwog jedoch das Misstrauen; auch bei jenen, die sich vorsichtig dialogbereit zeigten. Waren die Kontaktversuche des Widerstands, diese so genannten »Friedensfühler«, nicht nur ein weiterer Trick des Feindes, eine Falle der deutschen Geheimdienste, um den Gegner in die Irre zu führen? Waren diese Emmissäre nicht vielleicht doch insgeheim allesamt Nazi-Agenten?

Hinzu kam auf britischer Seite ein gewisser moralischer Vorbehalt, ein Verständnis von Offiziers-Ehre, das dem der »preußischen Schule« gleichkam. Ein Putsch, der die Tötung Hitlers voraussetzte, war deshalb für die britischen Militärs kaum vorstellbar. Auch die Führung in London »hatte für Attentate nichts übrig«, stand Mordkomplotten »generell distanziert« gegenüber.

Konnte man Offizieren trauen, ja sogar einen Frieden aushandeln, »die bereit waren, gegen ihren Soldaten-Eid zu handeln«? Die *New York Herald Tribune* kommentierte scharf, dass man »Kriege nicht mit Soldaten gewinnt, die ihrer obersten Führung den Tod wünschen«. Solche Stimmen aus dem feindlichen Ausland konnten Hitler und seinen »willigen Generalen« nur recht sein. Selbst jene, die – wenn auch nur halbherzig – anfänglich mit den Offizieren im Widerstand sympathisierten, waren bei der geringsten Gefahr für das eigene Leben bereit, die Kameraden als »Landessverräter« fallen zu lassen, wie dies etwa der Heeres-Oberbefehlshaber Generaloberst Walther von Brauchitsch demonstrierte.

Diese »Marginalisierung des Widerstands« war selbst in den ersten Jahren nach dem Krieg noch verbreitet, wie Peter Steinbach schreibt. Der Umsturzversuch vom 20. Juli 1944 wurde auf alliierter Seite »mit äußerster Kälte« und als »bedeutungslos« abgetan. Im Verlauf des Kriegs und mit dem Bekanntwerden der Nazi-Gräuel schlug diese Distanzierung in offene Ablehnung der Annäherungsversuche verschiedener Widerstandsgruppen um. Selbst die Bemühungen etwa von Allen Dulles in Bern und dem OSS-Geheimdienstchef, General Donovan in

Washington, ihrem Präsidenten mehr Verständnis für den deutschen Widerstand abzugewinnen, schlugen fehl.

Dulles stand seit 1940 in Verbindung mit Friedens-Emissären jeglicher Couleur, aus dem Außenministerium, der Wehrmacht, selbst – gegen Ende des Kriegs – aus der Führungsetage der SS. Er verfügte ebenso über Informationen aus christlichen Kreisen, wie auch von den Vertretern der internationalen jüdischen Organisationen in Genf. Dulles aber hielt sich an die »Casablanca«-Formel der bedingungslosen Kapitulation *(unconditional surrender)* der Achsenmächte Deutschland, Italien, Japan. Diese Bedingung war von Roosevelt und Churchill als Kriegsziel auf der Alliierten Kriegskonferenz in Casablanca (14.–26. Januar 1943) erklärt und in die so genannten Viermächte-Formel der Außenminister-Konferenz (19.–30. Oktober 1943) in Moskau aufgenommen worden. Es sollten im Übrigen keine Entscheidungen ohne die Sowjetunion getroffen werden.

Hitler hatte Verbindungen zum feindlichen Ausland als defätistische Handlungen verboten. Konnte er ahnen, dass einer seiner treuesten Vasallen, der Reichsführer-SS Heinrich Himmler kurz darauf, im November 1943, versuchte, über Schweden mit den Amerikanern Friedensbedingungen zu sondieren? Die Situation hatte sich nach dem Untergang der Sechsten Armee vor Stalingrad (Kapitulation am 31. Januar 1943) dramatisch gewendet. Goebbels reagierte auf die Kapitulationsforderung der Alliierten mit Gebrüll und seinem Schlachtruf vom »totalen Krieg«. Der Papst hatte die deutsche Reaktion geahnt und an das deutsche Volk gedacht, als er diese radikale Entscheidung der Westmächte als eine Unüberlegtheit bezeichnete, statt weiterhin eine politische Friedenslösung zu suchen. Gelegentlich wird kolportiert, Pius habe von »Idiotissima« gesprochen, dies wird von Vatikan-Historikern allerdings bestritten.

Der Botschafter des Deutschen Reichs beim Heiligen Stuhl, Ernst von Weizsäcker, musste erkennen, was die Stunde geschlagen hatte. Er wollte mit England im Gespräch bleiben, »um jede sich bietende Friedenschance zu ergreifen und ausbauen zu können.« In seinen *Erinnerungen* schreibt Weizsäcker über die Audienzen bei Pius XII.: »Am wichtigsten waren natürlich die Gespräche über Friedensmöglichkeiten … Ich glaubte noch immer an eine bescheidene, aber echte Friedenschance, natürlich ohne Hitler.«

Während seiner Zeit als Botschafter beim Vatikan traf sich Ernst von Weizsäcker zu einem Gespräch mit dem OSS-Chef, General William Joseph »Wild Bill« Donovan. Er hatte den streng katholischen amerikanischen Offizier schon 1939 in Berlin kennen gelernt. Treffpunkt war das deutsche Studienkolleg beim »Campo Santo Teutonico«, das seitlich, hinter Mauern und Bäumen verborgen, neben dem Petersdom liegt. Donovan erkundigte sich nach konkreten Möglichkeiten der Zusammenarbeit, nach Ansprechpartnern auf deutscher Seite.

In einer »kurzen Denkschrift zum kommenden Frieden« stellte von Weizsäcker dem amerikanischen Präsidenten Roosevelt seine Ideen für ein künftiges Deutschland dar. Er dachte an eine demokratisch-föderalistische neue Reichsverfassung. Für die Schlussphase des Kriegs schlug er den Amerikanern vor, die deutschen Gebiete »ausschließlich« durch amerikanische und britische Streitkräfte zu besetzen. Seine Begründung: Die Okkupation deutscher Gebiete durch sowjetische Truppen würde die Reintegration Deutschlands in die europäische Gemeinschaft erschweren und diese Gebiete endgültig dem Osten ausliefern. Damit traf von Weizsäcker auch die Sorge des Papstes vor einem sowjetischen Imperium, das womöglich bis zum Atlantik reichen könnte.

Dieses Papier ließ er durch Prälat Ludwig Kaas, also nicht über das Staatssekretariat, dem in Rom weilenden Erzbischof von New York, Francis Kardinal Spellman, zur Weiterleitung an den amerikanischen Präsidenten überreichen. Der New Yorker Oberhirte galt sowohl als einer der einflussreichsten Kirchenfürsten am päpstlichen Hof und war auch eine im Weißen Haus respektierte Persönlichkeit. Spellman gab die »Friedensbotschaft« des deutschen Missionschefs beim Vatikan in Washington ab. Dabei blieb es. Roosevelt ließ sie zu den Akten nehmen. Zu diesem Zeitpunkt wollten Amerikaner und Engländer nur noch den vollständigen und totalen Sieg über Nazi-Deutschland erzielen.

Die römischen Gespräche

Im Herbst 1939 hatten die Pläne, erste »Friedensfühler« nach London auszustrecken, konkrete Formen angenommen. Wer würde den Kontakt herstellen? Bei der Suche nach geeigneten Persönlichkeiten fiel der Name Papst Pius XII. Es war Generaloberst Beck, der den Pontifex aus dessen Zeit als Nuntius in Berlin kannte. Man war sich gelegentlich beim morgendlichen Ausritt im Grunewald begegnet. Der Papst erklärte sich bereit, Vermittlerdienste zu übernehmen, im Vertrauen auf die ehrlichen Absichten der deutschen Offiziere und in Verfolgung seiner eigenen, dem Frieden zu dienen. Daraus entwickelten sich die so genannten »römischen Gespräche«, die anfangs nicht aussichtslos schienen. In London war zwar der Glaube an die eigene Appeasement-Politik durch Hitlers rücksichtslosen Vertragsbruch des Münchner Abkommens gründlich zerstört worden. Nach dem deutschen Überfall auf Polen war England wie Frankreich seiner Beistandspflicht gegenüber Warschau nachgekommen und hatte Deutschland den Krieg erklärt, allerdings ohne zunächst Truppen aufmarschieren zu lassen.

Der Vatikan-Historiker Jesuitenpater Robert Graham sagte zur Vermittlerrolle des Papstes in einem Fernsehinterview in den 90er Jahren: »Niemand wusste davon, erst nach dem Ende des Krieges kam es heraus, enthüllt durch General Georg Thomas während der Nürnberger Kriegsverbrecher-Prozesse. Erstaunt fragte man sich: Wie konnte der Papst bei einer solch gefährlichen Aktion mitmachen?«

Pius XII. schien am besten geeignet, die Verhandlungsangebote des Verschwörerkreises an die Engländern zu übermitteln, zumal auch der diplomatische Vertreter der Krone beim Vatikan, Francis d'Arcy Osborne, kurz nachdem die ersten Kontakte angelaufen waren, innerhalb des Vatikans eine Wohnung bezogen hatte und den Papst oder den Kardinalstaatssekretär auf Zuruf aufsuchen konnte.

Der Papst sah sich in einer außergewöhnlichen, extrem gefährlichen Rolle: nicht als Ziel, sondern als Kollaborateur eines Geheimdienstes. Der Papst, »sonst so bedachtsam«, wie Harold C. Deutsch schreibt, entschloss sich, die erbetene Vermittlerrolle zu übernehmen, »nach einem Tag Bedenkzeit«, wie Pater Leiber sich erinnert. Der Papst habe dies so begründet: »Die deutsche Opposition muss in England Gehör finden.«

Auf deutscher Seite übernahm die Rolle des Kuriers zwischen Berlin und dem Vatikan der Münchner Rechtsanwalt Josef Müller. Er war vermutlich der ominöse »X« oder »Mr. X«; jedenfalls erscheint dieser Tarnname im Zusammenhang mit Müllers Mission. Es wird angenommen, dass der Jurist (Reichsgerichtsrat) Hans von Dohnanyi, engster Mitarbeiter Hans Osters, die Ergebnisse der so genannten »römischen Gespräche« unter der Bezeichnung X-Papier Anfang 1940 zusammengefasst hat, um den Heeresoberbefehlshaber Generaloberst Walther von Brauchitsch und seinen Generalstabschef Franz Halder, den Nachfolger Ludwig Becks, zu überzeugen, was nicht gelang. Das Dokument ist bis heute nicht gefunden worden.

Der Emissär des Verschwörerkreises sprach bei seinen Besuchen im Vatikan nie mit dem Papst persönlich, sondern nur mit dessen deutschen Beratern: mit Prälat Ludwig Kaas und Pater Robert Leiber, dem für deutsche Fragen zuständigen Berater des Papstes, auf der Ebene eines Privatsekretärs. Pater Leiber sollte nach dem Willen des Papstes der »gemeinsame Mund« bei den »römischen Gesprächen« sein.

Der Papst durfte und wollte nach außen, auch gegenüber den Sendboten aus Berlin, nicht in Erscheinung treten. Andererseits war er als handelnde Person für die Verschwörer unverzichtbar. Von seiner Persönlichkeit und vom Amt war er auf beiden Seiten geachtet. Ihm würde man Vertrauen schenken. Man hatte die Vermittlerrolle von Benedikt XV. im Ersten Weltkrieg mit Pacelli als Emissär beim deutschen Kaiser und der Heeresführung noch in positiver Erinnerung.

Müller hatte stets brisante Informationen in seiner Aktentasche oder im Kopf. Nicht nur aus der Abwehrzentrale, sondern auch Nachrichten zur Lage der Kirche in Deutschland, die ihm der Münchner Prälat Johann Neuhäusler, anvertraute. (Josef Müller entging nur, »wie durch ein Wunder«, dem Galgen, an dem seine Mitverschwörer in Sachsenhausen und Flossenbürg starben und überlebte wie Prälat Neuhäusler das Hitlersche Inferno zuletzt im Konzentrationslager Dachau. Neuhäusler wurde nach dem Krieg Weihbischof in München.)

Pater Leiber gab die Informationen Müllers an Radio Vatikan und an seinen Mitbruder Pater Walter Mariaux weiter, der wiederum Jesuiten in England und Frankreich informierte. Abwehr-Chef Admiral Canaris ließ von SD-Agenten Informationen über SS-Gräuel in Polen sammeln und gab diese, wie auch Warnungen von Übergriffen des SD auf Katholiken an den Vatikan weiter.

Über die Friedensangebote der Verschwörer wiederum informierte Pius XII. den britischen Gesandten im Vatikan, der täglich den Apostolischen Palast aufsuchte. So konnte Osborne schon im Februar 1940 zum ersten Mal die Bereitschaft Londons zu direkter Zusammenarbeit mit der deutschen Opposition signalisieren. Voraussetzung: Kein Angriff im Westen und eine verhandlungsfähige Regierung – das heißt, ohne Hitler. Die Antwort der Briten sei also ziemlich unverbindlich gewesen, kommentiert Pater Graham den Vorgang: »Sie sagten, wenn die Generale den Staatsstreich planen, dann sollen sie das tun. Aber wir versprechen nichts. Die Antwort war also vage. Man begleitete den deutschen Widerstand eher interessiert abwartend ohne konkrete Zusagen. Und wie wir wissen: Die Generale unternahmen nichts.«

Pius wurde bei seinen Friedensbemühungen grundsätzlich

von einer hohen moralischen Haltung geleitet; seine Motive aber waren auch politische. Er war viel zu erfahren, um nicht auch die konkrete politische Situation beurteilen zu können. Das wussten auch die Deutschen. Vielleicht teilte der Papst die Einschätzung seines Privatsekretärs und hat sich auch deshalb den Verschwörern zur Verfügung gestellt. Am 13. Juli 1940 kabelte Rom-Botschafter von Mackensen nach Berlin an das Auswärtige Amt, gegenüber einem »als zuverlässig« geltenden Gewährsmann habe sich Pater Leiber enttäuscht gezeigt. Er habe geglaubt, dass Amerika nach Hitlers Angriff auf Polen rechtzeitig eingreifen und vielleicht auch Russland nicht unbeteiligt bleiben würde.

Denn eigentlich hat sich der Vatikan jeglicher Handlung politischen Charakters bewusst enthalten. Der Papst hatte eine Aufgabe übernommen, die ihn in eine der schwierigsten Situation bringen musste, in die die internationale Diplomatie damals geraten konnte, zumal weil offizielle Beziehungen zu beiden Seiten der im Krieg befindlichen Staaten bestanden und der Apostolische Stuhl stets seine strikte Neutralität betont hatte. Die Neutralität des Heiligen Stuhls wurde aber nie als die eines Zaungasts der Weltpolitik verstanden, der die Entwicklungen beobachtet und sich dabei unbeteiligt zurücklehnt, sondern stets als eine »aktive Neutralität«, die auf den entscheidenden Moment wartet, wo eine Intervention möglich und notwendig ist.

Botschafter von Bergen sah sich wohl in einer ähnlichen Lage. Einerseits hatte er die Interessen des Reichs zu vertreten, selbstverständlich auch unter Hitler, andererseits sah er in der Kirche einen Partner, gegen den Krieg zu arbeiten. Er fühlte sich wohl auch verpflichtet, sich in Momenten der Gefährdung des Papstes schützend vor Pius XII. zu stellen, den er ja seit vielen Jahren sowohl in Deutschland als dann auch während dessen Tätigkeit an der Spitze des Staatssekretariats persönlich gut kannte.

Im März 1940, also in einer Schlussphase der »römischen

Gespräche«, berichtete von Bergen über eine eigene »geheime Besprechung« mit dem Papst. Der Botschafter betonte, dass es sich um die erste Begegnung nach einer längeren Pause seit dem deutschen Überfall auf Polen am 1. September 1939 gehandelt habe. Über dieses Gespräch vom 14. März 1940 im Apostolischen Palast teilte er Außenminister Joachim von Ribbentrop mit, in dem »vertraulichen und unverbindlichen Gedankenaustausch« sei es um »schwebende kirchenpolitische Fragen« gegangen. Pius sei bereit, den deutschen Außenminister bei jeder sich bietenden Gelegenheit zu empfangen. Trotz starker Störungsversuche der Feindmächte wünsche der Papst nach wie vor einen freundschaftlichen Ausgleich mit Deutschland.

Der Papst habe ihn, Bergen, gebeten, den Weg »des privaten und vertraulichen Gedankenaustauschs« weiter zu beschreiten und ihn (Ribbentrop) wissen zu lassen, »dass wir der Diskretion der von Seiten des Vatikans an den vertraulichen Besprechungen beteiligten Personen gewiss sein könnten«, schrieb von Bergen an von Ribbentrop. Er bat den Reichsaußenminister, »eine gleiche Behandlung auch von deutscher Seite sicherzustellen«. Der Vatikan-Botschafter regte an, seine Mitteilungen im Auswärtigen Amt als »Geheime Reichssache« kennzeichnen zu lassen und schlug vor, die »ausgleichsfreudige Einstellung des Papstes« durch »freundliche Akte deutscherseits« zu stützen. So sollten gegen Pius XII. gerichtete Bücher verboten und die Presse zu mehr Zurückhaltung veranlasst werden. Der Vatikan hatte von Bergen offenbar eine Liste von Übergriffen der Nazis gegenüber der Kirche in Deutschland vorgehalten. Bergen fügte diese Beschwerde bei, nachdem er »diplomatisch« zunächst die »positiven« Aspekte der gegenseitigen Beziehungen dargestellt hatte. Er erwähnte unter den Schikanen die »Entfernung von Kreuzen, Erschwerung von Prozessionen, Beschlagnahme der Kirche gehörender Immobilien, Seminaren und Heimen«. Die öffentliche »Verächtlichmachung der katholischen Kirche« und ihrer Einrichtungen solle, so von Bergen, verboten werden. Der Papst seinerseits sei bereit, zur Sicherung eines guten Einvernehmens zwischen Staat und Kirche beizutragen. Er werde »über den Episkopat die Geistlichkeit« anhalten, »den Staat innerhalb des Aufgabengebiets in seinen nationalen Bestrebungen zu unterstützen«. Die Reaktion war alles andere als entgegenkommend. Ob man von Bergen vielleicht als »Mann des Papstes« verdächtigte, wäre spekuliert, jedenfalls galt er als zu »weich«. Ribbentrop ließ in den Anweisungen an seinen Botschafter den unter Diplomaten gewohnt höflichen Umgangston vermissen.

London will nicht mehr

Die Situation änderte sich für den Widerstandskreis um Hans Oster schlagartig mit dem Machtwechsel in London: Jetzt führte Winston Churchill ein Kriegskabinett an, das den »Schalter herumlegte« (Levin von Trott) und auf alle deutschen Friedenssondierungen mit Stillschweigen reagierte. Das Unbehagen gegenüber »Offizieren im Widerstand« verstärkte sich. Für die »Falken« in Downing Street und Whitehall zählten ohnehin nur die militärischen Befehlshaber, und die hatten im April/Mai 1940 mit dem Angriff im Westen begonnen. Seit im Reich das Volk seinem Führer zugejubelt hatte, für die »Korrektur des Diktats von Versailles«, wie die Nazipropaganda tönte, stand der Widerstand auf verlorenem Posten. Selbst die Weitergabe des Angriffstermins an Belgien und Holland wurde den Verschwörern nicht honoriert.

Pius gab in seinen Friedensbemühungen freilich nicht nach. Das konnte nicht geheim bleiben. Im Vatikan wusste man selbstverständlich: »Feind hört mit.« In einer internen Mitteilung des Auslandsnachrichtendienstes des SD vom 23. Januar 1940 heißt es: »In Italien sitzt als unser Mann beispielsweise der frühere irische Gesandte in Berlin, der selbstverständlich, da er früher mehrere Jahre Gesandter Irlands am Vatikan war, mit sämtlichen diplomatischen Vertretern am Vatikan und auch in Italien bestens bekannt ist und uns entsprechendes Material zur Verfügung stellt.« Allerdings enttäuschte der Diplomat. Er schien wohl nicht als der Mann, der »harte News« lieferte. Er galt als »zu bequem und ängstlich«. Dennoch wurde er beschäftigt.

Immerhin beschaffte er Informationen, die helfen konnten, die Lage nach Abgleich mit Berichten aus anderen Quellen einzuschätzen. So schrieb der irische V-Mann in deutschen Diensten – mit welcher Absicht auch immer: »Der Papst würde sich ohne Zweifel für einen Frieden einsetzen, wenn die geringste Möglichkeit bestünde, ihn durch politische Mittel zustande zu bringen. Jedoch erscheint die Aussicht auf einen Frieden so lange hoffnungslos zu sein, als die englische Regierung bei ihrer Absicht bleibt, den Krieg bis zum endgültigen Sieg zu führen. Außerdem soll der Papst entschlossen sein, sich während des Kriegs so wenig wie möglich zu kompromittieren, um seinen Einfluss auf gewissen Gebieten bei den Friedensverhandlungen geltend machen zu können.«

Ein anderer Vorgang ist zuverlässiger belegt: Pius wollte bereits im Juli 1940 Deutschland, England und Italien durch einen Friedensappell zu einer Vereinbarung bewegen, ihren Konflikt zu beenden. Über den Apostolischen Delegaten in London, Erzbischof William Godfrey, ließ er bei Viscount Halifax, den britischen Außenminister vertraulich anfragen, wie ein solcher Schritt von »Seiner Majestät Regierung« aufgenommen werden würde. Bereits am darauf folgenden Tag händigte das Foreign Office dem Botschafter des Papstes in einem Aide-Mémoire die Antwort der britischen Regierung aus. Man wünsche nicht, Deutschland zu zerstören, sei aber gleichzeitig entschieden dagegen, Europa und sich selbst unter Nazi-Herrschaft zu sehen und werde bereit sein, bis zum Ende dagegen zu kämpfen.

Das Foreign Office informierte gleichzeitig den britischen Botschafter Osborne im Vatikan und teilte ihm auch mit, dass dem Delegaten die Note mit dem Hinweis überreicht wurde, man hoffe, die Erklärung lasse den Papst nicht im Zweifel, dass man nicht bereit sei, Hitlers Programm, sich selbst zum »Herrn von Europa« zu machen, ruhig hinzunehmen. Das war eine ziemliche Abfuhr für den Papst und für den deutschen Widerstand.

Hinzufügen muss man noch einen weiteren Grund für die britische »Abneigung« gegenüber vatikanischen Kriegsinterventionen. Sir Frank Roberts, der in den Kriegsjahren im Foreign Office am Northern Desk auch für deutsche Fragen zuständig war, begründete sie in einem Interview für das ZDF. Auf die Friedensbemühungen des Papstes sei man nicht angewiesen gewesen. Man habe eigene Leute gehabt und – der Papst sei schließlich der Repräsentant der katholischen Kirche, »wir sind aber Anglikaner«.

Hatten Beck, Oster und die Mitverschwörer sozusagen auf das »falsche Pferd« gesetzt? Im Vatikan wie in London wuchs die Skepsis, wenn auch aus unterschiedlichen Gründen. Eingewurzelte Vorbehalte bei den Engländern, zunehmende Enttäuschung beim Papst, dass konkrete Schritte ausblieben. Die Friedenssondierungen verliefen aus vielerlei Gründen im Sande. Eines war im Frühjahr 1940 klar: Ein Sturz Hitlers hatte zu diesem Zeitpunkt keine Chance. Der Führer stand auf dem Gipfel seiner politischen und militärischen Macht, das deutsche Volk jubelte dem Sieger, seinem »Erlöser« zu.

Die schwindende Aussicht auf einen Putsch in Berlin dämpfte die Bereitschaft der englischen Diplomaten zum Dialog. Es begannen sich jene durchzusetzen, die grundsätzlich der Auffassung waren, der deutsche Militarismus sei »fast schlimmer als der Nationalsozialismus«, deutsche Konservative und Nazis unterscheide nur die Taktik, nicht aber das Grundsätzliche.

Die weitere Entwicklung ist bekannt. Die Verschwörer fanden keinen Rückhalt bei den Oberbefehlshabern, die Engländer warteten vergeblich auf den Putsch und blieben von Anfang an misstrauisch, auch wenn der Papst für die Offiziere im Widerstand seine Hand ins Feuer legte. Nach dem deutschen Überfall auf Norwegen im April 1940 und der nachfolgenden Westoffensive im Mai, beginnend mit dem Einmarsch in den Benelux-Ländern und den zu erwartenden Angriffen auf Frankreich und England, zeigten weder Churchill noch Roosevelt ein Interesse an Friedensinitiativen des Vatikans. Die Friedensbemühungen des Papstes, die dieser nach dem Scheitern der »römischen Gespräche« fortzusetzen suchte, wurden zwar zur Kenntnis genommen, spielten aber für die eigene Strategie keine Rolle mehr.

Ein weiterer Aspekt, der die Kontaktversuche der Abwehroffiziere belastete, kam hinzu: die Befürchtung der Engländer, auf einen Trick der SS-Spionage hereinzufallen. In London war man höchst alarmiert. Gemeint ist der so genannte »Venlo-Zwischenfall«. Zwar waren die Briten aus kriegspolitischen Gründen anfangs nicht völlig desinteressiert an den Putschplänen dieser deutschen Offiziere. Schließlich versprach ein solcher Vorgang, eigenen Nutzen aus einem solchen Machtwechsel in Deutschland ziehen zu können.

So ließ sich der Secret Intelligence Service (SIS) auf ein geheimes Angebot ein, sich mit einem angeblich hohen General des Widerstands zu treffen, nicht ahnend, dass es sich um eine Falle handelte, die von Walter Schellenberg, dem Spionageexperten der SS, gestellt worden war. Der Auslandsnachrichtendienst des SD wollte unter dem Vorwand, eine deutsche militärische Widerstandsgruppe suche Kontakte mit den Alliierten, dem Verschwörer-Kreis aus dem Amt Ausland/Abwehr auf die Spur kommen. Mit anderen Worten: Heydrich wollte, wie schon an anderer Stelle gesagt, Canaris ausschalten, um die Kontrolle über den gesamten Geheimdienst-Apparat des NS-Staats zu bekommen. So nutzte er jede sich bietende Gelegenheit, um belastendes Material über seinen Rivalen zu sammeln.

Auf britischer Seite sollte einer der fähigsten britischen Geheimdienst-Offiziere, Captain S. Payne Best den Kontakt aufnehmen, ein ehemaliger Angehöriger des Militärischen Nachrichtendienstes MI6 und jetzt im SIS für die streng geheime »Organisation Z« von den Niederlanden aus im Einsatz. Payne besaß bereits gewisse Hintergrundinformationen über den deutschen Widerstand. Er hatte über seine holländische Frau, die Malerin Maria Margareta Van Rood, Zugang zum Hof der Königin Wilhelmina und über diese Verbindungen Kontakt zu norddeutschen Adelsfamilien. Über die Häuser Oldenburg und Mecklenburg, über die Großherzoginnen, wie es hieß, kam er mit Carl Goerdeler in Verbindung. Er war also der richtige Mann, um mit dem »General« der Militäropposition zu sprechen. Der Treff war für den 9. November 1939 nahe der holländischen Grenze bei Venlo geplant. Als die britischen Agenten, Best und sein Mitarbeiter Major Richard Stevens, begleitet von einem niederländischen Geheimdienstoffizier, den Trick erkannten, war es zu spät. Sie wurden überfallen, der Holländer getötet, die anderen über die Grenze nach Deutschland entführt. Best und Stevens blieben bis zum Kriegsende im KZ Dachau inhaftiert. Goebbels nutzte den »Venlo-Zwischenfall« propagandistisch. Er behauptete, die Hintermänner des Attentats auf Hitler entlarvt zu haben. Am Tag zuvor hatte der Tischler Georg Elser im Münchner Bürgerbräu-Keller einen fehlgeschlagenen Anschlag auf Hitler verübt. An einer Wiederholung einer solchen Panne, wie der Entführung bei Venlo, war der britische Geheimdienst selbstverständlich nicht interessiert.

Am Ende war die Schar der Friedensemissäre nicht mehr überschaubar. Wem sollte man trauen, wem konnte man zutrauen, das Ende der Hitler-Diktatur nicht nur zu versprechen, sondern auch herbeizuführen? Auch der Papst ließ in einem Gespräch mit Osborne eine gewisse Kritik durchblicken. Dank seiner Vermittlung, so sah es der Pontifex wohl, war die Verhandlungen zwischen dem Beck-Oster-Kreis und der Regierung Chamberlain-Halifax weiter vorangeschritten gegenüber den Friedensfühlern anderer Oppositionskreise. Deren Aktivitäten erschienen nun eher als kontraproduktiv. Sie wirkten sich nach Meinung des Papstes ungünstig auf die Verhandlungen »mittels vatikanischer Vermittlung« aus. Auch an diesem

Punkt zeigt sich das Dilemma der Widerstandsbewegung, die weit entfernt war, eine in sich geschlossene, in ihrem Vorgehen abgestimmte Front zu bilden, ganz abgesehen von der Frage, welchen Rückhalt sie in der Wehrmacht gehabt haben würde, sollten die Umsturzpläne in Gang gesetzt worden sein. Denn jeder Soldat hatte einen Eid auf den »Führer« abgelegt. Die Verpflichtung auf Hitler und den Nationalsozialismus wurde vom Wehrmachtsoberkommando den Offizieren zur Weitergabe an die Truppe befohlen.

Eine Warnung wird in den Wind geschlagen

Dem verzweifelten Hans Oster blieb nur noch die Möglichkeit, die von der Westoffensive am 10. Mai 1940 bedrohten Länder zu warnen. Über Generaloberst Beck ließ er den Münchner Rechtsanwalt Josef Müller beauftragen, den Angriffstermin an den Papst weiterzugeben. Müller bestritt zwar nach dem Krieg, dass er den Termin weitergegeben habe. Der Papst jedenfalls beauftragte das Staatssekretariat und Maglione informierte die Nuntiaturen in Brüssel und in Den Haag über die bevorstehende Invasion. Montini sagt es Osborne und einem französischen Botschaftsvertreter. Die Funksprüche wurden von Görings Forschungsamt »Seehaus« aufgefangen.

Wie die Geschichte lehrt, scheitern große Entscheidungen oft an kleinen Zwischenfällen. Der Verrat des Angriffstermins war für die Verschwörer in Berlin lebensgefährlich, die Gestapo sollte ihnen auf die Spur kommen. Denn nach der Besetzung Brüssels durch die Deutschen wurden im dortigen Außenministerium für die Verschwörer kompromittierende Unterlagen gefunden.

Was war geschehen? Wenige Tage vor dem illegalen Einmarsch der Wehrmacht in Belgien erreichen den Außen- und Außenhandelsminister des Königreichs Paul Henry Spaak zwei Meldungen des belgischen Botschafters beim Vatikan Nieuwenhuys über den bevorstehenden Angriff der Deutschen. In dessen Telegrammen vom 2. und 4. Mai wird, »nach unkontrollierbarer Information«, der Angriff gegen Holland und Belgien als Termin die Woche vom 5. bis 11. Mai angegeben. Diese Papiere fanden die deutschen Besatzer nach dem Einmarsch.

In seiner zweiten Mitteilung erwähnt der Botschafter »eine Persönlichkeit, die am 29. April von Berlin abgereist und am 1. Mai nach Rom gekommen war«. Am Abend des 3. Mai sei es zu einem weiteren Treffen mit einem belgischen Gewährsmann gekommen, wobei bestätigt worden sei, dass der Führer zum Angriff auf Belgien und Holland entschlossen sei. Dieser Angriff werde wie bei Dänemark ohne Kriegerklärung erfolgen.

Wer stand hinter der Weitergabe dieser Aufmarschpläne? Die Spur führte zu Pater Leiber. Von dort war es für die Späher nicht weit zum Papst auf der einen Seite und zu dem Informanten aus Berlin auf der anderen. Aber irgendwie verloren die Häscher die Fährte. Heute wissen wir, dass mit dem deutschen Informanten nur Josef Müller gemeint sein konnte, der als Emissär zwischen der Verschwörergruppe in der Abwehr und dem Vatikan pendelte. Sein belgischer Vertrauter war der Generalabt der Prämonstratenser in Rom, Hubert Noots. Über die Adresse Viale Giotto 27 liefen enge Verbindungen zum deutschen Widerstand.

Der belgische Botschafter bezog sich in seinem zweiten Telegramm unter anderem auch auf eine Unterredung mit dem Jesuitengeneral Ledochowski. Der Ordensobere kenne die Person, die Leiber informiert habe, zwar nicht dem Namen nach, sei aber über dessen Tätigkeit orientiert. Und zwar durch Leiber. Dies gelte auch für diejenige Persönlichkeit, mit der der deutsche Informant seit Längerem Fühlung halte. Wahrscheinlich handelte es sich bei dem Deutschen um einen Agenten, da anderenfalls die Geheime Staatspolizei ihm bald auf die Spur hätte kommen müssen.

Der Generalobere der Jesuiten war also in gewisse konspirative Vorgänge zwischen den deutschen Verschwörern und dem

Papst eingeweiht. Wladimir Halke von Ledochowski (1866 bis 1942), hatte 1915 dieses Amt angetreten und bekleidete es bis zu seinem Tod. Pater Leiber dürfte seinen »General«, dem gegenüber er sich im Gehorsam verpflichtet sah, über den deutschen Widerstand und die Rolle des Papstes informiert haben. Ledochowski reagierte auf Leibers Informationen eher verstört: Jesuiten sollten nicht erneut in den Geruch geraten, Drahtzieher politischer Intrigen zu sein, ein Odium, das ihnen seit der Gegenreformation anhaftete. Auch sorgte er sich um die persönliche Integrität und Sicherheit des Papstes. Allerdings konnte er Leiber aus der Sache nicht heraushalten, ob dieser nun privat handelte oder im Namen des Papstes.

Jetzt war nicht nur Josef Müller, der Emissär der Berliner Verschwörer, in höchster Gefahr. Auch Pater Leiber musste – wenn auch durch vatikanische Immunität geschützt – äußerst vorsichtig sein. Er war durch diverse Besucher sowohl von der Abwehr wie vom SD gewarnt. Der militärische Nachrichtendienst, abgesehen von der Oppositionsgruppe um Hans Oster, arbeitete ja »normal« weiter und hatte, vermutlich nichts von den konspirativen Plänen der Offiziere in der Zentralabteilung wissend, auch den Vatikan im Visier.

So berichtet der V-Mann Ast, Hamburg, an das Amt Ausland/Abwehr in Berlin, über seinen Vatikanbesuch: »Am 18. Mai 1940 am frühen Morgen Empfang durch Prof. Leiber in der Gregorianischen Universität.« Im weiteren Verlauf stellt er fest: »Prof. Leiber wurde bereits vom SD in irgendeiner Form wahrgenommen, zuletzt nach seiner eigenen Aussage am Freitag, dem 17. Mai 1940.« Die Spione gaben sich sozusagen die Klinke in die Hand. Der Privatsekretär des Papstes ahnte natürlich, wer ihm da so teilnahmsvolle Aufmerksamkeit schenkte. V-Mann Ast: »Es war Prof. Leiber vollkommen klar, dass dieser Besuch im Auftrag des SD kam. Name nicht genannt.« Sein Besuch, so der Spion der Abwehr, habe 5/4 Stunden gedauert. »Gegenstand der Besprechung waren die Telegramme des Vatikans an Holland und Belgien.« Der V-Mann kommentiert die Weitergabe der

Angriffstermine:»Hierzu Konzeption des Vatikan. Der Vatikan musste etwas unternehmen, da er auf das schwerste von vielen Gruppen seit Monaten gedrängt wurde, Stellung zu nehmen.« Ein Auszug aus dem Bericht des Abwehragenten wurde, als »Geheime Reichssache« und »Geheime Kommandosache« deklariert, von der Abwehrabteilung des Oberkommandos der Wehrmacht unter dem Datum vom 30. Mai 1940 dem Reichsaußenminister zur Verfügung gestellt. Zuvor waren Ribbentrop schon der Bericht und die Telegramme des belgischen Botschafters »über einen angeblich bevorstehenden deutschen Angriff auf Belgien und Holland« übermittelt worden.

Der belgische Botschafter Nieuwenhuys war im Übrigen nicht nur mit Ledochowsky zusammengetroffen, sondern auch mit Pater Leiber. Von diesem erfuhr er, der unbekannte »Herr X« habe sich »unserem Landsmann« als guter Katholik und unbedingter Gegner des Hitler-Regimes vorgestellt. Dies scheine seine vertraulichen Mitteilungen zu rechtfertigen,»denn die Tatsache, dass er die militärischen Pläne Deutschlands enthüllte, konnte den Widerstand unseres Landes erleichtern, zur Herbeiführung der Niederlage der Armeen des Reiches beizutragen und den Sturz des anscheinend von ihm verabscheuten Regimes zu verursachen«. Der Belgier blieb bei seiner Meinung: Wenn er so handeln würde, betätige er sich als Verräter. Leiber aber beharrte darauf, ihn eher als Agenten zu betrachten. Das Fatale an der Sache: Aufgrund seines Misstrauens nahm der Belgier die Warnung vor den Angriffsterminen offenbar nicht ernst genug. Im Nachhinein musste der Diplomat seinen schweren Irrtum einräumen.

Der Name Leiber war jetzt mehrfach genannt worden. Am 14. Juni 1940 wies das Auswärtige Amt Botschafter von Mackensen an, die Wohnungsanschrift von Pater Leiber einzuholen und Erkundigungen über ihn einzuziehen, wie er lebe, mit wem er verkehre und dergleichen. Die Angelegenheit sollte zunächst nur vom SD bearbeitet und die Abwehr herausgehalten werden. Hatte man Verdacht geschöpft, dass das Amt Abwehr bei der Übermittlung der deutschen Angriffstermine auf Belgien und Holland seine Hände im Spiel hatte? Zum Glück für die Oster-Gruppe erfuhr Erich Kordt, der Legationsrat im Ministerialbüro und Vertraute Osters, von den Sondierungen. Die deutschen Spione stocherten im Nebel. »Die Bemühungen um Feststellung der deutschen Persönlichkeit, durch die der belgische Botschafter beim Vatikan Anfang Mai d. J. Informationen über den bevorstehenden deutschen Einmarsch in Belgien erhalten hat, haben bisher zu keinem Ergebnis geführt«, musste der Auslands-SD einräumen. Es wurde vorgeschlagen, Pater Leiber bei einer Reise nach Deutschland zu vernehmen, »da ihm der Name der in Frage kommenden deutschen Persönlichkeit bekannt sein muss«. Pater Leiber aber reiste während des Krieges aus wohlerwogenen Gründen nicht mehr in die Heimat.

Ribbentrop musste nun entscheiden, »ob nach bisher ergebnislosen Bemühungen mit negativem Ergebnis« ein Vertreter der Abwehr die weiteren Sondierungen übernehmen solle. Der Außenminister entschied entsprechend. Erich Kordt teilte dies am 15. Oktober 1940 dem deutschen Botschafter in Italien mit. Von Mackensen antwortete am 22. Oktober dem Staatssekretär Ernst von Weizsäcker: »Sondierung heute erfolgt.«

Der Papst verrät sich nicht

Pius XII. hat die Namen der deutschen Gesprächspartner nie über seine Lippen kommen lassen. Auch nicht gegenüber Osborne, dem einzigen Gesprächspartner, mit dem er über diese Friedensfühler sprach, außer Kaas und Leiber. Auch Josef Müller hat nach eigenen Angaben während dieser Mission nie mit dem Papst direkt gesprochen. Das Leben der ungenannten Generale sei in Gefahr, habe der Papst seine Bitte um absolute Geheimhaltung begründet, schrieb Osborne in einer seiner Mitteilungen nach London. Der frühe Widerstand gegen die Nazi-Diktatur und ihre Beteiligung an nachfolgenden Versuchen, den Diktator und sein Regime zu beseitigen, hat den meisten Mitgliedern des Verschwörerkreises den Kopf gekostet. Josef Müller entkam, wie gesagt, der Hinrichtung.

Jesuitenpater Robert Graham, einer der besten Kenner der Vatikan-Diplomatie jener Jahre, sagte in einem ZDF-Interview zur Rolle von Pius XII.: »Die Entscheidung des Papstes, Vermittler zu sein zwischen den deutschen Verschwörern, die einen Staatsstreich in Berlin planten, und den höchsten britischen Autoritäten, die sich mit Deutschland im Krieg befanden, war tatsächlich ein feindlicher Akt gegenüber einer Regierung, mit der der Vatikan immer noch diplomatische Beziehungen unterhielt. Er war Komplize in einem geplanten Staatsstreich gegen Hitler und zwar in Kriegszeiten. Er war Vermittler zwischen diesen Verschwörern und den Briten, die sich mit Deutschland im Krieg befanden. Wenn Hitler davon erfahren hätte – was aber nie passierte –, dann hätte er bestimmt die katholische Kirche in Deutschland vernichten können. Er hatte ihr bereits den Krieg erklärt. Was brauchte er mehr als die Bestätigung, dass der Papst in einen Putschversuch gegen ihn, Hitler selbst, verwickelt war. Nach 1940, auf dem Höhepunkt seiner Erfolge, hatte er den Einfluss, das Prestige und die Macht dazu, die Kirche zu zerstören.«

»Die rasche Bereitschaft des Papstes, als Vermittler zwischen einer Verschwörergruppe in einem Krieg führenden Land und der Regierung eines gegnerischen Staats aufzutreten«, bezeichnet Harold Deutsch als »eines der erstaunlichsten Ereignisse in der modernen Geschichte des Papsttums«. Dieser wagemutige Schritt habe fast an Tollkühnheit gegrenzt. Die Risiken für den Papst persönlich und die Kirche seien nicht abzuschätzen gewesen. Die Nazis hätten den Papst vielleicht nicht »in kleine Stücke gehauen«, wie Pater Leiber einmal scherzhaft gesagt haben soll, aber es hätte sich ein »glänzender Vorwand« geboten, einen groß angelegten Schlag gegen die katholische Kirche zu führen, »in Deutschland und überall, wo die SS einzog«.

Mussolini wäre vermutlich ebenfalls auf diese Aktion einge-
stiegen, um gegen die römische Kurie vorzugehen, dieses
»Krebsgeschwür«, wie die Faschisten ihre Widersacher im Apostolischen Palast beschimpften. Mussolini hätte dem Heiligen
Stuhl Neutralitätsbruch und Verletzung der Lateran-Verträge
von 1929 vorwerfen können und einen Anlass gehabt, sich in die
inneren Angelegenheiten des Vatikans einzumischen. Vermutlich, so meint Deutsch, hätte ein großer Teil der katholischen
Welt damals die päpstliche Intervention ebenfalls missbilligt.

Der Historiker Erich Kosthorst schrieb nach dem Krieg:
»Wenn der Papst naheliegende starke Bedenken beiseite schob
und durch das Gewicht seiner Autorität der deutschen Opposition damals eine Legitimation gab, wie sie besser nicht möglich
war, dann war das eine staatsmännische Tat hohen Ranges. Sie
verliert auch dadurch keine Bedeutung, dass sie den Frieden,
dem sie dienen wollte, nicht erreichte.«

Pius selbst hat, soweit die bisherige Durchsicht der Archive
ergab, nichts Schriftliches über seine geheimsten Kontakte –
von denen angeblich nicht einmal das Staatssekretariat wusste – hinterlassen. Die Furcht vor einer Besetzung des Vatikans
durch die Deutschen gab Anlass, Dokumente zu vernichten oder
in sicheren Verstecken zu lagern. Nichts sollte in fremde Hände
fallen, wie Pius selbst gegenüber seinen Besuchern betonte. Die
an den »römischen Gesprächen« Beteiligten auf deutscher und
vatikanischer Seite versicherten, keine schriftlichen Aufzeichnungen hinterlassen zu haben.

Als Josef Müller zu gefährdet erschien, übernahm der Rheinländer Paul Franken, als Stipendiat der Deutschen Forschungs-
gemeinschaft getarnt, die Rolle des Emissärs in Rom. Während
seiner Zeit in Rom erfährt Paul Franken von einem Vorgang,
der bezeichnend war für die äußerste Vorsicht, die der Papst bei
diesen »römischen Gesprächen« walten ließ: Prälat Kaas habe
ihm erzählt, eines Nachts habe der Papst die handschriftlichen
Notizen Leibers in dessen Gegenwart gelesen und anschließend
über einer Kerze verbrannt mit der Bemerkung: »Sie können

ihm sagen (gemeint war Paul Franken), dass Sie den Papst gesehen haben, wie er die Seiten mit eigener Hand verbrannt hat.« Von Pius selbst gibt es nur eine Erklärung, die er in der Ausgabe des *Osservatore Romano* vom 11./12. Februar 1946 hat veröffentlichen lassen als Antwort auf Anschuldigungen der kommunistischen Prager Tageszeitung *Prace* vom 24. Januar 1946. In einem Kommentar hatte das Parteiblatt ihm vorgeworfen, die deutschen Interessen zum Nachteil der Sowjetunion vertreten zu haben. Pius XII. ließ antworten:»Getreu dem Prinzip, nichts unversucht zu lassen, was der Sache des Friedens in irgendeiner Weise dienen könnte, akzeptierte der Heilige Vater Pius XII. zu jener Zeit, als er von wichtigen politischen und militärischen Kreisen Deutschlands gebeten wurde, einige Fragen dieser Kreise über die Ziele des Krieges und die Friedensbedingungen an die andere Krieg führende Seite weiterzuleiten, ebenso die Antworten, die diese Seite geglaubt hat, an die damals Fragenden geben zu müssen.« Der Papst beteuerte, sich ausschließlich offizieller Wege bedient und keinerlei eigene Vorschläge für einen Friedensspruch vorgelegt zu haben.

8. Tod oder Schutzhaft dem Papst

Nachts um 2.00 Uhr weckt Commendatore Labella seine Frau im Schlafzimmer seiner geräumigen Wohnung im Apostolischen Gerichtspalast, der mitten im Vatikan gleich neben dem Petersdom steht:»Wir müssen packen und in aller Frühe aus dem Vatikan weg!« Für wie lange? Er weiß es nicht. Der ranghöchste Laie am päpstlichen Hof sieht sich und seine kinderreiche Familie als gefährdet an. Ermanzia Labella, die zweitälteste Tochter des Commendatore erinnert sich heute, über 60 Jahre später, noch ganz genau.

Es ist das Kriegsjahr 1943 und nicht nur in Rom gehen viele Gerüchte um. Im Vatikan, wo die Labellas bzw. die Familie der Ehefrau, einer geborenen Buonaroti seit Generationen leben, breitet sich Unruhe aus. Man fürchtet, dass die Deutschen trotz der noch intakten Achse Rom–Berlin den Papst entführen könnten. Wer weiß, welche Zwischenfälle es dann rund um den Petersdom geben würde. Besser die im Vatikan lebenden Familien schnell noch in Sicherheit bringen. Vater Labella und Papst Pius XII. haben bereits für diese Familien alle Vorkehrungen getroffen. Ein Passierschein mit der Unterschrift Feldmarschall Kesselrings steckt in der Aktentasche des Vaters. Im Morgengrauen steht eine große Limousine des Papstes mit vatikanischem Kennzeichen SCV bereit. Vater, Mutter und die Kinder steigen mit reichlich Gepäck ein. Am Steuer sitzt ein Fahrer des Kirchenstaats.

Schon nach rund 50 Kilometer Fahrt nördlich von Rom blockieren deutsche Soldaten bei Passo Corese di Salaria die Salz-

155

straße, eine auf das antike Rom zurückgehende Verbindungsstraße. Ein Offizier liest den Kesselring-Brief. Danach darf der Vatikanwagen nicht nur weiterfahren, der Offizier bietet sogar eine Eskorte an. Der Fahrer empfiehlt Labella jedoch, besser darauf zu verzichten. Nach wenigen Kilometern kämen sie in Partisanengebiet und dann würden sie sofort beschossen. Die Untergrundkämpfer könnten wegen der deutschen Begleitung vermuten, eine hochgestellte deutsche Persönlichkeit vor sich zu haben. Labella folgt dem Rat und verzichtet. Ohne Zwischenfall kommt die ganze Familie nach Vindoli, einem erdbebengefährdeten Ort in den Abruzzen, woher sie väterlicherseits stammt und in dem sie noch ein Haus besitzt. Vier Wochen wird das Exil dauern. Dann können die Labellas wieder in ihre Wohnung in den Vatikan zurückkehren.

Ermanzia Labellas Erinnerungen trügen nicht. 62 Jahre später, im Januar 2005, ging eine sensationelle Meldung aus Rom durch die Medien. Neue Dokumente aus dem vatikanischen Geheimarchiv belegten, dass Hitler den Papst entführen wollte. Der Tatbestand war Fachleuten allerdings schon länger bekannt. Vatikan-Historiker Jesuitenpater Robert Graham hatte schon Mitte der 70er Jahre die wesentlichen Fakten im römischen Jesuitenorgan *Civiltà Cattolica* enthüllt. Er durfte in den geheimen Unterlagen recherchieren und fand ausreichend Belege für die Ängste der Römer in den Kriegsjahren lange vor der deutschen Besatzung. Völlig aufklären konnte er die Details allerdings nicht, weil auch in Rom nicht alle Einzelheiten bekannt waren.

Schon vor 1943 war das Verschwinden des Papstes aus Rom eine der Möglichkeiten, über die man in der Stadt sprach. Exil oder Flucht, es musste sich ja nicht gleich um eine Entführung handeln. So meldete Botschafter von Mackensen schon am 24. Oktober 1940 nach Berlin, wieder einmal unter Bezug auf eine »streng vertrauliche, aber zuverlässige Quelle«: Pater Leiber, der immer weit vorausdenke und handele, habe im engsten Kreis geäußert, dass der Papst in nicht allzu ferner Zeit Rom möglicherweise verlassen werde oder sogar verlassen müsse. Der Papst hoffe aber, mit Gottes Hilfe bald wieder zurückkehren zu können. Der Botschafter spricht in seinem Bericht auch von Gerüchten, dass schon seit langer Zeit große Teile des Geheimarchivs durch häufig reisende, als offizielle Kuriere des Vatikans »frisierte« Jesuiten im Flugzeug nach Spanien verbracht worden sein sollen.

Es liefen in jenen verwirrenden Zeiten viele Gerüchte um, von welcher Seite und in welcher Absicht sie auch gestreut worden waren. Bezeichnend ist eine Nachricht, deren Quelle absolut unklar ist. Man weiß nur so viel: sie kam »aus Mailand«, wie Jesuitenpater Peter Gumpel im Rückblick meint. Die Nachricht lautete, der Papst werde veranlasst, Rom zu verlassen. Dann werde man ihn erledigen: »Auf der Flucht erschossen.« Darin hatten die Nazis Erfahrung. Gerüchte, wie sie damals umliefen, ohne dokumentierten Beleg. Die Nachricht verschwindet im Nebel der Spekulation.

Eine der reizvollsten, von Graham bestätigten Möglichkeiten eines Exils für den Papst war ein verträumt anmutendes Schloss auf der Schwäbischen Alb: die Burg Lichtenstein bei Urach, eine in mittelalterlichen Formen der Romantik nachgebaute Felsenburg mit Zugbrücke und weiter Fernsicht, sollte den Papst aufnehmen. Andere Quellen meinen, es hätte sich bei dem Exil des Papstes um das Fürstentum Liechtenstein handeln sollen oder gar um einen Ort bei Würzburg. Die widersprüchlichen Darstellungen erklären sich nicht nur mit den verschiedenen Urhebern. Niederschriften nach Hörensagen spielten eine weitere Rolle. Einem Italiener kann ja durchaus ein gewaltiger Fehler unterlaufen, wenn er einen deutschen Ortsnamen ohne genauere geografische Kenntnis aufschreiben soll.

Der letzte Reichsbotschafter beim Vatikan, Ernst von Weizsäcker, kommt in seinen *Erinnerungen* auf diese Gerüchte zu sprechen; er findet aber auch keine schlüssige Antwort. Nach seiner Darstellung haben sich in Rom »Redensarten« herumgesprochen, als wollten die Deutschen bei Preisgabe der Stadt den Papst verschleppen. »Die fremde Presse behauptete, wir wollten die Kurie nach Liechtenstein überführen«, schreibt von Weizsäcker. Im Oktober 1943 habe er, streng vertraulich, einen gleichen Hinweis aus dem Vatikan erhalten. Da der Vatikan-Botschafter der Sache keinen Glauben schenkte oder ihn zurückzuweisen hatte, zog er den »Verschleppungsgedanken«, wie er das Gerücht nennt, mehr oder weniger ins Lächerliche.

Weizsäcker sondierte, wie er schreibt, bei Feldmarschall Kesselring, beim Gestapo-Chef in Rom Kappler, beim Höheren Polizeiführer SS-General Karl Wolff sowie bei Abwehrchef Canaris und selbst bei Bormann, »diesem obersten deutschen Parteimann und Kirchenfeind Nr. 1«. Das Ergebnis: Bis zu dem Tag, an dem die Alliierten in Rom einmarschierten (am 4. Juni 1944) war nichts von einer »Entführung aus dem Vatikan« zu merken. Weizsäcker blieb »ohne wirkliche Bestätigung«, aber auch »ohne verlässliches Dementi der Gerüchte«.

Der letzte Botschafter des Dritten Reichs in Italien, Rudolf Rahn, behauptete 1975 in einem Interview, Hitler habe den Papst und die Kurienkardinäle »zu deren Schutz« entführen lassen wollen. Er und Wolff hätten Hitler von dem Plan abgebracht, wegen der unabsehbaren negativen Konsequenzen. Ebenso nahm Goebbels diese »Rettungstat« für sich in Anspruch, indem er dem »Führer« die verheerenden Folgen für das internationale Ansehen Deutschlands vor Augen hielt. Hitler habe dann entschieden, nichts gegen die Person des Papstes und seiner Mitarbeiter zu unternehmen. Zuverlässige schriftliche Belege für ein solche »Geiselnahme« im Vatikan sind allerdings bisher nicht gefunden worden.

Doch irgendetwas musste an den Gerüchten dran gewesen sein, die vor allem in Rom und im Vatikan Angst verbreiteten. Die Gerüchte und Vermutungen erhielten nach dem Krieg neue Nahrung und wollen bis heute nicht verstummen. Allerdings deutet nichts darauf hin, dass die Entführungspläne 1940 konkret waren. Nur der Verdacht schien damals schon nicht aus der

Luft gegriffen. Er sollte drei Jahre später mörderischer sein als bislang angenommen.

Am 1. Februar 1946 bestätigte Erwin Lahousen, Edler von Vivremont, ehemaliger Generalmajor der Wehrmacht, solche Pläne als Zeuge vor dem internationalen Militärgerichtshof in Nürnberg. Der frühere Abwehr-Offizier hatte als Einziger der Verschwörer aus dem Kreis des militärischen Widerstands überlebt und wurde zum Kronzeugen im Prozess um die im Zweiten Weltkrieg in deutschem Namen verübten Verbrechen. Er antwortete auch auf die Frage des amerikanischen Richters Simon W. Brookhart, ob Hitler den Papst entführen oder gar ermorden lassen wollte? Lahousen verwies auf einen Artikel in der amerikanischen Soldatenzeitung *Stars and Stripes* vom 30. Januar 1946. Darin war von einem Hitler-Befehl die Rede, den Papst zu ermorden. »Es muss Frühjahr 1943 gewesen sein, auf jeden Fall zu einem Zeitpunkt, als Mussolini bereits interniert war«, erinnert sich Lahousen an eine Begebenheit im Büro von Abwehrchef Admiral Wilhelm Canaris. Der damalige Oberst i. G. Lahousen war Leiter der Abwehr II, zuständig für Sabotage und Zersetzung. Anwesend waren auch der Chef der Zentralabteilung (Abteilung Z), Generalmajor Hans Oster sowie Oberst i. G. Wessel Freiherr Freytag von Loringhoven, der künftige Nachfolger von Lahousen in der Sabotage-Abteilung. Es hatte sich also der Kern des Verschwörerkreises der Offiziere versammelt, die schon im Herbst 1938 und 1939 Hitler beseitigen wollten.

Freytag von Loringhoven kam über den Widerstandskreis in der Abwehr auch mit Claus Schenk Graf von Stauffenberg in Kontakt. Er besorgte den Sprengstoff für den Anschlag am 20. Juli 1944 in der »Wolfsschanze«. Nach dem Scheitern des Attentats, die Verhaftung durch die Gestapo voraussehend, tötete er sich am 26. Juli nahe seines Einsatzortes in Ostpreußen. Admiral Wilhelm Canaris und Generalmajor Hans Oster sowie Hauptmann Ludwig Gehre, Hauptmann Theodor Strünck, der oberste Heeresrichter Karl Sack und Pastor Dietrich Bonhoeffer wurden auf ausdrücklichen Befehls Hitlers in das KZ Flossenbürg transportiert und dort, nach einem Scheinverfahren eines SS-Standgerichts am 9. April 1945, »völlig nackt« entkleidet durch den Strang hingerichtet. Hans von Dohnanyi, bereits zu Tode erkrankt, wurde einen Tag zuvor in Sachsenhausen am Galgen ermordet.

Ein Befehl Hitlers, so die Zeugenaussage, den Papst umzubringen oder wegzuschaffen, König Vittorio Emmanuele III. von seinem Thron zu stürzen und Mussolini zu befreien, ungeachtet jeglichen Risikos, sei die Reaktion des Führers auf den Zusammenbruch der italienischen Kriegsbeteiligung und die Inhaftierung des Duce im Jahr 1943 gewesen. Lahousen erinnerte sich an den Tag genau, an dem Canaris ihn hatte rufen lassen: »Bei dieser Gelegenheit kam General Oster in das Büro, wo Canaris, Freytag und ich selbst Platz genommen hatten. Freytag war zu diesem Zeitpunkt bereit, meine Funktionen zu übernehmen und Oster sagte in diesem Moment: ›Ich habe Neuigkeiten, Berichte vom Reichssicherheitshauptamt, dass diese Burschen die Absicht haben, Mussolini zu befreien, den Papst und den König zu liquidieren.‹«

Lahousen bestätigte vor dem Tribunal im Wesentlichen den Bericht in *Stars and Stripes*, allerdings mit einigen wichtigen Ergänzungen und Korrekturen. Er verwies dabei auf einen Bericht über die »Organisation Canaris«, den er schon vor dem Interview mit der Nachrichtenagentur *AP* der 3rd Army CIC gegeben hätte. Lahousen bestritt zwar einige weitere Einzelheiten. Aus dem Bericht in *Stars and Stripes* ergibt sich dennoch ein eindeutiges Bild. Danach hatte Lahousen Canaris gedrängt, den Chef des italienischen militärischen Geheimdienstes, den »antifaschistischen General« Cesar Amé, zu warnen. Ende Juli trafen sich dann in der Tat Canaris, Lahousen, Freytag, Oberst Helfferich mit einer italienischen Delegation unter Amé im Hotel Dannielli in Venedig. Während eines »dramatischen Arbeitsessens« konnte Canaris, der »schlaue Kopf der deutschen Gegenspionage« die »antifaschistischen Agenten« überzeugen, dass der Plan eines Anschlags auf den Papst und den König ernst zu nehmen sei. Anschließend zogen sich Canaris und Amé zu einem zweistündigen Gespräch in den Lido-Club zurück. (Wie Heinz Höhne in seiner Canaris-Biografie schreibt, hatte Generalfeldmarschall Keitel, Chef des OKW, bei Canaris darum nachgesucht, in Erfahrung zu bringen, wie es Marschall Pietro Badoglio, der Nachfolger Mussolinis, mit der Bündnistreue zum Achsenpartner und der Fortsetzung des Krieges halten wolle, worauf Amé gegenüber den Deutschen mit angeblichen »Treueschwüren« reagiert habe.) Am nächsten Tag kehrte Amé nach Rom zurück. Der Vatikan war alarmiert, und es wurden umgehende Gegenmaßnahmen getroffen.

»War es die Absicht, den Papst zu entführen oder welche Aktion sollte gegen ihn unternommen werden?«, will der Gerichtsoffizier in Nürnberg wissen. Lahousen antwortet: »Nein, sie wollten ihn töten.« Lahousen erzählt über das Treffen in Venedig: die ganze Angelegenheit sei nicht konspirativ behandelt worden, sondern mehr gesprächsweise: »Am selben Abend habe ich noch mit meiner Sekretärin gesprochen, die über alles ziemlich gut informiert war und die später von Freytag übernommen wurde und die mein vollständiges Vertrauen besaß und alle diese Berichte schrieb.« Sie habe höchst erstaunt reagiert und wütend gesagt: »Diese dreckigen Schweine. Warum wollen sie das tun?«

Verständnislos blieb Lahousen ebenso wie das Gericht über die eigentlichen Beweggründe Hitlers, den Papst zu liquidieren. Der Richter fragte: »Was wollten sie damit erreichen?« Lahousens Antwort: »Für den normalen menschlichen Verstand sind Fragen dieser Art immer schwierig zu beantworten. Ich weiß es wirklich nicht.«

Der Exoffizier konnte nur spekulieren. Er trifft damit nicht nur eine im konkreten Fall gültige Vermutung, sondern den Nerv der meisten feindlichen Operationen gegen und im Vatikan: »Wie der Vatikan direkt im Herzen Italiens Kontrolle ausübt und seinen Widerspruch zum Dritten Reich ausstrahlt, nicht nur nach Italien hinein, sondern in die ganze Welt, das war natürlich den Nazis ein Dorn im Auge.« Wie konnten die Nazis aber glauben, dass es nach Pius XII. keinen anderen Papst geben würde?»Ich weiß es nicht. Was sie tatsächlich erreichen wollten, indem sie den Papst töten, kann ich wirklich nicht beantworten. Ich weiß es nicht. Ich weiß weder, ob dies wirklich ein ernsthafter Plan war, im Voraus ersonnen und gut durchdacht, oder eben mal die Vorstellung einer kleinen, wild gewordenen Person.« Lahousen schloss nicht aus, dass diese Information abgefangen und in der Absicht der Abwehr zugespielt wurde, den Anschein eines ernst zu nehmenden Plans zu erwecken. Amé könnte beispielsweise in Rom die Gerüchte gestreut haben, um das Komplott von vornherein zu desavouieren, es zu »verbrennen« und es damit abzuwerten.

Das Gerücht, die Wehrmacht könnte den Vatikan besetzen, muss auch über andere Kanäle gestreut worden sein. So wurde der amerikanische Geschäftsträger Harold H. Tittmann im Februar 1943 vom State Department entsprechend vorgewarnt. Diese Information stammte aus einer Geheimdienst-Quelle in Stockholm, offenbar von einem Doppelagenten, der für die deutsche Abwehr wie für die Amerikaner arbeitete. War dies Gabriel Ascher, der undurchsichtige V-Mann, dem wir schon früher begegnet sind? (vgl. Kapitel »Soutanen unterm Totenkopf«, Seite 53ff.). Was daran schwarze Propaganda, was Fakt war, sollte die Boulevard-Presse noch sechzig Jahre nach Kriegsende beschäftigten.

Als Anfang Oktober 1943 das Gerücht Washington erreichte, Pius XII. sei Gefangener der Deutschen, soll Präsident Roosevelt erklärt haben, er werde »Rom, den Vatikan und den Papst aus der nationalsozialistischen Gefangenschaft befreien«. Belege für Roosevelts Absicht finden sich sowohl beim damaligen Vatikan-Botschafter Ernst von Weizsäcker wie auch beim damaligen Apostolischen Delegaten in Washington, Amleto Cicognani, in dessen Mitteilung an Kardinalstaatssekretär Luigi Maglione. Auch Kardinalstaatssekretär Maglione hielt eine Besetzung der Vatikanstadt durch die Deutschen für nicht ausgeschlossen. Hitlers angebliche Pläne, den Papst entführen und als »Schutzhäftling« nach Deutschland bringen zu lassen, spukten ja schon länger wie ein Schreckgespenst durch die Räume des Apostolischen Palastes. Der Papst hatte jedenfalls nicht nur Vorsorge zum Schutz der Bewohner der Vatikanstadt getroffen. Er hatte schon seine Rücktrittserklärung in der Schublade: den Deutschen würde der Kardinal Pacelli, nicht aber Papst Pius XII. in die Hände fallen.

Eine andere Quelle öffnete der ehemalige SS-General Karl Wolff. Hitler soll am 12. September 1943 »dem General der Waffen-SS und höchsten Militärgouverneur in Norditalien, Karl Wolff (1900–1984), den Geheimauftrag erteilt haben, baldmöglichst den Vatikan, ein Nest von Spionen und ein Zentrum antinationalsozialistischer Propaganda zu besetzen, die dortigen Archive und Kunstschätze sicherzustellen und den Papst nach Norden zu bringen«.

Wolff habe zugesichert, diesen Befehl bis Ende des Jahres 1943 durchzuführen, tatsächlich aber über die deutsche Botschaft mit kirchlichen Kreisen Kontakt aufgenommen und den Vatikan gewarnt. Der Berliner Historiker Michael F. Feldkamp zitiert die Goebbels-Version, wonach Propagandaminister Josef Goebbels und Außenminister Joachim von Ribbentrop den »Führer« von dessen Kidnapping-Plänen abbringen konnten, weil sie eine »solche Maßnahme für außerordentlich verhängnisvoll in Bezug auf die Weltwirkung« hielten.

Wolff bestätigte unter Eid 1972 vor einem kirchlichen Untersuchungsrichter in München im Rahmen der Vorermittlungen zum Seligsprechungsverfahren für Pius XII. diese Schilderung: 1943 sollen die Nazi eine Operation unter dem Decknamen »Rabat« geplant haben. Ziel: den Papst zu »rauben« und nach Schloss Lichtenstein auf der Schwäbischen Alb zu verbringen. Wolff wollte von Hitler persönlich beauftragt worden sein. Er habe diesen Befehl allerdings »hinausgezögert«. Von Tötung habe Wolff allerdings nie gesprochen, sagt Jesuitenpater Peter

Gumpel, der das Seligsprechungsverfahren über Pius XII. leitet. Ob Wolff auch Einzelheiten mitgeteilt hat, ist nicht bekannt. Es wird lediglich überliefert, dass der SS-General später dem Papst versichert habe, dass er den Befehl nicht ausführen werde. General Wolff verweigerte sich also und suchte am 10. Mai 1944 den Papst auf. Warum klopfte der ranghöchste SS-Führer an die Pforte des Gegners? War »Wölfchen«, wie ihn Hitler nannte, zum Glauben der Kirche zurückgekehrt? Den Papst vor einer möglichen Entführung zu warnen, konnte nicht der einzige Grund gewesen sein. 1944 war der Ausgang des Krieges absehbar. Sollte ihm an der europäischen Südfront jetzt ein schnelles Ende bereitet werden? Mit dem Papst als Vermittler, um einen Separatfrieden mit den Alliierten zu erreichen?

Bei seinem Besuch im Vatikan verzichtete Wolff auf seine SS-Uniform und die Totenkopf-Schirmmütze. Er erschien in Zivil und wurde von Pater Pankratius Pfeiffer begleitet, dem Generaloberen der Salvatorianer in Rom. Die Begegnung war von SS-Standartenführer Eugen Dollmann, dem Historiker und Dolmetscher an der deutschen Botschaft, später Verbindungsoffizier zu Mussolinis Rumpfrepublik Salo, vermittelt worden. Er galt als »persönlicher Vertrauensmann« Himmlers. Wolff bittet Pius um Schutz für gefährdete SS-Angehörige und warnt den Papst bei dieser Gelegenheit vor der geplanten Entführung.

Pius XII. wird mit den Begrüßungsworten zitiert: »Wie viel Unglück hätte vermieden werden können, wenn Gott Sie früher zu mir geführt hätte.« Der Papst entlässt seinen außergewöhnlichen Besucher nicht ohne von ihm ein Zeichen der Glaubwürdigkeit zu verlangen.

Herren über Leben und Tod

Juni 1944, die Bürger Roms erwarten die Befreiung ihrer Stadt. Das hindert die Gestapo jedoch nicht daran, weiter Gefangene hinzurichten. In einer Zelle im berüchtigten Gestapo-Gefängnis in der Via Tasso Nr. 1 wartet der Widerstandskämpfer Giuliano Vassalli auf seine Hinrichtung. Er ist überzeugter Sozialist, der mit der Waffe in der Hand gegen den Faschismus gekämpft hat. Er hatte sich der Resistenza angeschlossen. Dann war er in die Fänge der deutschen Staatspolizei geraten. Vor zwei Monaten ist er 29 Jahre alt geworden und jetzt soll sich sein Schicksal entscheiden. Er weiß, wie gering seine Chancen sind.

Der Häftling hört Schritte auf seine Zelle zukommen. Die Tür geht auf. Vor ihm steht Gestapo-Chef Herbert Kappler. Neben ihm Pater Pfeiffer, der SS-General Wolff zum Papst begleitet hatte. Er ist als Vermittler zwischen dem Papst und den deutschen Besatzern bekannt. Seine Hilfe für Abertausende von Kriegsflüchtlingen wird ihm den Ehrennamen »Engel von Rom« eintragen. In diesem Moment aber herrscht eine beklemmende Stimmung. Ein SS-Offizier und ein Priester: da muss man nicht lange rätseln. Kappler spricht den Häftling mit scharfer Stimme an. »Eigentlich haben Sie den Tod verdient.« Dem Gefangenen stockt der Atem. Dann sagt Kappler: »Trotzdem werden wir Sie freilassen.« Wolff hatte also gegenüber Pius Wort gehalten und zum Zeichen seines guten Willens Vassalli sowie einem zweiten Italiener das Leben geschenkt. Kappler und seine SS-Schergen waren damals in Rom die Herren über Leben und Tod. Giuliano Vassalli wird nach dem Krieg eine beachtliche Karriere im politischen Leben Italiens machen: er wird Justizminister in drei Kabinetten von 1987 bis 1991; dann Verfassungsrichter und schließlich Präsident des Verfassungsgerichts von Februar bis November 2000.

War Wolff kein »typischer SS-Mann«? War ein Rest preußischer Tradition unter der schwarzen Uniform verblieben, Wolff der aufrechte Soldat? Mit 17 Jahren war er in das Leibgarde-Infanterie-Regiment (1. Großherzoglich-Hessisches) Nr. 115 eingetreten. Dafür waren wohl eher praktische Gründe maßgebend, denn die Garnison lag in seinem Geburtsort Darmstadt. Er war sicher in vielerlei Schuld verstrickt: Selbst wenn er nicht die entscheidenden Befehle erteilt hat, er war mitverantwortlich beim Abtransport der Warschauer Juden in das Todeslager Treblinka, bei den Geiselerschießungen in den Ardeatinischen Höhlen bei Rom und bei anderen »Aktionen« des Mordregimes.

Zehn Monate später, am 8. März 1945, erschien General Wolff bei Dulles. Im Gespräch mit dem amerikanischen Geheimdienstchef sondierte er die Möglichkeit einer vorzeitigen Kapitulation der deutschen Truppen an der norditalienischen Front. Sie schien jetzt auch den Amerikanern realistischer als in den Monaten zuvor. Die Operation »Crossword Sunrise« mündete in der Kapitulation, die am 29. April 1945 in Caserta vereinbart wurde und am 2. Mai 1945 in Kraft trat.

Vatikan-Historiker Pater Graham meinte zu der Entführungsgeschichte: »Wo so viel Rauch in der Luft war, muss auch ein Feuer gewesen sein.« Aber wo waren die Flammen? Der Jesuit vermutete, dass die Spur eher nach London als nach Berlin führte, vielleicht in die Fälscherwerkstatt von Sefton Delmer? Sollte die Weltöffentlichkeit damit schockiert werden, dass Hitler sogar bereit sei, Hand an den Papst zu legen, einer Persönlichkeit von solch hoher Moral und Integrität? Vielleicht haben die Engländer etwas »läuten« gehört und die Sache sofort zum Thema ihrer Propaganda gemacht. Also war doch etwas dran?

Als »Gäste« im Vatikan

Der heraufziehende Weltkrieg hatte den Vatikan mit einem einzigartigen Problem konfrontiert. Seine diplomatischen Aktivitäten waren aufs Höchste gefährdet. Denn die meisten beim Heiligen Stuhl akkreditierten Botschaften würden als Feindstaaten nicht mehr auf italienischem Territorium verbleiben können. Sie hatten ihre Vertretungen möglicherweise vollständig zu schließen und die diplomatischen Beziehungen der Kirche zur Welt würden damit weitgehend eingefroren sein. Es bot sich als einziger Ausweg nur an, den beim Heiligen Stuhl akkreditierten Diplomaten einen Wohnsitz innerhalb des neutralen Vatikanstaates einzuräumen. Am Ende waren es Vertreter von über 40 Staaten, die mit Billigung Mussolinis in die Vatikanstadt einzogen und dort unter äußerst beengten Bedingungen lebten. Einen besonderen Rang nahmen unter diesen der US-amerikanische Geschäftsträger Harold H. Tittmann, der britische Gesandte Francis d'Arcy Osborne und der polnische Missions-Chef Kazimierz Papée ein. Ihre engen, fast täglichen Gespräche im Staatssekretariat erregten selbstverständlich die Aufmerksamkeit der deutschen und italienischen Geheimdienste.

Als »Gästehaus« wurde das Domus Sanctae Marthae zur Verfügung gestellt sowie einige Palazzi, in denen Vatikanbedienstete und ihre Familien wohnten, wie eben auch die Labellas. Die galten als weniger gefährdet und mussten in ihren Heimatorten oder in kircheneigene Wohnungen außerhalb der Vatikanmauern vorübergehend Quartier beziehen. Das »Santa Martha« dient bis heute als Unterkunft für offizielle Besucher des Vatikans. Das »vatikanische Asyl« bestand auch noch bis zum Kriegsende weiter: Der Vatikan hatte nach der Befreiung Roms am 5. Juni 1944 mit dem britischen Oberbefehlshaber General Montgomery vereinbart, dass sämtliche Botschaftsangehörigen für die Dauer des Krieges als »Gäste des Vatikans«, so die Sprachregelung, dort interniert blieben.

Am 11. Juli 1944 »übersiedelte« auch der deutsche Vatikanbotschafter Ernst von Weizsäcker in den Vatikan und genoss den Schutz des Papstes. Es kam mitunter zu seltsamen Begegnungen, wenn die verbliebenen alliierten Diplomaten nun ihren Gegnern, Herren aus Hitlerdeutschland, aus Finnland, Japan, Rumänien, aus der Slowakei des Monsignore Tiso und aus Marschall Pétains Frankreich, über den Weg liefen. In seinen Aufzeichnungen spricht Albrecht von Kessel, engster Mitarbeiter des Botschafters von Weizsäcker von einem »Leben im goldenen Käfig« der Vatikanstadt: mit Sigismund von Braun »auf einer Marmorbank sitzend« oder »auf einem sanft sich senkenden Rasen liegend«, dabei »die Reste unseres Schullateins zusammenkratzend«, um die *Äneis* des Vergil zu übersetzen. Sie beobachten ihren Chef, der »still versonnen« auf einem Gartenhocker sitzt und sich an der Staffelei mit einem Aquarell »nach englischer Art« beschäftigt. Im Blickfeld hatten sie jederzeit auch die Kollegen der USA, Frankreichs, Großbritanniens. Alles in allem hatten zusammen 40 Feind- und Freundstaaten im Schatten von Sankt Peter neutrale Unterkunft gefunden, was allerdings keineswegs immer so ungefährlich war, wie die himmlische Nähe und irdische Idylle glauben machen mag.

Die Familie Labella konnte ein Lied davon erzählen. Zum zweiten Mal musste sie ihre Wohnung im Gerichtspalast räumen. Im Vatikan sollten zu deutscher Besatzungszeit nur noch die Menschen unterkommen, die »draußen« gefährdet waren. Glücklicherweise besitzt der Vatikan eine ganze Menge von großzügigen Wohnungen rund um den Apostolischen Palast, die aber auf italienischem Staatsgebiet liegen.

Ermanzia Labella erinnert sich mit fast 80 Jahren, wie sehr sie und ihr ältere Bruder Vincenzo unter dem Eingeschlossensein im Vatikan gelitten haben. Bei Kriegsende war Ermanzia immerhin fast 18 Jahre alt und wollte nicht auf Schritt und Tritt beaufsichtigt sein. In Rom beginnt das abendliche Leben spät. »Doch im Vatikan wurden um 23.00 Uhr alle Tore geschlossen. Da musste jeder daheim sein.« Jetzt bekamen sie eine Wohnung gerade gegenüber dem Anna-Tor, dem wichtigsten Zugang zum Vatikan für die dort Beschäftigten. »Wir hatten keine Sehnsucht nach dem Gerichtspalast.« Aber zum Spielen waren die vatikanischen Gärten und Plätze keineswegs unattraktiv, vor allem mit den jüngeren Geschwistern. Immerhin waren es jetzt schon acht Labella-Kinder. Und da waren ja noch viele Diplomatenzöglinge, die allerdings nach Ermanzias Erinnerung nicht immer sonderlich beliebt waren. Manche ausländische Jugendliche genossen nicht nur den Vorzug, von den Gendarmen und Schweizer Gardisten nachsichtiger behandelt zu werden als die Einheimischen. »Die durften auch mal in einem Brunnen der vatikanischen Gärten baden. Wir nicht.« Dann erschienen sie der streng römisch-vatikanisch erzogenen Labella-Schar auch reichlich ungezwungen, also unerzogen.

Kurz vor Kriegsende trafen alle acht Labella-Kinder den britischen Gesandten Osborne nahe ihrer alten Wohnung. Sie plauderten. Osborne sprach etwas in Rätseln. Anscheinend war das Kriegsende in Sicht. Da weinte der jüngste Bruder Pietro, gerade ein Jahr alt, so sehr, dass der Botschafter vorschlug, die Signorina mit ihren Geschwistern zum Ausgang zu begleiten. Die Gruppe hatte sich kaum in Bewegung gesetzt, als ein Kleinflugzeug über den Vatikan kreiste und vier Bomben abwarf. Wäre die Gruppe nicht gerade weggegangen, wären sie und Osborne getötet worden.»Das wird bis heute ignoriert«, empört sich Ermanzia Labella.»Das waren weder britische noch deutsche, das waren faschistische Bomben.« Sicher ist nur, dass es britisches Material war. Das bedeutete aber damals nicht viel. Es gab Beutezüge auf beiden Seiten. Osborne sollte wohl ermordet werden, ist Ermanzia Labella überzeugt und nicht etwa der Papst, der nach anderen italienischen Unterlagen das Ziel gewesen sein soll. Nach Aufzeichnungen einer faschistischen Brigade von September 1944 sollte im Vatikan ein Massaker angerichtet werden, bei dem auch der Papst hätte getötet werden sollen. Erst wenn dies misslänge, sollte er entführt und nach Deutschland verschleppt werden.

Mag sein, dass dies Hitlers Absicht war. (Die vielfältigen Spekulationen wurden am Anfang dieses Kapitels beschrieben, Seite 155ff.) In diesem ungeklärten Bombardement jedenfalls spricht alles für die Beobachtungen der Labella-Kinder. Denn wenige Tage später kreuzte dasselbe unbekannte Flugzeug wieder über dem Vatikan auf und feuerte eine Salve aus einem Maschinengewehr ab. Osborn konnte sich durch einen Sprung zur Seite retten. Die Labella-Geschwister wurden von einem Schweizer Gardisten gedeckt.

Der britische Gesandte Osborne war für die Kinder nicht sosehr ein Botschafter. Das musste ein Spion sein, denn er wusste vieles und sprach auch manchmal in Andeutungen. Verständlich, dass nicht nur die Deutschen den Briten liquidieren wollten. Wie dem auch sei, selbst die Ausflüge zur Großmutter, die ein Appartement unter der Sixtinischen Kapelle bewohnte und wegen ihres Alters nicht evakuiert wurde, wurden jetzt gefährlich. Vielleicht konnte die alte Signora Buonaroti auch bleiben, weil der Papst die Diplomaten so nahe nun auch wieder nicht bei sich wissen wollte.

Ansonsten war das Leben außerhalb der vatikanischen Mauern und frei von den päpstlichen Gesetzen viel schöner, Krieg hin, Bedrohung her. So sind viele der ehemaligen Vatikanbewohner aus dem Vatikan ausgezogen und dann auch außerhalb geblieben. Nach dem Krieg wollten nur wenige zurückkehren. Dann kam das Zweite Vatikanische Konzil und bald wurden die Paläste sogar für den wachsenden Kurienapparat zu klein.

Die Furcht vor einer Besetzung des Vatikans durch die deutsche Wehrmacht, den SD und die Gestapo sowie italienische Sicherheitsdienste im Gefolge, aber auch die Anwesenheit der ausländischen Diplomaten innerhalb der Mauern der Vatikanstadt veranlassten den Kardinalsstaatssekretär zu entsprechenden Vorsichtsmaßnahmen. Dem Doyen des Diplomatischen Corps, dem brasilianischen Botschafter empfahl er, die Kollegen zu warnen und sicherheitshalber dafür zu sorgen, dass die Archive der ausländischen Botschaften den Eindringlingen nicht in die Hände fallen würden.

Osborne und Tittmann freilich waren auch ohne den Hinweis aus dem Apostolischen Palast auf der Hut. Dazu trug eine Begebenheit im späten Frühjahr 1941 bei: Osborne hatte entdeckt, dass sein Geheimcode für ein oder zwei Nächte verschwunden war. Vermutlich hatte ihn sein Butler Luigi entwendet, um ihn zu fotografieren, bevor er ihn zurückbrachte. Man musste also mit Spionen unter den italienischen Hausangestellten der alliierten Diplomaten rechnen. Das State Department hatte wohlweislich darauf verzichtet, Tittmann mit einem geheimen Verschlüsselungssystem auszustatten, er verfügte nur über die nichtvertraulichen Codebücher »Braun« und »Grau«. Osborne war sicher, dass er vom italienischen Geheimdienst SIM abgehört wurde. Er hatte bemerkt, wie er in der ersten Zeit seines Aufenthalts im Vatikan regelmäßig von einem »gewissen Italiener« Besuch erhielt, der ihm Nachrichten zutrug, die sich als Falschmeldungen herausstellten.

Beide Diplomaten vernichteten also ihre Geheimdokumente und Codebücher schon vor der Bitte aus dem Staatssekretariat. Sie verbrannten sie in Tittmanns Wohnzimmer, wo sich die einzige Feuerstelle des Hauses befand. »Die übrigen folgten ausnahmslos«, erinnerte sich Tittmann. Bei einem Treffen am 14. September hatten die alliierten Diplomaten entschieden, der Warnung des Kardinals zu beachten und alle Dokumente zu beseitigen, die möglicherweise dem Feind von Nutzen sein könnten. Ferner hatten sie beschlossen, mit dem Papst zu gehen, sollte er gewaltsam nach Deutschland verbracht werden.

Für die alliierten Diplomaten im Vatikan galt es gewissermaßen als Gentleman's Agreement, keine chiffrierten Telegramme, keine geheimen Informationen, insbesondere militärischen Inhalts, über die Funkstation oder das Telegrafenamt des Vatikans zu senden, auch keine Telefonate nach außen zu führen. Hätte der Papst dies zugelassen, wäre er zwangsläufig zur Kriegspartei geworden.

Osborne war, was von manchen Leuten in Whitehall und Downing Street anscheinend nicht verstanden wurde, in gewisser Weise zu einem »Vaticanista« geworden, der nicht nur mit den Spielregeln der römischen Kurie vertraut war, sondern auch mit der Position des Heiligen Stuhls im internationalen diplomatischen Gefüge sympathisierte. Der Vatikan musste vor Hitler und Mussolini bewahrt bleiben, wie Owen Chadwick über Osborne schreibt. Wie aber konnte er London über seine internen Kenntnisse informieren und gleichzeitig die Lauscher auf eine falsche Fährte setzen?

Osborne wusste, dass Kardinal Maglione gewisse Sympathien für die Alliierten zeigte. Dies habe der Kardinalstaatssekretär gegenüber dem englischen Gesandten eigentlich unmissverständlich zum Ausdruck gebracht, erinnerte sich der Amerikaner Harold Tittmann.

Diese nicht unwichtige Erkenntnis hätte Osborne gern seinen Londoner Vorgesetzten mitgeteilt, aber sein Code war gebrochen. Osborne hatte klarsichtig die Zwangslage erkannt, in der sich der Papst befand. An der Themse sollte man nicht meinen, die vatikanische Diplomatie sei ein bloßes Anhängsel der Achsenmächte. Andererseits sorgte sich der britische Gesandte, der Vatikan könnte eines Tages von den Faschisten eingenommen werden. Wie hatte Mussolini geprahlt: »In wenigen Minuten, mit einigen hundert Mann.«

Bei den Italienern sollte also durch gezielt gestreute Desinformationen, von denen man ausging, dass sie abgehört würden, der Eindruck vermittelt werden, dass der Vatikan keine Hilfe für die Alliierten sei. Eine schwierige Aufgabe für den Absender und sicherlich eine Nuss auch für die Beamten in den Londoner Dienststellen, die Berichte »richtig« zu lesen. Owen Chadwik kommentiert diese prekäre Situation des britischen Gesandten beim Vatikan: »Er sagte nicht alles, was wahr war. Aber alles, was er sagte, war wahr.«

Auch der Amerikaner Harold Tittmann suchte täglich den Kardinalstaatssekretär auf oder die außenpolitische Abteilung der zuständigen Kongregation. Er verfasste zweimal wöchentlich Berichte, die mit Diplomatenpost von einem Kurier der Schweizer Legation in Rom übernommen zur Apostolischen Nuntiatur in Bern gebracht wurden, von dort über die US-Vertretung in der Schweizer Bundeshauptstadt nach Washington. Ebenso ging Post über die Nuntiatur in Lissabon.

Die alliierten Diplomaten, vor allem der Amerikaner und der Brite, blieben trotz strengster Auflagen auch in ihrem »vatikanischen Gefängnis« nicht untätig, weder in ihren internen diplomatischen Aktivitäten mit den vatikanischen Behörden noch bei der Beschaffung und Erfassung wichtiger Informationen, soweit dies mit ihrem diplomatischen Status vereinbar war.

Der römische V-Mann VM P 14 gab am 10. November 1940 an das Reichssicherheitshauptamt durch: »Der englische Botschafter informiert vor jedem geplanten englischen Bombenangriff auf Rom den Papst. Ciano erzählte dies dieser Tage und sagte: ›Heute Nacht vom 9. auf den 10. November werden die englischen Flieger erwartet.‹ Tatsächlich war Alarm und die englischen Flieger bombardierten Neapel. Wie es heißt, versuchen sie auch nach Rom zu gelangen. Gestern sagte nun Ciano. ›Heute Nacht kommen sie nicht.‹ Und tatsächlich war kein Alarm.«

Die alliierten Luftangriffe auf Rom erfüllten den Papst mit größter Sorge. Er versuchte auf London und Washington entsprechend einzuwirken. Das blieb den Spitzeln nicht verborgen. Für sie waren dies »kriegswichtige« Informationen, mit denen man Berlin versorgen konnte. So meldete VM T 100 2 über die SD-Leitstelle Paris, wie einem Vermerk vom 27. August 1940 zu entnehmen ist: »Die britischen Angriffe auf Rom und Genua würden als Reaktion auf die starken deutschen Luftangriffe auf England angesehen. Auch in Kreisen des diplomatischen Korps und des Vatikans will man wissen, dass Kardinal Maglione in dem Sinne informiert ist, dass umfassende Luftangriffe auf Rom erfolgen sollen.«

Die in anderem Zusammenhang bereits zitierte Münchner Schriftleiterin, kam in ihrem umfangreichen »Reisebericht«, den sie nach einem Rom-Aufenthalt dem SD unter dem Datum vom 21. September 1941 vorgelegt hatte, auch auf die Tätigkeit der beiden alliierten Diplomaten zu sprechen. Osborne und Tittmann würden den Vatikan unter Druck setzen. Sie meinte, der Krieg gegen den Bolschewismus habe die Probleme des Vatikans angesichts der schwächlichen Haltung Pius XII. verzehnfacht. Osborne und Tittmann hätten den Vatikan gewarnt, Washington und London würden, abgesehen von finanziellen Druckmitteln gegen den Vatikan, bis zum Abbruch der Beziehungen gehen, wenn von amtlicher vatikanischer Seite Stellung für die Achse im Krieg gegen Moskau genommen würde. Die Berichterstatterin resümiert:»Der von diesen beiden Diplomaten dem Vatikan gegenüber propagierte Standpunkt lässt sich etwa dahingehend zusammenfassen: Der Krieg der Achse gegen Moskau ist nicht der Krieg gegen den Bolschewismus. Infolgedessen ist es nicht nötig, dass der Vatikan Stellung bezieht. Die bisher verweigerte Stellungnahme Pius XII. im Kriege gegen Moskau hat innerhalb der Kirche gewisse Spannungen ergeben, die im Vatikan Besorgnis erregen.«

Den Deutschen blieb die Anwesenheit der diplomatischen Vertreter innerhalb des Vatikans ein ständiger Anlass des Misstrauens. So erkundigte sich Hans Georg von Mackensen, seit 1938 Botschafter bei der Regierung des Königreichs Italien, am 12. Juni 1942 im italienischen Außenministerium nach der »Spionagetätigkeit im Vatikan«. Er wollte wissen, ob die Gesandten der Feindmächte in der Lage seien, ihren Regierungen Nachrichten per Zifferntelegramm zukommen zu lassen. Er erhielt die Antwort, bei Eintritt Italiens in den Krieg sei gemäß der Lateran-Verträge bestimmt worden, dass beim Vatikan akkreditierte Vertreter der Feindmächte sowie diejenigen, die die diplomatische Beziehungen mit Italien abgebrochen haben, nicht mehr durch Zifferntelegramme mit ihren Ländern verkehren können. Lediglich Telegramme amtlichen Inhalts in Klartext seien erlaubt. Diese würden selbstverständlich von der italienischen Zensur erfasst. Der Schriftwechsel beschränke sich auf amtliche Postsendungen, diese würden »unter der Hand« überwacht; private Sendungen an Familienangehörige würden einer offenen Zensur unterzogen. Ein diplomatischer Kurier zwischen den Gesandten und ihren Regierungen sei nicht zugelassen. Der zuständige Abteilungsleiter im italienischen Außenministerium fügte »unter dem Siegel der strengsten Verschwiegenheit« hinzu: Laufende Nachprüfung der vom Vatikan selbst an seine eigenen Auslandsvertretungen in Ziffern abgehenden Telegramme und Funksprüche hätten bisher nicht ergeben, »dass die den italienischen Dienststellen bekannten Schlüssel der im Vatikan befindlichen feindlichen Diplomaten Anwendung gefunden haben«. Es gäbe auch keinerlei Beweise, dass auf diesem Weg militärische Nachrichten übermittel worden seien. Er bezeichnete das Ergebnis der Überprüfung insofern als außerordentlich dürftig. Seine deutschen Ansprechpartner werden ähnlich gedacht haben.

Gleichwohl ließ die Anwesenheit diplomatischer Vertreter der Kriegsgegner die Nazis nicht ruhen. So geht aus einer Information der Geheimdienststelle in Schweden hervor, die vermutlich vom schon bekannten Agenten Ascher stammt, Ziel von Himmlers Besuch in Rom im Oktober 1942 sei es gewesen, über die italienische Regierung Druck auf den Heiligen Stuhl auszuüben, damit die alliierten Diplomaten aus der Vatikanstadt ausgewiesen werden, diesem »Nest von Spionen«, wie Himmler und übrigens auch Hitler immer wieder behaupteten.

Alles wurde abgefangen

Der Substitut Giovanni Battista Montini war stets über die geheimsten Vorgänge vatikanischer Diplomatie informiert. Kein Schriftstück ging als verschlüsselte Nachricht hinaus an die vatikanischen Botschaften, das vorher nicht seinen Schreibtisch passiert hatte. Der hierfür verwendete Code wurde von Zeit zu Zeit geändert.

Während des Zweiten Weltkriegs verfügte die vatikanische Chiffrier-Abteilung im Staatssekretariat über verschiedene Geheimcodes, die allerdings von den militärischen Abhörspezialisten etwa der Italiener oder von Hermann Görings Forschungsamt (der Abhörstelle im Reichsluftfahrtministerium) ohne allzu große Schwierigkeiten entschlüsselt werden konnten.

Der italienische militärische Geheimdienst Servizio Informazione Militare (SIM) fing die Radiogramme des vatikanischen Staatssekretariats ab. Man verdächtigte den Heiligen Stuhl, militärische und politische Informationen an Alliierte zu übermitteln und zwar mit einem speziellen Code, der von der üblichen Verschlüsselung abwich. Die italienische Geheimpolizei hatte darüber hinaus zwei Informanten bei Radio Vatikan sitzen, die geheime Dokumente direkt beschafften.

Als das Staatssekretariat den Angriffstermin der deutschen Westoffensive in drei gleich lautenden Telegrammen an die Nuntiaturen in den Niederlanden, Belgien und Luxemburg mitgeteilt hatte, war eine der Depeschen aus Versehen nach dem allgemeinen roten Code, der als unsicher galt, herausgegangen. Da war es ein leichtes Spiel für Dechiffrierspezialisten, auch die anderen Schlüssel zu entziffern.

Auch der ungarische Geheimdienst verfügte über eine ausgezeichnete kryptoanalytische Einheit, die den Vatikan überwachte und zur SS-Auslandspionage enge Verbindungen unterhielt. Selbst der japanische Geheimdienst in Europa informierte die deutschen Verbündeten. Schließlich fehlte nicht der Helfershelfer aus dem Vatikan, der den Dechiffrier-Schlüssel verriet. Canaris wiederum ließ den Papst warnen, ebenso ein treuer katholischer Soldat im »Forschungsamt«. Schließlich meldeten italienische Widerständler: »Die Deutschen fangen alles ab, sie kennen alle Geheimschlüssel.«

Heute gilt der Chiffrier-Raum im Staatssekretariat als der am besten geschützte Arbeitsplatz im Vatikan. Er ist mehrfach gesichert und nur einem kleinen, überprüften Personenkreis zugänglich. Gleiches gilt für die »Spedizion«, die Versandstelle für päpstliche Dokumente.

Geheime Sprache zwischen den Zeilen

Dem Heiligen Stuhl waren nicht nur die gängigen Chiffrier-Methoden vertraut, sondern auch andere Möglichkeiten, geheime schriftliche Mitteilungen zu tarnen. So erkundigte sich Pius XII. bei Bischof Preysing »in strengstem Vertrauen«, in Rom hätten sich Gerüchte verdichtet, wonach die Reichsregierung beabsichtige, den langjährigen Vatikan-Botschafter Diego von Bergen durch Franz von Papen abzulösen. Der preußische

Offizier aus katholischem Landadel, Diplomat, Zentrumspolitiker, erst selbst Reichskanzler, dann Vizekanzler unter Hitler, war eine der schillerndsten Figuren der Umbruchzeit zwischen »Weimar« und der »Machtergreifung«. Von Papen zählte zu jener kleinen Gruppe von führenden national-konservativen Katholiken, die sich nach der Machtübernahme Hitlers als »Brückenbauer« zum neuen Staat sahen. Im »Kabinett der Barone« saßen manche, die vielleicht glaubten, den Diktator bändigen zu können oder auf ein baldiges Ende des braunen Spuks hofften. Papen war Protektor des regimefreundlichen, politisch naiven Bundes katholischer Deutscher »Kreuz und Adler« und hatte die ebenso kurzlebige Arbeitsgemeinschaft Katholischer Deutscher unterstützt, um die deutschen Katholiken an den Nationalsozialismus heranzuführen.

Der Papst wollte nun von seinem Berliner Bischof wissen, ob eine Zustimmung des Apostolischen Stuhls zu einer Ernennung von Papens als Vatikanbotschafter die Vertrauensbasis zwischen dem Apostolischen Stuhl und den »Katholiken Großdeutschlands« übermäßig belasten würden. Preysing möge telegrafisch antworten: Bei Zustimmung mit »Bitte um Segen anlässlich Trauung«, bei Ablehnung solle es heißen: »Bitte um Segen für Schwerkranken.« Am 30. April 1940 antwortete der Berliner Bischof über die Nuntiatur: »Der Bischof von Berlin erbittet Segen für Schwerkranken.«

Per Kurierpost, unter dem Datum vom 1. Mai 1940, hat Preysing seine Ablehnung ausführlicher begründet. Unter den deutschen Katholiken könnte der Eindruck entstehen, als sei der Vatikan bei seiner Entscheidung dem Einfluss von Papens erlegen. Preysing fürchtete auch, wie er schrieb: »Dieser Typ eines hochgestellten katholischen Nationalsozialisten« könne erscheinen, als sei er »irgendwie mit kirchlicher Sanction versehen«. Von Bergen blieb dann auch zunächst im Amt. Sein Nachfolger wurde Ernst von Weizsäcker, bis dahin Staatssekretär im Auswärtigen Amt. Er blieb nach dem Krieg wegen seiner prominenten Position im NS-Staatsapparat umstritten.

Kardinalstaatssekretär Maglione hatte die strikte Neutralität des Heiligen Stuhls in diesen Jahren wiederum nicht allzu eng ausgelegt, ähnlich wie seinerzeit Pius XII. als Mittelsmann der Verschwörer vom Berliner Tirpitzufer. Tittmann wie Osborne konnten 1943 in den Räumen des Staatssekretariats mit Graf Galeazzo Ciano, dem früheren italienischen Außenminister, dessen Nachfolger Baron Raffaele Guariglia und dem Kabinetts-Chef Francesco Babusio Rizzo geheime Gespräche führen, die auf einen Separatfrieden Italiens mit den Alliierten abzielten.

Den Italienern stand, abgesehen von den radikalsten Anhängern des Faschismus, der Vatikan schließlich näher als Berlin, unterstreicht eine Mitteilung des deutschen Luftattachée bei der römischen Botschaft vom 5. April 1943: Sein V-Mann habe ein Gespräch mit einem höheren vatikanischen Geistlichen geführt. In diesem Moment sei ein Telefonat eines italienischen Offiziers aus Tunis eingegangen. Der Kurienprälat habe sich den Namen auf einem Zettel notiert, der allerdings für den V-Mann nicht einsehbar war. Es sei um die Versorgungslage der italienischen Truppen in Nordafrika gegangen. Es sei bezeichnend, so der deutsche Verbindungsoffizier, dass ein italienischer Oberst in aller Form eine Meldung über militärische Zustände an einen Geistlichen des Vatikans erstatte. Der Soldat in der Ferne hoffte in seiner aussichtslosen Lage jedenfalls zunächst mal auf die Hilfe seiner Kirche.

9. Der Papst wusste alles

Der strenge und asketische Papst Pius XII. weinte »wie ein kleines Kind«. Erschüttert hörte er einem italienischen Feldgeistlichen zu. Das war Pirro Scavizzi, Mitglied des Malteserordens, der gerade von der Betreuung von Kriegsverletzten aus Italien in Polen nach Rom zurückgekehrt war. Es war der 17. Oktober 1942. Spätestens seit der Audienz für den Malteserkaplan an diesem Tag wusste der Pacelli-Papst vom ganzen Ausmaß der Judenvernichtung durch die Nazis. Seine Tränen galten nicht nur den Millionen Ermordeter und den Opfern der Gräuel überall dort, wo die Nazitruppen die Blutspur ihres Vernichtungskriegs durch Europa zogen. Tief erschüttert, wie ihn vor Scavizzi noch niemand gesehen hat, beklagte der sonst so beherrschte Pontifex seine Ohnmacht, zumindest wie er sie empfand.

Was der Papst und die Kurie über die systematischen Massenmorde an Juden und anderen aus rassischen Gründen Verfolgten wussten, ist aus Sicht vieler Kritiker nicht die entscheidende Frage, auch wenn über keine andere kirchliche Problematik nach dem Krieg öfter und kontroverser gestritten wurde. Entscheidender war für viele, warum der Papst untätig geblieben war. Mit seinem am 20. Februar 1963 uraufgeführten Bühnenstück *Der Stellvertreter*, beschuldigte Rolf Hochhuth den Papst massiv, zur Judenvernichtung geschwiegen zu haben. Pius XII. hätte durch klare öffentliche Stellungnahmen viel Schlimmes verhindern können, so der scharfzüngige Schriftsteller. Papstschelte ist billige Ware. Sie war es vor allem in Zeiten linker Agitation gegen die Weigerung der Deutschen, ihre Vergangenheit endlich aufzuarbeiten. Ohne die 68er-Rebellion gegen die »Wohlstandsväter ohne Gedächtnis« hätte diese Aufarbeitung vermutlich noch Jahrzehnte warten müssen. 60 Jahre nach Kriegsende ist sie noch immer nicht ganz abgeschlossen, wiewohl die Deutschen mehr Gewissenserforschung betrieben haben als andere Mitschuldige. In fast regelmäßigen Abständen werden dabei auch teilweise gefälschte, schwer zuzuordnende oder längst bekannte, angebliche Beweisstücke für die Schuld des Papstes ans Licht gezerrt und begierig anklagend veröffentlicht.

Folgen wir dem Ablauf, wie ihn Pius XII. erlebt hat, dürfte die Kritik zwar nicht erledigt sein, aber der Papst erscheint dann zumindest als ein Mensch, der unter den schlimmsten Übeln das weniger Schlimme als seine einzige Alternative gewählt hat. Dafür sprechen Zeitzeugen, die in keinem Verdacht stehen, etwas gegenüber dem Kirchenoberhaupt verschweigen zu wollen oder ihn in einem anderen als dem wahren Licht erscheinen zu lassen.

Es ist Sommer 1942: Gerhard Riegner, der Büroleiter des Jüdischen Weltkongresses in Bern, informiert sechs Wochen nach der Wannsee-Konferenz, auf der technische Einzelheiten zur Vernichtung der Juden in Europa beschlossen wurden, den Apostolischen Nuntius in der Schweiz, Filippo Bernardini, über Massaker in den von den Deutschen besetzten Gebieten im Osten. Auf Bitten des päpstlichen Diplomaten hatte er ein Memorandum angefertigt, »in dem Land für Land die antijüdische Aktion beschrieben wird, die auf die Liquidierung der Gemeinden hinzielt«, so Riegner in seinen Erinnerungen. Der Bericht enthielt Angaben, so wörtlich, »über Experimente, die das Ziel haben, mit Gas und Injektionen den Tod herbeizuführen«. Bernardini dürfte auf seinem Posten in der Schweiz auch mit den Amerikanern in engem Kontakt gestanden haben, zumal er vorher einige Jahre der Apostolischen Delegation in Washington angehört hatte. Dem amerikanischen Vizekonsul teilt Riegner mit: »Man hört aus dem Führerhauptquartier von Plänen, dass die Juden in den besetzten und von Deutschland kontrollierten Ländern in der Zahl von dreieinhalb bis vier Millionen nach der Deportation und Konzentration im Osten auf einen Schlag ausgerottet werden sollen, um die Judenfrage in Europa ein für allemal zu lösen. Die Mittel der Exekution werden noch diskutiert, einschließlich der Verwendung von Blausäure.« Allerdings stellt Riegner die Information unter den Vorbehalt, die Genauigkeit könne nicht bestätigt werden, aber der Informant habe Zugang zu höchsten deutschen Stellen und sei im Allgemeinen glaubwürdig. Diese Einschränkung hat Riegner in der Nachkriegsdiskussion den Vorwurf eingetragen, er habe selbst den Nachrichten aus dem Osten nicht geglaubt.

Es gab auch andere Informationskanäle, die den Vatikan erreichten: über den Schweizer Carl Jacob Burckhardt, Mitglied des Internationalen Komitees vom Roten Kreuz. Er soll von Oktober 1942 an von den Massenmorden gewusst und über Mittelsmänner den Berner US-Gesandten informiert haben, nicht allerdings das IRK selbst. Burckhardt sprach sich grundsätzlich gegen öffentliche Appelle aus, angeblich, um seine eigenen friedensdiplomatischen Aktivitäten nicht zu gefährden.

Gleichzeitig informierte die Jewish Agency for Palestine den OSS-Chef in Bern, Allen Dulles, über den Beginn der Vernichtungsaktionen. In einem Brief vom 30. August 1942 ist die Rede von der Verfolgung und Vernichtung der Juden in Polen. Die Körper würden zu Fett verarbeitet, die Knochen zu Bodendünger. Auch von der Liquidierung des Warschauer Gettos wird berichtet.

Diese Information überbrachte der amerikanische Sonderbotschafter Taylor am 26. September 1942 bei einem Besuch im Vatikan Kardinalstaatssekretär Luigi Maglione. Dieser nahm den Bericht mit der Bemerkung entgegen: »Ich glaube, wir haben keine Informationen, die diese schwerwiegenden Nachrichten bestätigen.« Worauf der Substitut Giovanni Battista Montini allerdings korrigierte: »Doch, diejenigen von Graf Malvezzi.«

Dabei bezog sich der Substitut im Staatssekretariat (der »Innenminister« des Vatikans) auf die Mitteilungen eines italienischen Beamten, der aus dem besetzten Osten dem Vatikan berichtet hatte, die Ermordung der Juden habe abscheuliche und erschreckende Ausmaße und Formen angenommen. Botschafter Taylor hatte an diesem Tag seinen dritten Gesprächstermin mit dem Papst und dürfte mit ihm auch über die grauenvollen Meldungen aus dem Osten gesprochen haben. Vermutlich hat er den Papst schon im Voraus brieflich über Aussagen von nichtjüdischen Zeugen aus Polen informiert: über die Auflösung des Gettos von Belzec und die Deportationen aus Deutschland und den besetzten Gebieten Westeuropas. Der Inhalt dieses Gesprächs ist nicht bekannt.

Am 6. Oktober 1942 wies Pius XII. den Substituten Montini an, eine kurze Notiz an die Amerikaner vorzubereiten. Diese von Pius angeordnete Note überreichte Maglione dem amerikanischen Geschäftsträger Harold Tittmann. In dieser Note, einem in der dritten Person gehaltenen Text, der keine Unterschrift trägt, wie Tittmann sich erinnert, erklärt der Kardinalstaatssekretär, den Heiligen Stuhl hätten bereits aus anderen Quellen Berichte über ernste Maßnahmen gegen Nicht-Arier erreicht und wiederholte seine frühere Bemerkung, diese Informationen seien bisher nicht belegt. Der Heilige Stuhl nehme aber jede Möglichkeit wahr, »um die Leiden der Nicht-Arier zu mildern«. Diese Auskunft gibt Tittmann telegrafisch an den Unterstaatssekretär im amerikanischen Außenministerium Sumner Wells im Oktober 1942 weiter. In Washington entnimmt man Tittmanns Mitteilung, dieser habe den Eindruck gewonnen, dass der Vatikan keine praktischen Empfehlungen geben wolle. In der Vatikanstadt bestehe nach Tittmanns Meinung wenig Hoffnung, den Nazi-Barbareien Einhalt zu gebieten, es sei denn durch Anwendung schierer physische Gewalt, die von außen kommen müsse.

Welche anderen Quellen meint Maglione in seiner Notiz an die Amerikaner? Am 12. Mai 1942 wurde der Papst zum ersten Mal über das System der Massentötung von Juden aus Deutschland, Polen und der Ukraine unterrichtet. Der eingangs erwähnte italienische Feldgeistliche Pirro Scavizzi hatte mehrmals einen Lazarettzug des Ordens in die besetzten Gebiete Polens und der Sowjetunion begleitet. Andererseits hieß es, Don Pirro sei nur nach außen hin den Transporten für italienische Kriegsverletzte zugeteilt worden, tatsächlich habe er in geheimer Mission eine Hilfsaktion im Auftrag des Papstes geleitet und Informationen gesammelt. Auf der Fahrt in den Osten sei er bei Zwischenaufenthalten in Wien und Krakau von den dortigen Erzbischöfen Theodor Innitzer und Adam Stefan Sapieha informiert worden.

Der Fürst Erzbischof von Krakau hatte bereits einen auf den 28. Februar 1942 datierten Brief an Pius XII. verfasst, in dem er den ganzen Schrecken der nationalsozialistischen Besatzung Polens beschreibt und um ein deutliches Wort des Papstes bittet. Diesen Brief gab der Krakauer Erzbischof Sapieha dem Kaplan Scavizzi mit auf den Weg. Der Geheimkurier sollte das Schreiben an den Papst weiterleiten. Dann aber überkam Sapieha die Angst, der Brief könnte den Deutschen in die Hände fallen. Er schickte einen Boten zu Scavizzi, um in aufzufordern, den gefährlichen Brief zu verbrennen. Scavizzi erfüllte die Bitte, schrieb den Brief aber zuerst ab. Nach seiner Rückkehr nach Rom übergab Scavizzi in der Audienz am 17. Oktober 1942 dem Papst seine Abschrift des Sapieha-Briefs. Er fügte einen mündlichen Kommentar hinzu und berichtete über die NS-Verbrechen in Deutschland, Österreich, Polen und der Ukraine: Die Ausrottung der Juden durch Massentötung sei fast total. Selbst auf Kinder werde keine Rücksicht genommen, nicht einmal auf Säuglinge. Man spreche davon, dass etwa zwei Millionen Juden getötet worden seien.

Erst 1964, kurz vor seinem Tod, enthüllte Scavizzi Einzelheiten dieser Begegnung: »Der Papst stand neben mir und hörte mir bewegt und erschüttert zu; er hob seine Hände zum Himmel und sprach zu mir: ›Sagen Sie allen, denen Sie es sagen können, dass der Papst für sie und mit ihnen ringt. Sagen Sie, dass ich mehrmals daran gedacht hatte, den Nationalsozialismus mit dem Bannstrahl zu belegen, vor der zivilen Welt die Bestialität der Massenvernichtung der Juden öffentlich zu denunzieren. Wir haben von den schlimmsten Folterdrohungen gehört, nicht hinsichtlich unserer Person, sondern hinsichtlich jener armen Söhne, die sich unter dem Naziregime befinden. Man hat uns über die verschiedensten Mittelsleute die Bitte zukommen lassen, der Heilige Stuhl solle nur keine drastische Haltung einnehmen. Nachdem ich viele Tränen vergossen und viel gebetet habe, hielt ich dafür, dass ein Protest meinerseits nicht nur keinem geholfen hätte, sondern vielmehr rasenden Zorn gegen die Juden heraufbeschworen und die Gräueltaten nur noch um ein Vielfaches gemehrt hätte, da diese wehrlos ausgeliefert waren. Vielleicht hätte ich mir durch meinen Protest ein Lob der zivilisierten Welt eingehandelt, aber den armen Juden hätte es nur eine noch unerbittlichere Verfolgung gebracht, als jene, die sie sowieso schon zu erdulden haben.‹«

Soweit Scavizzi aus der Erinnerung, die er erst preisgab, nachdem 1963 Hochhuths heiß umstrittenes Anklage-Stück *Der Stellvertreter* gespielt wurde. Sollten seine Erinnerungen nur eine Antwort auf die massiven Vorwürfe des Theaterautors sein? Jedenfalls hat es nicht viel genützt. Dieses »Schweigen« des Papstes angesichts der Gräueltaten der Nazis hat die Diskussion um Papst Pius XII. nicht verstummen lassen, erst recht nicht, seitdem er selig gesprochen werden soll. Pius selbst hat wiederholt seine Zurückhaltung zu erklären versucht, nicht erst nach dem Krieg, sondern gerade in der Zeit, in der er nach Meinung der Nachkriegs-Kritiker hätte aufschreien sollen: In einer Audienz vom 13. Mai 1940 für den italienischen Vatikan-Gesandten Dino Alfieri hatte Pius bereits über »schreckliche Dinge, die sich in Polen ereignen«, gesprochen. Aber das waren noch nicht die organisierten Massenmorde, wie sie nach der Wannsee-Konferenz einsetzten. Über die Verbrechen der Deutschen in Polen und die Vorgänge in den Konzentrationslagern informierte ihn erst im Februar 1942 der polnische Primas, Erzbischof August Josef Hlond.

Seit 1939, nach dem deutschen und sowjetischen Überfall aus Polen, war Hlond zwar gezwungen im Ausland zu leben, zunächst in Rom, dann in Frankreich, aber die Nachrichten aus der Heimat erreichten ihn auch im Zwangs-Exil. 1944 wurde er von der Gestapo verhaftet. Eine Zusammenarbeit mit Hitlers Geheimpolizei lehnte er ab. 1945 wurde er von den Amerikanern aus einem Konvent im westfälischen Wiedenbrück befreit. Nach dem Krieg passte er sich der politischen Situation an und erhob Anspruch der Kirche Polens auf die bis 1945 deutschen katholischen Sprengel in den nun unter polnischer Verwaltung stehenden »Westgebieten«. Seine eigenmächtigen administrativen Entscheidungen, die vom Papst nicht legitimiert waren, stehen bis heute als wunder Punkt zwischen den beiden Nachbarvölkern, auch wenn Grenzen und Territorien inzwischen auch kirchlicherseits einvernehmlich geregelt sind.

Aber zurück zu Pius XII. Einem italienischen Diplomaten erklärte er, warum er auf die eigentlich notwendigen »feurigen Worte« verzichtet habe, und dem Bischof von Würzburg schrieb er in einem Brief vom 20. Februar 1941, warum es für angebracht hält, besser »nicht laut zu rufen«. Eine ausschlaggebende Erfahrung bestärkte ihn in seinem weiteren Verhalten. Am 26. Juli 1942 hatten die holländischen Bischöfe, ungeachtet der Warnung der deutschen Besatzungsmacht, einen Hirtenbrief veröffentlicht, der auch den Wortlaut des Telegramms vom 11. Juli enthielt, mit dem alle christlichen Kirchengemeinschaften gegen die Deportation der holländischen Juden protestiert hatten. Umgehend wurden jetzt auch die bis dahin verschonten katholisch getauften Nicht-Arier nach Auschwitz abtransportiert, unter ihnen die Karmeliten-Schwestern Edith und Rosa Stein.

Als Pius XII. dies erfuhr, vernichtete er einen schon vorbereiteten Protest, der im *Osservatore Romano* veröffentlicht werden sollte und der sicher weltweite Beachtung gefunden hätte. In einem Brief vom 30. April 1943 an den Bischof von Berlin,

Konrad Graf von Preysing, dem er besonders eng verbunden war, bringt er seine Zurückhaltung bei öffentlichen Äußerungen auf die bekannte Formel:»Ad maiora mala vitanda: um größere Übel zu verhüten.« Viele seiner Kritiker haben ihn bis heute nicht verstanden. Und an Joseph Frings, den Erzbischof von Köln, schreibt er unter dem Datum vom 3. März 1944:»Kein offenes Reden.«

Vier Monate vor seinem Tod teilt Gerhard Riegner einige bis dahin unbekannte Details mit. Der Brief an Werner Kaltefleiter wird in diesem Buch zum ersten Mal veröffentlicht:»Ich wusste auch schon im Herbst 1941, dass schreckliche Dinge im Osten vor sich gingen und dass Zehntausende ermordet wurden. Ich schrieb schon im Oktober 1941 an Nahum Goldmann in New York: Das was jetzt vor sich geht, ist vielleicht schon das letzte Stadium der völligen Niederdrückung des europäischen Judentums, und wenn wir auch nicht wissen, was sich von den russischen Juden noch rettet, so wird westlich der Weichsel und des Pruth nicht mehr viel stehen bleiben.« ...»Die Fakten der Ausrottung kannten wir«, schreibt Riegner,»aber dass dahinter ein Plan der Gesamtausrottung stand, wussten wir erst im Sommer 1942 aus authentischer deutscher Quelle.« Wie nach dem Krieg bekannt wurde, handelte es sich bei dieser Quelle um den bereits erwähnten Industriellen Schulte (vgl. S. 127).

Amerikaner und Briten wussten schon seit dem 20. März 1942 Bescheid. Unter diesem Datum landete ein heimlich beschaffter Bericht auf dem Schreibtisch von David Bruce, dem Leiter Geheimdienst-Abteilung innerhalb des CIO, dem Koordinationsbüro der militärischen Auslands-Aufklärung (Coordinator of Information). Das CIO war der Vorläufer des OSS (Office of Strategic Services), aus dem wiederum nach dem Krieg die zivile CIA (Central Intelligence Agency) hervorging. Der chilenische Konsul Gonzalo Montt Rivas, der in Prag geblieben war, hatte unter dem Datum des 24. November 1941 in einer Depesche an den britischen Geheimdienst über die Absicht der Deutschen berichtet, die Juden zu beseitigen, indem sie ein entsprechendes

Lager einrichten. Bruce reichte den Bericht weiter an General Donovan. Was weiter mit der Information geschah, ist unklar. Es gebe keinen Hinweis, ob sie von anderen Amerikanern gesehen wurde als von den beiden erwähnten Geheimdienst-Chefs, heißt es in einer Presse-Erklärung der interministeriellen Arbeitsgruppe (Interagency Working Group), die das Dokument nach Freigabe durch den amerikanischen Kongress im Jahr 2000 (Nazi War Crimes Disclosure Act) veröffentlicht hatte.

Die ehemalige Abgeordnete und zeitweilige Mitarbeiterin der genannten Arbeitsgruppe Elizabeth Holtzman zeigte sich erschüttert:»Das kürzlich deklassifizierte Dokument spitzt die Frage zu, wie viel Offizielle in unserer Regierung über den Holocaust wussten und ab wann sie es wussten. Warum hat unsere Regierung, von der britischen ganz zu schweigen, nicht reagiert? Es ist unerträglich zu meinen, dass Pläne, die jüdische Bevölkerung auszurotten, eine Sache von solcher Bedeutungslosigkeit war.«

10. Päpstlicher Code geknackt

DIE ROLLE DES GIUSEPPE RONCALLI,
SPÄTER JOHANNES XXIII., IM KRIEG

Ein fast unbekannter päpstlicher Diplomat hieß Angelo Roncalli. Er war nicht einmal Nuntius, da in den Ländern, in denen er arbeitete, die päpstlichen Botschafter keinen Vorrang hatten und damit auch keinen entsprechenden Titel trugen. Roncalli war nur Apostolischer »Delegat« für Griechenland und die Türkei (von 1934 bis 1944) mit Sitz in Istanbul. Zuvor, von 1925 an, war er Apostolischer »Visitator« in Sofia. Während des Krieges besuchte er deutsche und britische Verwundete in Lazaretten und beantwortete Suchanfragen des 1939 von Papst Pius XII. errichteten Informationsbüro *Inter Arma Caritas.*

So unbedeutend er auch war, das reichte aus, um von allen möglichen deutschen Dienststellen beobachtet zu werden. Das Reichsaußenministerium las seine Telegramme mit und hörte seine Gespräche und den Funkverkehr ab. Der Kirchenhistoriker Thomas Brechenmacher bestätigte in seinem Buch *Der Vatikan und die Juden,* dass Roncalli »die gesamte Kriegszeit über« als kirchliche »Nachrichtenzentrale im Südosten Europas« wirkte. Für die Nazis war auch diese vatikanische Hilfsorganisation nichts anderes als ein Spionageapparat, und es kann davon ausgegangen werden, dass der Sicherheitsdienst der Nazis ihn im Visier hatte, ebenso Ribbentrops Reichsaußenministerium, das eine eigene Geheimdienstabteilung unterhielt.

Eine Spezialeinheit, unter der harmlosen Bezeichnung »Pers Z« entschlüsselte abgefangene Funktelegramme, darunter auch die Botschaften des Heiligen Stuhls an die Nuntiaturen. Gegen Ende 1940 war das Außenministerium in der Lage, fünfzig

Prozent der verschlüsselten Mitteilungen des Vatikans zu lesen, schreibt der Historiker Jesuitenpater Robert Graham in seiner Untersuchung *Nothing Secret*. Die Geheimcodes des Papstes hatten die deutschen Nachrichtenstellen wie ihre italienischen Helfer entziffert.

Der Vatikan-Historiker Graham nennt als Beispiel auch drei Telegramme von Kardinalstaatssekretär Luigi Maglione an den Delegaten in Istanbul, Monsignore Angelo Roncalli. Pater Graham geht davon aus, dass in diesem Fall die chiffrierten Telegramme von einem Angestellten des römischen Telegrafenamtes oder vom italienischen Geheimdienst abgefangen und an die Deutschen weitergeben wurden. Nach anderen Quellen saß in der Chiffrier-Abteilung ein Fachmann, der für hundert Dollar pro Woche – »eine enorme Summe für die damalige Zeit« – Zusammenfassungen der Geheimdienstberichte der Nuntiaturen aus aller Welt an die Nazis lieferte, wie Udo Ulfkotte in seinem Buch *Verschlußsache BND* meint. War die undichte Stelle im Vatikan selbst zu suchen?

Auch die Verschlüsselungsabteilung des Oberkommandos der Wehrmacht (bekannt als »Chi«), deren eigentliche Aufgabe es war, den geheimen Funkverkehr ausländischer Regierungen abzugreifen, gab Nachrichten, die den Vatikan betrafen und von den militärischen Abhörstationen aufgefangen wurden, an das Geheimbüro Pers Z des Außenministeriums weiter.

In einer in der Geschichte nicht seltenen Verkehrung der Umstände freundete sich Roncalli mit Franz von Papen an, der im Frühjahr 1939 den Botschafterposten in Ankara übernommen hatte. Der durch seine frühere Nähe zu Hitler so umstrittene katholische Baron half Roncalli, »mit viel Geld« aus seinem »Spionagefonds« Verfolgte zu retten, vor allem Juden. (Von Papen selbst nennt eine Zahl von 24 000 Juden). 1940 besetzten italienische und deutsche Truppen Griechenland. Von Papen, so jedenfalls behauptet dieser selbst, verschaffte dem Vatikan-Diplomaten Roncalli auch die Einreiseerlaubnis in das besetzte Griechenland.

Während der Hungerkatastrophe 1941 konnte Roncalli in Griechenland Versorgungszentren errichten.

Roncalli spannte nicht nur den Vatikan ein, sondern auch andere internationale Hilfskomitees wie das War Refugee Board und das Internationale Rote Kreuz, und arbeitete mit der Jewish Agency for Palestine zusammen. Er verhalf ungezählten Juden aus dem Warschauer Getto, aus Ungarn, Griechenland, Bulgarien und der Slowakei zur Flucht und Emigration nach Palästina. Er versorgte sie mit Transitvisen, die seine Unterschrift trugen oder mit illegalen Einwanderungsscheinen der Jewish Agency for Palestine. Der Vorwurf, er habe fingierte Taufscheine benutzt, trifft allerdings nicht zu.

Andererseits machte er sich eine damals fixe theologische und kirchenpolitische Position der katholischen Kirche zu Eigen, wenn er 1943 kritisierte, der Vatikan leiste mit der Unterstützung einer solchen massierten jüdischen Immigration einen indirekten Beitrag zur Verwirklichung des jüdischen Traumes von der Wiederherstellung der alten Königreiche Israel und Juda. Wie Rom den historisch begründeten Anspruch der Juden auf eine Heimstätte in Israel zurückwies, angeblich, um das Gleichgewicht zwischen Juden, Christen und Moslems im Heiligen Land, mithin den Frieden im Nahen Osten nicht zu gefährden, und welche Konsequenzen sich daraus für die in Europa verfolgten Juden ergaben, ist ein anderes Kapitel der Politik der katholischen Kirche im Zweiten Weltkrieg.

Der »ausgezeichnete Diplomat« (von Papen über Roncalli) stellte sich dem Deutschen, ungeachtet dessen Vorgeschichte in Hitlers Diensten, für eine heikle Mission zur Verfügung. Diese lag sicherlich bereits im Interesse eines friedlichen Neubeginns »nach Hitler«. Als der Ausgang des Kriegs abzusehen war, und um einem zu harten Strafgericht der Sieger vorzubeugen, regte Roncalli auf Wunsch von Papens im Vatikan an, »den alliierten Mächten eine Unterscheidung in der Beurteilung Hitlers und des deutschen Volkes nahe zu legen«.

Als Papen später dann als Angeklagter vor dem Nürnberger

Militärtribunal stand, soll ihm Roncalli als Entlastungszeuge bei-
gestanden und zum Freispruch beigetragen haben. Papen durfte
mit Erlaubnis des Kriegsgerichts Fragebogen an bestimmte Persönlichkeiten senden, »deren Informationen für den Verteidiger
von Nutzen sein konnten«, schrieb von Papen in seinen Erinnerungen. Auf diese Weise wurde auch der Apostolische Delegat
in der Türkei, Monsignore Roncalli, um eine Stellungnahme
gebeten, die offenbar zugunsten des Angeklagten ausfiel. Dem
Freispruch im Kriegsverbrecherprozess folgte zwar ein Entna-
zifizierungsverfahren, das zu einer Verurteilung zu acht Jahren
Arbeitslager führte. Von Papen wurde aber vorzeitig entlassen
und juristisch rehabilitiert.

11. Via Vaticana, eine Rattenlinie voller Ordensleute

WARUM UND WIE NAZIMÖRDER SOGAR ALS JUDEN
GETARNT NACH ÜBERSEE FLIEHEN KONNTEN

Am Kopf der »Rattenlinie« stand einer der prominentesten Kardinäle seiner Zeit, der konservative Erzbischof von Genua, Giuseppe Siri. Die Linie hieß im Geheimdienstjargon so und wurde mit gnädiger Rücksicht auf den Schutzpatron Siri dann in »Klosterlinie« umgetauft. Beide Bezeichnungen meinen dasselbe: Fluchtwege für Nazis am Kriegsende, die von Deutschland über die Schweiz oder Südtirol in die italienische Hafenstadt Genua führten zu einem vom Erzbischof eingerichteten Flüchtlings- und Auswanderungsdienst. Ob Siri mit seinem Hilfswerk allerdings wusste, wem er da seine hilfreiche Hand reichte, bleibt sein Geheimnis. Man wird es niemals erfahren, wie vieles um den Genueser, der sich in drei Konklaven Hoffnungen auf den Stuhl Petri gemacht hatte. Er wurde weder Nachfolger von Johannes XXIII., noch von Paul VI., noch von Johannes Paul I. Vielleicht bleib ihm dadurch einiges an Enthüllungen über seine Schuld und seine Intrigen erspart, die es sicher mit den Auseinandersetzungen und Angriffen gegen Pius XII. hätten aufnehmen können.

Kardinal Siri war nicht der einzige prominente Kirchenmann, der mehr oder weniger ahnungslos, halbwissend oder christlich barmherzig, die rechte Gesinnung vergessend mithalf, den schlimmsten deutschen Naziverbrechern ein sicheres Leben in Übersee zu ermöglichen, meistens in Mittel- und Südamerika. Nicht nur Genua, auch Rom war in den Nachkriegsjahren ein Zufluchtsort für Flüchtlinge und Gestrandete aller Art. Die

Stadt am Tiber, im Schatten und unter dem Schutz der Kirche, wurde zu einem »Wallfahrtsort« flüchtiger Nazis. Sie fanden Mittel und Wege, sich im Gewand unschuldig Verfolgter die Hilfe kirchlicher Stellen zu erschleichen. Der perfideste Trick war, als Täter in die Rolle des Opfers zu schlüpfen, um sich so kirchlicher, ja sogar jüdischer Linien bedienen zu können.

Die kirchlichen Organisationen dienten dabei, wobei sie es vermutlich nicht einmal ahnten, dem Nutzen der militärischen Geheimdienste der Alliierten, besonders dem der Amerikaner, wenn sie aus der organisierten Fluchthilfe in den ersten Nachkriegsjahren nicht nur Tausenden von Flüchtlingen und Vertriebenen, die vom Krieg bis nach Italien gespült wurden, den Weg in eine neue Existenz ermöglichten. Sie erfüllten amerikanische Erwartungen und halfen ungezählten Nazi-Verbrechern, der Strafverfolgung zu entkommen. Erfahrene Nazi-Agenten sollten nicht in die Hände des Ostens geraten, sondern für eigene Zwecke eingesetzt werden, für neue nachrichtendienstliche Aufgaben, zumal der Kalte Krieg neue Fronten geschaffen hatte. Der Feind im Osten war jetzt der gemeinsame Feind. Einige amerikanische Abwehroffiziere mochten Skrupel empfinden, sich ehemaliger Nazis zu bedienen. Andere hatten diese Hemmungen nicht.

Über die Mitwisserschaft der kirchlichen Hilfsstellen ist in den Nachkriegsjahren viel geschrieben wurden. Es gab nachgewiesene Fälle, ebenso auch unhaltbare Anschuldigungen. Den Flüchtigen standen viele unverdächtige Wege offen, wenn nur die Tarnung gelang. Der Vatikan hatte die Päpstliche Hilfskomission PCA *Pontificia Commissione Assistenza* eingerichtet. Sie war von Pius XII. beauftragt worden, Flüchtlinge und Gefangene zu betreuen. Die Aufsicht führte – nun wer schon? – der Substitut im Staatssekretariat, Giovanni Battista Montini (der spätere Papst Paul VI.). Mit der anwachsenden Flut der nach Rom strömenden Menschen aus allen vom Krieg heimgesuchten Ländern wurde die Arbeit von 1944 an auf nationale Unterkomitees verteilt. Für die ausländischen Flüchtlinge stand die Päpstliche Hilfsstelle PPE *Pontificia Profughi Esteri* zur Verfügung.

Neben den offiziellen, vom Vatikan getragenen Büros existierten eine ganze Reihe offiziöser und privater Hilfsstellen, die sich darum bemühten, auf legalem Weg oder auch auf geheimen Routen ihren Klienten einen Weg in die Freiheit zu verschaffen, andere bewahrten sie vor dem Gefängnis.

Eine in vielen Fällen verdienstvolle, in anderen eher fragwürdige Rolle spielte der in anderem Zusammenhang in diesem Buch erwähnte österreichische Titular-Bischof Alois Hudal, der bis 1952 Rektor des deutsch-österreichischen Studienkollegs Collegio Teutonico di Santa Maria dell'Anima war. Sein Spitznamen, der »braune Bischof«, rührte von seinen allerdings gescheiterten Bemühungen her, den »guten Teil« des Nationalsozialismus mit der Kirche zusammenzubringen. Zum Ende des Kriegs versteckte er versprengte Soldaten, alliierte wie deutsche, und verhalf ihnen zur Flucht.

Er hielt während der Besetzung Roms durch die Wehrmacht 1943/1944 Kontakte zum deutschen Stadtkommandanten und versuchte, die Deportation der römischen Juden zu unterbinden. Er nutzte offiziöse Einrichtungen, wie das Österreichische Büro, eine Art Pseudo-Konsulat, und gab Empfehlungsschreiben für die Erteilung von Personal- und Reisedokumenten. Überall hatte er seine Hände im Spiel. Man kannte ihn in Offiziers-Kreisen, und er kannte sich aus. Aber er half auch gesuchten Kriegsverbrechern, von deren Schuld er wissen musste, durch entsprechende Reisepapiere zur Flucht. War es das Herz des Seelsorgers, das ihn leitete, wie er einmal sinngemäß seine Haltung begründete? War er in politischen Dingen so naiv, dass er die Folgen seines Tuns nicht überschaute? Eigenliebe und Selbstüberschätzung verknüpfen sich unheilvoll in dieser tragischen Figur.

Hudal hatte als beratendes Mitglied der Glaubenskongregation und mit dem Ehrentitel »Päpstlicher Thronassistent« versehen, leichten und ständigen Zugang zu seinen Freunden in den Kurienbehörden. Die Seilschaft reichte vermutlich nicht unmittelbar zu Montini. Der hielt auf Distanz zu dem schwer durchschaubaren Geistlichen und setzte ihn bei passender Gelegenheit an die frische Luft, allerdings erst 1952, als er ihn von seinem Amt in der Anima entbinden ließ. Damit ist offenkundig, dass Hudal nicht der »vatikanische Bischof« sein kann, als der er in diversen Publikationen immer wieder im Zusammenhang mit der Ausschleusung von Nazi-Größen dargestellt wird. Ein österreichischer V-Mann des SD berichtete schon kurz vor Beginn des Kriegs aus Rom: »Bischof Hudal hat sein Ansehen beim Papst (damals noch Pius XI.) und Kardinalstaatssekretär Pacelli ziemlich verloren.«

Hudal hatte als Fluchthelfer einen Komplizen, den in Rom lebenden kroatischen Priester und Theologen Krunoslav Draganovic. Der stand dem mit Hitler kollaborierenden Ustascha-Regime nahe und ermöglichte deshalb als Kriegsverbrecher gesuchten Landsleuten das Abtauchen. Fluchtziele waren lateinamerikanische Militärdiktaturen; so entkam z. B. Ustascha-Führer Ante Pavelic nach Argentinien. Diese Art Fluchthilfe wurde direkt unterstützt oder zumindest geduldet vom CIC (Counter Intelligence Corps), der Spionage- und Sabotageabwehr der US-Army. Der militärische Geheimdienst wollte sich die antikommunistischen Erfahrungen der Experten des SS-Staates nicht entgehen lassen.

Zwar wollten die Amerikaner die Nazigrößen nicht für alle Zeit exkulpieren, aber im Moment war ihnen der »Antibolschewismus« der Nazis offenbar wichtiger als die Ahndung ihrer Schuld. So diente Klaus Barbie, der »Schlächter von Lyon«, zeitweilig dem CIC, ebenso der in Italien wegen seiner Beteiligung an dem Massaker in den Ardeatinischen Höhlen verurteilte ehemalige SS-Sturmbannführer Karl Hass. Angeblich soll auch der als verschollen gemeldete Chef der Gestapo, Heinrich Müller, »Gestapo-Müller«, in einem Kriegsgefangenen-Lager in Deutschland gesichtet worden sein, wo er dem amerikanischen Armeegeheimdienst seine Kenntnisse des Kommunismus vermittelt habe.

Andere Mitarbeiter des SD und der Gestapo, die in Deutschland untertauchen konnten, fanden bald einen neuen Job in ihrem »alten Metier«. Wiederum ging es um die vertraute Aufgabe: die geheimdienstliche Bekämpfung des Kommunismus, jetzt nur unter neuer Regie. Gefragt waren deutsche Ost-Experten, die für die Sondereinheiten X 2 und SSU der amerikanischen Spionagedienste für Aufklärung und Abwehr interessant waren.

Flüchtlingen zu helfen war zwar der ausdrückliche Wunsch des Papstes, der die verschiedenen kirchlichen Hilfsstellen unterstützte, so dass der CIC-Resident in Rom, Vincent La Vista, in Unkenntnis der Verhältnisse, 1947 den Vatikan als größte Einzelorganisation für illegale Auswanderungen bezeichnete. Er brachte einiges durcheinander und fasste alle möglichen Hilfswerke und Wohlfahrtsorganisationen, auch solche, die in diesen wirren ersten Nachkriegstagen und -jahren ganz legale und wertvolle Hilfe leisteten, unter dem Sammelbegriff »Vatikan« zusammen.

In seinem Bericht vom 15. Mai 1947, überschrieben »Illegale Emigrationsbewegungen in und durch Italien«, nennt La Vista als nächstgrößte Organisationen, die Flüchtlingen helfen, die jüdischen Agenturen und Einzelpersonen, sowie drittens eine internationale Gruppe, bestehend aus Ungarn, anderen Nationalitäten, staatenlosen und einfach nur heimatlosen Personen. Sie alle stünden notwendigerweise in Verbindung mit dem Internationalen Roten Kreuz. La Vista meinte, das eine Überprüfung der Unterlagen in Genf und aller vom IRK ausgestellten Pässe überraschende und unglaubliche Fakten enthüllen würden.

Dabei gilt es den Zeitpunkt des La-Vista-Berichts zu beachten, wie wir noch sehen werden. Denn inzwischen war der Kalte Krieg ausgebrochen, ein Eiserner Vorhang teilte Europa. La Vista ging es wohl weniger um die Feinde von gestern. Zunächst schreibt er zwar: Die Rechtfertigung des Vatikans für seine Beteiligung an diesem illegalen Handel sei einfach die Verbreitung des Glaubens. Es sei der Wunsch des Vatikans, jede Person zu unterstützen, gleich welcher Nationalität oder politischer Auffassung, so lange diese Person nachweisen kann, Katholik zu sein. Vom praktischen Gesichtspunkt aus sei dies natürlich eine gefährliche Praxis. Der Vatikan begründe ferner seine Beteiligung mit seinem Wunsch, nicht nur europäische Länder, sondern auch lateinamerikanische mit Menschen aller politischen Ansichten zu infiltrieren, solange sie antikommunistisch und pro-katholisch seien. Dies wissend und die Methoden der katholischen Einrichtungen kennend, welche die Auswanderung von Antikommunisten in diese Länder unterstützten, nutzten auch die Kommunisten diese Agenturen für ihre Zwecke, indem sie ihre eigenen Agenten in diese Länder entsandten.

Über die kirchlichen Stränge lassen wir den früheren Kuriendiplomaten Kardinal Achille Silvestrini bilanzieren: »Einigen Leuten, die sich als Nazis oder Faschisten kompromittiert hatten, wurde von Priestern und Ordensleuten geholfen, sich in Sicherheit zu bringen, doch nicht im Auftrag des Heiligen Stuhls.« Historiker Robert Graham SJ meinte: »Montini mochte gewusst haben, dass Draganovic prominente kroatische Kriegsverbrecher geschleust hat, aber der Vatikan hatte mit Zehntausenden von anderen Flüchtlingen zu tun. Und es beschäftigte ihn die Übernahme Osteuropas durch die Kommunisten.«

Nach La Vistas Bericht war auch die jüdische Flüchtlingshilfe im Rahmen des amerikanischen Komitees *American Joint Distribution Committee* von dieser kommunistischen Unterwanderung betroffen. Der CIC-Agent nannte den Fall zweier Männer, die sich als »polnisch-jüdische« Flüchtlinge ausgegeben hatten. Jakot Gotz und Osias Pfeffer (so die Schreibweise nach dem inzwischen freigegebenen Top-Secret-Bericht) seien in Wirklichkeit keine polnischen Juden. La Vista kam zu dem Schluss, dass die beiden nach den ihm vorliegenden Erkenntnissen entweder jugoslawische oder russische Agenten waren, die versuchten, über diesen Kanal in die Vereinigten Staaten zu kommen.

Unternehmen Radetzky

Nicht minder raffiniert waren die Nazis vorgegangen, wobei unklar sein mag, ob es darum ging, jemandem in äußerster Not zu helfen oder auf perfide Weise Fluchtwege während des Krieges auszukundschaften, und zwar Fluchtwege verfolgter Juden. Die Aktion wurde 1943 unter dem Decknamen »Unternehmen Radetzky« inszeniert. Belege dafür wurden erst im Rahmen der Auflösung der ostdeutschen Stasi-Akten gefunden. Ein österreichischer Adeliger, Offizier der SS, V-Mann des SD-Auslandsnachrichtendienstes, soll von Slowenien aus über Italien nach Amerika ausgeschleust werden, denn dem »Ausreisewilligen« fehlte der »Arier-Nachweis«. Er hatte jüdische Vorfahren. Damit stand er zwar nicht allein in der SS, wenn man etwa an Reinhard Heydrich denkt. Aber angesichts des nahenden Kriegsendes könnte dieser Umstand für ihn gefährlich werden. Der »jüdische Hintergrund« des »Klienten« schien kein Hindernis zu sein. Es zählte offenbar allein die Zugehörigkeit zur SS. Sicherheitsdienst und Gestapo organisierten die Flucht. Beteiligt sind in Berlin das Reichssicherheitshauptamt, in Marburg an der Drau (heute Maribor, Slowenien) der »Kommandeur der Sicherheitspolizei und des SD in der Untersteiermark« und in Rom Gestapo-Chef Herbert Kappler.

Sie legten den Fluchtweg mit einer unüberbietbaren Perfidie fest: Zunächst eine »jüdische Linie« aus einer »jüdischen Gruppe« in Laibach, dann die jüdische Hilfsorganisation DELASEM (*Delegazione Assistenza Emigrazione*), in der Via Principe Amedeo 2 in Rom, sowie der römischen Hilfsstelle von Pater Webers katholischem Raphael-Vereins. Das nahe Kriegsende mit dem unausweichlichen Sieg der Alliierten versprach eine problemlose »Ausreise«, zumal wenn die Papiere mit dem Vermerk »Jude« versehen waren. Da würde kein Mensch fragen. Dazu wurde eine glaubhaft erscheinende Legende erfunden, die den Ausreisewunsch begründete. Der SD orderte für den Auszuschleusenden einen österreichischen Emigrantenpass, ein Soldbuch der Wehrmacht und ein Entlassungsschreiben des Ober-kommandos der Wehrmacht (OKW). Darin sollte vermerkt sein, dass v. K. eine Vierteljude und aufgrund seiner Kriegsver-wundung wehruntauglich sei. Die Maschinerie funktionierte auch hier perfekt. Allerdings ist über das spätere Schicksal des SS-Manns nichts bekannt geworden.

Ähnliches gilt für eine Fluchtgeschichte, die, so unglaublich sie klingt, gleichwohl die Zeilen bestimmter Gazetten füllte. Die Person, um die es sich handelte, gilt inzwischen zweifels-frei als in den letzten Kriegen in Berlin ums Leben gekommen. Gleichwohl tauchte sein Name lange Zeit nach dem Krieg ge-spensterhaft auf, manche wollten ihn gar gesehen haben: Mar-tin Bormann, den Kanzleichef der NSDAP und des Führers letzter Vasall. Die Legende, die um ihn gestrickt wurde, lautete so: Bormann sei als Jesuit verkleidet entkommen, mit einem vom Papst unterschriebenen Reisedokument, das ausgerechnet auf den jüdisch klingenden Namen Eliezer Goldstein aus Polen ausgestellt war. Infamer geht es nicht.

Hilfe von Don Antonio

Als eine der wichtigsten Adressen für Menschen in Not, beson-ders für jüdische Flüchtlinge, galt in Rom die Hilfsstelle von »Don Antonio«, dem Pallottinerpater Anton Weber (1910–1998). Der Ordenspriester, 1910 in Oberkessach im Jagstkreis im Bistum Rottenburg geboren, war schon als zwölfjähriger Schüler über das Studienheim der Pallottiner in Schönstatt bei Vallendar zur Ordensgemeinschaft gekommen und hatte 1930 das Noviziat begonnen. Die schweren Jahre nach 1933 verbrachte er zu Stu-dien abwechselnd in Rom an der Gregoriana und in Tübingen. Von 1937 an war er zugleich Sekretär für die Generalleitung des Ordens. Pater Weber starb 1998 in Limburg. In der Todesanzei-ge wird der wohl tief greifendste Abschnitt in seinem Leben von Provinzial Pater Norbert Hannappel SAC beschrieben: »1936 wurde die Judenverfolgung durch die Nationalsozialisten immer bedrohlicher. Damals wandten sich die deutschen Bischöfe an den damaligen Kardinalstaatssekretär Pacelli (später Papst Pius XII.) und baten ihn, durch den Heiligen Stuhl eine internationale Auswanderungsorganisation zu gründen. In Rom bestand schon seit Längerem eine Zweigstelle des von den deutschen Bischöfen unterstützten St.-Raphael-Vereins zur Auswandererhilfe für die Katholiken. Da erging über den Generaloberen der Pallottiner der Auftrag des Papstes an die Zweigstelle des St.-Raphael-Vereins, sich dieser Flüchtlinge anzunehmen. Pater Weber wurde vom Papst mit der Flüchtlingshilfe beauftragt und unterstand in dieser Aufgabe Msgr. Montini. Pater Weber organisierte die Beschaffung von Ausreisevisa, Bereitstellung von Unterkünften, Reiseunterlagen und von Geld für die Ausreise. Nach kurzer Zeit stand eine gut geleitete Organisation bereit, die allen ohne Unterschied von Rasse und Religion half. Mit Kriegsbeginn setzte eine große Fluchtbewegung vieler Juden, bzw. ›Nichtarier‹ aus Deutschland, Österreich, Polen, Ungarn und Jugoslawien nach Italien ein, das sich damals noch nicht im Krieg befand. Pater Weber nahm Kontakt zu den über ganz Italien verstreuten Juden auf und schuf in Lissabon ein eigenes Büro für die Ausreisenden. Die Situation änderte sich 1943, als Rom von deutschen Truppen besetzt wurde und die Gestapo einzog. Jetzt galt es, die Zurückgebliebenen zu verbergen. Pater Weber leitete unter persönlicher Anweisung des Papstes die Aktion ›Rettet ihr Leben‹ und half, allen Verfolgten in den Klöstern Roms, auch im Vatikan Unterschlupf zu gewähren.«

Weiter erinnerte Hannapel daran, dass Pius XII. die römischen Klöster und vatikanische Einrichtungen angewiesen hatte, verfolgte Menschen aufzunehmen und notfalls vor dem Zugriff der Deutschen zu verbergen. »Während der Tätigkeit dieses ›Opere San Rafaele‹ wurden mehr als 25 000 Juden betreut und rund 4000 wurde zur Ausreise nach Übersee verholfen. Nach Kriegsende sprach die Jüdische Gemeinde Roms in einer Feierstunde auf dem Kapitol dem Heiligen Stuhl und auch Pater Weber ihren Dank für die geleistete Hilfe aus. Pater Weber wurde reichlich dekoriert. Von der Jüdischen Gemeinde erhielt er eine ›Verdiensturkunde‹, vom Malteserorden das ›Verdienstkreuz erster Klasse mit Krone‹, vom Vatikan das silberne Verdienstkreuz, von der Bundesrepublik Deutschland das Große Bundesverdienstkreuz.«

Wie Pater Weber hereingelegt werden sollte, hatten die Nazis schon lange vor Kriegsende ausprobiert. Dem Beispiel sollten mit Hilfe anderer Ordensgeistlicher eine ganze Riege von feigen Naziverbrechern folgen: Adolf Eichmann, Josef Mengele, der Todesarzt von Auschwitz, Herbert Kappler, Gestapo-Chef in Rom, Erich Priebke, der Stellvertreter Kapplers (sie verantworteten die Geiselerschießungen in den Ardeatinischen Höhlen), Karl Hass, Leiter der Gegenspionage der Gestapo in Rom, Franz Stangl (einer der Treblinka-Kommandanten), Walter Rauff (zuletzt Kommandeur der Gruppe Oberitalien West des Befehlshabers der Sipo und des SD in Italien – Rauff wird die »Erfindung« bzw. Verantwortung für den Einsatz von mobilen, auf Lkws montierten Gaskammern zugeschrieben), Otto Gustav von Wächter (Gouverneur in Galizien) und Gustav Wagner, der Kommandant des KZ Sobibor.

Ein »Hühnerzüchter aus der Heide«

»Don Antonio« rettete Tausenden von Menschen auf der Flucht, besonders verfolgten Juden, das Leben. Einer, der ihn kannte, bezeichnete ihn als eine »von Liebe überströmende Seele«, immer zum Dienst am Nächsten bereit. Umso mehr löste das 1991 von Ernst Klee veröffentlichte Buch *Persilscheine und falsche Pässe* eine heftige Kontroverse aus. Er kehrte Webers Motivation ins Gegenteil um: »Von Rom nach Argentinien ist zum Beispiel Adolf Eichmann (Tarnname ›Ricardo Klement‹) geflohen, der Organisator der ›Endlösung‹. Geholfen hat ihm der deutsche Pallottiner-Pater Anton Weber, der mit dem Polen

Wojciech Turowski den St.-Raphaels-Verein leitete, der während des Kriegs eine Hilfsstelle für ›katholisch getaufte Nichtarier‹ gewesen war. «Um nur »wirklich Getauften« zur Ausreise zu verhelfen, habe es Pater Weber genügt, das Vaterunser oder das Ave-Maria aufsagen zu lassen. »Da stellte sich schnell genug heraus, wer echt war und wer nicht.« Eichmann, nach seinem Dialekt unüberhörbar Österreicher, habe sich Pater Weber als Ostdeutscher vorgestellt, der nicht zu den Bolschewiken wolle. Da sei ihm der Gebetstest erspart geblieben. Weiter meint Klee: Eichmann, laut »SS-Stammrollen-Auszug« evangelisch, habe nach seiner Flucht in seinen argentinischen Pass »Katholik« eintragen lassen. Er habe sich nach seinen eigenen Worten »in tiefer Dankbarkeit« der Hilfe katholischer Priester bei seiner Flucht aus Europa erinnert und sich entschieden, den katholischen Glauben zu honorieren, »indem ich Ehrenmitglied wurde«.

Der Historiker David Cesarani hat in seiner Eichmann-Biografie den Fluchtweg Eichmanns korrekter nachgezeichnet. Danach gelang es Eichmann unter verschiedenen Tarnnamen von Bart bis Henniger und Eckmann nach der Verhaftung durch die Amerikaner in zwei Kriegsgefangenenlagern in der Oberpfalz bei Weiden und Amberg zu fliehen und als Holzfäller und Hühnerzüchter in der Lüneburger Heide unterzukommen. Seine Familie hatte Eichmann zunächst im oberösterreichischen Altaussee zurückgelassen, mitten in der so genannten »Alpenfestung«, »in die in den letzten Kriegsmonaten viele SS-Offiziere ihre Frauen und Kinder gebracht hatten« (Cesarani). Adolf Eichmann soll dann Anfang 1950 über die Alpen nach Italien geflohen sein, wobei er in Klöstern und Konventen »diskrete Unterkunft« fand. Er nahm Kontakt zu dem besagten Hilfskomitee auf. Nach einer ersten Version soll ihm ein Franziskanermönch einen Flüchtlingspass auf den Namen Ricardo Klement sowie ein Visum für Argentinien besorgt haben.

Eine andere Überlieferung spricht von »alten Kameraden« in Celle und der Hilfsorganisation ODESSA, die Eichmann »an die gottesfürchtigen Fluchthelfer im Vatikan« vermittelt haben soll. Fluchtziel war wiederum Argentinien. Das Land, das im Zweiten Weltkrieg formell neutral geblieben war und sich auf Druck der USA gegen Kriegsende zu einer Kriegserklärung genötigt sah, bot gesuchten Nazis eine sichere Zuflucht. Nach der Machtergreifung Perons im Jahre 1943 hatten sich die Beziehungen zum faschistischen Italien und zu Hitlerdeutschland gefestigt. SD-Agenten hatten in Buenos Aires eine Operationsbasis. Auch zum Vatikan hielt das faschistische Argentinien »katholische« Beziehungen. Wie Cesarani schreibt, wurde Papst Pius XII. von Kardinal Caggiano, dem Vorsitzenden der scharf antikommunistischen Katholischen Aktion in Argentinien um Errichtung eines Hilfskomitees gebeten. Dieses sollte Ausweispapiere für Flüchtlinge und so genannte »Displaced Persons« (staatenlose Personen) bereitstellen. 1946 sei eine entsprechende Vereinbarung zwischen dem Vatikan und Argentinien getroffen worden. Offenbar genügte der Hinweis, gegen den Kommunismus gekämpft zu haben, um an einen »Persilschein« zu kommen und ein Einreisevisum in das gelobte antikommunistische Land Argentinien zu erhalten. Cesarani unterstellt, dass es in Wahrheit aber um Ausreisepapiere für »Faschisten, Nationalsozialisten und Kollaborateure« gegangen sei.

Die Hauptrouten dieser illegalen Fluchtwege führen von Deutschland aus über Bozen und Meran nach Italien. Sie wurden nicht nur von flüchtigen SS-Schergen zur Ausschleusung in den Nahen Osten und nach Amerika benutzt, sondern auch von deren Opfern für die Ausreise nach Palästina. Ihnen helfen geheime jüdische Kommandos, Vorläufer des Mossad, des späteren Geheimdienstes Israels.

Welches Netzwerk von Geheimdiensten und Organisationen ehemaliger SS-Angehöriger zusammenwirkten und in wieweit Geistliche darin verstrickt waren, lässt sich schwer im Einzelnen nachzeichnen. Konspirative Schleuserorganisationen wie die »Spinne« und andere undurchschaubare offiziöse Organisationen unterhielten in den letzten Kriegs- und ersten Nachkriegsjahren gut funktionierende Netzwerke, um Heimatlosen und Gestrandeten zu helfen. Man versorgte sie mit Ersatzpässen und Reisedokumenten, die an den Grenzen anerkannt wurden, wie etwa Dokumente des Komitees vom Internationalen Roten Kreuz oder den so genannten Nansen-Pass, benannt nach dem berühmten norwegischen Polarforscher Fridjof Nansen. Dieser hatte die Ausgabe eines solchen Papiers initiiert. Es wurde 1922, in dem Jahr, in dem Nansen den Friedensnobelpreis erhielt, international anerkannt. Da die Kontrollen mitunter großzügig gehandhabt und gewisse Ungenauigkeiten »übersehen« wurden, konnten sich nicht wenige, die unerkannt bleiben wollten, eine neue Identität verschaffen.

12. Der Vatikan im Kalten Krieg

GÜTIG, ABER NICHT DUMM ODER NAIV.
WIE JOHANNES XXIII. DIE NEUE OSTPOLITIK DURCHSETZTE

Il papa buono, der gütige Papst Johannes XXIII. ärgerte sich über die Absichten seines allerkatholischsten Gastes. Bundeskanzler Konrad Adendauer war nach Rom gekommen, um den Papst als Verbündeten im Kalten Krieg für seine konsequent antikommunistische Politik zu gewinnen. Die Absicht schlug fehl. Adenauer war Informationen aufgesessen, die Erwartungen geweckt hatten. Erwartungen, denen dieser gütige Papst, wie *buono* in diesem Fall besser übersetzt wird, nie gerecht werden wollte. Angelo Roncalli – Papst Johannes XXIII. von 1958 bis 1963 – hatte eine neue Ostpolitik initiiert, die im christdemokratisch regierten Bonn so viel Misstrauen weckte, dass schon fast von Feindseligkeiten gesprochen werden konnte.

Am Rhein setzte man auf klare Abgrenzung zu Moskau, Adenauers »Soffjets« und deren Satelliten. Stellvertreterkriege tobten auf der ganzen Welt und Aufstände im europäischen Herrschaftsbereich Moskaus, in Ungarn, Ostdeutschland und der Tschechoslowakei wurden blutig niedergeschlagen. Eine neue Ostpolitik mit persönlichen Kontakten zu den Mächtigen im Warschauer Pakt fand selbst in der römischen Kurie nur wenige Freunde. Es herrschte der »Kalte Krieg«. Kurienkardinal und Glaubenswächter Alfredo Ottaviani war der Wortführer der Verweigerer jeglichen Dialogs. Schon 1949 erließ das Heilige Offizium ein vom Papst selbstverständlich gebilligtes Dekret, wonach Katholiken bei Strafe der Exkommunikation die Zusammenarbeit mit Kommunisten verboten war. Ottavianis Devise hieß: »Mauer gegen Mauer.«

Vor der eigenen Haustür wurden die Christdemokraten des Katholiken Alcide De Gasperi mit Hilfe von Kanzel und Beichtstuhl etabliert. CIA-Gelder flossen an die Christdemokraten, an die Katholische Aktion und an den Vatikan, á conto der Vatikanbank IOR, um antikommunistische Kampagnen zu finanzieren. Das »Opus Dei« gesellte sich dazu. Damit war in den Augen der Linken die rechtskonservative »klerofaschistische« Front perfekt. Der Antikommunismus schweißte die rechten Koalitionen bis zum Fall der Mauer zusammen. Dann brach die DC auseinander, weil der Kitt des Antikommunismus nicht mehr zusammenhielt, was unter normalen Umständen sowieso nicht zusammengepasst hätte.

So weit wagte aber am 22. Januar 1960 noch niemand zu denken, als Konrad Adenauer mit Johannes XXIII. zusammentraf, um diesem seine West-Politik zu erläutern. Die Abfuhr sollte Konsequenzen haben, weil Adenauer völlig falsch eingestimmt worden war. Die diskreten Kanäle hatten versagt oder wollten einfach den Eklat provozieren. Jedenfalls hatte der Kanzler eine wichtige Rede vom Papst zum Ost-West-Konflikt, zur deutschen Wiedervereinigung und zur Berlin-Frage erwartet. Kardinalstaatssekretär Domenico Tardini habe sie angeblich entworfen. Und Adenauer freute sich auf seine vorbereitete Antwort.

Es kam dann aber anders. Johannes XXIII. vermied jedes politische Thema. Er gab sich als der, als den man ihn kannte, die Liebenswürdigkeit in Person. Damit konnte der »Alte vom Rhein« nun gar nichts anfangen. Heinrich Krone, CDU/CSU-Fraktionsvorsitzender im Bundestag und einer der engsten Vertrauten Adenauers, erinnerte sich, der Kanzler habe im Vatikan eine »bedrückende Erfahrung« gemacht. Er notierte in seinem Tagebuch: In seiner Antwort auf die Worte des Papstes habe Adenauer von der Aufgabe Deutschlands bei der Abwehr des Kommunismus gesprochen. Dieser Satz, der in der deutschen Presse stand, sei im *Osservatore Romano* nicht wiedergegeben worden. Im Vatikan fehle es an Einsicht und Härte im Kampf gegen die Gefahr des Weltkommunismus.

Denselben Eindruck mussten auch die Amerikaner von Johannes XXIII. gewinnen. In den USA gab der einflussreiche New Yorker Erzbischof, Francis Kardinal Spellman den »Kalten Krieger«. Der amerikanische Geheimdienst musste also nicht hohe Kirchenmauern überwinden. Ihm standen einige Türen mit direktem Zugang zu hohen geistlichen Würdenträgern offen. Andere blieben ihm verschlossen. 1958 versuchte CIA-Direktor John McCone, der Nachfolger von Dulles mit dem Ruf eines eifernden Kalten Kriegers, im Auftrag von Präsident John F. Kennedy, Papst Johannes XXIII. davon abzuhalten, sich weiter auf den Kommunismus hin zu bewegen. Die Intervention blieb aus amerikanischer Sicht erfolglos.

Die Eiferer kamen gegen Johannes nicht an. Der wollte nicht akzeptieren, im Kalten Krieg eine moderne Form des Kreuzzugs zu sehen, »in dem sich zwei Extreme festkrallten, die durch die europäische Entwicklung erzeugt und jenseits der Grenzen eingepflanzt wurden: der Liberalismus in seiner US-amerikanischen Variante und der Kommunismus in seiner russischen Ausgabe«, wie Alexander N. Jakowlew, einer der prominentesten ehemaligen Funktionäre und Diplomaten der sowjetischen Führung, in seinen Erinnerungen analysierte. »Ideologische Besessenheit habe beide Seiten, Ost und West gegeneinander aufgebracht, unter den Bedingungen der tödlichen Konfrontation.« Und auf seine eigene Partei gemünzt: »Ideologische Scheuklappen sorgten dafür, dass jede Abweichung als Häresie betrachtet wurde. Nur der Endsieg über den Gegner zählte.«

Doch schon Pius XII. hatte gegen Ende seines Pontifikats erkannt, dass mit einer »Panzermentalität« gegenüber Moskau nichts zu erreichen war. In seiner Radiobotschaft vom 2. September 1956 an die Teilnehmer des Kölner Katholikentags nannte er die Möglichkeiten und Grenzen von Beziehungen zu kommunistischen Staaten im Interesse einer ungehinderten Religionsausübung. Seine Nachfolger Angelo Roncalli und Giovanni Battista Montini waren überzeugt, dass vertragliche Regelungen für das Überleben der Katholiken in den Vasallenstaaten des Moskauer Imperiums erzielt werden mussten. Sie suchten die Möglichkeiten zu nutzen, die sie in den Tauwetter-Phasen des Kalten Kriegs zu erkennen glaubten. Woher nahm aber Johannes XXIII. seinen Optimismus? Im ersten Jahrzehnt nach dem Ende des Zweiten Weltkriegs verfolgte die Sowjetunion in ihrem gesamten Herrschaftsgebiet die Kirche bis aufs Blut. Die schlimmsten Auswüchse gingen als »Stalinismus« in die Geschichte ein. 1950 wurden als letzte vatikanische Vertreter die päpstlichen Diplomaten in Rumänien und der Tschechoslowakei ausgewiesen. In Jugoslawien blieben sie gerade noch bis 1952. Damit ging der so genannte »Eiserne Vorhang« für den Heiligen Stuhl endgültig nieder, nicht nur im Hinblick auf die Regierungen dieser Länder, sondern auch im Hinblick auf die Ortskirchen. Der Papst war praktisch jeder Kontaktmöglichkeit mit ihnen beraubt, während sich die Situation dauernd verschlechterte.

Auf neue Zeichen hoffte der gütige Johannes dennoch. Nikita Chruschtschow hatte 1958 von »friedlicher Koexistenz« der beiden ideologisch geteilten Welthälften gesprochen, allerdings ohne Taten folgen zu lassen. Der Papst ging dennoch davon aus, dass sein Wort auch von den Mächtigen der Welt ernst genommen werden würde. Über ein Signal konnte er sich am 25. November 1961 freuen. Chruschtschow ließ über den sowjetischen Botschafter beim Quirinal seine Glückwünsche zum 80. Geburtstag von Johannes XXIII. ausrichten, nachdem er zuvor schon die Friedensmahnungen des Papstes nach dem Bau der Berliner Mauer gelobt hatte. War das der Beginn eines Tauwetters oder ein aus innenpolitischer Not geborener Schachzug des schlauen Nikita? Der Papst dankte für die Gratulation aus dem Kreml und übermittelte seinerseits dem »ganzen russischen Volk seine herzlichen Wünsche«.

Mochten auch westliche Beobachter dies als unheiligen vatikanisch-russischen Flirt abtun und dem Papst unterstellen, Moskauer Sirenenklängen zu erliegen. Johannes XXIII. kündigte wenige Wochen später das Zweite Vatikanische Konzil (1958

Die Katholische Kirche und der Nationalsozialismus

OBEN: *Die Unterzeichnung des Konkordats am 20. Juli 1933 zwischen dem Heiligen Stuhl und dem Deutschen Reich. Von links nach rechts: Prälat Ludwig Kaas (der damalige Zentrumsvorsitzende), Vizekanzler Franz von Papen, Monsignore Giuseppe Pizzardo, Kardinalstaatsekretär Eugenio Pacelli (später Papst Pius XII.), Ministerialdirektor Felix Buttmann, Monsignore Giovanni Battista Montini (später Papst Paul VI.) und Botschaftsrat Eugen Klee von der Deutschen Botschaft am Heiligen Stuhl.*

UNTEN: *Papst Pius XII. in seinem Arbeitszimmer. Der spätere Papst wurde als Eugenio Maria Giuseppe Pacelli 1876 in Rom geboren und war von 1917–1929 Apostolischer Nuntius in Deutschland. Der erklärte Freund der Deutschen und ihrer Kultur versuchte im Zweiten Weltkrieg zwischen den Verschwörern vom 20. Juli 1944 und den Westmächten zu vermitteln.*

Die Feinde der Kirche

OBEN: *Die Apostolische Nuntiatur stand ebenso im Fadenkreuz der Dienste wie der Vatikan selbst. Adolf Hitler zusammen mit Nuntius Cesare Orsenigo während des Neujahrsempfangs 1935.*

UNTEN LINKS: *SS-Obergruppenführer Reinhard Heydrich, der Organisator der »Endlösung der Judenfrage«.*

UNTEN RECHTS: *SS-Brigadeführer Walter Schellenberg. Hitlers letzter Spionagechef.*

Über den Papst Kontakt zu den Westmächten

OBEN LINKS: *Pater Prof. Dr. Robert Leiber SJ, Privatsekretär Pius XII.*

OBEN RECHTS: *Generalmajor Hans Oster, der »Kopf« der Oppositionsgruppe im Amt Canaris.*

UNTEN LINKS: *Rechtsanwalt Dr. Josef Müller, der »Ochsensepp«. Emissär im Auftrag der Verschwörer gegen Hitler bei den »römischen Gesprächen«*

UNTEN RECHTS: *Allen W. Dullas, Leiter des amerikanischen Spionagedienstes OSS (Office of Strategic Services) in Bern.*

Politiker aus Ost und West wollen wissen, was der Papst denkt

LINKS: *Vorsichtige Öffnung nach Osten: Chruschtschows Tochter Rada und Schwiegersohn Aleksi Adschubej, der Chefredakteur der Regierungszeitung Iswestija, vor dem Besuch bei Papst Johannes XXIII. im Frühjahr 1963 auf dem Petersplatz in Rom.*

UNTEN: *Andrej Gromyko, langjähriger sowjetische Außenminister und häufiger Gast im Vatikan. Bei Papst Paul VI. am 13. November 1970.*

OBEN: *Zusammenarbeit bei der Unterstützung der demokratischen Opposition im Ostblock. Papst Johannes Paul II. bei Ronald Reagan während seiner Pastoralreise durch die Vereinigten Staaten im September 1987.*

UNTEN: *Der Staats- und Parteichef der Sowjetunion, Michail Gorbatschow, im Vieraugengespräch mit Johannes Paul II. am 1. Dezember 1989 im Arbeitszimmer des Papstes im Apostolischen Palast.*

»Komm Heiliger Geist, und erneuere das Antlitz *dieser* Erde!« – die neue Ostpolitik des Vatikans

OBEN LINKS: *Erzbischof Agostino Casaroli (rechts) trifft am 11. Juni 1975 mit dem Staatsekretär für Kirchenfragen in der DDR, Hans Seigewasser, zusammen.*

LINKS: *Der Papst in Polen 1979: »Komm Schöpfer Geist und erneuere das Antlitz der Erde – dieser Erde!« Papst Johannes Paul II. auf dem Siegesplatz in Warschau, am 5. Juni 1979.*

UNTEN: *Gläubige im Gebet beim Besuch des Papstes Johannes Paul II. im Juni 1987 in Warschau. Im Hintergrund ein Banner der oppositionellen Gewerkschaft Solidarnosc.*

Das Attentat am 13. Mai 1981 auf dem Petersplatz

OBEN: *Papst Johannes Paul II. fährt nach dem Ende der Generalaudienz im offenen Wagen durch die Reihen der jubelnden Gläubigen. Links im Bild (Pfeil) richtet der Attentäter die Pistole auf den Papst.*

RECHTS: *Von drei Kugeln getroffen sinkt der Papst schwer verletzt zusammen.*

UNTEN: *Zweieinhalb Jahre später: Papst Johannes Paul II. besucht am 27. Dezember 1983 seinen Attentäter, den Türken Mehmet Ali Agca, im römischen Gefängnis Rebibbia – und verzeiht ihm.*

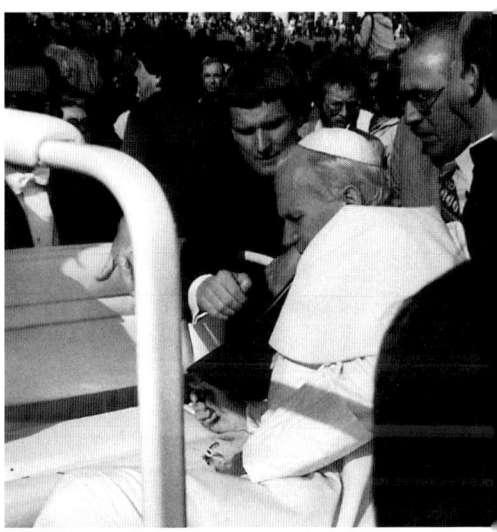

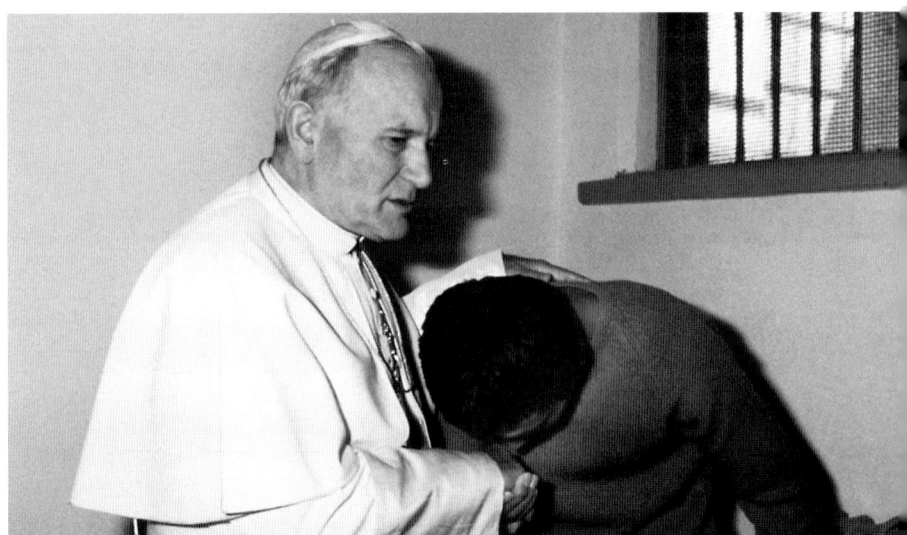

Weltoffen und dialogbereit

OBEN: *Papst Johannes Paul II. als Gesprächspartner des Islam. Barfuß betritt er am 6. Mai 2001 die Omajaden-Moschee in Damaskus.*

UNTEN: *Kardinal Josef Ratzinger war einer der engsten Vertrauten von Johannes Paul II. Als Bendikt XVI. setzt er die Linie seines Vorgängers fort. Hier, am 7. März 2000 in Rom, zusammen mit dem französischen Kurien-Kardinal Roger Etchegaray, dem früheren »Krisenmanager« des Vatikans.*

bis 1963) an, weil er in der Kirche und in der Welt die »Zeichen der Zeit« erkannt hatte. Sein »Aggiornamento« (Heutigwerden) galt auch dem politischen Blockdenken. Die so genannte neue vatikanische Ostpolitik hatte begonnen.

Die Diskussion zwischen Befürworten und Gegnern der ostpolitischen Initiativen des Heiligen Stuhls zählt zu den umstrittensten Kapiteln der Nachkriegs-Kirchengeschichte. Sie verschärfte sich in zwei Zeitabschnitten und provozierte erhebliche Verstimmungen, vor allem in der CDU/CSU sowie in der Deutschen Bischofskonferenz, in gewisser Weise auch bei den ostdeutschen Bischöfen. Beide Seiten boten alles auf, was ihnen an Intrigen und Winkelzügen gegen und über die Geheimdienste zur Verfügung stand. Die deutsche Botschaft beim Heiligen Stuhl stand mitten drin. Das Personal lag ganz auf Adenauers Linie. Der Audienz-Eklat war nur der Auftakt.

So erinnerte sich der schillernde Leiter des Außenamts des Moskauer Patriarchats Metropolit Nikodim daran, wie Johannes XXIII. am Rande des Konzils gegenüber polnischen Bischöfen vom wiedererstandenen Polen gesprochen habe sowie von den Westgebieten, die das Volk, das um die Unantastbarkeit seiner Grenzen kämpfe, nach Jahrhunderten aufs Neue erlangt hätte. Adenauer habe daraufhin Vatikanbotschafter van Scherpenberg beauftragt, im Staatssekretariat eine Protestnote zu überreichen, da die Bonner Regierung in der Rede des Papstes eine Anerkennung der Oder-Neiße-Linie erblickte, welche die Bundesrepublik damals noch nicht anerkannte und somit Anspruch auf einen Teil des polnischen Territoriums erhob. »Diese Äußerungen haben dem Papst die erneute Feindseligkeit Adenauers eingetragen«, schreibt Nikodim in seinen Erinnerungen. Der Metropolit starb am 5. September 1978 während einer Privataudienz in den Armen von Papst Johannes Paul I. Dieser war drei Wochen später selber tot, er starb am 28. September. Beide erlagen einem Herzanfall. Doch sofort wurde von unnatürlichen Todesfällen gesprochen und über mysteriöse Auftraggeber spekuliert.

Ärger aus Deutschland stand Johannes XXIII. in der Tat mehrmals ins Haus. 1960 sollte er zum Eucharistischen Weltkongress (31. Juli bis 7. August) nach München kommen, ein für Deutschland kaum zu unterschätzendes Erlebnis, war es doch das erste internationale kirchliche Großereignis nach dem Krieg überhaupt. Adenauer und seine »rechte Hand« Heinrich Krone waren dagegen. Wenn überhaupt, so Krone, dann sollte er »fern von jedem Protokoll, das sich für ihn als Staatsoberhaupt ergäbe, lediglich für kurze Zeit zum Schluss anwesend sein und ohne weiteren Aufenthalt wieder zurückfliegen«. Diese Meinung lässt sich heute kaum nachvollziehen, insbesondere wenn man an spätere, weitaus weniger einschneidende Papstbesuche denkt. Papst Johannes XXIII. war im Deutschland der kalten Krieger unerwünscht, auch wenn ihn die Bevölkerung noch so verehrte.

Heinrich Lübke, damals Bundespräsident, sollte noch eins draufsetzen, als er Prälat Wüstenberg, den er gern als seinen »Pflegesohn« betrachtete, in Rom telefonisch mitteilte, es sei schon besser, der Papst käme nicht nach München zum Eucharistischen Kongress. Wüstenberg behielt das nicht für sich, sodern informierte Kardinalstaatssekretär Tardini. Krone räsonnierte dann auch, aber ohne die eigene und die Kleinkariertheit der deutschen Politik einzusehen. Dem Bundespräsidenten hing er handwerkliche Mängel an. »Das alles ist peinlich und unangenehm und stellt uns beim Vatikan kein gutes Zeugnis aus. Wenn man reagieren will, muss man von dem Geschäft etwas verstehen; sonst lasse man die Finger von der Sache.« Johannes XXIII. verzichtete auf eine Reise an die Isar. Die Chance eines ersten Papst-Besuchs in Nachkriegs-Deutschland war vertan. Der verhinderte Besuch war für den Osten erneut Beweis dafür, dass in Deutschland der Klerofaschismus regierte. Mit Johannes XXIII. sei der Kreuzzug gegen den Kommunismus beendet und eine Neuorientierung der vatikanischen Politik eingeleitet worden, die in einer Reihe von Gegenwartsfragen eine realistische Haltung einnehme, schrieb Metropolit Nikodim. Der Papst habe die ganze, im Westen noch vorherrschende Theorie von der »atomaren Überlegenheit abgelehnt, sehr zur Beunruhigung der USA«. Am 17. März 1962 empfing Papst Johannes XXIII. den Journalisten Aleksi Adschubej, Chefredakteur der *Iswestija* und Chruschtschows Schwiegersohn, der sich zu einer Konferenz in Rom aufhielt, zu einem Privatgespräch. Ehefrau Rada, die Tochter Chruschtschows begleitete ihren Mann und konnte kaum verbergen, wie tief sie von der Begegnung mit dem alten Papst im Vatikan bewegt war. War das Eis gebrochen, das die Beziehungen zwischen der katholischen Kirche und den Sowjets hatte erstarren lassen?

Johannes hatte die Gunst der Stunde ergriffen, gewisse Signale aus Moskau als Angebot für erste Kontakte gedeutet und das Gespräch gesucht: »Ohne Dialog wären alle Türen verschlossen.« Der vatikanischen Diplomatie neue Impulse zu geben, vor allem in Richtung Osten, aber auch im Blick auf die Befreiungs- und Unabhängigkeitsbewegungen in den Kolonien europäischer Staaten, besonders in Afrika, waren Teil einer Neuorientierung, die Johannes seiner Kirche verordnet hatte. Eine »Relectura« des Evangeliums und ein Überdenken des Verhaltens der Kirche in der Geschichte sollte den Herausforderungen der Gegenwart entsprechen, ohne sich billig anzupassen. Die Kirche sollte nicht länger »in der Vergangenheit« verharren, sondern sich in die Lage versetzen, aktiv am Weltgeschehen teilzunehmen, geeignete Antworten zu finden und die Welt, wo dies möglich und geboten schien, in die Kirche zurückzuführen. Das Projekt mochte dazu beitragen, Vertrauen zurückzugewinnen, wo dies durch Krieg und Kolonialzeit verloren gegangen war. Neue Herausforderungen, in den modernen, wie in den so genannten »unterentwickelten« Ländern drängten den Papst, seiner Kirche die Möglichkeit einzuräumen, neue Wege zu suchen und Maßstäbe zu setzen, um mit den Worten des Apostels Paulus zu sprechen: »Alles zu prüfen und das Gute zu bewahren.« Das am 11. Oktober 1962 eröffnete Konzil schuf eine Plattform dafür.

Weitere Anzeichen, »die Möglichkeit der Kontaktaufnahme

mit den Regierungen einiger osteuropäischer Länder ins Auge zu fassen«, stellte Agostino Casaroli, als Leiter der Delegation des Heiligen Stuhls bei der Konferenz der Vereinten Nationen über Konsularbeziehungen im April 1963 in Wien fest. Ungarn schien eine erste Adresse zu sein, nachdem Franz Kardinal König, dem Erzbischof von Wien erlaubt worden war, am 18. April den ungarischen Primas Kardinal Jozsef Mindszenty zu besuchen, der seit Ende 1956 als Flüchtling in der US-Botschaft in Budapest Asyl gefunden hatte. Auch mit der Tschechoslowakei deuteten sich Kontaktmöglichkeiten des Vatikans an. Casaroli wurde vom Staatssekretär angewiesen, »unverzüglich« in diese Länder zu reisen. Am 3. Mai fuhr er nach Budapest, am 9. Mai nach Prag.

Geheimdiplomatie für den Frieden

Doch die wirklich große Stunde des Papstes Johannes XXIII. stand noch bevor. Während die Bischöfe der katholischen Kirche im Petersdom über Liturgie und binnenkirchliche Strukturen diskutieren, nähern sich sowjetische Frachter der Karibikinsel Kuba. Ihre Ladung bedeutete Krieg: Ausrüstung und Mittelstrecken-Raketen, die atomare Sprengköpfe tragen konnten. Die Sowjetunion hatte sich entschieden, Fidel Castro, ihren Statthalter vor der Haustür der anderen Großmacht offen militärisch zu unterstützen. Castro forderte die USA noch weiter heraus. Jeder Angriff auf Kuba konnte den Ausbruch des Dritten Weltkriegs bedeuten. Hatte der Papst nicht soeben noch die Propheten des Untergangs in seiner Eröffnungsrede zum Konzil gerügt, die mit so wenig Hoffung in die Zukunft schauten? Amerikanische Satellitenaufklärung bestätigte den Bau von Abschussrampen auf der Zuckerinsel. Washington ordnete daraufhin eine Seeblockade Kubas an. Der US-Senat ermächtigt den Präsidenten als obersten Befehlshaber, mit Kernwaffen zu reagieren, falls die Vereinigten Staaten von Kuba aus angegriffen würden oder Westberlin in Gefahr geriete. Die Welt stand am Abgrund einer Katastrophe. Für die Vereinigten Staaten stand die nationale Sicherheit auf dem Spiel.

In diesem Oktober des Jahres 1962 trafen sich Schriftsteller und Gelehrte aus West und Ost in Andover, einer Stadt im amerikanischen Bundesstaat Massachussetts. Andover ist stolz auf seine koloniale Vergangenheit, noch schmücken zahlreiche der alten Gründerhäuser mit den typischen weißen »Clapboard«-(Schindel-)Fassaden den historischen Stadtkern. Die Neuengland-Gründung rühmt sich auch, eine der ältesten vormilitärischen Ausbildungsstätten zu beherbergen, die 1770 gegründete Philips Academy, wo auch Präsident George W. Bush seinen ersten Schliff erhielt. Samuel Francis Smith, Lehrer am Andover Theological Seminary schrieb die patriotische Hymne *America* und seitdem heißt die Gründerstadt in Neuengland ihre Besucher bereits am Ortseingang willkommen mit »Andover, Home of America«.

Aber diese Vergangenheitsgeschichte interessiert die gebildeten Teilnehmer der Konferenz nicht. Zunächst stellen sie mit Genugtuung fest, dass sie hier einen Ort gefunden haben, wo die teilnehmenden Amerikaner und Russen »noch« miteinander reden. Als Vertreter der katholischen Kirche nimmt eine eher schillernde Persönlichkeit der inoffiziellen Kirchendiplomatie jener Jahre teil: der Dominikanerpater Felix Morlion. Er unterhält in Rom, in einem Palazzo in der Via Nomentana, in dem sich früher die chinesische Botschaft befand, das Institut »Pro Deo« und eine Zweigstelle in New York. Die Einrichtung ist, wie ihr Gründer, für ihre militante antikommunistische Haltung bekannt.

Dem Belgier Morlion wird alles Mögliche nachgesagt: Er leite einen Geheimdienst im Vatikan und arbeite mit der CIA zusammen. Schon während des Kriegs sei er von den Amerikanern finanziert worden, von OSS-Chef Donovan. Auf amerikanischer Seite nimmt der bekannte Autor und »*citizen diplomat*« Norman Cousins an den Gesprächen teil, der enge Kontakte zum Weißen Haus unterhält, für den Präsidenten ein Mann für delikate Geheimaufträge.

Während in Neuengland ein friedlicher Ost-West-Dialog stattfindet, spitzt sich die Lage um die Karibik-Insel Kuba dramatisch zu. Fidel Castro, Moskaus westlichster Frontmann, wird zur Bedrohung für die gesamte Hemisphäre. Washington ist nicht bereit, dies hinzunehmen. Das Prinzip, das der »nationalen Sicherheit« der Vereinigten Staaten Priorität vor allen anderen Interessen einräumt, zwingt die Politik mit der hohen Geschwindigkeit, mit der die Frachter aus dem Osten Kurs auf Kuba nehmen, zu einer Entscheidung. Die Generäle im Pentagon warten nur noch auf die Anweisungen ihres Oberbefehlshabers.

Am 23. Oktober 1962 erreicht Norman Cousins aus Washington eine Anfrage des amerikanischen Präsidenten Kennedy. Unter Umgehung der üblichen diplomatischen Wege – die USA unterhalten noch keine Beziehungen auf Botschafter-Ebene zum Heiligen Stuhl – soll eruiert werden, ob der Papst zu einer Vermittlung bereit sei, um Parteichef Chruschtschow dazu zu bewegen, die tödliche Fracht zurückzubeordern. Es kommt auf jede Stunde an. Cousins berät sich mit Morlion. Dieser wendet sich an die Kurie und erhält vom Substituten Angelo dell'Aqua postwendend die Antwort: der Papst sei bereit.

Gleichzeitig senden Cousins und Morlion ein verschlüsseltes Telegramm an den Kreml-Chef. (Sie setzen das Telegramm angeblich unter »russischer Mithilfe« ab, das heißt, vermutlich befanden sich unter den Kongress-Teilnehmern gewisse »Experten«, die wussten, wie man so etwas macht.) Inhalt der Botschaft: »Wir glauben wirklich, dass Sie ein Freund des Friedens sind und dass Sie nicht den Tod von Millionen Menschen wünschen.«

Noch in der Nacht zum 24. Oktober arbeitet der Papst an einer eigenen Botschaft an die beiden Führer der Supermächte. Um Chruschtschow zum Einlenken zu bewegen, muss er die »richtigen« Worte finden. Der Vatikan gilt in den Augen der

Kommunisten nicht gerade als unparteiischer Vermittler, eine Problematik, die immer die päpstlichen Vermittlungen belastet hat. Der Papst löst sich aber aus dem Einflussbereich der beinharten Antikommunisten in der Kurie wie Kardinal Alfredo Ottaviani.

Nach der schweren Nacht zum 24. Oktober 1962 versammelt sich auf dem Petersplatz eine neugierige Menge, um die übliche Ansprache des Papstes zur Mittwochaudienz zu hören. Sie wartete nicht vergebens. Roncalli hält sich nicht immer an den vorbereiteten Redewortlaut. Er improvisiert gerne. An diesem Vormittag wendet er sich nicht nur an die Zuhörer allgemein, sondern auch an einen speziellen Adressanten, für den er wie nebenbei einen speziellen Satz einfügt: »Der Papst spricht immer gut von jenen Staatsmännern, auf welcher Seite auch immer, die sich bemühen, zusammenzukommen, um Krieg zu verhindern und der Welt den Frieden zu bringen.« Diese Botschaft ist nicht sonderlich verschlüsselt. Sie wird ohne Weiteres von dem verstanden, für den sie bestimmt ist: Nikita Sergejewitsch Chruschtschow, dem Herrn im Kreml. Es gibt dann aber doch einen schriftlichen Wortlaut. Dieser wird den Russen übermittelt und von Radio Vatikan am Mittag desselben Tages in alle Welt ausgestrahlt. Darüber hinaus schreibt Johannes XXIII. persönlich an Chruschtschow und an den amerikanischen Präsidenten John F. Kennedy. Das Unvorstellbare geschieht: Die Schiffe mit der tödlichen Fracht drehen ab.

Über die Sehnsucht der Welt nach Frieden hatte Johannes XXIII. immer wieder gesprochen. Aber diesmal war der Anlass ein dramatischer. Die Welt stand am Abgrund. Es drohte ein dritter, jetzt sogar atomarer Weltkrieg. Am 26. Oktober reagiert die *Prawda* mit einem Zitat auf der Titelseite: »Wir bitten alle Regierenden, nicht taub für den Schrei der Menschheit zu sein.« Dass es nicht zur Katastrophe kam, darf dem Friedensboten auf dem Stuhl Petri mit angerechnet werden.

Am Sonntag dem 28. März 1963 bedankt sich Präsident Kennedy mit einer persönlichen Botschaft für die päpstliche Intervention. Chruschtschow schlägt vor, weiter über Abrüstung und andere Möglichkeiten der Entspannung *(détente)* zu diskutieren. Nicht zuletzt aus dieser Erfahrung heraus reift in Johannes der Entschluss, eine Enzyklika für den »Frieden auf Erden« zu schreiben: *Pacem in terris.* Der Titel ist Programm. Auch der Begriff »Koexistenz« findet unter dieser Voraussetzung in einem offiziellen kirchlichen Dokument Zustimmung. Die Enzyklika erscheint am 11. April 1963. Sie wendet sich nicht nur an Katholiken, sondern, wie üblich, an alle Menschen guten Willens. Sie nimmt das Wort seines Vorgängers Pius XII. von August 1939 auf: »Nichts ist mit dem Frieden verloren, aber alles kann mit dem Krieg verloren sein.«

Der Papst ermahnt in seinem Papier unmissverständlich die Supermächte: »Es kann auch der Fall eintreten, dass Fühlungnahmen und Begegnungen über praktische Fragen, die in der Vergangenheit unter keiner Rücksicht sinnvoll erschienen, jetzt wirklich fruchtbringend seien und morgen sein könnten.« Allerdings vergisst er nicht, die Verfolgung der Kirche in den Ländern des Ostblocks zu verurteilen. Schon 1961 hatte er ein »Gebet für die Kirche des Schweigens« eingeführt und anlässlich seiner Krönung mit Telegrammen an den ungarischen Kardinalprimas József Mindszenty und an den kroatischen Kardinal Alojzije Stepinac, beide Opfer von Schauprozessen, an die unterdrückten Kirchen im kommunistischen Machtbereich erinnert. Schließlich erreichte er von Moskau die Freilassung des im Arbeitslager inhaftierten Großerzbischofs von Lemberg, Joszef Slipiy, des ranghöchsten Führers der mit Rom unierten Ukrainer.

Die mühsam sich eröffnenden Kontakte wurden nicht nur von Rom aus gepflegt. Neben dem Kuriendiplomaten Agostino Casaroli wurde der Wiener Erzbischof Franz Kardinal König beauftragt, Gespräche und Verhandlungen im Osten zu führen, in erster Linie in den mit Österreich historisch verbundenen Ländern, also in Prag und Budapest. Später, auf der KSZE-Konferenz in Helsinki 1975 trug der Heilige Stuhl schließlich ent-

216

scheidend dazu bei, dass die Anerkennung der Religionsfreiheit mit einer entsprechenden Klausel in der Schlussakte berücksichtigt wurde und nun den Vatikan in bilateralen Verhandlungen mit den jeweiligen Regierungen auch formal legitimierte.

Über allen Bemühungen der frühen 60er Jahre lag jedoch eine Unsicherheit: das hohe Alter und die schlechte Gesundheit von Johannes XXIII. Was würde nach ihm kommen? Der Nachfolger war so gut wie sicher. Exsubstitut Giovanni Battista Montini war von Pius XII. angeblich im Streit als Erzbischof nach Mailand versetzt worden. Insider interpretierten allerdings den Wechsel in die Lombardei positiver, was auch dem Papst gerechter und seinem Handeln mehr Sinn verleihen würde. Der Kurienmanager Montini sollte Erfahrungen in der Seelsorge sammeln; ein bedeutendes Erzbistum und damit ein purpurträchtiger Bischofssitz schien angemessen. Montini wurde so *papabile*. Johannes XXIII. ernannte ihn logischerweise umgehend zum Kardinal und jedermann, der die vatikanischen Zeichen lesen konnte, wusste: Montini ist der Kronprinz.

Das sahen sogar die Geheimdienste in Ost-Berlin so. Sie wussten dennoch wenig mit ihm anzufangen. Die Staatssicherheit bestellte deshalb eine Expertise zur »vatikanischen Ostpolitik«. In dieser Studie vom 21. Mai 1970 wird festgestellt: »In der Nachkriegsperiode nach 1945 bis etwa 1960 stand die vatikanische ›Ostpolitik‹ mit ihrem offenen Antikommunismus und Ablehnung aller Verhandlungen und Kontakte mit Vertretern sozialistischer Staaten weiterhin unter der Leitung von Papst Pius XII., dem Repräsentanten des engsten Bündnisses mit den faschistischen Staaten.« Unter seinem Nachfolger Angelo Roncalli sehen die ostdeutschen Experten dann aber eine Wende. »Dieser unter Papst Johannes XXIII. eingeleitete und sowohl innerkirchlich als auch politisch unumgängliche Prozess der Anpassung der katholischen Kirche an die moderne Welt konnte nach seinem Tode von Papst Paul VI. und den offen reaktionären kirchenleitenden Kräften weder liquidiert noch aufgehalten werden. Inzwischen hatten sich, bedingt durch die politische

Entwicklung in der Welt, auch innerhalb der katholischen Kirche viele Kräfte zu Interessengruppen zusammengeschlossen, die die Kirche aus ihrer Isolierung herauslösen und auch innerkirchlich der heutigen Zeit gemäße Reformen durchsetzen wollten.«

Sie unterschätzen den 1963 zum Papst gewählten Montini. Er, der unter dem Namen Paul VI. den päpstlichen Thron bestieg, galt zwar als Zauderer. Das umschrieb aber nur negativ, was besser positiv gedeutet werden sollte. Paul VI. beendete nicht vorzeitig das Konzil, was er hätte tun können. Er ließ die Entwicklung lange offen, weil er im »Aggiornamento« einen Prozess sah, der auch Rückschläge einschloss. Zaudern kann auch für Tolerieren stehen, für ein Aushalten und Ertragen von Eruptionen, die die Nachfolger dann schließlich wieder unterdrückten.

Der neue Papst war allerdings nicht so naiv zu glauben, aus lauter Menschenfreundlichkeit irgendein Entgegenkommen von den Kommunisten erwarten zu können. Einen Dialog mit den kommunistischen Machthabern hielt er für »schwierig, wenn nicht gar unmöglich«, sah es jedoch als seine Pflicht an, »dieser Kirche zu helfen, die nur durch ihr Leiden sprach, und ihr Energien für einen langen Atem, angesichts der unbestimmten Dauer des atheistischen Kommunismus, zu geben.«

Ihm und seinem Kuriendiplomaten waren allerdings gewisse gesellschaftliche Veränderungen in den Ostblockstaaten nicht entgangen. So erkannte Agostino Casaroli schon in den 70er Jahren eine »beinahe natürliche Bewegung der jungen Generation jener Länder für eine größere allgemeine Liberalisierung der Lebensbedingungen«. In einem Vortrag auf Einladung des Zentrums für strategische und internationale Studien der Georgetown University in Washington am 26. Januar 1978 ging Casaroli auf die Ausgangslage der Anfang der 60er Jahre einsetzenden neuen Bemühungen zur Verbesserung der Lage der Kirche in den betroffenen Ländern ein. Der Außenminister, Sekretär des Rates für die öffentlichen Angelegenheiten der Kirche, erinnerte an die Erfahrungen des Christentums in Europa in der Vergangenheit mit Systemen, »welche von ideologischen Prinzipien inspiriert waren, die nicht nur besonderen kirchlichen Strukturen, sondern der Religion als solcher entgegengesetzt waren«.

Keine Ideologie, keine Denkrichtung und keine Bewegung in der Geschichte sei allerdings »je mit einem Charakter aufgetreten, der so entschieden, so radikal und so bewusst Gott und die Religion, und zwar jede Religion geleugnet hätte, wie der ›dialektische Materialismus‹, die Saat des Marxismus«. Casaroli begründete die beiden hauptsächlichen Motive für den »Dialog des Heiligen Stuhls mit der kommunistischen Welt« mit den Problemen der Kirche und dem Dienst für Frieden und Fortschritt. Von Ostpolitik sprach er ungern. Er zog ihr die Bezeichnung »Seelsorge-Diplomatie« vor.

Der Kirche ging es darum, »innerhalb der starren Strukturen eines kommunistischen Staates und Systems für die Kirche und für die Religionsausübung hinreichende Möglichkeiten sicherzustellen«. Eine ideologische Aussöhnung mit dem kommunistischen System war damit selbstverständlich nicht verbunden. Vielmehr sah sich die Kirche in ihrem zähen Widerstand gegen den Atheismus und gleichzeitiger »aktiver Geduld«, um mit dem kommunistischen Staat im Dialog zu bleiben, gegenüber der Jugend jener Länder verpflichtet.

1970 war ein anderes »*crucial year*«. Es betraf Deutschland. Die Ostverträge mit Warschau und Moskau standen an und damit auch die weitere Entwicklung der Beziehungen zwischen den zwei Staaten in Deutschland. Dieser Prozess berührte selbstverständlich die päpstliche Diplomatie. Die Situation spiegelt sich auch in den Dokumenten der Nachrichtendienste, die den politischen Kadern zur Verfügung gestellt wurden. Die Absicht, einen Keil zwischen die »progressiven« und die »rückwärts gewandten« Kräfte zu treiben, war unübersehbar.

13. Schlapphüte machen Kirchenpolitik

DER BND FÜHRT DIE BUNDESREGIERUNG
GEGEN DEN HEILIGEN STUHL

Giovanni Benelli hatte gerne alles im Griff. Wehe wenn sich hinter seinem Rücken etwas abspielte, das er hätte wissen müssen. Da verließ der Substitut im vatikanischen Staatssekretariat schon mal zornig den Apostolischen Palast und recherchierte höchstpersönlich dort, wo er eine undichte Stelle oder eine Intrige entdeckt zu haben glaubte. So wunderten sich die Kollegen des römischen Büros der *Deutschen Presse-Agentur (dpa)* nicht schlecht, als eines Tages der Erzbischof bei ihnen aufkreuzte, um zu erfahren, wer eine Indiskretion über die neue, völlig unzulängliche Mischehen-Ordnung in die Welt gesetzt habe. Der stämmige Toskaner, den der ganze Vatikan wegen seines effizienten, aber hemdsärmeligen Herrschaftsstils nur noch »Sua Effizienza« nannte, fuhr vergeblich durch halb Rom. Der »Übeltäter« und Urheber der Indiskretion war Hanspeter Oschwald und der saß zu dieser Zeit noch in Stuttgart. Die Lücke blieb bis heute geheim, und Benelli stolperte über seinen Ruf als harter Kirchenmanager. Zweimal galt er als Mitfavorit bei der Papstwahl. Zweimal unterlag der inzwischen als Erzbischof und Kardinal nach Florenz versetzte Machtmensch.

Vorsicht ließ Benelli ansonsten überall walten, sogar in seinem eigenen Büro. Wenn überhaupt jemand zu ihm vordringen durfte, weil das Gespräch besonders wichtig war oder er diskret seine Seilschaften pflegte, konnte der Gast nicht gleich losreden. »Bitte gehen Sie vom Fenster weg«, forderte Benelli den Ahnungslosen auf. Meistens schloss er sie sogar, denn »vom Monte del Gallo können uns die Russen abhören«. Dort oberhalb des Bahnhofs S. Pietro liegt das riesige Anwesen der sowjetischen Botschaft in einem Park leicht hinter Bäumen versteckt. Ohne große Verrenkungen könnte das päpstliche Staatssekretariat den Sowjets mit Ferngläsern in die Büros schauen. Ob umgekehrt tatsächlich Richtmikrofone auf Benellis Arbeitsraum gerichtet waren und ob die Distanz nicht doch zu groß war, kann nur vermutet werden. Der Vatikan war zudem zu unterschiedlichen Zeiten unterschiedlich stark »verwanzt«. Bei Restaurierungsarbeiten wurden immer wieder »Wanzen« (Abhörgeräte) entdeckt. Die mussten nicht unbedingt die Gegner angefunkt haben. Alle Geheimdienste in Rom waren hinter Informationen aus dem Vatikan her.

Die Spannungen des Kalten Krieges ließen nichts und niemanden aus, schon gar nicht den hinter den Kulissen operierenden, soeben gewählten Paul VI. Mit diesem hatten die Analytiker allerdings so ihre Mühe. Selbst fast drei Jahrzehnte nach seinem Tod gehen die Urteile über ihn weiter auseinander als über jeden Papst nach Pius XII. Papst Paul VI. war gerade mal ein Jahr im Amt, da meldete der Bundes-Nachrichten-Dienst (BND) am 2. Oktober 1964 aus Rom die eigene Unzulänglichkeit. »Das Rätselraten um die ›Linie‹ Pauls VI. hat noch immer kein Ende gefunden. Ist der neue Papst als ein konservativer vatikanischer Diplomat anzusehen, der die von seinem Vorgänger Papst Johannes XXIII. ›inaugurierte neue Ära‹ möglichst einzudämmen versucht oder ein getreuer Vollstrecker des ›johanneischen Erbes‹, das er nur mit anderen, seinem Temperament angepassten Mitteln fortsetzt?« Der BND-Gewährsmann schätzte ihn jedenfalls als einen modernen, französisch geprägten Katholiken ein.

In allem anderen gab er wieder, was die Konservativen diesseits und jenseits des Atlantiks von dem »linken« und deshalb unzuverlässigen Montini befürchteten. Hysterisch würde man heute sagen. So regte sich der römische Informant über ein Weihnachtsgeschenk des Papstes an den Generalsekretär der Kommunistischen Partei Italiens, Luigi Longo auf, eine Luxusausgabe des Buches *Gli atti degli Apostoli* (Die Glaubensakte der Apostel). Dieses Werk, in einfacherer Aufmachung, ist allerdings im Rahmen der »Entsendung von päpstlichen Weihnachtsgaben an Persönlichkeiten des italienischen öffentlichen Lebens« auch an andere Prominente gegangen.

Die Rechte empörte sich über diese Ehre für einen Erzfeind, zumal der Gewährsmann herausgefunden haben wollte, nur sehr wenige Persönlichkeiten hätten diesen besonderen Weihnachtsgruß aus dem Apostolischen Palast erhalten, außer Longo, der sozialdemokratische Staatspräsident Giuseppe Saragat und der Vorsitzenden der sozialistischen Partei PSU, Pietro Nenni. Das Staatssekretariat konterte kühl: Die Auszeichnung sei nicht persönlich gemeint gewesen. Die Luxusausgabe gleiche aus, dass der Inhalt des Buches einem Kommunisten wohl nicht viel sagen werde. Das genügte dem BND-Informanten nicht. Er beschimpfte den Leiter des Papstsekretariats als Linken.

Nach dem Sprichwort, »den Sack schlagen ...«, war wohl eher der »Chef« selbst gemeint. Sollte es Spannungen in der Führungsetage der römischen Kurie gegeben haben, dann setzten die Bonner und Pullacher darauf, um die eigenen ostpolitischen Vorstellungen auch gegenüber dem Vatikan zur Geltung zu bringen.

Reichlich blind blieben sie, weil sie wie die ganze westeuropäische und amerikanische Politikklasse nicht richtig hinsehen wollten. Der Montini-Papst verfolgte nicht nur in der Ost-West-Politik eine seelsorglich motivierte Linie, sondern musste sich wegen seiner sozialen Verantwortung, zum Beispiel mit der Enzyklika *Populorum Progressio* – »Über den Fortschritt der Völker«, als Krypto-Kommunisten verdächtigen lassen. Der Zeitgeist identifizierte eben noch immer Papst und Kirche mit den herrschenden Konservativen und Christdemokraten. In Bonn wurde die diplomatische Aktivität des Vatikans in Richtung Osten ab Mitte der 60er Jahre nicht minder aufmerksam und je nach politischem Standpunkt skeptisch bis ablehnend beobachtet. Heinrich Krone ließ sich sozusagen engmaschig und unangemessen stark vom BND über die nachrichtendienstlichen Erkenntnisse aus dem Innern des Vatikans informieren. Das Augenmerk richtete sich jetzt zunächst einmal auf die Entwicklung in der polnischen Frage, auf eine eventuelle Neuordnung der kirchlichen Struktur in den ehemals deutschen Gebieten jenseits der Oder-Neiße-Linie. Die Meldungen blieben nicht nur auf rein faktische Auskünfte beschränkt

So polemisierte der frühere BND-Chef Reinhard Gehlen 1974 im *Rheinischen Merkur* äußerst scharf gegen die politische Wende in der vatikanischen Ost-Diplomatie. Gehlen wollte das Ende des geistigen Abwehrkampfes der Kirche gegen die atheistisch-kommunistische Welt und deren Ideologie erkannt haben. Während der Vatikan in der Nachkriegszeit seine Einstellung zum Kommunismus strikt theologisch begründete, sei mit der Geste Johannes XXIII., Chruschtschows Schwiegersohn Adschubej zu empfangen, eine politische Wende vollzogen worden.

Gehlen unterstellte Papst Paul VI., die Haltung seines Vorgängers sei für ihn eine nicht unwillkommene Weichenstellung in jene Richtung gewesen, die ihm wohl schon seit Ende der 20er Jahre als Notwendigkeit weitschauender Existenzsicherung der Kirche vorgeschwebt habe. Gehlen erinnert daran, dass der junge Montini durch die Behandlung seines Vaters, eines überzeugten Antifaschisten, durch die Mussolini-Behörden zutiefst erschüttert gewesen sei. Seither sei Montini »sicher prädisponiert für eine Aufgeschlossenheit gegenüber linkssozialistischen Illusionen, wie sie heute überall valent sind«. Es sei offenbar die feste Überzeugung des Papstes und seiner engsten Mitarbeiter, dass die kommunistische Revolution früher oder später auf der ganzen Welt siegreich sein werde. Schließlich beobachtete Gehlen bei Paul VI. einen ähnlichen Prozess »wie heute bei so vielen unserer deutschen Landsleute, die in Unkenntnis des wahren Gesichts des Kommunismus in diesem … eine Alternative zum Faschismus und Rechtsradikalismus sehen wollen«.

Außer auf Paul VI. zielten die Angriffe vor allem auf Agostino Casaroli, der als Außenminister des Heiligen Stuhls die neue Ostpolitik entworfen hatte. Mitte der 60er Jahre entwickelte sich unter seiner Federführung eine intensive Reisetätigkeit zwischen dem Kreml und dem Apostolischen Palast. Es blieb nicht mehr nur bei Grußbotschaften zu Weihnachten und zum Geburtstag wie noch zwischen Chruschtschow und Johannes XXIII. Am 27. April 1966 besuchte Außenminister Andrej Gromyko als erster hochrangiger sowjetischer Politiker den Vatikan. Er hatte mit Paul VI. bereits ein Jahr zuvor in New York einige Worte gewechselt, anlässlich des Besuches des Papstes bei den Vereinten Nationen. Über die Gespräche im Vatikan, in die neben dem Papst auch Casaroli einbezogen war, wurde Stillschweigen bewahrt.

Der BND mäkelte unter dem Datum vom 9. Mai 1966, die Begegnung habe »in einer sehr herzlichen Atmosphäre« stattgefunden und die beiden Gesprächspartner »nicht ein einziges Mal in Verlegenheit gebracht«. »Der Heilige Vater begab sich persönlich zur Eingangstüre, um seinen Gast zu empfangen und ihm als erster die Hand zu reichen und ihn aufzufordern, in seine Privatbibliothek einzutreten.« Der römische Informant glaubte auch die wahren Gründe zu kennen, warum Moskau die Nähe des Papstes suchte: Die verschiedenen vatikanischen Friedensinitiativen könnten nicht ignoriert werden. Die Verbesserung der Beziehungen Moskaus zum Vatikan könnten die Bemühungen der italienischen KP und anderer westlicher kommunistischen Parteien unterstützen, mit katholischen Linksbewegungen Kontakte zu knüpfen.

Am 30. Januar 1967 wurde der Vorsitzende des Präsidiums des Obersten Sowjets, Nikolai Wiktorowitsch Podgorny, von Paul VI. empfangen. Da keine offiziellen diplomatischen Beziehungen bestanden, blieb es bei »kleinem Protokoll« – eine Förmlichkeit, die aber die symbolische Bedeutung dieser Begegnung nicht schmälerte. Sie war mehr als ein Höflichkeitsbesuch, wenn Staatsoberhäupter dem Papst ihre Aufwartung machen. Beide Seiten verbanden mit dem Treffen politische Absichten.

Der Informant des Bundesnachrichtendienstes berichtete, dass die dem sowjetischen Staatsoberhaupt gewährte Audienz auch in engem Zusammenhang mit der Nahostkrise stand. »Bei seinen Bemühungen, die Heiligen Stätten in Jerusalem zu internationalisieren, möchte der Vatikan sich auch der Unterstützung Moskaus versichern.« Es wurden aber nicht nur freundliche Worte gewechselt. Der BND-Information zufolge erinnerte der Papst seinen Moskauer Gast auch an die bedrängte Lage der Kirche unter dem kommunistischen Regime. Dieser Teil des Gesprächs, so der Geheimdienst-Informant, habe zu lebhafter Diskussion unter Angehörigen des Staatssekretariats geführt. Sie habe sich an der Frage entzündet, ob Paul VI. seinem sowjetischen Besucher gegenüber das Problem der freien Religionsausübung in der Sowjetunion mit solch starkem Nachdruck hätte vertreten sollen oder nicht. Der Vatikan-Korrespondent Hansjakob Stehle konnte keinen großen Erfolg des Papstes erkennen. Podgorny sei dem Thema »höflich ausgewichen«.

Die Früchte sollten erst später reifen. Am 23. Februar 1971 reiste Casaroli nach Moskau. Er wurde von seinem engsten Mitarbeiter, Monsignore Achille Silvestrini begleitet, der später wie Casaroli in den Kardinalsrang aufstieg und die Kongregation für die Ostkirchen übernahm. Der äußere Anlass erschien seltsam und diente mehr als ein Vorwand. Der Heilige Stuhl trat dem Atomwaffensperrvertrag der Großmächte bei. Casaroli unterzeichnete das Vertragswerk in Moskau. Das hätte auch an einem anderen Ort geschehen können. Aber der offizielle Anlass erleichterte dem Vatikan, ein Flugticket in die Sowjetunion zu lösen und seinem Spitzendiplomaten den Einlass in den Kreml zu verschaffen.

Nach fünfzig Jahren Eiszeit nach dem Abbruch der diplomatischen Beziehungen betrat ein Delegat des Papstes das »Heiligtum« des Sowjet-Imperiums. Der erste Schritt zu einer diplomatischen Initiative des Heiligen Stuhls war getan, ein kleiner, dem viele Rückschläge folgen sollten.

Heute erstaunt aus der Distanz, wie sehr die deutsche Politik damals von geheimdienstlichen Informationen geleitet wurde, und das ausgerechnet zu einer Zeit, in der das katholische Milieu in Deutschland noch intakt, die Kirche einflussreich und der Papst unumstritten war.

Musste eine christlich-demokratische Partei und die von ihr getragene Bundesregierung nicht im direkten Kontakt besser informiert sein als über einen politisch mehr als umstrittenen Geheimdienst, der seinen Dienstsitz im bayerischen Pullach hat? Eigentlich ein Armutszeugnis, auf jeden Fall ein Beweis für das abgrundtiefe Misstrauen. Die Regime im Osten konnten dagegen kaum anders handeln. Sie mussten ihre Geheimdienste einspannen. Sie selber und erst recht diese Dienste verstanden ausgesprochen wenig von der Mentalität und den Motiven der Kirche. Das ging so weit, dass in Handreichungen für Spitzel die Kleiderordnung der katholischen Prälaten erklärt wurde. Manches las sich so unvorstellbar ignorant, dass es nicht überrascht hätte, wenn man angehende V-Männer aufgeklärt hätte, dass in Rom Männer mit langen Röcken herumlaufen und dass es sich dabei um Priester handelt, die so genannte Soutanen trügen. Die kommunistischen Länder hatten sich durch ihren Religionshass und die Kirchenverfolgungen im Laufe der Geschichte selbst isoliert. Das 1950 in der DDR gegründete Ministerium für Staatssicherheit beispielsweise musste zusammen mit seinen »Bruder-Organisationen« im Ostblock über ihre dunklen Kanäle ein gewaltiges Informationsdefizit ausgleichen.

Natürlich stand der Vatikan im Osten wie im Westen nicht an erster Stelle oder im Mittelpunkt der Spionageaktivitäten. Beide Seiten nahmen jedoch den Einfluss des Papstes und seiner Diplomaten so ernst, dass sie die ungeliebte römische Instanz auch nicht völlig ignorieren konnten.

Beim Bundesnachrichtendienst, einem Ziehkind der CIA, nahm sich Johannes Gehlen, ein Halbbruder des BND-Chefs, der Kirche an. Einer mehr in Gehlens »Vetternwirtschaft«, wie man in Pullach spottete. Schon während des Kriegs war er für die deutsche Abwehr in Rom eingesetzt gewesen. Unter dem Decknamen »Giovanni« führte er die als Dienststelle AK 14 getarnte Residentur. Das war kein Büro nach herkömmlichem Verständnis, sondern es umfasste nur ihn selbst in eigener Person, der als Sekretär im Vorzimmer des Direktors des Souveränen Malteser-Ritterordens angestellt war. Die Deutschen interessierten sich nicht nur für die Geheimdiplomatie des Vatikans, wobei angeblich auch laufende Informationshonorare gezahlt wurden, sie versorgten die Kirchenführung auch mit Wissenswertem, ganz wie die Amerikaner und wie es offenbar unter »befreundeten« Staaten üblich war.

Die Auswerter in Pullach mussten allerdings feststellen – auch dies ist nichts Unbekanntes im Geheimdienstgeschäft –, dass die Ausbeute mitunter dünn und von wenig Sachkenntnis geprägt war, besonders bei so diffizilen Fragen wie der Ostpolitik oder der Neuregelung der Bistumsgrenzen an der deutsch-deutschen Grenze. Dies wird durch einen Vorgang aus den 60er Jahren deutlich.

In einer Namensliste, die vom BND-Agenten Langemann alias Lückrath zusammengestellt worden war, werden neben Klerikern im Vatikan auch Personen genannt, deren Herkunft und Hintergrund eher zwielichtig erscheinen.

So ist von einer »Operation Monika« die Rede. Offenbar wurde mit Hilfe einer Dame versucht, deren Deckname »Eva« war, Informationen über die Ostdiplomatie des Vatikans und die Regelung von Diözesangrenzen in Polen und der DDR zu erlangen. Diese Form der Ausforschung erinnert stark an ähnliche östliche Methoden, bei denen unter Zuhilfenahme amouröser Kontakte – intern als »ungarischer Trick« oder »Methode Romeo« bekannt – Geistliche in eine erotische, sexuell verfängliche Situation gebracht und dann zur Mitarbeit erpresst werden sollten.

»Eva« scheint allerdings ein beliebter Tarnname in Ost wie

West gewesen zu sein. Er taucht auch wiederholt in den BND-Unterlagen auf, was die Identifikation dieser betreffenden Person nicht gerade erleichtert. So wird ein gewisser »Fatti« unter der Nummer »Eva 1200« genannt. Eine weitere »Eva« sitzt in einem nicht näher bezeichneten Ort in Südtirol. Es handelte sich um eine Ordensfrau, die zunächst in Nebentätigkeit für den Dienst arbeitete und dann, nach Austritt aus dem Orden, als feste freie Mitarbeiterin.

Zu jener Zeit waren in Rom angeblich zwei am Vatikan angestellte Monsignori für den BND tätig, der eine war ein deutscher Geistlicher, der schließlich mit seiner italienischen Haushälterin dem Vatikan den Rücken kehrte und »Arbeit in Pullach« suchte, was durch einen bischöflichen Einspruch verhindert worden sei. Hinter seinem Decknamen »Bruno« verbarg sich der Prälat Aristide Brunello, der sich mit einem vermutlich gekauften Titel eines Archimandriten schmückte. Seine Verbindungen sollen bis in höchste Kreise gereicht haben, etwa zu Kardinaldekan Eugène Tisserant, dem Leiter der Kongregation für die Orientalischen Kirchen. Tisserant wiederum hatte schon vor dem Krieg enge Beziehungen zur Benediktiner-Abtei Niederaltaich unterhalten. Im Vatikan galt der Purpurträger als ein außerordentlich herrisch auftretender Kirchenfürst. Nach dem Krieg wurde sein Name mit dubiosen Geldgeschäften in Millionenhöhe in Verbindung gebracht.

Die Brücke zueinander könnten Gehlen und Tisserant über die geistlichen Ritterorden gefunden haben, mit denen sie zu tun hatten: Gehlen hatte Verbindung zu den Maltesern, Tisserant war Großmeister des Ritterordens vom Heiligen Grab zu Jerusalem. Ein Malteser-Ritter verhalf Gehlen angeblich auch zu einer Privataudienz bei Pius XII.: der Austro-Amerikaner Eric Waldmann, ein Agent der CIA. Von Arbeitserfolgen Gehlens ist allerdings wenig öffentlich bekannt geworden.

In Langemanns Liste tauchen ferner ein falscher Marquese di Mistura und ein Roland von Vermes auf, angeblich auch ein Malteser-Ritter (hier muss es sich um eine Fehlinformation handeln, da der Herr aus rassischen Gründen nicht aufgenommen wurde, was nicht gerade für den Orden spricht). Schließlich wird Johannes Schauff genannt. Der gebürtige Rheinländer war eine »allgemein bekannte Persönlichkeit der Zeitgeschichte« (Rudolf Morsey). Der ehemalige Zentrumspolitiker und Siedlungsexperte (er war zusammen mit Heinrich Lübke in der Reichsstelle für Siedlerberatung und Gesellschaft zur Förderung der inneren Kolonisation tätig), hatte Ende der 30er Jahre Deutschland verlassen und zunächst mit Hilfe seines Parteifreunds, des Exzentrumsvorsitzenden Prälat Ludwig Kaas, in Rom eine Bleibe gefunden. 1939 emigrierte Schauff schließlich nach Brasilien. Dort schuf er sich mit der Fazenda »Kreuzhof–Santa Cruz« in Rolandia einen Ausgangspunkt, von dem er politischen Emigranten und jüdischen Mitbürgern bei der Ausreise nach Lateinamerika behilflich sein konnte.

Nach dem Krieg unterhielt Schauff Wohnsitze in Sterzing, in Rom und in Bozen. Wurde er dort von einer BND-»Eva« beschattet? Schauff agierte aus dem Hintergrund: in der Entwicklungshilfe, bei der Aussöhnung mit Polen, bei der Bildung der Großen Koalition als Mittelsmann zwischen Kiesinger und Wehner (1966). Der »Weltbürger und Wanderer zwischen Völkern und Kontinenten, Vorkämpfer für innerstaatliche wie für Völkerverständigung, Anwalt von Minderheiten, Staatenlosen, Flüchtlingen und Vertriebenen, Helfer der Bedrängten und Verfolgten in aller Welt, schließlich Pionier für internationale Siedlungsarbeit und Entwicklungshilfe«, kurz: »Botschafter des guten Willens«, um Rudolf Lill zu zitieren, starb 1990 in Bad Wiessee und wurde auf dem Campo Santo Teutonico im Vatikan beigesetzt. Der Nachrichtendienst meinte eher geringschätzig, Schauff habe sich in den 80er Jahren bescheidener Kontakte zum Vatikan rühmen können.

Manche schrieben nur »Stuss«

Die kommunistischen Staaten waren auf andere Methoden der Ausforschung angewiesen. Dabei griff der sowjetische Sicherheitsdienst auf die Mitwirkung der Geheimdienste der Verbündeten des sozialistischen Lagers zurück. Aber auch für den berüchtigten, mythenumrankten KGB gilt, was von den Spionagediensten der Nazis und vom MfS nach ihrem Ende ans Licht kam: im Inland verbreiteten sie Angst und Schrecken, im Ausland waren ihnen Zügel angelegt. Das lag sowohl an den eigenen Leuten wie auch an den oft zwielichtigen Zubringern.

»Unsere Nachrichtendienste haben im Ausland nicht wenig für unser Land getan«, erinnert sich der ehemalige ZK-Sekretär und Mitglied des Politbüros Alexander Jakowlew, um zugleich kritisch anzufügen, dass das Leben außerhalb des Sowjetreichs, zumal im kapitalistischen Westen, für viele Agenten doch recht verlockend war und mancher alles tat, um seine Moskauer Auftraggeber im guten Glauben zu wähnen, den besten Mann am Ort zu haben, um den Aufenthalt dort so lange wie möglich auszudehnen. Auch in der Ostberliner Stasi wussten manche ihre privilegierte Situation zu schätzen und materielle Vorteile daraus zu ziehen, etwas an der Legalität vorbei, wie zu erfahren war.

Daraus sollen sich gewisse Spannungen zwischen der Parteiführung und Mielkes »Firma« ergeben haben. Die sowjetischen Agenten jedenfalls, von denen Jakowlew spricht, entwickelten großen Eifer, selbst dann, wenn mal im Nachrichtengeschäft Flaute war. Dann wurde kurzerhand seitenlang abgeschrieben, was in den Zeitungen in den Ländern des jeweiligen Operationsgebietes stand.

Auf diese Weise ergossen sich, wie Jakowlew ironisch in seiner Abrechnung mit dem Sowjetsystem schreibt, Ströme von Desinformationen nach Moskau und ließen dort ein Informationschaos entstehen. Tausende von Auskünften, Rechenschaftsberichten und Meldungen vergilbten ungelesen in den Archiven. Denn die Auswerter in der Zentrale erkannten mit einem Blick, dass vieles, was die Zubringer und Agentenführer verfassten, nachrichtendienstlich gesehen, wie Jakowlew anmerkt, schlichtweg »Stuss« war. Mit Wasser haben sie alle gekocht. Fehlhandlungen gehörten auch zum Repertoire der Dienste – umso gefährlicher konnten sie der politischen Führung werden.

Für Italien hat es häufig gereicht, wenn in den Geheimdienstzentralen die kommunistische Parteizeitung *l'Unità* aufmerksam gelesen wurde. Die Spitzel nutzten sie genauso als alltägliche Informationsquelle wie die Auslandskorrespondenten der Weltpresse in Rom.

Nicht alle Regierungen beauftragten ihre eigenen Geheimdienste mit der Beschattung der Kirche. Der KGB spannte die Dienste der so genannten »Bruderländer« ein und ließ sich von ihnen berichten. Lediglich die Rumänen schlossen sich zunächst von dieser »Tschekistischen Internationale« aus. Der Vatikan wurde grundsätzlich den Sicherheitsorganen der Ländern überlassen, die auf eine katholische Tradition zurückblicken konnten, also Polen, Ungarn, Tschechoslowakei – in gewisser Weise auch der DDR.

Nach einer Analyse des Ministeriums für Staatssicherheit von 1960 fehlten damals Konzepte für die Zusammenarbeit unter Sicherheitsorganen der sozialistischen Staaten. Es gab zwar Absprachen unter einzelnen Staatsämtern für Kirchenfragen der Volksdemokratien. Diese wurden aber als mangelhaft beurteilt. Selbst das päpstliche Staatssekretariat blieb in der Kirchenpolitik der SED »stets ein drittrangiges Organ«, dessen »fürsorgliche« Betreuung die Staatssicherheit übernahm, bemerkt Clemens Vollnhals, der eine Reihe von Beschreibungen über Struktur und Aufgaben des MfS vorgelegt hat.

Erste Schritte werden im Juli 1963 bei einer Besprechung der sozialistischen Geheimdienste in Budapest abgesteckt, um »gemeinsame operative Maßnahmen während der Fortsetzung des Zweiten Vatikanischen Konzils« festzulegen. An erster Stelle stand die Absicht, ranghohe Kurienvertreter abzuschöpfen und als V-Leute zu gewinnen. Im Mai 1978 fixierten MfS und KGB zum ersten Mal ihre Arbeitsbeziehungen vertraglich. Ein gemeinsamer Perspektivplan wurde beschlossen. Weitere längerfristig angelegte Rahmenvereinbarungen folgten. An den Arbeitsbesprechungen nahmen bisweilen auch die Geheimdienste Kubas und Nordvietnams teil. Mit der Wahl des Krakauer Erzbischofs Karol Wojtyla zum Papst Johannes Paul II. 1978 veränderte sich aber alles schlagartig in der Geheimdienstszene des Ostblocks. Jetzt war »Feuer unter dem Dach«. Der Vatikan rückte ins Zentrum des Interesses der sozialistischen Länder und ihrer Dienste. Der »polnische« Papst und die römische Kurie galten nun als ideologische Gegner par excellence, die unbedingt bekämpft werden mussten.

14. Das erdichtete Protokoll

Der deutsche Journalist in Rom wunderte sich nicht schlecht. Ein aufschlussreicher Dialog entwickelte sich am Telefon zwischen ihm und der Heimatredaktion in Deutschland. »Sie haben doch so gute Quellen zum Vatikan. Finden Sie niemanden, der aus vatikanischer Sicht die deutsche Ostpolitik verurteilt?« Nein, das war nicht drin. »Das wäre Manipulation.« Kurzes Schweigen auf der Gegenseite. Dann die unverschämte Aufforderung: »Sie beziehen sich doch auch sonst gern auf nicht zitierbare Prälaten. Da könnte man sich doch auch mal einen imaginären äußern lassen.« Eine schlimme Erfahrung. Natürlich lassen sich die meisten Vatikan-Insider nicht gerne namentlich zitieren, weil es nur wenige Mutige gibt, die auch Sanktionen nicht fürchten. Aber einen erfinden, nur weil es in die Erwartungen der mehrheitlich konservativen deutschen Presse besser passt? Auf keinen Fall.

Die nicht einmal nur vereinzelte Zumutung führte dem römischen Korrespondenten vor Augen, wie daheim um die Ostpolitik gestritten und gegen Willy Brandt intrigiert wurde. Satellitenfernsehen gab es in dieser Zeit ja noch nicht und direkte persönliche Erfahrungen blieben eher die Ausnahmen, zumal auch die Telefonleitungen in jenen Jahren mehr zusammenbrachen als dass sie eine längere und teure Konversation erlaubt hätten. Wahrheit und Lüge waren nur schwer zu unterscheiden. Die Aussagen widersprachen sich häufig und zu Hintergrundgesprächen wurden die Journalisten nur eingeladen, um sie auf die eigene Seite zu ziehen.

Man schreibt Sommer 1970 und Bundeskanzler Willy Brandt wird in Rom erwartet, ein Ereignis, das Freund und Feind und sämtliche Geheimdienste auf den Plan ruft. Noch nie lag so viel innerdeutsche Spannung in der römischen Luft. Zum dritten Mal stattet Brandt Papst Paul VI. einen offiziellen Besuch ab. 1960 und 1966 war er schon als Regierender Bürgermeister von Berlin im Vatikan.

Der Bundeskanzler und die Mitglieder seiner kleinen Delegation logieren im »Grandhotel Hassler«, der vornehmen Adresse Piazza Trinità dei Monti 6. Das erste Hotel am Platz nimmt traditionell die deutschen Staatsgäste auf. Gleich neben der durch ihre Silhouette aus dem Bild herausspringenden doppeltürmigen »Dreifaltigkeitskirche auf den Hügeln« gelegen, erschließt sich dem Gast eine zauberhafte Sicht auf die weltberühmte Scalinata, die Spanische Treppe, und weiter wandern die Augen über das barocke Italien bis hin zum Vatikan. Bevor die Gäste zum Bummeln hinabsteigen, vorbei an dem Obelisken aus den Gärten des Sallust zur Piazza di Spagna, erfasst der Blick die unverwechselbare Kuppel des Petersdoms.

Am Fuß der Treppe angekommen mag mancher vor dem Vatikanbesuch über kirchliche Ansprüche nachdenken, wenn vor seinem Auge die Mariensäule auftaucht, die an die Proklamation des Dogmas »von der unbefleckten Empfängnis« von 1854 durch Pius IX. erinnert.

Ein Spaziergang zu den benachbarten Parks der Villa Medici und der Villa Borghese oder Shopping auf den nahen Via Veneto und Via Condotti kommt den deutschen Besuchern dieses Mal nicht in den Sinn. Ein Schlüsselereignis steht bevor. In den Vormittagsstunden des 13. Juli fährt der deutsche Regierungschef zur Audienz bei Papst Paul VI. in den Apostolischen Palast.

Der päpstliche Hof sieht für die hohen Besucher großes Protokoll vor. Für die Gäste gilt als Kleiderordnung »Frack mit schwarzer Weste«. Bevor Abgesandte Seiner Heiligkeit die deutschen Gäste abholen, »mit Kraftwagen, in denen jeweils ein päpstlicher Kammerherr die Gäste begleitet«, hat der Substitut, Erzbischof Giovanni Benelli, dem deutschen Regierungschef seine Aufwartung gemacht und ihm das Großkreuz des Pius-Ordens überreicht. Brandt soll nicht mit »nackter Brust« vor den Papst treten. Das wäre eines solch feierlichen Anlasses unangemessen. Mit der päpstlichen Auszeichnung erweisen sich Träger und Gastgeber eine besondere Referenz.

Mit dem Orden, einem prachtvollen achtzackigen Stern mit viel Blau, Weiß und Gold, werden »Männertugend und Verdienst« belohnt, wie es auf einer eingravierten Umschrift heißt. Der Orden kann an Laien und Kleriker verliehen werden, die sich um die Kirche verdient gemacht haben. Das Schmuckstück zählt aber auch, diplomatischem Brauch folgend, zu den Aufmerksamkeiten, die der Papst ranghöchsten Besuchern zukommen lässt, um die besonderen Beziehungen des Apostolischen Stuhls zu dem Staat zu würdigen, den der Gast repräsentiert.

Der protokollarische Ablauf des Besuchs ist minuziös festgelegt, von der Abfahrt vom Hotel bis zur Einfahrt in den Vatikan, der Ankunft im Damasushof und der feierlichen Begrüßung. Der Bundeskanzler erlebt als einer der letzten Vatikan-Besucher den Ehrenzug der Palatingarde vor deren Ende. Sie wird einen Monat später von Paul VI. im Zuge einer Kurienreform zusammen mit der Nobelgarde und der Garde der Gendarmerie aufgehoben. Sicherheits- und Wachdienst im Päpstlichen Palast obliegen seitdem allein der Schweizer Garde. Dann geht es mit den Aufzügen in den zweiten Stock zu den Audienzsälen. Kanzler und Gefolgschaft bilden nun den *Corteo*: begleitet von Schweizer Gardisten und Kammerherren begeben sie sich gemessenen Schritts durch die hohen Flure der Loggien zur Sala Clementina mit ihren überquellenden Wand- und Deckengemälden, und weiter zur Privatbibliothek, dem Arbeitszimmer des Papstes und Empfangsraum für private Audienzen.

Die Ankunft war dort auf 11 Uhr festgelegt: »Der Papst lädt den Herrn Bundeskanzler und den Herrn Botschafter ein, an seinem Schreibtisch Platz zu nehmen.« Erzbischof Agostino Casaroli ist anwesend, Pater Josef Spellucci ist als Dolmetscher vorgesehen. Die Begleitung des Kanzlers wird vorgestellt. Nach einem privaten Gespräch zwischen Papst und Kanzler werden in Anwesenheit der deutschen Delegation die Ansprachen gehalten. Es folgt der Austausch von Geschenken, schließlich noch das übliche Gruppenfoto. Für 11.50 Uhr ist bereits das Gespräch mit Kardinalstaatssekretär Jean Villot anberaumt, im selben Haus, einige Schritte weiter. Viel Zeit dürfte für einen vertieften Gedankenaustausch nicht verblieben sein. Soweit sind die Schilderungen aller Seiten und Beobachter gleich. Doch über alles Inhaltliche gehen die Darstellungen beträchtlich auseinander. Bundeskanzler Willy Brandt betont in seiner Grußadresse, die Regierung der Bundesrepublik Deutschland habe ihre Tätigkeit bewusst unter das Zeichen der aktiven Friedenssicherung gestellt. Er nennt an erster Stelle den Zusammenschluss der westeuropäischen Staaten und Völker, »um den wir uns nachdrücklich bemühen«. Die nächsten Sätze weisen auf die Kurskorrektur der sozialliberalen Regierung hin: »Hier berühren sich unsere Bemühungen um die Integration in Westeuropa mit unserem Bestreben, mit den osteuropä-ischen Völkern einen Ausgleich zu finden. Über alles Trennende hinweg teilen die europäischen Völker in Ost und West ein gemeinsames Schicksal.« Der folgende Satz fiel für westliche Ohren ebenfalls nicht aus dem Rahmen, hätte allenfalls heimliche Mithörer aus dem Osten gestört: »Im Dienst am Menschen begegnet sich das Wirken kirchlicher und gesellschaftlicher Kräfte mit dem Handeln derer, die unmittelbare politische Verantwortung tragen.«

Papst Paul VI. erwiderte im selben Tenor, dass er sich seit Beginn seines Pontifikats unentwegt für die Sache des Friedens eingesetzt habe. »Sicher hat die Kirche hier eine Mission zu erfüllen, die sich von jener der Staaten unterscheidet«, fügte er hinzu und erklärte, die Kirche wolle Brücken bauen von Volk zu Volk. Unter Bezugnahme auf seine Ansprache vor Mitgliedern der EWG und Euratom im Jahre 1957 versicherte der Papst, »dass der Heilige Stuhl dem Anliegen eines geeinten Europa seine volle moralische Unterstützung gewährt«. Es handele sich um ein Anliegen, das von vielen, ungeachtet der augenblicklichen Schwierigkeiten, als notwendig und dringend gesehen werde, »und zwar, wie Wir früher bereits betont haben, die Einigung auf dem wirtschaftlichen Sektor und dann, wenn möglich – unter Berücksichtigung der jeweils geschichtlichen Gegebenheiten – im politischen Bereich«.

Die Audienz dauerte laut *Archiv der Gegenwart* rund 75 Minuten. Die Diskrepanzen beginnen beim Inhalt über das private Gespräch. Vor der Presse bestätigte der Kanzler, »dass man sich etwas zu sagen hatte« und dass die Oder-Neiße-Grenze angesprochen worden sei. Beide Seiten hätten das Problem beleuchtet, »nicht mehr, nicht weniger«. Für den Papst habe dabei die Sorge um die Kirche und die Seelsorge im Vordergrund gestanden, für ihn selbst (Brandt) das politische Problem.

Wie im Vatikan nicht anders erwartet, aber unkommentiert zur Kenntnis genommen, äußerte sich Brandt über seine Gespräche (in der deutschen Wiedergabe gesperrt gedruckt) mit Paul VI., »über die nichts Offizielles verlautbart wurde«, auf der Pressekonferenz. Er habe die Politik der Bundesregierung gegenüber West- und Osteuropa sowie das Thema Sicherheit in Europa erläutert. Der Papst habe zu diesem Gesprächsabschnitt Brandt Mut gewünscht.

Näheres überlässt die deutsche Seite, wie bei solchen Anlässen üblich, dem Regierungssprecher. Zur Frage der polnisch verwalteten Bistümer in den ehemaligen deutschen Ostgebieten sagte Staatssekretär Conrad Ahlers, dass nach einem eventuellen Vertrag zwischen Bonn und Warschau die religiösen Belange in jenen Gebieten Gegenstand von Kontakten mit dem Ziel eines Übereinkommens zwischen der BRD und dem Vatikan sein würden. Ebenso wie ein Abkommen zwischen Bonn und Warschau würde ein Abkommen Bonns mit dem Vatikan einen Vorbehalt hinsichtlich einer endgültigen Friedensvertragsregelung enthalten. Man werde aber eine pragmatische Lösung finden. Der Papst befürworte die Bonner Ostpolitik. Er werde aber die Oder-Neiße-Linie nicht anerkennen, bevor ein entsprechendes Abkommen zwischen der Bundesrepublik Deutschland und Polen getroffen worden sei.

Die offiziellen Reden enthielten nichts, was die besondere Aufmerksamkeit der östlichen wie westlichen Nachrichtendienste hätte erregen können. Wurde aber während der privaten Konversation über wirklich nichts anderes gesprochen? Welches Thema stand im Vordergrund? Vom Vatikan war da nichts zu erfahren, das liegt in der extremen Diskretion des Heiligen Stuhls begründet. Über Gespräche werden keine Wortlautprotokolle geführt, nur Zusammenfassungen, das so genannte »verbale«. Und diese bleiben bei den geheimen Akten. Dennoch kursierte bald das Gerücht, es gebe eine Mitschrift, ein »Stenogramm«. Die polnischen Sicherheitsorgane hätten es sich bereits beschafft und über Moskau auch dem ostdeutschen MfS zur Verfügung gestellt. Es wurde nach der Auflösung der Stasi-Archive unter den Restbeständen gefunden. Die Papiere tragen das Datum vom 14. September 1970. Die Quelle wird natürlich geheim gehalten, aber als zuverlässig bezeichnet.

Wir fassen das angebliche Wortprotokoll zusammen. Daraus ergeben sich folgende Behauptungen: Brandt ist nach Rom gereist, um »sich der Unterstützung des Papstes Paul VI. für seine Außenpolitik zu versichern«. Erörtert worden sind die »Ostpolitik« der Bonner Regierung und die Aussichten einer Einberufung einer gesamteuropäischen Beratung zu Fragen der europäischen Sicherheit. Brandt hat betont, an seiner Ostpolitik trotz des Widerstands der Opposition im Bundestag festzuhalten, und er hat Paul VI. gebeten, entsprechenden Einfluss auf die Führung der CDU/CSU auszuüben. Brandt nannte vor allem Kurt-Georg Kiesinger, wobei er diesem angeblich Widersprüchlichkeit zwischen dessen Katholizität und politischem Handeln unterstellte. Auch die Namen von Rainer Barzel und Franz Josef Strauß fallen in diesem Gespräch.

Der Papst hat, so das Geheimdienstprotokoll, mit einer eher

allgemeinen Bemerkung über Divergenzen zwischen Politik und Moral geantwortet. Im weiteren Verlauf des Gesprächs hat er sich nach den Verhandlungen mit der polnischen Regierung erkundigt. Brandt hat die Oder-Neiße-Grenze als eine vollendete Tatsache anerkannt. Danach soll der Kanzler das Kirchenoberhaupt gebeten haben, »Bischöfe in den Bistümern auf den Territorien zu ernennen, die im Ergebnis des Zweiten Weltkriegs von Deutschland an Polen übergegangen sind«.

Diese Bitte sei ihm auch von Kardinal Wyszinski und anderen Führern der katholischen Kirche in Polen vorgetragen worden, soll der Papst geantwortet haben. Er habe diese aber aus Prestigegründen des Vatikans noch nicht erfüllen können, wolle dies aber unverzüglich vornehmen, »wenn die Verhandlungen zwischen der BRD und der VR Polen zur De facto-Anerkennung der Oder-Neiße-Grenze durch Westdeutschland führen«.

In anschließenden Begegnungen zwischen dem Bundeskanzler Willy Brandt und dem Kardinalstaatssekretär Jean Villot sowie dem Substituten Giovanni Benelli und dem vatikanischen Außenminister Agostino Casaroli äußerte sich der Kanzler zufrieden über das Gespräch mit dem Papst. Die römische Quelle der Ostspionage teilt weiter mit, der Vatikan werde auf die christdemokratische Opposition Einfluss nehmen, damit sie keine Hindernisse für die Ostpolitik der westdeutschen Regierung schaffe. Paul VI. habe auch seine Bereitschaft für einen Dialog mit Kiesinger geäußert, wenn Letzterer auf die von ihm bisher eingenommene Haltung verzichte. Paul VI. sei schließlich vollkommen mit der Ostpolitik Brandts einverstanden und halte sie für aussichtsreich. Er könne sie jedoch unter Berücksichtigung der komplizierten inneren Lage der katholischen Kirche offiziell nicht unterstützen, wolle aber auf die Führung der katholischen Kirche in der Bundesrepublik entsprechend einwirken.

In den Akten zur auswärtigen Politik der Bundesrepublik Deutschland fehlen solche damals als gewagt empfundenen Äußerungen. Auch der damalige deutsche Botschafter beim Heiligen Stuhl, Hans Berger, hatte eine »zusammenfassende Aufzeichnung« der Papstaudienz angefertigt, die jedoch manchen Punkten in auffälligem Gegensatz zum Geheimdienstprotokoll steht. Nach beiden Protokollen stimmten die beiden Gesprächspartner in der Substanz überein, dass die Gebiete des Deutschen Reichs, die von der Potsdamer Konferenz unter polnische Verwaltung gestellt worden waren, faktisch zu Polen gehören und dass die Oder-Neiße-Linie die polnische Westgrenze bildet. Kaum ein Wort in Bergers Notiz über die kirchliche Neugliederung im Osten.

Botschafter Hans Berger galt als ein entschiedener Kritiker der Ostverträge wie auch der vatikanischen Ostpolitik. Er wurde vorzeitig von Außenminister Walter Scheel abberufen und in den einstweiligen Ruhestand versetzt. Der protestantische Diplomat maß derartigen Papstgesprächen nur geringes politisches Gewicht bei. Der politische Einfluss des Vatikans habe sich seiner Meinung nach besonders nach dem Zweiten Vatikanischen Konzil weiter vermindert. Im Vordergrund vatikanischer Diplomatie stünden moralische, nicht politische Gründe.

Vermutlich sprach daraus auch nur Bergers Nebenrolle. Die Bonner Politik lehnte er ab, ebenso wie sein Geistlicher Beirat, Heinrich Josef Krahé, Nachfolger des legendären Josef Höfer, der sich auch in den schwierigsten Zeiten den Nazis verweigert hatte. Krahé stammte aus dem Vertriebenenmilieu. Er betrieb in Rom im Auftrag der deutschen Bischöfe die eigentliche Anti-Brandt-Politik und weniger der reichlich ahnungslose Berger. Der spätere Bundeskanzler Helmut Schmidt soll über Krahés Illoyalität so verärgert gewesen sein, dass er das Amt des Geistlichen Beirats an der deutschen Botschaft beim Heiligen Stuhl gänzlich abschaffen wollte. Tatsächlich diente dieser Monsignore mehreren Herren. Als Pfarrer seinen Bischöfen und dem Papst und als Diplomat seinem Vaterland. Standen die im Konflikt zueinder, verfolgte er seinen eigenen Weg.

Mit den widersprüchlichen Schilderungen gingen die Medien ebenso unterschiedlich um. So berichtete Italiens größte und angesehenste Zeitung, der Mailänder *Corriere della Sera,* von einem recht langen Gespräch zwischen dem Oberhaupt der katholischen Kirche und dem deutschen Bundeskanzler über die deutsche Ostpolitik und die damit zusammenhängenden Fragen der kirchlichen Verwaltung sowie die Probleme der Katholiken in den ehemaligen deutschen Ostgebieten. »Der Papst ist vorsichtig. Staat und Kirche arbeiten auf verschiedenen Ebenen«, schrieb der Vatikan-Korrespondent, der damals zu den best informierten Vatikanisten gehörte. Paul VI. unterstütze einen Dialog auch mit den kommunistischen Staaten, vorausgesetzt, dass dies politisch wirklich eine Suche nach Entspannung und friedlichem Zusammenleben und nicht einen Frontwechsel, eine Entfernung, wenn nicht sogar eine Trennung vom westlichen Europa bedeute. Der vatikanische Stichwortgeber ist unüberhörbar.

Das Blatt stellte die Äußerung des Bundeskanzlers, der Papst habe ihm zur Ostpolitik Mut gewünscht, und die des Regierungssprechers Ahlers, der Papst habe den Bundeskanzler ermutigt, auf dem eingeschlagenen Weg weiterzugehen, kommentarlos nebeneinander. Der in jener Zeit linke *Il Messaggero* und der rechte *Il Tempo,* römische Konkurrenzblätter, aber meldeten Bedenken an der Richtigkeit der Darstellung des Regierungssprechers an. Der *Messaggero* schrieb, von vatikanischer Seite sei man äußerst zurückhaltend gewesen. Die Rede Pauls VI. enthalte kein Wort einer ausdrücklichen Zustimmung, allenfalls wohlwollende Worte, mit Rücksicht auf die pastoralen Notwendigkeiten und wegen einer geplanten Reise des Papstes nach Polen.

Der liberale *Corriere della Sera* und der rechte *Tempo* stimmen überein: Vom Vatikan seien keine Schritte auf eine Änderung der kirchlichen Verwaltung in den ehemaligen deutschen Gebieten vor einem Vertragsabschluss zwischen Bonn und Warschau zu erwarten. Das klang nach einer offiziellen Verlautbarung. Sie reichte offenbar nicht aus, um die politischen Bedenkenträger in der Bundesrepublik Deutschland zu beruhigen.

Das angebliche »Stenogramm der Verhandlungen« zwischen Willy Brandt und Paul VI., das in den Stasi-Unterlagen auftauchte, verunsicherte allerdings auch die Analytiker in Moskau. Es wecke zwar nicht den Verdacht der Desinformation oder Inspiration, »obwohl dies nicht vollkommen ausgeschlossen werden kann«. Wer aber kann dieses »Wortprotokoll« fabriziert haben? Vielleicht der von Hansjakob Stehle näher beschriebene Eduardo Prettner-Cippico? Der Priester, der im Vatikan arbeitete, hatte schon in den 30er Jahren mit dem Staatssekretariat zu tun. Prettner kam in der Zeit des Kalten Kriegs mit einem gewissen Janos Bogye in Kontakt. Dieser war als Vizekonsul der ungarischen Botschaft in Rom akkreditiert. Doch das war nur seine Tarnung. Wie Stehle schreibt, war Bogye als Resident des sowjetischen KGB in die ungarische Botschaft eingebaut worden – zuständig für den Vatikan und die katholische Kirche.

Bildeten Prettner-Cippico und Bogye ein Team, das bis in die 70er Jahre hinein Informationen aus dem Vatikan lieferte, die als »Bruderinformationen« der »Sicherheitsorgane der UVR«, der Ungarischen Volksrepublik, auf dem Umweg über Moskau auch auf den Schreibtischen des Auslandsnachrichtdienstes HVA des Ostberliner Ministeriums für Staatssicherheit landeten? Haben die beiden im Wohnzimmer von Prettner-Cippico die »Wortprotokolle« fabriziert, die sie aus Zeitungsberichten und anderen Informationen zusammenstellten? Manches deutet darauf hin. Zweifel bleiben. Immer wieder tauchten auch später noch Informanten aus dem deutsch-römischen Milieu auf, die mal finanzieller Vorteile wegen, mal aus ideologischer Überzeugung und mal aus parteipolitischen Interessen die Geschäfte der Spionage und der Desinformation betrieben.

242

15. Wie ein Dementi entsteht

Das Dementi ließ auf sich warten. Immerhin dauerte es zwei Monate, bis die Deutsche Bischofskonferenz verlauten ließ, dass eine Meldung jeder Grundlage entbehrte. Da war die Nachricht schon zwei Monate alt. Man schrieb das Jahr 1975 und hinter den Kulissen wurde mit allen Karten gespielt, um zu verhindern, dass der Vatikan aus den ostdeutschen Bistumsteilen selbständige Diözesen machte. Dabei hatte Außenminister Agostini Casaroli einen Entwurf in der Schublade, mit dem das Erzbistum Magdeburg als Kern der neuen ostdeutschen Kirchenlandschaft wiedergegründet werden sollte.

Ein kirchlicher Mitarbeiter, dem ein schwer durchschaubares Interessenspiel zur Indiskretion veranlasste, hatte dem *dpa*-Korrespondenten Hanspeter Oschwald die Information gesteckt. Die Meldung stand auf der ersten Seite der meisten deutschen Zeitungen. Und blieb monatelange unwidersprochen. Dann hatten sich zwei Dinge geändert. Die deutschen Bischöfe hatten erreicht, dass aus Casarolis Papieren Makulatur wurde. Und der mutmaßliche, arme Informant wurde identifiziert. Zumindest wurde ein deutscher Priester, der für die provozierende Indiskretion verantwortlich gemacht wurde, strafversetzt. Statt in Rom musste er den Rest seines Lebens ziemlich krank in Norddeutschland verleben.

Wer da gegen wen intrigiert hat, lässt sich nur vermuten. Nennen wir den Deutsch-Römer Pfarrer K. H. Er galt in Rom als ein Vertrauter des Berliner Erzbischofs Alfred Kardinal Bengsch. Möglicherweise wollte er mit der Indiskretion in der

Tat nur die Teilung der deutschen Kirche verhindern, die ja nicht irgendeine ferne Möglichkeit war. Die evangelische Kirche in Deutschland hatte sich vorangehend, nach quälenden Grundsatzdebatten, in Ost und West getrennt. Warum sollte die katholische nicht auch die »Realitäten« anerkennen? Dafür hätte die DDR nahezu alles getan. Der römische Segen – das wäre das Höchste gewesen, was dem international isolierten »deutschen Arbeiter- und Bauernstaat« fehlte. Zwar verkündete die SED sozusagen an jeder Litfaßsäule, was zum Einmaleins ihres Credos gehörte und schon den Erstklässlern indoktriniert wurde: Religion ist von gestern, höher Gebildete sollten vom »historisch determinierten Ableben« der Religion überzeugt werden. Solange diese aber noch bestand, half keine ideologische Überzeugung.

Das politische Geschäft hatte Vorrang und eine Frage besaß absolute Priorität für die Führung des SED-Staats: die internationale Anerkennung als selbständiger »sozialistischer Staat deutscher Nationalität«, wie ihn die Verfassung der DDR vom 6. April 1968 behauptet. Wenn auch erste Schritte durch Beziehungen zu internationalen Organisationen und einzelnen Staaten getan waren, so kam doch die Anerkennung des »souveränen Staates DDR« durch den Heiligen Stuhl gewissermaßen einem Ritterschlag gleich, der einen immensen Prestigegewinn für das sozialistische Regime bedeutete.

Um dieses Ziel zu erreichen, musste eines der schwierigsten Hindernisse überwunden werden, eine Klammer, die beide Teile Deutschlands trotz der faktischen politischen Bindung zusammenhielt: die Einheit der Bistümer mit Jurisdiktionsbezirken in West und Ost, wobei sich die Kathedralsitze durchweg in west-(bundes-)deutschen Städten befanden.

Umso intensiver betrieb Ost-Berlin eine Politik gegenüber dem Vatikan, die auf eine Verselbständigung der auf dem Territorium der DDR liegenden Bistumsteile, eine eigene nationale Bischofskonferenz und einen Päpstlichen Nuntius abzielte, der bei der DDR akkreditiert sein müsste. Papst Paul VI. und sein

Chefdiplomat Casaroli zeigten sich diesen Vorstellungen durchaus aufgeschlossen. Allein seelsorgliche Gründe waren dafür ausschlaggebend. Eine DDR-Lösung konnte Modell für ähnliche Abmachungen mit anderen Staaten des Ostblocks sein. Denn mit der sowjetischen Vorherrschaft und der Dauer des sozialistischen Systems wurde für nicht absehbare Zeit gerechnet. So lautet bis heute die Argumentation derjenigen, die eine gewisse Sympathie für die damalige vatikanische Ostpolitik hatten.

Die ersten Schritte der Annäherung erfolgten behutsam. Sorgsam vor der Öffentlichkeit verborgen, eher im Stil von früher bekannter päpstlicher Geheimdiplomatie, deutlich eigenmächtig gegenüber den betroffenen Kirchenleitungen in Ost- und Westdeutschland – aber immerhin nicht ohne diese zu informieren, vollzogen sie sich. Die Informationen an die örtlichen Kirchenleitungen sollten beruhigen, denn die diplomatischen Schritte hatten Argwohn und Ablehnung, heftige Kontroversen bis hin zu schärfster Kritik insbesondere auf Seiten katholischer Laien und hier wiederum insbesondere bei Politikern der Unionsparteien ausgelöst.

Das Verhältnis zwischen Bonn und der römischen Kurie, das seit dem Adenauer-Eklat mit Johannes XXIII. wegen dessen Moskauer Fühlungnahmen nicht gerade unter einem guten Stern stand, litt weiter unter ziemlichen Spannungen. Der Münchner Erzbischof, Julius Kardinal Döpfner, der Vorsitzende der Deutschen Bischofskonferenz, brachte gegenüber »Rom« deutlich zum Ausdruck, dass sich die westdeutschen Bischöfe weiterhin auch für die katholische Kirche in Ostdeutschland mitverantwortlich fühlten.

Verkannte man in Rom die wahre Realität des »Unterdrückungsstaats« DDR, der seinen Bürgern nach innen wie nach außen die zivilen Freiheitsrechte vorenthielt? Waren die Bilder von abgeriegelten Autobahnen nicht bis in den Vatikan gelangt? Würde das Regime eine katholische »Ortskirche« in der DDR, losgelöst von ihren westdeutschen Bindungen, nicht ebenso einschließen?

Die Ausgangslage als Folge des Zweiten Weltkriegs und der politischen Entscheidungen der Siegermächte war klar. Deutschland war geteilt, der Eiserne Vorhang durchschnitt auch die kirchlichen Territorien.

Die Diözesen Fulda, Würzburg, Paderborn, Hildesheim und Osnabrück waren von ihren ostdeutschen Gebieten weitgehend abgeschnitten. Die zuständigen Bischöfe hatten äußerst selten oder überhaupt keinen Zugang zu den Sprengeln auf dem Gebiet der DDR. Den bischöflichen Kurien war eine ordentliche direkte Verwaltung nahezu unmöglich gemacht, von notwendigen Arbeitskontakten mit den staatlichen Organen ganz zu schweigen. Bischöfliche Kommissare vertraten ihre Heimatbistümer im »anderen Teil Deutschlands.« Dies galt für die Bistumsteile Erfurt-Meiningen (Heimatbistümer: Fulda und Würzburg), Magdeburg (zu Paderborn), Schwerin (zu Osnabrück) und für kleinere Teile von Hildesheim.

Römische Korrespondenten nahmen in jenen Jahren das alljährlich neu aufgelegte Päpstliche Jahrbuch, das *Annuario Pontficio*, mit Spannung zur Hand. Ihre Pflichtaufgabe war es, nach den deutschen Ostbistümern zu suchen. Als was wurden sie geführt? Der diplomatisch-pastorale Seiltanz manifestierte sich in ausgeklügelten Bezeichnungen. Zuerst vertraten bischöfliche Kommissare die westlichen Oberhirten. Dann wurden sie zu Administratoren aufgewertet, aber es wurde stets nachhaltig unterstrichen, dass es sich um persönliche Titel handelte, denn die Umstrukturierung, sprich Aufwertung der bischöflichen Ämter in Administraturen, und damit der erste Schritt zur Abtrennung der ostdeutschen Bistumsteile von ihren westlichen Mutterdiözesen, sei ja nicht vollzogen worden.

Die pastoralen Bedingungen mussten allerdings zurückstehen, bis Bonn mit dem Grundlagenvertrag halbwegs annehmbare Voraussetzungen geschaffen hatte. Am 23. Juli 1973, einen Monat nach Abschluss des Grundlagenvertrags zwischen der Bundesrepublik Deutschland und der Deutschen Demokratischen Republik, erhob der Vatikan die drei bischöflichen Kommissare von Erfurt, Magdeburg und Schwerin zu Apostolischen Administratoren, die »päpstlich«, d.h. dem Vatikan direkt verantwortlich waren.

Sie alle waren Prälaten im bischöflichen Rang, Titular-Bischöfe, in ihren Befugnissen kaum mehr als »Weihbischöfe«. Der Apostolische Administrator übte sein Amt unmittelbar im Auftrag des Heiligen Stuhls aus. Die Kommissariate wurden in Bischöfliche Ämter umbenannt. Die rechtliche Zugehörigkeit zur Mutterdiözese wurde zwar nicht berührt, jedoch die Jurisdiktion des jeweiligen Diözesan-Bischofs suspendiert. Dabei blieb es bis nach dem Ende der Teilung.

Nach der Wende erst erfolgte die längst als zweckmäßig erkannte Neuordnung der katholischen Kirche in den betreffenden Gebieten: 1994 wurden die eigenständigen Bistümer Erfurt und Magdeburg geschaffen, 1995 kam das Bischöfliche Amt Schwerin zum neu errichteten Erzbistum Hamburg.

Der Schweizer Vatikan-Journalist Hanno Helbling beschreibt in seinem Buch *Politik der Päpste* dieses bewegende Kapitel vatikanisch-deutscher Kirchenpolitik – wobei seine offenbar guten Kontakte zum Staatssekretariat wie zur westdeutschen Bischofskonferenz ihren Niederschlag finden (vgl. Hanno Helbling: *Politik der Päpste – Der Vatikan im Weltgeschehen 1958 bis 1978*, Berlin 1981).

Zwar hatte der Vatikan stets die Auffassung vertreten, dass eine Grenze, die nicht durch ein internationales Abkommen sanktioniert ist, nicht Grundlage einer kirchlichen Neuordnung sein kann. Damit war aber nicht die Frage nach den seelsorglichen Notwendigkeiten beantwortet, wie sie in Rom beurteilt wurden. Im Zusammenhang mit der »deutschen Frage« hatten der Heilige Stuhl auch die besonderes Situation West-Berlins zu beachten, kirchenrechtlich ein Teil des Bistums Berlin, aber eingebunden in die katholische Kirche in der Bundesrepublik – aus westdeutscher Sicht sozusagen eine Klammer zwischen dem kirchlich wie politisch »unteilbaren Deutschland«.

Welche Folgen hätten eine Neuregelung der kirchlichen Jurisdiktion und eine damit verbundene Anerkennung der DDR sowie die Errichtung einer Nuntiatur in Ost-Berlin gehabt – »wozu Paul VI. neigte«, wie Helbling schreibt. Kümmerten den Papst die besonderen innerdeutschen Beziehungen so wenig wie andere Staaten, die mit Ost-Berlin Botschafter ausgetauscht hatten? Wäre es eine feste Regel vatikanischer Diplomatie gewesen, international als gültig anerkannten Vereinbarungen nicht vorzugreifen, dann hätte der Heilige Stuhl nach Meinung westdeutscher Kirchenhistoriker schon 1972 bei der Regelung der kirchlichen Verwaltung in den Gebieten »jenseits von Oder und Neiße«, den von Polen beanspruchten Westgebieten, die deutsche Seite »ausgetrickst«.

Zwar habe Rom bis zum Abschluss der Ostverträge gewartet, weil man »nicht päpstlicher als die Deutschen sein wollte«, dann aber, das Abkommen mit Polen als »Friedensvertrag« wertend, sofort die längst geplante Neuordnung der kirchlichen Jurisdiktion in den von Polen beanspruchten Westgebieten umgesetzt.

Doch weiter bei Helbling: Schon 1973 sei es nicht nur um Apostolische Administratoren gegangen, sondern auch um die Kompetenzerweiterung ihrer Zuständigkeitsbereiche in Form von Apostolischen Administraturen, faktisch also selbständige, aus den westdeutschen Diözesen herausgelöste Jurisdiktionsbezirke, mithin die Vorstufe von eigenständigen Bistümern auf dem Territorium der DDR. Und zur Diskussion stand die Anerkennung dieses sozialistischen Staats durch den Heiligen Stuhl »zu einem Zeitpunkt, da mit der Ratifikation des Grundvertrags zwischen der Bundesrepublik Deutschland und der Deutschen Demokratischen Republik zu rechnen war«.

Helbling fügt hinzu: »Es scheint, dass namentlich der Papst selbst die Normalisierung des Verhältnisses zur DDR vorantreiben wollte.« In Casaroli fand er seinen Ratgeber und Vollzieher. Von Kardinalstaatssekretär Jean Villot wird dagegen gesagt, er habe die Entwicklung eher skeptisch beurteilt. Er wurde offenbar überstimmt. Der Papst und sein »Architekt« der vatikanischen Ostpolitik hielten an ihren Plänen fest.

Die Berliner Ordinarienkonferenz als Arbeitsgemeinschaft der ostdeutschen Bischöfe erhielt 1976 zwar das Statut einer Regionalkonferenz, die vergleichbar mit der Bayrischen Bischofskonferenz ist, wobei Alfred Kardinal Bengsch Mitglied der Deutschen Bischofskonferenz blieb. Er nahm aber an den Sitzungen der Deutschen Bischofskonferenz nicht persönlich teil, sondern ließ sich durch einen Westberliner Prälaten vertreten. Praktisch wurde also der Berliner Ordinarienkonferenz in Rom der Rang einer nationalen Bischofskonferenz zugemessen.

Schon ab 1974 war Bengsch nicht mehr als vom Papst berufenes Mitglied zur Bischofssynode nach Rom eingeladen worden, sondern als abgeordneter Vertreter der ostdeutschen Konferenz. Sowohl in kirchlichen Kreisen Ost- wie Westdeutschlands schien das Äußerste einer quasi Verselbständigung erreicht. »Der Papst dagegen sah die Errichtung von Diözesen innerhalb der Grenzen der DDR als feste Verpflichtung an; ob im Sinn einer zwangsläufigen Folge der völkerrechtlichen Anerkennung des ostdeutschen Staats oder aufgrund bestimmter Vereinbarungen – wir wissen es nicht«, schreibt Helbling Anfang 1980.

Die inzwischen zugänglichen Aufzeichnungen aus den Archiven der SED geben weiteren Aufschluss über die vatikanische Ostpolitik und die Beziehungen zur DDR. Die Ost-Berliner Führung jedenfalls witterte Morgenluft bei so vielen Anzeichen des Klimawechsels im Verhältnis zum Vatikan. Und der Geheimdienst lief auf Hochtouren an, um entsprechende Informationen zu beschaffen und die »positiven« Kräfte im westdeutschen Katholizismus zu bearbeiten, nach der Methode der Differenzierung und Diversion.

Bereits 1974 hatte DDR-Außenminister Oskar Fischer sein vatikanisches Pendant, Erzbischof Casaroli nach Ost-Berlin eingeladen. Der Besuch wurde im Juni 1975 realisiert. Den Kardinälen Bengsch und Döpfner schwante nichts Gutes. Die Hintergründe der Reise lassen sich unschwer aus Aufzeichnungen nachvollziehen, die aus dem Archiv des Büros von Paul

Verner freigegeben sind. Verner, einer der mächtigsten Männer im Partei- und Staatsapparat der DDR, ließ sich vom Außenministerium fortlaufend über den Vorgang informieren.

Anfang 1975 folgte die erste konkrete Reaktion auf die Einladung Fischers. Der damalige Untersekretär im vatikanischen Staatssekretariat, Monsignore Achille Silvestrini, ließ das DDR-Außenministerium wissen, dass eine Reise des Sekretärs für die öffentlichen Angelegenheiten der Kirche (des vatikanischen Außenministers) Erzbischof Agostino Casaroli »in nächster Zeit« beabsichtigt sei.

Außenminister Oskar Fischer schlug daraufhin in einem Blitztelegramm an den Genossen Gysi, Rom (Klaus Gysi war 1973 bis 1978 Botschafter in Italien, 1979–1988 Staatssekretär für Kirchenfragen) einen »Anreisetermin zwischen dem 8. bis 10. Juni 1975« vor. Man sei mit den Programmwünschen einverstanden. Zuerst Verhandlungen, danach andere Vorhaben nach seinen Wünschen. Fischer schlug auch vor, dass Casaroli Weimar und Buchenwald besuchen und einen Kranz am Mahnmal »Unter den Linden« niederlegen sollte.

Der Besuch trug einen etwas seltsamen Charakter. Kein offizielles Protokoll bei Empfang und während des Aufenthalts, aber Casaroli sollte wie ein Gast der Regierung der DDR behandelt werden. Unterbringung im Gästehaus Niederschönhausen, Außenminister gibt Essen. Man erwartete in Ost-Berlin schließlich einiges von dem hohen Gast. Und eine Kranzniederlegung an der Alten Wache: Das *Neue Deutschland*, das Sprachrohr des Regimes, hätte dies sicherlich am nächsten Tag auf der ersten Seite gebracht, wie sonst auch bei Staatsbesuchern. Monsignore Angelo Sodano, der Mitarbeiter Casarolis im vatikanischen »Außenministerium«, sollte die vorbereitenden Gespräche übernehmen.

Der Botschafter Gysi reagiert am 23. Mai 1975 per Blitztelegramm an den Genossen Fischer (Außenminister) nach einer Unterredung mit »Staatssekretär Casaroli« (dieser bekleidete zu diesem Zeitpunkt zwar den Rang eines Sekretärs, das war allerdings die Bezeichnung für den Leiter des Rates für die Öffentlichen Angelegenheiten, also Außenminister). Das Gespräch habe 50 Minuten gedauert. »Als Anreisetag schlage Casaroli den 9. Juni vor, er rechne mit drei Tagen Verhandlung. Vorschlag Weimar-Buchenwald und Kranzniederlegung grundsätzlich nichts dagegen. Bittet aber um endgültige Abstimmung bei vorbereitendem Gespräch mit Monsignore Sodano. Mit vorgeschlagenem Charakter von Besuch einverstanden. Auch mit Gesprächen Gen. Sindermann und Essen Außenminister. Sein Wunsch, reziprok ebenfalls Essen zu geben. Unterbringung Gästehaus für C. keine echte Schwierigkeit. Wird sich regeln lassen. Bittet aber um endgültige Absprache mit Sodano.«

Schließlich entnimmt Gysi dem Gespräch mit Casaroli ein mögliches greifbares Ergebnis. Er schreibt nach Berlin, »daß von C. Vorschlag für Vertreter beim Vatikan und DDR nach polnischem Muster kommt. Erklärte es gesprächsweise für seines Erachtens beste Lösung. Erfordere wie alles komplizierte Verständigung mit Episkopat.« Wie wird man in der Bundesrepublik auf diesen vatikanischen »Alleingang« reagieren? Gysi hat fleißig »Pressemeldungen BRD« gesichtet und zwei Tendenzen herausgelesen: Gewisse Kreise in der BRD seien dagegen, dass der Vatikan überhaupt weitere Schritte auf die DDR zu unternähme. Sie betrachteten das Reichskonkordat von 1933 weiterhin als gültig. Die Bundesrepublik sei Rechtsnachfolger des Reiches, vertrete deshalb die deutschen Interessen gegenüber dem Vatikan allein und wolle so Einfluss auch auf die Kirchenpolitik in der DDR ausüben. Andere Nachrichtenorgane nannten als Zweck der Verhandlungen solche Maximalziele wie volle diplomatische Beziehungen zwischen der DDR und dem Vatikan, damit sie hinterher behaupten können, dass keine Ergebnisse zustande gekommen seien.

Gysi spricht in diesem Zusammenhang auch die Frage des Reichskonkordats von 1933 an. In der Konkordatsfrage befänden sich die BRD-Kreise in Übereinstimmung mit dem Nuntius in Bonn. Der Westen versuche, indem er die Gültigkeit des

Konkordats auch auf die DDR bezöge, überholte Rechtspositionen aufrechtzuerhalten. Der Vatikan prüfe die Frage in Ruhe. Die Interpretation des Verfassungsgerichts in Karlsruhe sei eine »innere Sache« der BRD und nicht völkerrechtlich verbindlich. Der Vatikan habe ein sehr kurzes und klares Gutachten eines der weltbesten Juristen, wonach die »innere Haltung des Vatikan« im »völkerrechtlichen Sinne« verbindlich sei, schreibt Gysi. Es gehe dem Vatikan aber weniger um eine juristische als eine politische Frage. Darin lägen ihre Schwierigkeiten.

Weitere Details, die Gysi nach Ostberlin übermittelt, sind für Paul Verner in einer ungezeichneten Aktennotiz festgehalten. Casaroli habe sich über einen Vertrauensmann mit dem Berliner Bischof Alfred Kardinal Bengsch abgestimmt. Er setze drei Tage für Verhandlungen mit der Regierung an, möchte sich mit Bischöfen in der DDR treffen und an einer »sowieso stattfindenden kirchlichen Zeremonie« teilnehmen; auch ein Besuch im Priesterseminar in Erfurt sowie ein Aufenthalt in Dresden werden angesprochen.

Casaroli bestehe offenbar darauf, dass es sich um keinen Staatsbesuch handeln könne, da keine diplomatischen Beziehungen bestünden. Es sei aber auch kein privater Besuch, sondern ein halboffizieller, zu offiziellen Gesprächen mit der Regierung. Es sei der Wunsch von Kardinal Bengsch, Casaroli als Gast zu beherbergen. Auch der Papst sei dafür. 1970 sei dies ähnlich in Belgrad möglich gewesen, in Polen hätte es Schwierigkeiten gegeben. Im Allgemeinen wohne Casaroli in der Nuntiatur des besuchten Landes, lässt Gysi sein Ministerium wissen.

Beide Seiten wissen, wie heikel das Unternehmen ist. Es sei zweckmäßig, dass Sodano diese erste Reise vorbereite, meldet Gysi aus Rom. Sodano solle gleichzeitig die Bischöfe in der DDR vorbereiten. Das erfordere Umsicht. Casaroli habe mehrmals die schwierige Mission gegenüber DDR-Kirchenkreisen betont, diese vorsichtig zu gewinnen und zu überzeugen.

Casaroli werde die »BRD-Presse« nicht informieren, vermute aber, dass Informationen über Polen in den Westen gelangten, teilt Gysi weiter mit, und fährt fort, Casaroli gehe davon aus, dass die Presse in der Bundesrepublik sowie die Bischöfe zurückhaltender reagieren werden als bei seiner Reise im Vorjahr nach Polen. Casaroli lässt, wie der Mitteilung des DDR-Botschafters zu entnehmen ist, seine Gesprächspartner nicht im Unklaren, dass »kein unmittelbarer Beschluss in Berlin möglich« sei, sondern dass er das Verhandlungsergebnis erst im Vatikan vorlegen müsse.

Am 29. Mai führte Monsignore Angelo Sodano, damals Nuntiaturrat beim Rat für Öffentliche Angelegenheiten der Kirche, die angekündigten Vorbereitungsgespräche. Sein Gesprächspartner auf DDR-Seite ist der Sektorenleiter der Westeuropa-Abteilung Eckhard Bibow. Die Begegnung dauerte laut Protokoll von 10 bis 12.15 Uhr. Es kommt der kirchlichen Seite bei dieser delikaten Mission auf jedes Detail an, wie der Aktenvermerk über die Besprechung in Ost-Berlin zeigt. Festgehalten wird, dass der Besuch Casarolis auf Einladung des Ministers für Auswärtige Angelegenheiten der DDR erfolgt, der als halboffizieller Besuch, als Arbeitsbesuch deklariert wird. Es soll kein offizielles Protokoll und keinen Austausch offizieller Reden auf dem Flugplatz geben.

Casaroli wohnt für die Zeit der offiziellen Gespräche im Gästehaus Niederschönhausen. Danach bei Kardinal Bengsch im Ordinariat, weil dessen Einladung bereits vorher durch Casaroli akzeptiert worden war. Das Gesprächs-Protokoll vermerkt: Kompromiss, anfangs war nur Unterbringung bei Kardinal Bengsch vorgesehen. In Erfurt Unterbringung im Priesterseminar. Der Vatikandiplomat bittet um Verständnis, wenn er keinen Kranz am Mahnmal »Unter den Linden« niederlegt, da es sich um keinen offiziellen, sondern um einen ersten halboffiziellen Besuch handelt. Bisher habe er nur einmal in Polen einen Kranz niedergelegt und das erst bei seinem dritten, bereits offiziellen Besuch.

Die vatikanische Seite ist mit dem vorgeschlagenen Essen einverstanden. Sie bittet zu prüfen, ob neben den Vertretern der staatlichen Organe auch kirchliche Vertreter (sechs Bischöfe) eingeladen werden müssen.

Sodano fragt an, so hält der ostdeutsche Gesprächspartner fest, ob seitens der DDR bei dem Essen des Genossen Fischer Toaste ausgebracht werden. Erzbischof Casaroli würde es begrüßen. Unsererseits wurden keine Einwände erhoben. Des Weiteren wurde der Wunsch geäußert, dass kirchliche Vertreter bei Empfang und Verabschiedung auf dem Flugplatz anwesend sein dürfen. Unsererseits wurde Prüfung zugesagt. Nuntiaturrat Sodano stellte die Frage, ob es Minister Fischer Schwierigkeiten bereiten würde, wenn Erzbischof Casaroli sein Essen in den Räumen des Ordinariats oder einer anderen kirchlichen Einrichtung gibt. Unsererseits wurde Antwort offen gelassen. Erbischof Casaroli möchte am 11. Juni 1975 ab Mittag an den Feierlichkeiten anlässlich des Jahrestags des Amtsantritts Kardinals Bengsch teilnehmen, notiert der Ost-Berliner Diplomat. Außerdem wünscht er, an verschiedenen Tagen Messen zu zelebrieren. Unsererseits wurden keine Einwände erhoben. Auch der Besuch eines Konzerts steht auf dem Programm, falls die Möglichkeit besteht. Casaroli möchte Dresden und Erfurt (Priesterseminar) besuchen und nimmt den Vorschlag an, auch Weimar und Buchenwald zu besuchen. Am Glockenturm in Buchenwald wird Casaroli ein Blumengebinde niederlegen.

Natürlich hält der Aktenvermerk auch die für Ostberlin wichtigsten Punkte fest: Als Gesprächspartner sind vorgesehen: Verhandlungen mit Außenminister Oskar Fischer, Besuch beim Vorsitzenden des Ministerrats, Horst Sindermann und Gespräch mit dem Staatssekretär für Kirchenfragen, Hans Seigewasser.

Unter den Gesprächsthemen steht an erster Stelle bei den »Verhandlungen mit Genossen Fischer« die »Frage der kirchlichen Grenzen in der DDR« und »Berliner Ordinarienkonferenz«. Dann damals aktuelle politische Themen: KSZE – Europäische Konferenz für Sicherheit und Zusammenarbeit, Indochina, Abrüstung. Aber auch: »Darlegung des Standpunkts der Regierung der DDR zu den Beziehungen DDR : BRD und Beziehungen DDR : Westberlin.«

Mit dem Genossen Seigewasser sollen, so der Aktenvermerk vom 20. Mai 1975, »Probleme des kirchlichen Lebens in der DDR« – pastorale Fragen – erörtert werden. Allerdings hatte Sodano davon eine ganze Liste in seinem Reisegepäck: mehr Unterstützung bei Kirchenbauten, z. B. die Bauabsichten von Bischof Schaffran in Dresden, Erleichterung bei Übersendung kirchlicher Zeitungen (u. a. *Osservatore Romano*) und theologischer Literatur (Priesterseminar Erfurt), Erleichterung des Studiums von DDR-Bürgern an vatikanischen Universitäten in Rom, Religionsunterricht an den Schulen, seelsorgerische Tätigkeit in Strafanstalten.

Und was macht man mit der Presse? Zwar soll die geplante Reise in abgestimmten Pressemeldungen bekannt gegeben werden, aber der Vatikan wünscht keine Pressekonferenz, fürchtet »gefährliche Fragen seitens westlicher Journalisten«, deren Beantwortung Casaroli Schwierigkeiten bereiten könnten. Allerdings bittet Sodano darum, Korrespondenten katholischer Zeitungen Visa zu gewähren. Die Delegation selbst bringe keine Pressevertreter mit. Unsererseits wurde wohlwollende Prüfung zugesagt, notiert Sektionschef Bibow.

Was kam nun bei dem Vorstoß Casarolis in Ost-Berlin heraus? Wenig, wenn man etwa die »Information über das Gespräch des Genossen Staatssekretärs Seigewasser mit Erzbischof Casaroli am 11. Juni 1975« heranzieht. Casaroli bewegte sich auf diplomatischem Eis, wie seine Wortwahl erkennen ließ. Seigewasser gab bei dieser Begegnung den schlauen Fuchs, wenn er doziert: »Die Grundprinzipien der Staatspolitik in Kirchenfragen sind die, dass auf der Grundlage der Verfassung der DDR die katholische Kirche, wie auch die anderen Kirchen und Religionsgemeinschaften, alle Möglichkeiten ihrer ungestörten seelsorgerischen Arbeit finden.« (Casaroli weiß natürlich genau, was praktizierende Katholiken im »DDR-Alltag« erwartet.)

Es war nicht schwer zu erkennen, wo der Genosse Seigewasser die Grenzen christlicher Erziehungsarbeit zog. Die DDR-Bildungspolitik würde von den Erfordernissen der Gestaltung der entwickelten sozialistischen Gesellschaft bestimmt. Die von Casaroli angedeuteten Konflikte in diesem Bereich seien dann unvermeidbar, wenn bestimmte Kräfte der katholischen Kirche ihre Zielvorstellungen von der christlichen Persönlichkeit als Alternative zur Erziehung sozialistischer Persönlichkeiten praktizieren. (Wie es jungen Menschen erging, die sich nicht als »sozialistische Führungspersönlichkeiten« auszeichneten, zeigt das im Kapitel »Rote Pfarrer hausgemacht«, Seite 307, beschriebene Beispiel eines katholischen Ingenieurs aus dem Eichsfeld. Der hatte sich nicht so entwickelt, wie es sich der Beauftragte für Erziehung, Ausbildung und Weiterbildung wünschte.)

Gleichwohl musste Casaroli gute Miene zum Spiel machen, wenn er laut ostdeutschem Protokoll die Auffassung vertritt, »dass die Verfassungswirklichkeit der DDR eine gute Grundlage für den weiteren Ausbau der Beziehungen von Staat und katholischer Kirche biete«. Der vatikanische Emissär wiederholt anschließend die schon von Sodano vorgetragenen Wünsche in Sachen Kirchenbau, Rom-Studien, Seelsorge in öffentlichen Einrichtungen und auch nach der Bildungspolitik in der DDR.

Den Ost-Berlinern entgeht selbstverständlich nicht, wie Casaroli diplomatisch zu schmeicheln versteht, indem er auf andere sozialistische Länder anspielt. »In seiner Argumentation versuchte er den Eindruck zu erwecken, dass es doch gerade auf diesem Gebiet zwischen der katholischen Kirche und dem sozialistischen Staat viel Gemeinsames gäbe, das es rechtfertigen würde, wenn der sozialistische Staat der katholischen Kirche hier einen größeren Freiraum zubilligen würde.« Casaroli sah in Regelungen mit Ost-Berlin offenbar ein Modell für ähnliche Verhandlungen mit den anderen sozialistischen Ländern, in denen die katholische Kirche in weitaus schwierigeren Verhältnissen als in der DDR lebte und sogar um ihre Existenz fürchtete.

In Ost-Berlin nannte man ihm freilich sogleich den Preis. Seigewasser betonte, »dass das heutige Gespräch nicht losgelöst von den Verhandlungen zu sehen sei, die Erzbischof Casaroli mit dem Genossen Fischer geführt hat«. Das Protokoll führt weiter aus: »Danach ergebe sich der Standpunkt, dass die Regierung der DDR ihre ehrliche Bereitschaft bekundet, nach der Regelung der Neufestlegung der Diözesan-Grenzen über die von C. aufgeworfenen Fragen zu weitergehenden Erörterungen bereit zu sein.« Das war – bei aller diplomatischen Verbrämung – Klartext: Keine Leistung ohne Gegenleistung, genauer – ohne Vorleistung. Dass der Heilige Stuhl unter Paul VI. und seinem Ostpolitiker Casaroli zu solchen Vorleistungen bereit war, daran herrscht bis heute kein Zweifel unter den Kritikern in West- und Ostdeutschland.

Bemerkenswert für die Geisteshaltung des Ost-Berliner Gesprächspartners war sein Einwand auf die Frage nach der Einfuhr katholischer Tageszeitungen, beispielsweise auch des Organs des Vatikans: »Die Regierung der DDR trägt vor allem gegenüber der heranwachsenden Generation die Verantwortung dafür, dass wirksam verhindert wird, dass Literatur der westlichen Unkultur in die DDR eingeschleust wird. Sie muss daher auf dem Prinzip der persönlichen Antragstellung bestehen.« Mit anderen Worten: wer den *Osservatore Romano* liest, kommt auf die Liste.

Hanno Helbling bemerkt zu diesem ersten Ausflug Casarolis hinter die Berliner Mauer: »Die Gespräche endeten ohne Ergebnis, ohne Konzessionen. Dem Standpunkt der DDR: sie könne erwarten, was jeder völkerrechtlich anerkannte Staat von der Kirche erwartet (eben eine ›autonome‹ Bischofskonferenz sowie neu umschriebene Jurisdiktionen), setzte er einfach ein Resümee dessen entgegen, was die Kirche von jedem Rechtsstaat erwartet.«

Casarolis Reise ins Rheintal

Nach dem Besuch Casarolis in Ost-Berlin werden die Kontakte weiter gepflegt. Sie laufen über die römische Botschaft der DDR. Am 20. November 1975 trifft sich der vatikanische Chefdiplomat »mit dem Geschäftsträger der DDR in Italien, Genosse Lehmann«, wie es in einem Papier aus dem Büro Paul Verners heißt.

Der Bericht des diplomatischen Vertreters der DDR in Rom ist in vielerlei Hinsicht für unser Thema von Interesse. Er zeigt, wie Geheimdiplomatie und Geheimdienstarbeit zusammenlaufen. Der Text ist mit den Augen derjenigen zu lesen, für die er gedacht ist. Er soll den Eindruck erwecken, dass mit dem Vatikan verhandelt werden kann, in Bonn aber Störenfriede sitzen.

Ohne eine Darstellung des Sachverhalts aus dem Archiv des vatikanischen Staatssekretariats ist eine Einschätzung der Wiedergabe des Gesprächs zwischen dem ostdeutschen Diplomaten und Casaroli nur unter Vorbehalt möglich. Die Gedankenführung des Verfassers der Aktennotiz lässt sozusagen zwischen den Zeilen eine weitere Absicht erkennen: Da in Bonn immer innen- und parteipolitische Gegensätze herrschen, könnten diese nach der bekannten Methode der Diversion ausgenutzt werden.

Casaroli war im Oktober 1975 auf eigene Initiative hin in die Bundesrepublik gereist, eine Reise, die er gegenüber seinem ostdeutschen Gesprächspartner als eine primär kulturell-touristische Reise ins Rheintal bezeichnete. Tatsächlich aber sah sich Casaroli wohl genötigt, die »Wogen am Rhein« zu glätten, die nach seinem DDR-Unternehmen höher schlugen. Immerhin war aus dem Vatikan eine Indiskretion gedrungen, wonach Casaroli bereits die Pläne zur Wiedererrichtung eines unabhängigen Erzbistums Magdeburg auf dem Schreibtisch habe.

Casaroli räumte denn auch ein, dass er im Rahmen seines Ausflugs ein Zusammentreffen mit Kardinal Döpfner, dem Vorsitzenden der Deutschen Bischofskonferenz vorgesehen habe,

»bei dem trotz häufiger formeller Begegnungen in Rom ein gewisses Gefühl der Distanz und Zurückhaltung entstanden sei«. Es sei dann auch noch, wie aus dem Bericht des römischen DDR-Diplomaten hervorgeht, zu einem Zusammentreffen mit Außenminister Genscher und Bundeskanzler Helmut Schmidt gekommen, auf deren Wunsch hin. Die Gespräche mit Döpfner, Genscher und vor allem mit Schmidt seien von Casaroli als sehr nützlich bezeichnet worden.

Gegenüber dem DDR-Diplomaten Lehmann äußerte Casaroli: »Die Bundesregierung habe die Besorgnis geäußert, dass der Heilige Stuhl ein politisches Spiel treibe, das gegen bestimmte Ziele der Bundesregierung und gegen die Opposition gerichtet sei. Wie bereits in der DDR habe er auch in Bonn geäußert, dass Politik gegen einen anderen niemanden etwas nütze, zumal der Vatikan die Autonomie beider deutscher Staaten respektiere. Die Bundesregierung befürchte gegenüber der Opposition in Verlegenheit zu geraten, dass sie zu schwach sei zur Verteidigung der Interessen der BRD, vor allem bezüglich der Abtrennung der Diözesen und speziell in der Westberlin-Frage.«

Casaroli habe dazu Aufklärung gegeben, berichtet der DDR-Diplomat aus Rom. Der Vatikan sei immer zu Konsultationen mit der BRD-Regierung bereit, über das Konkordat und über gute Beziehungen der Freundschaft. Aber nur bis an die Grenzen der DDR. Hinsichtlich Westberlins habe er wiederholt, dass der Vatikan voll das Viermächte-Abkommen respektiere, da es keine andere völkerrechtliche Basis gebe. Casaroli beteuerte jedoch gegenüber seinem ostdeutschen Gesprächspartner: »Die Reise in die BRD sei tatsächlich als Tourismus und zur Verhinderung einer Distanzierung des Episkopats der BRD angelegt gewesen. Aus dem Episkopat seien schon immer größte Angriffe gekommen.«

»Auch über die Perspektiven der Beziehungen zur Regierung der DDR«, weiß Genosse Lehmann nach dem Gespräch mit Casaroli nur Günstiges zu berichten: »Der Wille des Vatikans voranzukommen, sei voll vorhanden. Er wolle nun die Frage der Verselbständigung der Ordinarienkonferenz aufwerfen. [Er übersetzte das italienische *autonomizazzione* selbst mit Verselbständigung.] Wann könne der Heilige Stuhl zu dieser Verselbständigung schreiten? Könne der Vatikan dann damit rechnen, dass seitens der Regierung der DDR dieser Konferenz Möglichkeiten und Freiheiten der Verbindungen mit allen anderen europäischen Konferenzen gewährt werde?« Casaroli habe auch vorgeschlagen, irgendeine Formalisierung der Kontakte zur Regierung der DDR zu finden. Zunächst sei noch nicht an Verhandlungen gedacht. Er hoffe, dass die Regierung der DDR unter den Vorstellungen der UVR (Ungarische Volksrepublik, d. A.) und der CSSR (Tschechoslowakei, d. A.) bleibe, die Kontakte nur durch Delegationen unterhalten. Es sollte ein Kanal festgelegt werden, der evtl. über die Botschaft der DDR in Rom führen könne. Casaroli betonte gegenüber Lehmann, es sei sehr angenehm gewesen, dass die Gespräche in der DDR gleich mit dem Außenminister Fischer begonnen hätten. Damit sei natürlich nichts gegen Herrn Seigewasser gesagt. Aber bei diesen politischen Größenordnungen seien die Außenminister die besser geeigneten Persönlichkeiten. Es sei jetzt das Wichtigste, den Motor wieder in Gang zu bringen, auch um später die Frage der Diözesangrenzen zu besprechen.

Abschließend kam Casaroli nach dem Bericht des DDR-Geschäftsträgers nochmals auf Westberlin zu sprechen, »Bezug nehmend auf die erwähnte Besorgnis der BRD-Regierung«. Es gebe ein sehr delikates Problem. Würde die Regierung der DDR Einwände erheben, wenn der Westberliner Generalvikar weiterhin an der Bischofkonferenz in der BRD teilnehme? Für den Heiligen Stuhl sei Westberlin kein Bestandteil der BRD, aber hier gehe es um die Fortführung einer Tradition.

Langer Weg, kurzes Ende

»Im Herbst 1977 galt die Sache als beschlossen«, schreibt Hanno Helbling. Er schließt dies unter anderem aus einer Bemerkung von Papst Paul VI. anlässlich einer Audienz für die Apostolischen Administratoren von Erfurt, Schwerin und Magdeburg, als er die uneingeschränkte *bischöfliche* Funktion dieser drei Prälaten unüberhörbar betonte. Es habe nur noch die Konsultation der Bundesrepublik gefehlt, zu der das weiterhin geltende Reichskonkordat verpflichtete. Dann aber, 1978, muss wohl die Bremse gezogen worden sein, »auf Anraten des Nuntius in Bonn«. Ab jetzt strebte man in Rom nur noch eine kleine Lösung an, statt Diözesen Apostolische Administraturen, nach vatikanischer Praxis die Vorstufe zu Bistümern, verbunden mit der Angleichung an die Staatsgrenzen.

Diese Entwicklung findet auch in den Aufzeichnungen des DDR-Außenministeriums ihren Niederschlag. Am 27. Mai 1978 sprach DDR-Botschafter Gysi erneut mit Erzbischof Casaroli. Genosse Botschafter Gysi legte auftragsgemäß in einem Gespräch mit dem Staatssekretär Casaroli offiziell den Vorschlag der Regierung der DDR »dar, die Bistumsgrenzen in der DDR neu festzulegen und mit den Staatsgrenzen der DDR in Übereinstimmung zu bringen«, heißt es in einer undatierten Information »zu den Beziehungen DDR–Vatikan«, die dem Entwurf einer Direktive beigefügt ist, die für eine Begegnung von Außenminister Fischer mit Casaroli Anfang Juni des Jahres in New York vorgesehen war.

Zunächst aber berichtete Gysi, Casaroli habe volles Verständnis für die Auffassung der DDR bekundet, aber von einer für den Vatikan schwierigen Lage gesprochen. Die Frage sei leider nicht nur das Problem des Vatikans. Für die »deutschen Freunde in der BRD« sei dieses Problem offenbar sehr schwierig. Die Position der BRD-Regierung sei insofern »einigermaßen korrekt«, da sie ihren Standpunkt lediglich juristisch begründet habe. Andere Kräfte in der BRD aus »anderen Parteien« und dem »hohen und einfachen Klerus« hingegen zeigten politisch und emotional heftige Reaktionen.

Die Änderung der Bistumsgrenzen als Konsequenz der Existenz des DDR-Staates sei der Standpunkt des Vatikans und der DDR. Leider gebe es im kanonischen Recht sowie kirchenrechtlich keine klare Regelung und keine feste Normen für die Übereinstimmung von Bistums- und Staatsgrenzen. Deshalb sei diese Frage für den Vatikan weder völkerrechtlich noch kirchenrechtlich eine Pflicht. Aber der Vatikan entscheide im Allgemeinen auch ohne Verpflichtung. Das sei für die »Freunde und Nichtfreunde in der BRD« offenbar kaum verständlich. Für sie sei das offensichtlich ein rein politisches Problem und Teil der so genannten Deutschen Frage. Das Problem müsse und werde eine Lösung finden; wahrscheinlich aber nicht so schnell wie wünschenswert. Aber für ihn stehe die Frage auf der Tagesordnung.

Casaroli habe »einige nur persönliche Überlegungen« angestellt, berichtete Botschafter Gysi nach Ostberlin. Er denke an eine Zwischenetappe zur Erleichterung für eine definitive Lösung. Neu: So denke Casaroli daran, für die Apostolischen Administratoren nun Apostolische Administraturen zu schaffen und zu übergeben. Auch hält er eine Veränderung der inneren Bistumsgrenzen in der DDR für zweckmäßig, für den Fall der Regelung der »Bistumswestgrenzen«. Die Ausarbeitung solcher Vorschläge sei Sache der Berliner Bischofskonferenz. Er, Casaroli, wisse genau, dass die Regierung der DDR »keineswegs begeistert über einen solchen Vorschlag sein könne«. Casaroli, der im Umgang mit Kommunisten mit »allen Wassern gewaschen ist«, gibt zwar zu erkennen, was er bei diesem »Poker« einzusetzen bereit ist, aber auch, was er von der Gegenseite erwartet.

Botschafter Gysi berichtet weiter, Casaroli gehe aber davon aus, dass erst einmal »gewisse Voraussetzungen für das Leben in einer Diözese geschaffen werden müssten. Es gehe nicht um Bedingungen, sondern um Voraussetzungen. Es gebe auch allgemeine Bedingungen für das Leben in einer Kirche. Die Verständigung darüber sei jedoch politisch, psychologisch und emotional sehr wichtig für die Herbeiführung einer endgültigen Lösung.«

Abschließend kann Gysi mit einer kleinen Erfolgsmeldung aufwarten: Casaroli habe sich bereit gezeigt, den Vatikan-Besuch des Genossen Oskar Fischer und eine Audienz beim Papst vorzubereiten. Er wäre froh, mit Außenminister Fischer in New York zusammenzutreffen. (Zu diesem Treffen kam es dann am 8. Juni 1978, am Rande der Sondertagung der UN-Vollversammlung am East River.)

Auf leise, unauffällige Weise

Mit Blitztelegramm vom 9. Juni 1978 konnte Oskar Fischer dem Genossen Erich Honecker sowie den Genossen Hermann Axen und Dr. Krolikowski aus New York melden:»gespräch mit erzbischof casaroli am 8. 6. gemäß der von dir bestätigten direktive.« Casaroli sei»beachtenswerterweise allein zum Gespräch gekommen«. Fischer im Telegrammstil:»Dankt für die Grüße des Vorsitzenden des Staatsrates an ihn und den Papst. Wird sie sofort nach Rückkehr nach Rom weitergeben. Schöne Grüße auch an Honecker. Denkt gern an die Begegnung in Helsinki 1975 zurück.«

Nach diesen Förmlichkeiten war Casaroli zur Sache gekommen, allerdings mit»als persönliche Überlegung« gekennzeichneten Äußerungen. Inhalt und Tenor entsprechen dem bereits bekannten Standpunkt und der Vorgehensweise der römischen Kurie, dennoch dürfte für den Leser von Interesse sein, wie im diplomatischen Geschäfte bisweilen gesprochen und verhandelt wird – mühsam, geduldig,»scheibchenweise«. Casarolis Argumentation lautete:

- Obwohl für den Vatikan weder völkerrechtlich noch kirchlich die Notwendigkeit besteht, Kirchengrenzen in Übereinstimmung mit Staatsgrenzen zu bringen, unterstützt Casaroli die

Auffassung, dass es normal und guten Beziehungen förderlich wäre, die Diözesangrenzen in der DDR in Übereinstimmung mit der politischen Realität zu bringen.

- Casaroli bittet um Verständnis, wenn er davon ausgehen müsste, dass sich der Vatikan hier in einer schwierigen Lage gegenüber den Katholiken und dem Klerus in der BRD – weniger gegenüber der BRD-Regierung – befindet.
- Streit zwischen Vatikan und Klerus müsse auf jeden Fall vermieden werden. Als persönliche Erwägung gebe er zu bedenken, ob nicht dem Ziel – selbständige Bischofskonferenz der DDR in eigenen, mit den Staatsgrenzen übereinstimmenden Diözesangrenzen – mit einer Initial-Lösung stufenweise näher gekommen werden könnte. Ein solcher Schritt sei die Errichtung apostolischer Administraturen. Ein schwieriger Punkt sei weiter die Berlin-Problematik.

Fischer meldete abschließend, dass er Honeckers Direktive befolgt und auch die bisherigen Schritte des Vatikans »in die den Realitäten Rechnung tragende Richtung« gewürdigt habe. Er habe bekräftigt, »dass die Regelung dargelegter offener Fragen überreif sei«. Es dürfe allerdings keine Bewegung lediglich um der Bewegung willen geben, da in der DDR sonst kaum Verständnis für das Vorgehen des Vatikans geweckt werden könnte.

Casaroli habe ihm versichert, er wolle nicht allmählich, sondern auf leise, unauffällige Weise weiterkommen, telegrafierte Fischer nach Ostberlin. Dabei sei er (Casaroli) sicher, dass sich auch der Papst diesem Vorgehen nicht versagen werde. Fischers Telegramm endete: »Den Hinweis, dass nach Auffassung der DDR am jetzigen Status der katholischen Kirche in Berlin und Berlin (West) nichts geändert werden sollte, nahm Casaroli mit Befriedigung auf.«

16. Ein Attentat und blühende Spekulationen

AM ENDE WOLLTE EIGENTLICH KEINER
DEN POLNISCHEN PAPST KAROL WOJTYLA TÖTEN

Papst Paul VI. dämmerte 1977 und 1978 dahin. *Fine regno*, das Ende eines Pontifikates. Nichts war mehr zu erwarten. Alle Hoffnungen auf den Nachfolger setzen. Der wird alles richten, was Giovanni Battista Montini nicht mehr konnte oder wollte. Die Nachrufe waren schon geschrieben und die Favoriten standen fest. Ein Dutzend Kardinäle, darunter zwei Kronprinzen, der Genueser Giuseppe Siri für die Rechten, der Florentiner Giovanni Benelli für den Rest. Ein Ausländer war im Sommer 1978 nicht dabei. Gewählt wurde wieder ein Italiener. Albino Luciani, der Patriarch von Venedig, setzte sich als Johannes Paul I. auf den Stuhl Petri. Der lächelnde Papst blieb ein kurzes Intermezzo. Nach nur 33 Tagen war er tot und das Kardinalskollegium schritt zur nächsten Wahl.

Woher ein Mitarbeiter des KGB und ganz wenige Insider den Mut nahmen, ihren Auftraggebern bereits nach dem Tod Paul VI. den Polen Karol Wojtyla, den Erzbischof von Krakau, als einer der Favoriten für die Nachfolger zu nennen, bleibt offen. Einer, der in einem verschlossenen Umschlag seinen Tipp »Wojtyla« hinterlegt hatte, verwies nach der Wahl des Polen auf die hervorgehobene Rolle, die der Krakauer Erzbischof bei verschiedenen vatikanischen Treffen und Synoden auf Wunsch von Paul VI. gespielt hatte. Das Opus Dei hatte seine Reden verteilt. Zufall oder Planung? Ob der Insider und der geheimnisvolle KGB-Informant identisch waren oder aus derselben Quelle schöpften, lässt sich nach 27 Jahren nicht mehr klären.

Die östlichen Geheimdienste waren im Gegensatz zum ganzen Rest der Welt also nicht völlig überrascht, als am 16. Oktober 1978 die Wahl auf Karol Kardinal Wojtyla, den Erzbischof von Krakau fiel. Dennoch löste das unglaubliche Votum im ganzen Ostblock Alarm aus. Schwere Zeiten ahnten die kommunistischen Diktatoren wie ihre Spitzel. Der polnische Geheimdienst hatte schließlich nicht ohne Grund sowohl den Warschauer Primas als auch den Krakauer Metropoliten seit den 50er Jahren fest im Visier.

»Hier kommt der Papst der Menschenrechte«, begrüßte ihn ein Priester am 3. Juni 1979 auf dem damaligen Warschauer Siegesplatz. Das war, als Papst Johannes Paul II. zum ersten Mal auf Besuch »zu Hause« war. Ahnte er früher als andere den unaufhaltsamen Zusammenbruch des Systems? Johannes Paul beendete seine Predigt mit der Bitte zu Gott, die die Menge aufwühlte und den »zugeschalteten« Hörern in Moskau die Sprache verschlug: »Und ich rufe, ich ein Sohn polnischer Erde und zugleich Papst Johannes Paul II., ich rufe aus der ganzen Tiefe dieses Jahrhunderts, rufe am Vorabend des Pfingstfestes: Sende aus Deinen Geist! Sende aus Deinen Geist! Und erneuere das Angesicht der Erde – dieser Erde! Amen.«

Die vielen tausend Menschen verstehen den Sinngehalt dieser Sätze sofort. Immer wieder unterbrechen sie ihren Papst: Wir wollen Gott. Wir wollen Gott in der Familie, in der Schule, in den Büchern. Sie stimmen das Lied an »Christus vincit – Christus siegt ... Komm Heiliger Geist, erneuere das Antlitz der Erde, dieser Erde.« Und jeder der Abertausende, die sich um die Altarbühne mit dem riesigen, mit einer Stola geschmückten Kreuz versammelt hatten, wusste genau, was der große Sohn des Landes gemeint, ja prophezeit hatte – unfassbar für jene Kader, die mithörten und mitschrieben.

Für die Moskauer Ideologen war die Wahl des Polen das Ergebnis einer Verschwörung des »westlichen kapitalistischen Systems«, noch genauer: des »amerikanischen Kapitalismus«. Der neue ideologische Feind war definiert: der »aus der Volksrepublik Polen kommende Papst«. Die Stasi befürchtete nicht ohne Grund, dass dessen »Vorstellung von einem gemeinsamen christlichen Europa«, die sich für den Papst zwar vor allem auf den Bereich der Moral und Ethik bezog, »auch praktische Auswirkungen auf seine Regierungsform und die Methoden seines Amtierens« haben werde. Den, der jetzt da an der Spitze einer Weltkirche stand, sollte die kommunistische Staatsmacht sehr bald zu spüren bekommen.

An den »neun Tagen im Juni« begann der Weg von der Solidarität eines Volkes für die Freiheit zur »Solidarnosc«-Bewegung ein Jahr später. Tadeusz Mazowiecki, einer der führenden Köpfe der polnischen katholischen Intelligenz und einer der Wortführer der späteren Solidaritätsbewegung, sah in dem Besuch des Papstes eine enorme Stärkung der Bewegung wie der gesamten Nation. Nach dem Abgang von General Jaruzelski sollte Mazowiecki erster Ministerpräsident der Dritten Republik werden. Damals sagte er in einem Fernsehinterview dem ZDF zur Rolle des Papstes: »Er hat uns neue Anstöße gegeben in unserem Kampf um mehr Freiheit, mehr geistliche Energien.«

Johannes Paul II. werde vielleicht einmal den Titel »politischer Papst« erhalten, schrieb einige Jahre später der Botschafter beim Heiligen Stuhl, Peter Hermes, an den CDU-Politiker Alois Mertes. Der deutsche Diplomat hatte am 27. August 1984 in Castel Gandolfo sein Beglaubigungsschreiben übergeben und stand offenbar noch ganz unter dem Eindruck dieser Begegnung, überrascht, »dass der Papst bei dieser Gelegenheit mit mir ein so substanzielles Gespräch geführt hat«. Hermes zitiert in seinem Brief den früheren Kardinalstaatssekretär Domenico Tardini, dessen »Kennzeichnung eines politischen Papstes« zwar auf Pius XII. bezogen war, die Hermes aber auch auf Johannes Paul II. überträgt: Im richtigen Verständnis sei nicht der ein politischer Papst, der sich aus eigenem Antrieb auf die weltliche Politik einlasse, sondern der, der in einer vorgegebenen Situation aus klarer Einsicht in die politischen Dinge kraft seiner Autorität Einfluss nehme.

Ignacy Tokarczuk, der Bischof von Przemysl, sah eine Ausweitung der konkreten und religiösen Horizonte als Hauptergebnis des Papstbesuchs, und das nicht nur auf Polen oder auf Teile Europas bezogen, sondern weltweit. Mit anderen Worten: Der Papst hatte den ersten wichtigen Schritt getan, Polen aus der Enge der Moskauer Zwangsisolierung herauszuführen, um ihm wieder Anschluss an die Welt der Freiheit und Demokratie zu schaffen. Zur vatikanischen Ostpolitik äußerte sich Tokarczuk verhalten, denn der Begriff, als vatikanische Diplomatie schon seit dem 19. Jahrhundert bekannt, habe stets eher Vorbehalte des Episkopats gegenüber Rom ausgelöst, nach dem Zweiten Weltkrieg nicht zuletzt durch den Primas, Stefan Kardinal Wyszynski selbst.

Die Kreml-Herren und ihre Vasallen sollten bald erfahren, dass der polnische Papst kein Blatt vor den Mund nehmen würde, als es um die zugespitzte Situation im Sommer 1979 in seiner Heimat ging: »Es sind die Massen der Arbeiter, die der Ideologie, die angeblich in ihrem Namen spricht, die Legitimation entziehen«, sagte er damals. Das konnte nicht ohne Folgen bleiben.

Es kommt zu einem Vorgang, über den die Medien später berichten, darunter im März 2005 die italienische Wochenzeitschrift *Oggi*. Nach diesen Darstellungen trat am 13. November 1979 das Zentralkomitee der KPdSU in Moskau unter Leitung des Generalsekretärs der Partei und Staatschefs Leonid Breschnew zusammen. Auf der Tagesordnung stand ein sechs Punkte umfassender Maßnahmenkatalog gegen die katholische Kirche und Papst Johannes Paul II., den zuvor das Politbüro abgesegnet haben soll. Der Plan sei von KGB-Chef Jurij Andropow und seinem Stellvertreter Viktor M. Tschebrikow ausgearbeitet worden. Einer der Unterzeichner des »Beschlusses«: ein gewisser Michail Gorbatschow, damals noch Kandidat des Politbüros.

Der Geheimdienst KGB sei angewiesen worden, alle geeigneten Schritte zur Diskreditierung der vatikanischen Diplomatie und des Papstes zu ergreifen. Die Operationen seien unter den Decknamen »Pagode« und »Infektion« gelaufen. Sahen sie auch körperliche Angriffe auf den Papst vor? Auch innerhalb des KGB wurde das angeblich nicht ausgeschlossen. Andropow soll die Weisung erteilt haben, sich dem Papst »physisch zu nähern«.

Andere Quellen wiederum meinen, nicht der sowjetische Geheimdienst, sondern der polnische Staatssicherheitsdienst habe hinter dem Plan gesteckt. Russen oder Polen hätten aber mit dem bulgarischen Geheimdienst KDS (Komitet Durschawna Sigurnost) zusammengearbeitet, der bekannt gewesen sei für seine brutale Gangart, also auch für Aufträge, die im Russischen als »*mokroje delo*«, »nasse Sache« bekannt sind, also »Töten, Mord«.

Auch andere Versionen tauchten in westlichen Publikationen auf: Ein Alternativvorschlag habe gelautet, den Papst nur zu verletzen, ihn »amtsunfähig« zu machen. Der Auftrag sei nicht dem KGB erteilt worden, sondern dem militärischen Geheimdienst GRU, die nachrichtendienstliche Hauptverwaltung im sowjetischen Generalstab. Der KGB sollte aber den Schützen beschaffen. Man habe einen rechtsextremistischen Türken auf der Liste gehabt, nämlich Mehmet Ali Agca. Mit Hilfe des sowjetischen Geheimdienstes und rechtsextremer türkischer Offiziere sei dieser aus der Haft befreit worden. Die Türken hätten gehofft, Agca würde im Westen einige Linksradikale türkische Terroristen erledigen.

Einen, der es wissen müsste, haben wir gefragt. Michail Gorbatschow antwortete schriftlich: »Über das vom KGB angeblich erarbeitete ›6-Punkte-Programm‹ (wie Sie es schreiben) des Vorgehens gegen Vatikan und den Papst persönlich ist mir ebenfalls nichts bekannt.« (Inoffizielle Übersetzung aus dem Brief Gorbatschows, ohne Datum, eingegangen am 2. September 2005. Das Schreiben bezieht sich auch auf die Frage zum Attentat auf den Papst vom 13. Mai 1981, auf das wir an anderer Stelle eingehen.)

Dass der Vatikan nach der Wahl eines Polen auf den Papstthron verschärft bekämpft wurde, lässt sich allerdings unschwer anhand anderer Aufzeichnungen aus den Archiven der DDR-Parteiführung und -Staatssicherheit belegen.

Es kam der »Polnische Sommer« 1980 mit einer landesweiten Protest- und Streikwelle, die durch die Entlassung einer Kranführerin auf der Leninwerft ausgelöst wurde. Die Streiks und Proteste setzten die Axt an den Baum des Moskauer Imperiums. Der wäre schon morsch von innen, meinte der Schutzpatron der Solidarität im Vatikan. Noch aber gibt es Bajonette. Die Geheimdienste sind gefordert. In den amerikanischen Biografien Johannes Pauls II. spielt dieses Kapitel eine zentrale Rolle. Der Kalte Krieg erlebte auf dem europäischen Schauplatz eine seiner letzten Zuspitzungen. Die Endzeit des Moskauer Imperiums war eingeleitet.

In der ersten Dezemberwoche 1980 warnte Zbigniew Brzezinski, Nationaler Sicherheitsberater Präsident Carters (1977 bis 1981, unter Reagan zeitweilig Mitglied der Kommission zur Beaufsichtigung der Geheimdienstaktivitäten), den Papst vor der Gefahr einer Invasion von Warschauer-Pakt-Truppen in Polen. Satelliten-Aufnahmen zeigten Truppenkonzentration an der polnischen Grenze. Eine der Quellen dürfte der polnische Generalstabsoffizier Oberst Ryszard Kuklinski gewesen sein, der von 1970 bis 1981 »sensible Informationen« politischer und militärischer Natur an die USA weitergab, ohne Geld dafür zu bekommen, »allein aus patriotischen Gründen«, wie von amerikanischer Seite gesagt wurde. Die »polnischen Ereignisse« im Sommer 1980 trieben auch die SED-Führung um. Ein als »vertraulich« deklariertes Papier vom 22. Juni 1980 »Über die Tätigkeit des Vatikans in der gegenwärtigen Etappe« enthüllte auf fünf Seiten die »Feindbild-Beschreibung« wie auch Ansätze zur »Bekämpfung« dieses ideologischen Gegners. Es wurden nur vier Exemplare ausgefertigt. Eine Kopie fand sich in den Unterlagen des Büros Hermann Axen, Mitglied des Politbüros der SED.

Die SED setzte auf Diversion. Oppositionelle Kräfte des Gegners sollten gegeneinander ausgespielt werden. Angesichts der Entwicklung des revolutionären Weltprozesses hätte unter den Katholiken eine gewisse Differenzierung eingesetzt. »Unter dem Klerus, auch der hohen Geistlichkeit, bildeten sich Gruppen heraus, die die Entspannung unterstützen und von Positionen des Katholizismus aus gegen die ›Extreme‹ des Kapitalismus und Neokolonialismus auftreten. Breite Massen der Gläubigen haben sich in den antimonopolitischen und antiimperialistischen Kampf eingereiht.«

Diese Situation habe sich in der Politik des Vatikans niederschlagen müssen, heißt es in dem Arbeitspapier. Der Vatikan sei gezwungen gewesen, sich von einer bedingungslosen Unterstützung des reaktionären Kurses der USA und der NATO zu distanzieren. Die führenden Repräsentanten des Vatikans hätten sich wiederholt zugunsten der Initiativen der UdSSR und der anderen sozialistischen Länder zu Fragen der Entspannung und Abrüstung und für die Verbesserung des Klimas in den internationalen Beziehungen ausgesprochen.

Gezielte Propaganda sollte jetzt einen Keil in die westliche Allianz treiben und sie schwächen. Verschiedene Formen des Zusammenwirkens mit den Katholiken entwickelten sich im Kampf um Frieden, Abrüstung und europäische Sicherheit, gegen die Neutronenbombe, gegen die Produktion und Stationierung neuer amerikanischer Raketen-Kernwaffen in Westeuropa.

Auch der Papst schien Sympathien für diesen »antiimperialistischen Kampf« zu haben. »Natürlich in Verfolgung seiner eigenen Ziele« habe er damit begonnen, immer häufiger Kritik an der westlichen Lebensweise, ihrer Unmoral und dem Verfall der geistigen Werte im Kapitalismus zu üben. »Diese Äußerungen werden von den Kommunisten Frankreichs, der BRD, der USA und anderer Länder in ihrer Arbeit genutzt.«

Papst und Kurie gegeneinander aufbringen zu wollen, muss dann wohl auch den Verfassern des Arbeitspapiers ziemlich abenteuerlich erschienen sein. Ihnen dämmerte aber, dass der neue Papst »subversiv« wirkte. Sie analysierten: »Mit der Wahl

Karol Wojtylas zum Papst waren die reaktionären Kreise der Kirche sowie bestimmte Kräfte in den USA bestrebt, den Einfluss des Katholizismus auf die Lage der Dinge in den Ländern des Sozialismus zu verstärken. Diese Kreise versuchen jetzt, die Realisierung ihrer Pläne durchzusetzen. … Deshalb trachte der Vatikan danach, die Tätigkeit katholischer Kreise in den Ländern der sozialistischen Gemeinschaft zu aktivieren, indem er zugleich sein Bemühen um eine Verbesserung des Klimas in den Beziehungen zu den sozialistischen Ländern verkündet und diesbezüglich Verhandlungen mit einigen von ihnen aufnimmt.«

Das vertrauliche Stasi-Dokument empfiehlt,»gewisse Versuche rechtsgerichteter Kreise des Vatikans zu beobachten, den Katholizismus in einigen Landesteilen der Sowjetunion, vor allem in Litauen, Lettland, der Westukraine und Belorussland zu aktivieren. Diese Kräfte inspirieren und unterstützen die Aktivitäten von ›Dissidenten‹ und nichtloyalen Geistlichen und versuchen, das Uniatentum (gemeint sind die mit Rom unierten Kirchen des griechisch- oder slawisch-byzantinischen Ritus) wieder aufleben zu lassen. Es gebe zwar in der Führung des Vatikans Kräfte, die für die Bewahrung einer vernünftigen Einstellung zu den internationalen Angelegenheiten eintreten und die Beziehungen zur Sowjetunion und den anderen Ländern der sozialistischen Gemeinschaft nicht verschärfen wollen.« Aber das Wirken dieser Kräfte stoße»auf immer stärker werdenden Widerstand der katholischen Reaktion, der proimperialistischen, proamerikanischen Kreise«.

Am 1. September 1980 kommt Post aus Rom. Der Papst richtet eine Botschaft»An Seine Exzellenz Herrn Erich Honecker, Vorsitzender des Staatsrates der Deutschen Demokratischen Republik«. Anlass ist die unmittelbar bevorstehende Zusammenkunft in Madrid im Rahmen der Folgen der Konferenz über Sicherheit und Zusammenarbeit in Europa (11. November 1980 bis 15. Juli 1983). Der Papst erinnert Honecker,»Wie Eure Exzellenz sicherlich mit mir übereinstimmen«, an die geistige

Freiheit des Menschen, »ein mindestens ebenso großes und wünschenswertes Gut wie die Freiheit, im Genuss materieller Güter zu sein«. Diskret weist er auf die Situation der Kirche in der DDR hin, wenn er schreibt, »wenn auch die katholische Kirche, wie viele andere Glaubensgemeinschaften, wünscht, dass für sie selbst und für alle ihre Mitglieder jegliche ungerechte Diskriminierung vermieden wird, so verlangt sie doch weder im zivilen noch gesellschaftlichen Bereich Privilegien, sondern nur die berechtigte Freiheit zur Ausübung der geistlichen und moralischen Tätigkeiten unter voller Achtung der Rechte der anderen Mitglieder der Gesellschaft, ob gläubig oder nicht gläubig, und der anderen Glaubensgemeinschaften.«

Im Gespräch mit dem Genossen Andrzej Zabinski, Mitglied des Politbüros und Sekretär des ZK der Polnischen Vereinigten Arbeiterpartei, informiert Honecker zwei Wochen später am 13. September 1980 den polnischen Gast, »dass er in den letzten Tagen am gemeinsamen Manöver der sozialistischen Bruderstaaten, das auf dem Territorium der DDR vom Bezirk Cottbus bis zur Ostseeküste und im Bezirk Magdeburg stattgefunden hat, teilgenommen hat«. Dem Imperialismus sei klargemacht worden, »dass die sozialistische Militärkoalition in der Lage ist, den Sozialismus erfolgreich zu verteidigen«.

Aus welcher Richtung die »imperialistische Bedrohung« befürchtet wurde, dürfte dem polnischen Genossen anhand der Manöverkarte klar gewesen sein. Ihm blieb, wie ähnlich Parteisekretär Stanislaw Kania auf dem Geheimtreffen der Generalsekretäre und Ersten Sekretäre, also der Chefs der »Bruderparteien« der Warschauer-Vertrags-Staaten, am 5. Dezember 1980 in Moskau, nur zu betonen, »dass in der gegenwärtigen Zeit das Wichtigste darin besteht, die Einheit und Geschlossenheit des sozialistischen Lagers allseitig zu zeigen und zu bekräftigen«. Die polnischen Kommunisten suchten in einem dramatischen Moment eine militärische Intervention, die bekannte »brüderliche Hilfe«, unter allen Umständen zu vermeiden, wie sie die Breschnew-Doktrin in solchen Momenten der Gefahr für das gesamte System verlangte. Mit ihr war die Niederschlagung des »Prager Frühlings« und der Einmarsch in die Tschechoslowakei im August 1968 nachträglich gerechtfertigt worden.

Die DDR-Führung aber sah sich durch die Freiheitsbewegung der polnischen »Solidarnosc« im Osten sowie durch die Bundesrepublik im Westen in die Zange genommen. Diese Ausgangssituation aus Ost-Berliner Sicht begründete offenbar ihre besondere Aggressivität gegenüber den polnischen Ereignissen. Honecker zu Zabinski: »Wir haben in den letzten Wochen besonders gespürt, was ein starkes Polen in unserem Rücken bedeutet, denn der Gegner im Westen ist sehr aktiv geworden. Er hat genau gewusst, dass er nicht nur Polen anspricht, sondern er wollte direkt in die DDR hineinwirken.« Es lag etwas in der Luft.

Die Kleinstadt Eggesin wirbt heute im Internet mit ihrer idyllischen Lage inmitten der Ueckermünder Heide, an den Flüssen Randow und Uecker, als Tor zum Stettiner Haff und mit der Nähe zur polnischen Grenze. Ein landschaftlich reizvoller Ausgangspunkt zu Ausflügen über die Grenze ins Nachbarland. In Eggesin war 1980 die 9. Panzerdivision »Heinz Hoffmann« der Nationalen Volksarmee stationiert. Sie trug den Namen des DDR-Verteidigungsministers. In den Mannschaftsunterkünften wollen die Gerüchte nicht verstummen: die so genannten »Latrinenparolen«. Im Stab weiß man dagegen Bescheid. Die Routine ist einem knappen Befehlston gewichen. Generalmajor Manfred Gehmert ist nicht nur Kommandeur dieser motorisierten Truppeneinheit, sondern zugleich Chef des Militärbezirks Nord (MB V Neubrandenburg). Seine Anordnungen tragen den Stempel der strengsten Geheimhaltung. Er trifft die Vorbereitung für eine »gemeinsame Truppenübung« mit sowjetischen und tschechischen und schließlich auch polnischen Truppen, denn die »Manöver« sollen »auf dem Territorium der Volksrepublik Polen« stattfinden. Die Befehle laufen auf einen Kampfeinsatz in Polen von deutschem Boden aus, an dem Einheiten der Volksarmee, der Sowjetarmee und der Tschechoslowakischen

Volksarmee teilnehmen. DDR-Grenztruppen warten auf das Signal »Wintermarsch«, um die Grenzen für den Einmarsch in Polen zu öffnen. Geplanter Termin: 8. Dezember 1980.

In Polen hatte sich die Lage seit August 1980 zugespitzt. Aus den Streiks in Danzig und Gdingen, mit dem Betriebselektriker Lech Walesa von der Danziger Lenin-Werft an der Spitze, hatte sich die Bewegung »Solidarnosc/Solidarität« und im September die gleichnamige Gewerkschaft entwickelt. Sie war seit 1970 gleichsam die offizielle Opposition in Polen und wurde von der Kirche mitgetragen. Erstmals trat mit der »Solidarität« eine bürgerliche Gegenstimme zum Staatsapparat in Aktion, die Passivität der Bevölkerung war beendet. Johannes Paul II. erinnerte 1999 in Danzig an diese dramatischen Momente, die den Geschichtsverlauf in Polen und in Europa und damit die Weltpolitik verändern sollten: »In dieser Stadt Danzig entstand ein neues Polen. Hier war die Stimme des Gewissens besonders deutlich zu hören. Sie forderte die Achtung der Würde des Menschen, vor allem des Arbeiters. Sie verlangte Freiheit, Gerechtigkeit und Solidarität unter den Menschen.«

Am 3. Dezember wandte sich nach General Jaruzelskis Darlegung der Oberkommandierende der Truppen des Warschauer Pakts, Marschall Viktor G. Kulikow, an die polnische Regierung »mit der Bitte«, den Termin der planmäßigen Bereitschaft zum Manöver »Sojus-80« auf den 8. Dezember festzusetzen. Vorher sei Parteichef Stanislaw Kania (der Erste Sekretär des Zentralkomitees der Polnischen Vereinigten Arbeiterpartei PVAP) darüber informiert worden, dass am 5. Dezember eine Gipfelkonferenz des Warschauer Pakts stattfinden werde. Jaruzelski: »Wir brauchten also Kulikow nicht zu antworten, sondern stellten uns auf die Gespräche in Moskau ein.«

Der 5. Dezember 1980 in Moskau ist einer dieser beißend kalten Tage, an denen die Stadt wie erfroren wirkt. Die goldenen Kuppeln und die mit Schnee bestreuten Zinnen des Kremls wirken aus der Distanz wie ein großer Märchenpalast, den die Touristen in dieser winterlichen Zeit gern auf Postkarten nach

Hause schicken. So etwa würde ein Regisseur wohl seinen Film beginnen, um dann jäh in einen Szenenwechsel zu fallen, der Spannung erzeugt. Schwarze Staatslimousinen rauschen mit hohem Tempo über den Roten Platz, verschwinden in der Toreinfahrt der ehemaligen Burgfestung. Die Rück- und Seitenfenster der Fahrzeuge sind verhangen oder abgedunkelt. Die wenigen Passanten am Rande des abgesperrten Aufmarschplatzes drücken sich scheu an die Häuserwände. Man bleibt in diesem Moment besser nicht zu lange neugierig stehen.

Angereist sind auf Anweisung des Zentralkomitees der Kommunistischen Partei der Sowjetunion die Partei- und Staatsführer (Generalsekretäre und Sekretäre) nebst einigen Spitzenfunktionären ihrer Politbüros und Zentralkomitees, »führende Repräsentanten der Teilnehmerstaaten des Warschauer Vertrages«, aus Bulgarien, der DDR, Polen, Rumänien, Tschechoslowakei und Ungarn, allen voran der Sowjetunion.

Jaruzelski erinnert sich: »Ich brauche nicht zu schildern, in welcher Stimmung wir den Beratungssaal betraten.« Keine der üblichen Umarmungen mit »Bruderküssen« und Geplauder. »Diesmal war die Stimmung eisig.« Breschnew eröffnete um 11.00 Uhr die Beratungen »kurz und hart«. Um 15.30 Uhr war sie vorbei. Einziger Tagesordnungspunkt: Polen. Honecker trat als Scharfmacher auf. Bei ihm drehte sich alles nur um Konterrevolution. Honecker vermied zwar jeden Hinweis auf die geplante militärische Intervention, aber den Zuhörern im Beratungssaal in Moskau war auch so klar, worauf der Chef des SED-Staates hinauswollte.

Die Gipfelkonferenz blieb lange Zeit geheim. Selbst heute noch leugnet Michail Gorbatschow die entscheidenden Themen, wenn er im Sommer 2005 Werner Kaltefleiter schriftlich versichert: »Im Zusammenhang mit den Ereignissen in Polen im Jahre 1980 wurde auf die Führung des Landes freilich ein politischer Druck ausgeübt, aber die Frage über eine militärische Intervention wurde überhaupt nicht gestellt, und, soweit mir bekannt ist, wurde ein solcher Vorschlag von niemandem im Politbüro des ZK der KPdSU gemacht. Das kann ich absolut kategorisch behaupten.« Soweit O-Ton Gorbatschow. Aber Behauptung ist Behauptung, keine Tatsache.

Er habe von der geheimen Gipfelkonferenz der kommunistischen Partei- und Staatschefs am 5. Dezember 1980 nichts gewusst, »nach meiner durchaus lückenhaften Erinnerung«, schreibt der ehemalige Bundeskanzler Helmut Schmidt in einem Brief vom 16. Juni 2005 an Werner Kaltefleiter. »Meine damalige Bundesregierung hat andererseits die Zuspitzung der sowjetisch-polnischen Beziehungen und den Aufmarsch sowjetischer Truppen gegenüber sowohl der polnischen Ost- als auch der Westgrenze deutlich beobachtet. Ich habe damals über einen der so genannten *back channels* Honecker [inoffizielle, persönliche Beziehungen, vertrauliche Verbindungen im Hintergrund d. A.] eindringlich vor einer Beteiligung an einem etwaigen Einmarsch nach Polen gewarnt.«

Die Wirklichkeit sieht anders aus als in Gorbatschows Erinnerung: Der ehemalige Soldat der Nationalen Volksarmee (NVA) Sebastian R. war im November 1980 zu einer Panzereinheit einberufen worden, die in Torgelow an der Ostsee südlich von Usedom stand. Eines Tages kam der Befehl, sich marschbereit zu halten. »Ich hatte einen Küchen-LO zu fahren: Gemüse- und Fleischkonserven, Brot, eingeschweißt in der Büchse, der ganze Lkw ›voll mit Fressen‹, im wahrsten Sinne des Wortes. Dazu Weihnachtsschmuck, auch Weihnachtsbäume, halt alles was man mitnimmt, wenn man damit rechnet, Weihnachten außerhalb der Kaserne zu sein, ›im Feld.‹«

Irgendetwas beunruhigte die Soldaten. »Uns fiel auf, dass die EK-Bewegung ausgesetzt worden war. Das heißt, die turnusmäßigen Entlassungskandidaten hätten jetzt normalerweise nach Hause gehen können. Sie wurden aber zum Verbleib befohlen. Wir, die ›Glatten‹, die noch kein ›Silber‹ am Kragenspiegel hatten, wurden in dieser Zeit des Truppenaustausches zu den üblichen Stubendiensten herangezogen: ›Keulen‹ (Putzen), Einkaufen und so weiter. Aber alles das fiel aus. Wir alle hatten das Gefühl, im nächsten Moment kommt der Marschbefehl. Mit welchem Ziel? Wohin sollte es gehen? Nicht zum Manöver in den Ural, sondern über die nächste Grenze nach Polen. Das war uns klar. Die Situation mit der Solidarnosc hatte sich ganz schlagartig entwickelt. Wir hatten schon die Waffenscheine. Die Offiziere nahmen nie das Wort ›Invasion‹ in den Mund, da ging es immer nur um ›Befreiung‹, die übliche sozialistische Sprechweise. Unter uns Kameraden aber waren wir ganz offen. Urlaubssperre, Ausgangssperre: das bedeutete, sich bereithalten für den Einmarsch nach Polen. Bis Stettin waren es fünfzig Kilometer.

Alle hatten Angst. Auch die Offiziere. Die sagten das natürlich nicht. Aber ich hörte schon das eine oder andere, wenn ich zum Stab befohlen worden war, um den Ofen anzumachen: ›Ja, wenn's die NATO nicht gäbe. Wir würden sofort losziehen.‹ Mir gingen die Bilder aus dem Weltkrieg durch den Kopf. Sollten wieder deutsche Soldaten auf polnische Nachbarn schießen? Kurz vor Weihnachten entspannte sich die Lage. Wir mussten nicht raus, sondern konnten in der Kaserne bleiben. Im Sommer 1981 sind wir dann tatsächlich nach Polen – ins Manöver, zu einer ›Bodenübung‹. Uns ging es schlecht, dorthin zu fahren: in Eisenbahnwaggons, wie man sie auch für Viehtransporte einsetzt. Ich muss sagen, wenn da irgendein diesbezüglicher Befehl gegeben worden wäre, wir hätten nicht gewusst, gegen wen und warum wir kämpfen. Die Offiziere hatten sich gesträubt, von irgendwelchen Feindbildern zu sprechen. Die Polen, denen wir begegneten, schauten misstrauisch zu uns herüber. Dementsprechend haben wir uns gefühlt.«

Aber an diesem 5. Dezember 1980 ist das Feindbild aus der Sicht der Ost-Berliner Staatsmacht klar, und man weiß auch schon, wer als Schutzpatron hinter den polnischen Aufrührern steht: Es ist der »aus der Volksrepublik Polen kommende Papst« mit seiner »Vorstellung von einem gemeinsamen christlichen Europa«.

In diesem dramatischen Moment schreibt der Papst an Breschnew. In einem Brief vom 16. Dezember 1980, eine Woche nach der Geheimkonferenz, appelliert er an den Kreml-Chef, alles zu unternehmen, um die Spannungen abzubauen, die durch falsche Vorstellungen von den internen Vorgängen in Polen ausgelöst worden seien, und um ein militärisches Eingreifen mit seinen unabsehbaren Folgen zu verhindern. Polen sei im September 1939 erstes Opfer der deutschen Aggression geworden, erinnert er den Kreml-Chef. Sein Land habe unter einer furchtbaren Besetzung gelitten und ein Fünftel seiner Bevölkerung verloren.

Dieser Brief ist bisher in den Stasi-Unterlagen nicht aufgetaucht. Wohl aber ist von einem zweiten Brief des Papstes die Rede, und zwar in einem Situationsbericht vom 24. Juni 1981 über »Pläne und Einschätzungen der USA und des Vatikans zur Lage in Polen«. Um eine Einmischung von außen zu verhindern, habe der Papst ohne Rücksicht auf Widerstand in der Kurie einen Brief an Breschnew geschrieben und diesem mitgeteilt, er wolle noch vor seiner zweiten Operation nach Polen reisen, um seine Landsleute zu einem maßvollen Verhalten aufzurufen. Wenn es trotzdem zu einer militärischen Einmischung kommen sollte, habe der Papst die Absicht, mit einem polnischen Diplomatenpass in die Heimat zu reisen, um die Polen zum zivilen, nicht militärischen Widerstand aufzurufen.

Die Information über den Brief stammt aus angeblich kompetenten amerikanischen und vatikanischen Quellen, heißt es in einer Geheimdienst-Information für das MfS. Wie kompetent, das ist die Frage. Oder war wieder eine Inspiration im Spiel? Kardinalstaatssekretär Angelo Sodano jedenfalls teilte Werner Kaltefleiter auf Anfrage schriftlich mit, »dass ein zweites derartiges Schreiben nicht existiert«.

Im Krisenjahr 1981 steigert sich die Dramatik der Ereignisse fast täglich: Am 30. März wird auf den amerikanischen Präsidenten Ronald Reagan ein Anschlag verübt. Ein Einzeltäter wird gefasst. Am 13. Mai fallen die Schüsse auf dem Petersplatz. Papst Johannes Paul II. ringt tagelang mit dem Tod. Zwei Wochen später, am 28. Mai, stirbt in Warschau nach schwerer

Krankheit der polnische Primas, Kardinal Stefan Wyszynski. Am 13. Dezember verhängt General Wojtech Jaruzelski das Kriegsrecht über Polen. Tausende von Mitgliedern der Gewerkschaftsbewegung »Solidarnosc« werden festgenommen. Das Weiße Haus und der Vatikan stehen in engem Informationsaustausch. Geheime Mitteilungen sollen nicht über die allgemeinen diplomatischen Kanäle laufen. Papst Johannes Paul II. bestimmt seinen getreuen polnischen Privatsekretär Stanislaw Dziwisz als Anlaufadresse.

Johannes Paul II. und Dziwisz gingen davon aus, dass die Schüsse am 13. Mai 1981 auf dem Petersplatz, fünf Monate nach dem zweiten Moskauer Geheimtreffen vom Dezember 1980, den Papst töten sollten. Der Papst und sein Privatsekretär überließen es ihrem Glauben und dem der Gläubigen in aller Welt, dass der Papst nicht wie, sondern tatsächlich *durch* ein Wunder gerettet worden war: eine höhere Macht, die Gottesmutter selber habe die Kugel abgelenkt. Der Schütze ist bekannt, es ist der Türke Mehmet Ali Agca. War er ein Einzeltäter? Nach Meinung von Geheimdienstexperten kann das ausgeschlossen werden angesichts der erforderlichen »Logistik« eines solchen Unterfangens. Hatte der Attentäter Auftraggeber? Und diese ebenfalls? Wer waren die Hintermänner?

Der Anschlag auf Papst Johannes Paul II. bleibt vielleicht eines der größten Geheimnisse des 20. Jahrhunderts. Es sei denn, Kommissar Zufall kommt zu Hilfe. Oder Dziwisz weiß mehr und in den persönlichen Aufzeichnungen des Papstes steht mehr. Der polnische Prälat, der bis zum Tod Johannes Paul II. dessen Privatsekretär war, hat die persönlichen Papiere des verstorbenen Papstes an sich genommen, angeblich entgegen der testamentarischen Verfügung des Papstes, alles zu verbrennen. Gibt es darin konkrete Informationen über den Anschlag? Wenn dies so ist, wird Dziwisz diese durch einen seriösen Historiker veröffentlichen lassen?

Ein erstes Dokument aus dem Privatarchiv tauchte bereits drei Monate nach dem Tod von Johannes Paul II. in der Öffentlichkeit auf. Es handelte sich um einen bis dato unbekannten Brief des Papstes an Mehmet Ali Agca. Die polnische Tageszeitung *Rzeczpospolita* meldete diesen merkwürdigen Dokumentenfund. Dem Zeitungsbericht zufolge soll der Papst seinen Attentäter gefragt haben:»Warum hast du auf mich geschossen, wo wir doch beide an die Existenz des einen Gottes glauben?« Eine schriftliche Antwort existiert nicht, weil der Brief den inhaftierten Türken niemals erreichte.

Der Heilige Vater habe den Brief zwar geschrieben, ihn aber nicht abgeschickt und auch nicht veröffentlicht, wird Dziwisz zitiert. Dies sei nicht geschehen, nachdem feststand, dass der Papst sich mit seinem Beinahe-Mörder im Gefängnis treffen würde. Das geschah dann tatsächlich auch, zwei Jahre nach dem Attentat, am 27. Dezember 1983 in der Zelle des zu lebenslanger Haft verurteilten Attentäters. Agca wurde im Jahr 2000 nach 19 Jahren im Gefängnis an die Türkei überstellt, zur Verbüßung weiterer schwerer Straftaten. Am 12. Januar 2006 kam Agca kurzzeitig frei. Er wurde auf Bewährung aus der türkischen Haft entlassen, einige Tage später aber wieder inhaftiert. Johannes Paul II. hat Ali Agca persönlich verziehen, nicht aber auf die strafrechtliche Ahndung der Schüsse auf dem Petersplatz verzichtet. Falls ihm Agca seine Hintermänner genannt haben sollte, dann hat Johannes Paul II. diese Information vermutlich mit ins Grab genommen.

Monsignore Dziwisz galt als die »Graue Eminenz« im Vatikan, der Allwissende in nächster Nähe des Papstes und auch der Strippenzieher, nicht zuletzt in den letzten Jahren des schwer erkrankten Pontifex. Es überraschte nicht, dass ihm in der Nachfolge von Kardinal Macharski der erzbischöfliche Stuhl von Krakau übertragen wurde, er somit auch Karol Wojtyla »beerbt«, dem er schon in Polen als Sekretär und engster Vertrauter gedient hatte. Der »rote Hut« des Kardinalats dürfte ihm damit sozusagen automatisch zufallen.

Lässt sich von den »Maßnahmen gegen den Papst«, wie sie 1979 in Moskau beschlossen worden sein sollen, eine Linie zu den Schüssen auf den Petersplatz ziehen? Hat »Jura« Andropow, »der Lenin und Stalin nacheiferte« (laut Alexander Jakowlew), einen diesbezüglichen Auftrag erteilt? Solange nicht eindeutige Dokumente auf dem Tisch liegen, bleibt diese Frage unbeantwortet.

Keine greifbaren Belege

Man muss kein Geheimdienstexperte sein, um zu verstehen, dass Ali Agca den Anschlag nicht allein geplant und umgesetzt haben kann. Ein Attentat auf den Papst sei viel zu kompliziert, ließ sich Ex-Spionage-Chef Markus Wolf in einem Interview zu diesem Thema vernehmen. Es bedürfe einer genauen Planung und dazu sei nur eine gut durchstrukturierte Organisation in der Lage. Ähnlich äußerte sich ein früherer KGB-Offizier in einem ZDF-Interview. Wenn dieses Attentat auf den Papst von Geheimdiensten gemacht worden wäre, dann auf dem höchsten Stand. Ob von westlicher oder östlicher Seite? Egal, es waren keine Profis, sonst hätte es anders geendet.

Ein CIA-Experte pflichtet ihm bei: »Beim Papstattentat wurden so viele Fehler gemacht, dass es vergebliche Mühe ist anzunehmen, dass eine professionelle Organisation darin verwickelt gewesen wäre.« Ein ehemaliger BND-Beamter weist darauf hin, dass besonders der KGB ein Sicherheitsdienst war, der die technische Seite seiner Operationen in den Vordergrund stellte. Wären »Profis« am Werk gewesen, hätten die Kugel getroffen, ohne Spuren der Täter zu hinterlassen. Und Johannes Paul II. schreibt in seinem letzten Buch: »Wie alle sagen, sei Ali Agca ein professioneller Killer«, und kommt zu dem Schluss, »dass das Attentat nicht eine Eigeninitiative seinerseits war, sondern dass jemand anders es geplant, dass ein anderer ihn damit beauftragt hatte.«

Hatten doch bulgarische Profis die Fäden in der Hand? Der ehemalige bulgarische Geheimdienstoffizier Stefan Swerdlew, der sich schon Anfang Februar 1971 in den Westen abgesetzt hatte, bezog offenbar immer noch Informationen aus seinem alten Tätigkeitsbereich: Der bulgarische Geheimdienst habe auf Weisung des KfS (KGB) eine Rolle beim Papstattentat gespielt. In eigener Verantwortung agiere der bulgarische ND nur im eigenem Land und auf dem Balkan. Bei internationalen Aktionen handelt er auf Weisung des KfS. Die sowjetische Geheimpolizei habe ihre Leute in jeder Abteilung des bulgarischen Geheimdienstes.

Ausreichende Argumente für die Hintergründe der Schüsse auf dem Petersplatz sind das nicht. Material aus Prager Geheimdienst-Archiven und Dokumente, die der ehemalige KGB-Archivar Wassilij Nikititsch Mitrochin mitnahm, als er sich 1992 in den Westen absetzte, liefern bis heute keine greifbaren Belege – jedenfalls keine öffentlich zugänglichen. Fehlende Evidenz störte die Geheimdienste in West und Ost nicht, aus den Kugeln, die auf den Papst gefeuert wurden, eigene Munition zu schmieden – für einen wilden Propaganda-Krieg auf beiden Seiten.

CIA-Chef William Casey soll gesagt haben: Wir müssen Dokumente fabrizieren, die beweisen, dass die Sowjetunion die Sache dirigiert hat. Melvin A. Goodman, ehemaliger Mitarbeiter der für die Sowjetunion zuständigen CIA-Sektion behauptete, der Direktor der CIA, William Casey, dessen Ernennung eine politische Entscheidung von Ronald Reagan gewesen sei, habe »ganz klar ein Dokument erstellen« wollen, aus dem hervorging, dass die Sowjetunion nicht nur in den Attentatsversuch verwickelt war, sondern dass die Sowjetunion ihn dirigiert hätte. »Ich habe das zufällig herausgefunden. Man hat auch nicht damit gerechnet, dass ich es herausfinden würde.« Casey habe versucht, die CIA zu politisieren. »Er hat die besten Mitarbeiter genommen, um den Fall in seinem Sinne hinzubiegen.«

Die Reaktion aus Moskau ließ nicht lange auf sich warten. Der ehemalige Moskauer KGB-Offizier konterte: »Es ist mehr als wahrscheinlich, dass die Auftraggeber des Attentats westliche Geheimdienste gewesen sind. Zumal Ali Agca bei diesen

Geheimdiensten durchaus bekannt war, als diese Person, die er ist.«

Michail Gorbatschow, inzwischen in aller Welt geachteter ehemaliger russischer Staatspräsident und Begründer einer Stiftung für sozioökonomische und politische Studien (»The Gorbachev Foundation«) antwortete auf unsere Frage: »Was die ›Schüsse auf dem Petersplatz‹ betrifft, so hatte und habe ich generell keine Informationen über die Mitwirkung des KGB an dieser verbrecherischen Tat.«

Von ehemaligen sowjetischen Beamten wird heute allerdings in ungewohnter Offenheit eingestanden, dass selbst den Mitgliedern des Politbüros bei Weitem nicht immer reiner Wein eingeschenkt worden sei, wenn es um Anschläge im Ausland ging. Ein Attentat auf den Papst wäre auch nicht unbedingt vom gesamten Politbüro abgesegnet worden. »Was hätte uns ein toter Papst genutzt«, dieses Argument haben wir wiederholt in unseren Gesprächen mit ehemaligen sowjetischen Zeitzeugen gehört. »Ein lebender Papst war uns in dieser Situation wichtiger.« Im Kern mit demselben Tenor, aber drastischer drückt es ein anderer aus: Auch das Kosten-Nutzen-Verhältnis, wenn diese zynische Formel erlaubt sei, spreche nicht unbedingt dafür, dass dieses Verbrechen vom Kreml befohlen wurde.

Das klingt vielleicht wenig glaubhaft, das mögen wertlose Dementis sein.

Andererseits muss man sehen: Auf den höchsten Posten im Kreml saßen betagte Leute, 70 Jahre und Ältere, die mehr mit ihren Krankheiten zu tun hatten und sich gegenseitig darin übertrafen, keinerlei Initiative zu entfalten und keine Verantwortung zu übernehmen, wie uns ein russischer Gesprächspartner beschrieb. Eine schwerfällige Altherrenriege mit dem entscheidungsunfähigen, nach einem schweren Gehirnschlag seit 1976 mehr oder weniger außer Gefecht gesetzten Breschnew an der Spitze und als eigentlichen starken Mann in Partei und Staat den Chefideologen der Partei Michail A. Suslow. Das war die eine Seite. Ein völlig desolater Apparat, in dem Korruption,

Betrug und Desinformation sich ausbreiteten, war die Kehrseite der Medaille. »Vetternwirtschaft, Käuflichkeit und Unterschlagung hatten die gesamte Nomenklatura befallen«, notiert Alexander Jakowlew, der spätere Vordenker der Perestroika in seinen Erinnerungen.

Interne Rivalitäten schürten ein Klima der Unsicherheit bis hinauf in die Führungsetage. Von außen »störten« Bürgerrechtler, und in der westlichen Welt hoch geachtete Schriftsteller rüttelten an dem erstarrten System. Dissidenten, die »gegen Lenin antreten, gegen die Oktoberrevolution, gegen das sozialistische System«, wie sich KGB-Chef Andropow einmal über Andrei Sacharow ausließ und damit wohl auch Alexander Solschenizyn meinte. Der Physiker wurde jahrelang nach Gorki verbannt, der Schriftsteller gewaltsam ausgesiedelt.

Sacharow vor Gericht zu stellen, wagte man nicht. »Die politischen Kosten im internationalen Maßstab wären zu hoch gewesen«, meint Jakowlew. Wäre zu dieser Überlegung eine Parallele bei der Frage nach den Hintermännern des Papst-Attentats zu ziehen?

Gelähmt war die Sowjetspitze durch die geriatrische Abteilung im Politbüro, das am Moskauer Staraja Ploschtschad, dem Alten Platz, nicht weit vom Kreml und dicht an der KGB-Zentrale zusammentrat, freilich nicht. Schließlich waren alle politischen Leitungsstrukturen bis in die Spitze des Politbüros vom Geheimdienst infiltriert. Juri W. Andropow galt zwar als harter Knochen, der den KGB nach dem Motto führte: »Wahre Bolschewisten sind keine verweichlichten Sozialisten oder Kommunisten.« Aber gleichzeitig wollte er gewisse innere Reformen ins Auge fassen, nachdem er an die Staatsspitze aufgerückt war. Dort blieb ihm allerdings wenig Zeit. Ihm stand jedoch ein Vertrauter zur Seite, der die Tür zu einer erneuerten Sowjetunion vollends aufstoßen würde: Michail Gorbatschow.

Zu den angeblichen ZK-Beschlüssen vom 13. November 1979 könnte auch jener gehören, die Führung im Apostolischen Palast abzuhören. Die Diensträume des Papstes und vor allem die seines Staatssekretärs, Kardinal Casaroli, sollen reichlich »verwanzt« gewesen sein: Spionagemikrofone fanden sich in Casarolis Besprechungszimmer, waren zum Beispiel in einer aus Holz geschnitzten Madonna versteckt, die auf einem Wandschrank zur Schaustellung von Präsenten prominenter Besucher des Staatssekretärs abgestellt war. Die Ehefrau eines Neffen von Casaroli, eine gewisse Irene T., soll für den tschechischen Geheimdienst gearbeitet und die Geheimmikrofone installiert haben.

Die am meisten verbreitete Version des Papstattentats heißt »die bulgarische Spur«. Danach soll Jordan Mantarov, der stellvertretende Handelsattachée bei der bulgarischen Botschaft in Paris einen französischen Geheimagenten über die Zusammenhänge aufgeklärt haben, nachdem er sich im Juli 1981 aus der bulgarischen Vertretung abgesetzt hatte. Kurzum: Der bulgarische Geheimdienst habe den Plan, den Papst zu töten, im Auftrag des KGB übernommen.

Mantarov war selbst nicht unmittelbar informiert, sondern wusste davon nur aus zweiter Hand. Er will die Hintergründe des Komplotts von einem engen Freund, einem gewissen Dimiter Savov erfahren haben. Savov wird als hochrangiger Mitarbeiter in der Abteilung für Gegenspionage des bulgarischen Geheimdienstes, des Durschavna Sigurnost (DS) beschrieben.

Mantarov und Savov hätten bereits 1979 über den Papst gesprochen. Der KGB denke, so Savov zu seinem Freund, dass die Wahl des Polen von Zbigniew Brzezinski, Präsident Carters polnischstämmigem Sicherheitsberater, eingefädelt worden sei. Dieser habe eine Möglichkeit gesehen, die bereits in den Jahren zuvor als Folge von Korruption und Missmanagement im Staatsapparat spürbare Unruhe in Polen auszunutzen. Nach den Aussagen von Mantarov habe dann der KGB »oder einer der osteuropäischen Dienste« darüber zu diskutieren begonnen, mit Hilfe der Bulgaren »den Papst zu eliminieren«.

Mehmet Ali Agca sei deshalb als Täter ausgesucht worden, weil er als Rechtsextremist bekannt war, der den Türken Abdi Ipekci erschossen hatte. Der Chefredakteur der liberalen Istanbuler Tageszeitung *Milliyet* stammte aus einer angesehenen jüdischen Familie. Als Nächstes, so wird Agca bereits nach seiner ominösen Freilassung aus dem angeblich streng gesicherten türkischen Gefängnis zitiert, habe er den »christlichen Kreuzfahrer«, gemeint war Johannes Paul II., auf seiner Liste. Man beachte diese Formulierung, die heute von vielen Islamisten benutzt wird.

Die Franzosen glaubten dem Bulgaren. Ein Gespräch, das wir mit Admiral Pierre Lacoste führten, dem früheren Generaldirektor des französischen Auslandsnachrichtendienstes DGSE, (*Direction Generale de la Sécurité Extérieure*), bestätigt, dass man in Paris an der bulgarischen Spur festhielt, mit dem KGB als Auftraggeber. Auch Bzrezinski und Henry Kissinger, damals beide Mitglieder des *Foreign Intelligence Advisory Board* des amerikanischen Präsidenten, hätten angeblich an diese Version geglaubt. Andererseits liefen die Desinformationskampagnen der Geheimdienste in Ost wie West in Sachen Papstattentat auf Hochtouren. Journalisten konnten nie ganz sicher über die Qualität ihrer Information gerade aus diesen Quellen sein.

Wir verabredeten uns mit dem früheren Geheimdienstchef. (Lacoste war von 1982 bis 1985 Chef der DGSE, musste aber wegen der Versenkung des Greenpeace-Flaggschiffs *Rainbow Warrior* durch französische Agenten im Hafen von Auckland, Neuseeland – Operation »Satanique« – seinen Hut nehmen.) Als Treffpunkt empfahl er das »Lutetia«, 45, Boulevard Raspail, das vornehme Hotel im Quartier Latin, dem Rive Gauche, am linken Seine-Ufer im Herzen von Paris. Vor dem Zweiten Weltkrieg das Rendezvous vieler im Pariser Exil lebenden deutschen Schriftsteller wie z. B. Heinrich Mann. Es sind nur wenige Gehminuten zur Kirche Saint Germain des Prés. Auch »Notre Dame« ist schnell zu Fuß erreichbar. Aber wir trafen uns nicht konspirativ in Kirchenbänken, sondern in diesem eleganten Haus, das 1910 im Art-déco-Stil erbaut wurde. Es hat bis heute nichts von seinem mondänen Flair der 20er Jahre verloren und ist sehr »pariserisch« geblieben.

Der Franzose bestätigte die Information, dass der Vatikan von französischer Seite schon längere Zeit vor den Schüssen auf dem Petersplatz vor einem geplanten Anschlag auf das Leben des Papstes gewarnt worden sei. Einer seiner Vorgänger, Comte Alexandre de Marenches, habe dem Vatikan entsprechende Hinweise gegeben. (Der Graf leitete von 1970 bis 1981 den SDECE – *Service de Documentation Extérieure et de Contre-Espionage*, aus dem der DGSE hervorging.)

Der italienische Untersuchungsrichter Rosario Priore bestätigte Werner Kaltefleiter in einem ZDF-Interview, diese Vorwarnung sei von großer Wichtigkeit gewesen. Der französische Geheimdienst habe wohl Wind von einem geplanten Attentat auf den Papst bekommen und den Vatikan sofort benachrichtigt. Nicht geklärt schien, ob sich die Warnung auf ein ganz bestimmtes Projekt bezogen habe oder ganz allgemein auf mögliche Attentate auf den Papst. Priore vermutete: »Wahrscheinlich erhielten die Franzosen die Nachricht von einem Projekt, das verschiedene Ausführungsmöglichkeiten zuließ. Man sprach sogar von einem Projekt, den Papst vergiften zu wollen.«

Der Franzose stutzte die Fantasien des Italieners zurück: »Es war eine allgemeine Warnung, keine spezielle, wie ich damals herausfinden konnte.« Comte de Marenches, der Graf in geheimer Mission, habe nach seinem Abschied aus dem Dienst ein Buch geschrieben. In diesem »tönt er, dass er den Vatikan vor der Gefahr eines Attentats gewarnt habe«. Der Geheimdienstchef scheint seinen Vorgänger nicht sonderlich zu mögen.

Angeblich wurde das vatikanische Staatssekretariat auch vom rumänischen Geheimdienst informiert. Dies will der italienische Untersuchungsrichter Ilario Martella von einem Journalisten erfahren haben. So wandern Informationen. Der französische Experte aber bemühte sich, uns von seiner Version über die Hintermänner des Anschlag zu überzeugen: »Man befand sich im Kampf, während der ganzen Periode des Kalten Krieges. Das war nicht nur eine Sache der Großmächte, die gegeneinander kämpften. Das war ein ideologischer Krieg. Wenn dann der

Vatikan oder der Papst sagten, habt keine Angst vor dem Kommunismus, das ist ein Papiertiger, dann bedeutete das, der Mann ist gefährlich. Er zerstört unser System von innen heraus.« Der Franzose gilt als rechtskonservativ und machte aus seinem Antikommunismus kein Hehl. Für ihn steht fest: Agca schoss im Auftrag Moskaus. »Wenn sie sich für einen solchen schmutzigen Trick entscheiden, dann muss man auch die Wege und Möglichkeiten herausfinden, wie man das anstellt. Am besten man findet eine instabile Person. Jemanden, den sie manipulieren können. Offensichtlich war Agca eine solche belastete Person. So jemanden können sie für eine solche Aufgabe vorsehen, seinen Kopf verdrehen. Dann handelt der Mann von allein, ohne dass ihm weitere Befehle erteilt werden müssen.«

Papst Johannes Paul II. hat den Spekulationen um die »bulgarische Spur« selbst ein offizielles Ende bereitet und zwar auf höchster Ebene. Er kam bei seinem Besuch in Sofia am 24. Mai 2002 darauf zu sprechen. Während der Begegnung mit dem bulgarischen Staatspräsidenten Georgij Parwanow distanzierte er sich von den Spekulationen über eine bulgarische Beteiligung an dem Anschlag vom 13. Mai 1981. Er habe nie daran geglaubt, wegen »seines tiefen Respekts für das bulgarische Volk«, soll der Papst gegenüber dem bulgarischen Staatsoberhaupt geäußert haben, wie Vatikan-Sprecher Joaquin Navarro-Valls der Presse mitteilte. Dieses päpstliche Schlusswort klang zwar nicht wie das Fazit eines polizeilichen Untersuchungsberichts, sondern wie eine noble und dem Anlass des Pastoral- und Staatsbesuchs angemessene Geste.

Wenn nicht nach Bulgarien, wohin führt dann die »Spur«? Wenn nicht Russen oder Amerikaner, wer dann? Den Medien blieb nichts erspart, die Gerüchteküche tischte immer wieder neue Geschichten auf. Die wahren Auftraggeber soll angeblich Kardinal Luigi Poggi vom israelischen Geheimdienst Mossad erfahren haben. Poggi war ehemaliger Nuntius mit Sonderaufgaben, zuletzt Päpstlicher Archivar und Bibliothekar der Heiligen Römischen Kirche. Von ihm wird behauptet, er sei Geheimdienstchef des Papstes gewesen oder, zurückhaltender, die Anlaufstelle der päpstlichen Geheimdiplomatie. Seine Informanten sollen behauptet haben, die Hintermänner seien nicht in Moskau oder Bulgarien, sondern in Teheran zu suchen. Der Auftrag für Ali Agca sei mit ausdrücklicher Billigung von Ayatollah Ruholla Khomeini aus dem Iran gekommen. Daraus wurde später der Schluss gezogen, dies sei der Beginn des Dschihad gegen den Westen gewesen, mit dem Papst als prominentestem der christlichen »Kreuzfahrer«.

Operation Papst

Jedenfalls wehren sich die am Ende am meisten verdächtigten Bulgaren energisch gegen westliche Vorwürfe. So trifft im Spätjahr 1982 in der Staatssicherheitszentrale in der Berliner Normannenstraße ein Blitztelegramm ein. Es erhält die Signatur: vvs b 717–16 /82 und ist als Rundschreiben an die diplomatischen Vertreter der Ostblock-Länder in Sofia gerichtet. In dem wollen sich die Bulgaren von den Verdächtigungen befreien. Im Auftrag des Zentralkomitees der bulgarischen Kommunistischen Partei werden die Botschafter der RGW-Staaten (RGW – Rat für gegenseitige Wirtschaftshilfe – östliches Gegenstück zur EWG) über die »insbesondere von Italien geführte antibulgarische Kampagne« informiert. Der italienischen Seite wird vorgeworfen, die Volksrepublik Bulgarien unberechtigterweise zu beschuldigen, an dem Attentat auf den Papst mitgewirkt bzw. es inspiriert zu haben. Die diplomatischen Vertretungen werden gebeten, die Information an die Führungen der Bruderparteien weiterzuleiten.

Am 15. Dezember 1982 teilt der DDR-Botschafter in Sofia in einem Telegramm an das Politbüromitglied Hermann Axen mit, die bulgarische Kommunistische Partei (BKP) fordere dazu auf, einer solchen gut organisierten Kampagne gegen den Sozialismus den gut organisierten gemeinsamen Widerstand und die Zurückweisung durch alle sozialistischen Bruderländer entgegenzustellen.

Zwar wird auch die berüchtigte rumänische Securitate gelegentlich beschuldigt, doch hartnäckig hält sich die Version von der »bulgarischen Spur«. Die wird genährt durch als Mittäter des Agca-Attentats angeklagte bulgarische Staatsangehörige: so der Leiter des »Balkanair«-Büros in Rom, Sergej Antonow und seine Ehefrau Rosita Antonowa, die beiden Exdiplomaten Todor Aijwasow und Sheljo Wassilew sowie die Türken Mussa Seidar Celebi, Bekir Celenk, Oral Celik, Omer Bagci und andere nachrichtendienstlich identifizierte Personen. Im Haftbefehl vom 24. November 1982 wird ihnen zur Last gelegt, Agca abgesichert, unterstützt und ihm geholfen zu haben. Die Bulgaren wurden aber wegen Mangels an Beweisen freigesprochen.

In Sofia war man sich darüber klar, dass allein schon der Verdacht einer Beteiligung an dem Anschlag auf den Papst dem Ansehen des Landes innenpolitisch wie international unabsehbaren Schaden zufügen würde. 1982 vereinbaren Innenminister General Dimitar Stojanow, zuständig auch für die bulgarischen Sicherheitsorgane, mit seinem Ostberliner Pendant, dem Minister für Staatssicherheit, Armeegeneral Erich Mielke, gemeinsame Maßnahmen. Die Aktion erhält den Decknamen »Operation Papst«. Verschiedene Bereiche des MfS sind mit dem Auftrag befasst, vor allem aber die HVA, der Auslandsnachrichtendienst und hier bezeichnenderweise die Abteilung X, zuständig für Desinformation. Ziel ist es, westliche Medien über geheime Kanäle mit irreführenden und falschen Meldungen zu versorgen. Dabei kam es darauf an, eine rechtsextremistische Organisation zu finden, die man in das Attentat hineinziehen konnte, in diesem Fall die türkischen Grauen Wölfe *(Bozkurtler)* mit ihrem angeblichen Mitglied Ali Agca und im Übrigen die Drahtzieher im Westen, namentlich in den USA zu suchen. Die »Operation Papst« lief über vier Jahre und am Schluss dankte General Stojanow »auf das Herzlichste für die uns erwiesene Hilfe und Unterstützung bei der Vereitelung der antibulgarischen und antisozialistischen Kampagne im Zusammenhang mit dem Attentat auf Papst Johannes Paul II.«.

Aber die Bulgaren wurden ihren Schatten nicht los. In die dramatischen letzten Tage des sterbenden Papstes platzte eine Nachricht aus Sofia. Die bulgarischen Behörden würden bisher unbekannte Dokumente zum Anschlag auf dem Petersplatz veröffentlichen. Wie sich herausstellte, handelte es sich um im Westen längst bekannte Materialien aus den Archiven des MfS, die den italienischen Untersuchungsbehörden und 2002 auch den Bulgaren von der Berliner Bundesbehörde für die Stasi-Unterlagen zur Verfügung gestellt wurden. Die gewünschte Entlastung lieferten sie nicht.

Auf der Drogenspur

Im Mai 2002 verabredeten wir uns in Sofia mit einem bulgarischen Geheimdienst-Experten. Das Klima war nicht nur wegen des frühlingshaften Wetters für ein Hintergrundgespräch zu einem delikaten Thema günstig. Papst Johannes Paul II. war gerade in der Stadt. Seine 96. Auslandsreise führte ihn auf der Rückreise von Aserbaidschan nach Bulgarien.

Der ehemalige Agent erklärte, nicht die Mordversion sei seinerzeit das Problem gewesen, weil gegenstandslos, sondern die Möglichkeit, dass der Westen über die Ermittlungen auf der bulgarischen Spur eine lukrative Drogen-Linie hätte aufdecken können. Bulgarien sei in Verbindung mit dem internationalen Terrorismus gebracht worden, unter anderem durch die dabei vertretene Version der aktiven Zusammenarbeit mit den linksterroristischen Roten Brigaden in Italien. Auch habe Bulgarien als ein Zentrum des internationalen Waffen- und Rauschgifthandels gegolten.

Nach einer Konferenz der Geheimdienste des Warschauer Pakts hatte der bulgarische Staatssicherheitsdienst KDS *(Komitet Darschawna Sigurnost)* am 16. Juli 1970 die geheime Direktive M-220/00-0050 erlassen. Sie legte Maßnahmen fest, die dem sowjetischen Plan entsprachen, die westliche Gesellschaft durch Heroinlieferungen zu zersetzen. Das Geheimdokument nahm der bereits erwähnte KDS-Oberst Swerdlew bei seiner Flucht im Februar 1971 mit in den Westen.

Mitte der 80er Jahre, so war in einer Veröffentlichung des damaligen Bonner Bundesinnenministeriums zu lesen, wurden über 50 Prozent des europäischen und eines großen Teils des amerikanischen Heroinhandels über die bulgarische Grenze durch die Handelsorganisation KINTEX in Sofia abgewickelt. Die »Exportfirma« wurde vom KDS kontrolliert. Darüber hinaus sollten gegen Heroin unmittelbar Waffen für von Moskau gelenkte terroristische Gruppen eingehandelt werden.

Heilige Allianz

In den USA hatte am 20. Januar 1981 mit Ronald Reagan ein Präsident die Führung übernommen, der das Moskauer Imperium mit einem »Reich des Bösen« verglich, und der im Kampf gegen den Kommunismus einen Kreuzzug sah. Reagan und der polnische Papst stimmten bei ihrer ersten Begegnung am 7. Juni 1982 im Vatikan in der Hoffnung überein, dass eine Herauslösung Polens aus dem Ostblock einen Domino-Effekt für die Freiheit der anderen Länder unter kommunistischer Herrschaft haben könnte. Ein amerikanischer Publizist prägte den Begriff einer »heiligen Allianz« zwischen Papst und Präsident. Kardinalstaatssekretär Agostino Casaroli und sein Außenminister Achille Silvestrini sprachen parallel mit Außenminister Alexander Haig und Richter William Clark, Reagans Nationalem Sicherheitsberater, über die Situation in Polen und die sowjetische Dominanz in Osteuropa. Und immer hörte der amerikanische Geheimdienst mit. »Sie sahen den Kollaps des Moskauer Imperiums voraus«, meinte Admiral Bobby Ray Inman. Als stellvertretender CIA-Direktor, aber noch mehr als

Direktor der National Security Agency (NSA), der geheimen Abhörzentrale der USA, musste er es ja wissen.

»Das Weiße Haus und der polnische Papst konnten auf einen gemeinsamen Nenner kommen«, sagte später der amerikanische Vatikan-Botschafter Jim Nicholson. Beide hätten erkannt, welche Rolle sie dabei spielen konnten, die Flamme der Solidarnosc-Bewegung, die mit dem Kriegsrecht verboten worden war, nicht erlöschen zu lassen und das sowjetische Regime zu Fall zu bringen. Es mochte sich wegen ihres persönlichen Schicksals zwischen den beiden Herren auch eine persönliche Nähe entwickelt haben: Reagan war sechs Wochen vor dem Attentat auf dem Petersplatz selbst von den Kugeln eines Attentäters getroffen worden.

Präsident Reagan ordnete angeblich an, alle aus Polen vorliegenden Geheimdienst-Informationen, die sowohl aus Regierungs- wie aus Militärkreisen stammten, so schnell wie möglich an den Papst weiterzugeben. Der CIA-Chef in Rom erschien jeden Freitag im Apostolischen Palast zur Berichterstattung. Inzwischen freigegebene Unterlagen aus dem Archiv des Nationalen Sicherheitsrats stützen diese Behauptung des amerikanischen Reporters Carl Bernstein nicht, bestätigen aber gleichwohl, dass die US-Regierung mit dem Vatikan engste geheime Kontakte in dieser kritischen Phase des Kalten Krieges unterhielt.

Reagans wichtigster Verbindungsmann zum Vatikan war Generalleutnant Vernon Walters. Der ehemalige Vizedirektor und zeitweise amtierende Leiter der CIA galt als »Meister der Strategie und Gestalter der Geschichte«, wie selbst frühere Offiziere der DDR-Gegenspionage einräumten. »Dick« Walters, wie ihn seine Freunde nannten, konnte für seinen Job erstklassige Referenzen vorweisen: hoch dekorierter Weltkriegsoffizier, Karriere-Diplomat, fließend in sechs Sprachen inklusive Russisch und Chinesisch, »immer verfügbar«, da unverheiratet, und ein frommer Katholik. Sein persönlicher Assistent, Kapitän Lee Martini, trat später sogar in den Benediktinerorden ein.

Walters diente sieben Präsidenten und dürfte einer der am besten informierten Männer seiner Zeit gewesen sein. Er wurde oft mit heiklen Missionen betraut. Von 1981 bis 1985 war er Sonderbotschafter Reagans. Anschließend vertrat er die USA bei den Vereinten Nationen und war von 1989 bis 1991 Botschafter in Bonn. Kritiker sehen in ihm einen »Geheimdienstgeneral im Kalten Krieg«.

Mit Rom war Walters schon seit seiner Zeit als Militärattachée an der US-Botschaft vertraut. Am 1. April 1981 wurde Walters von Außenminister Alexander Haig zum Sonderbotschafter *(Ambassador-at-large)* berufen und am 22. Juli vor dem Senat vereidigt. Von diesem Zeitpunkt an war er fast ein Dutzend Mal Gast im Apostolischen Palast und sieht Johannes Paul II., die »Nummer Eins«, wie Walters den Papst nennt, auch persönlich. Präsident Ronald Reagan beauftragt Walters, den Papst »fortlaufend auf der Grundlage der durch die amerikanische Aufklärung gewonnenen Erkenntnisse über die Entwicklung in Polen und die Raketenrüstung der Sowjetunion zu unterrichten«. Keiner seiner vielen »sensitiven und hochgradig geheimen Missionen« war für ihn interessanter und habe ihn mehr bewegt, als seine Informationsbesuche bei Papst Johannes Paul II., behauptet Walters später.

Der Amerikaner breitet vor dem Papst die neuesten Aufnahmen von Spionage-Satelliten der CIA über Truppenkonzentrationen der Warschauer-Pakt-Staaten und die Stationierung von SS-20-Raketen aus. Er erläutert dem Papst die von den Amerikanern vorgesehene, in Westeuropa kontrovers diskutierte Aufstellung von Pershing-II-Mittelstreckenraketen und Marschflugkörpern, die 1983 in Westdeutschland und Großbritannien vollzogen wird, sowie Präsident Reagans »Strategische Verteidigungs-Initiative«, SDI, einen Raketen-Verteidigungsgürtel im Weltraum gegen einen angenommenen atomaren Erstschlag der Sowjetunion. Man sprach von »Star wars – Sternenkrieg«. Dem Papst sei erklärt worden, warum die USA mehr Geld für Verteidigung ausgeben müssen als für soziale Zwecke.

Wie sich Johannes Paul II. zu den Informationen seines amerikanischen Besuchers geäußert hat, wissen natürlich nur die Beteiligten. Zahlte der Papst dafür mit seinem Schweigen gegenüber der Militär- und Außenpolitik Washingtons? Für die Linke schien klar zu sein: Die Reagan-Administration bliebe offensichtlich für den Vatikan tabu: Kein kritisches Wort werde über »Star wars« oder das Vorgehen der USA in Lateinamerika geäußert, wo man angeblich den Marxismus bekämpfe, kein Wort über Exzesse des Kapitalismus und des Materialismus. Kritik an den USA äußerte Johannes Paul II. erst nach dem Zusammenbruch des Sowjet-Imperiums.

Die Amerikaner schätzten offenbar ebenso sehr, was sie vom Papst erfuhren. Er verfügte über eigene kirchliche Kanäle und sprach, nachdem die Telefonleitungen von Polen nach Rom gekappt worden waren, über Funk mit Warschau. »Er war schneller und besser informiert als wir, die wir warten mussten, bis die Nachrichten durch die Geheimdienstbürokratie überprüft worden waren«, resümierte Alexander Haig gegenüber dem Journalisten Carl Bernstein.

Wo sich die Amerikaner an der Pforte zum Vatikan drängten, wollten ihre Gegenspieler nicht nachstehen. Häufigster Besucher aus Moskau war der »ewige« Außenminister Andrej Gromyko (1957–1985), der in seinen Memoiren betont, achtmal mit dem Oberhaupt der römisch-katholischen Kirche zusammengetroffen zu sein: einmal mit Johannes XXIII., fünfmal mit Paul VI. und zweimal noch mit Johannes Paul II. Jedes Mal sei die Initiative vom Heiligen Stuhl ausgegangen, nicht als förmliche Einladung, sondern als Wunsch, mit dem sowjetischen Außenminister einen Gedankenaustausch führen zu wollen. »Das reimte sich gut mit unseren Wünschen«, erinnert sich Gromyko, »wussten wir doch, dass der Vatikan der Weltpolitik keineswegs fern stand.«

Gleichzeitig half der Vatikan der Solidarnosc, wo er nur konnte. Allerdings konnte er selber vermutlich nur deutlich weniger Geld zur Verfügung stellen, als in der Öffentlichkeit gemutmaßt wurde. Die meisten Dollars kamen von der amerikanischen Gewerkschaftsvereinigung AFL-CIO, die im Übrigen wohl auch mehr als die Geheimagenten von Gewerkschaftsarbeit verstand. Die Gelder wurden über Skandinavien nach Polen geschleust und von der CIA-Residentur in Warschau weitergeleitet. Weitere Spenden dürften von der polnischen Kirche in den USA zur Verfügung gestellt und über polnische Priester an die Empfänger geleitet worden sein. Die Solidarnosc betonte später, dass für sie die moralische und politische Unterstützung aus dem Westen wichtiger gewesen sei als das Geld. Neben der Hilfe in bar war »Logistik« gefragt. Drucker, Kopier- und Faxgeräte modernster Art passierten unentdeckt die Grenze. Man brauchte diese Geräte, um *Samisdat*-(Untergrund-)Literatur, Flugblätter und Desinformationsmaterial zur Verunsicherung der Armee und der Sicherheitsbehörden herzustellen. Die Experten der USA und des Pentagon wussten, welche Hilfsmittel für »psy ops« *(psychological operations)* gebraucht wurden. *Radio Free Europe* in München und die *Voice of America* gaben in verschlüsselten Nachrichten neben Hinweisen auf solche Lieferungen auch andere Informationen weiter, obwohl das nach amerikanischen Gesetzen verboten war.

17. Alles andere als ein Lichtblick

EIN TRAGISCHES BUNDESDEUTSCHES GESPANN
HILFT DER STASI. EINE UNGARISCHE VERSTRICKUNG

Der Pater machte sich gerne beliebt. Er besuchte die Redaktionen der Vatikan-Korrespondenten in Rom, vor allem die der *Katholischen Nachrichten-Agentur* KNA, und er war neugierig, sehr neugierig. Er gab Tipps und schrieb selbst für den deutschsprachigen *Osservatore Romano*. Der Benediktiner aus Trier galt als untadelig und natürlich trauten ihm seine Freunde und erst recht die eigene Verwandtschaft nichts Böses zu. Deshalb drohte eine Angehörige im Namen der Familie mit einer Verleumdungsklage, wenn noch einmal irgendwo geschrieben würde, er sei ein Agent gewesen. Er war es.

»Wir haben Zeugen und gewinnen jeden Prozess gegen Sie«, drohte die Dame, deren Namen wenig zur Sache beiträgt. Jedenfalls nannte sie in einem Anruf beim Münchner Nachrichtenmagazin *FOCUS* einen ehemaligen *KNA*-Mitarbeiter, der beschwöre könne, dass alles erlogen sei. Hanspeter Oschwald, der jenen Kollegen aus gemeinsamen römischen Jahren kannte, gab ihr den guten Rat, es lieber bleiben zu lassen. Sie erweise weder dem *KNA*-Redakteur noch ihrem geliebten Pater Eugen einen Gefallen. Im Gegenteil.

Sie meldete sich nie mehr. Sie hatte wohl eingesehen, dass selbst die Drohung mit den guten Beziehungen zu einem leibhaftigen Landgerichtspräsidenten in Koblenz eine böse Tat nicht ungeschehen machte.

Die Affäre des mönchischen »James Bond« im Auftrag des KGB, der aus seiner Zelle Erkenntnisse aus der Kirchenspitze nach Moskau und Ostberlin funkte, kam stückweise ans Tageslicht. Zuerst entdeckte ein Angehöriger in des Paters Zelle nach dessen Tod ein Radio, das eine Funkanlage verbarg. Dann wurde öffentlich bekannt, dass ein Pater aus der Bundesrepublik ein so genannter Inoffizieller Mitarbeiter (IM) des MfS mit dem Decknamen »Lichtblick« sei. Danach kam noch ein katholischer Journalist als IM »Antonius« und »Felix« hinzu, ausgerechnet jener Felix, den die gute Frau als Kronzeuge der Verteidigung wähnte.

Enttarnt wurden die beiden nach der Aufarbeitung der Ost-Berliner Stasi-Archive als Benediktinerpater Eugen Karl Brammertz und als Alfons Waschbüsch, Korrespondent der *Katholischen Nachrichten-Agentur*, zuerst in Rom und danach in Wiesbaden. Auch der ehemalige Auslandsspionage-Chef der DDR, Markus Wolf, hat »Lichtblick« im April 2005 in einem Interview der italienischen Tageszeitung *Repubblica* dekonspiriert, eben als den Benediktinerpater Eugen Karl Brammertz. Der war 1987 in der römischen Abtei Sant'Anselmo gestorben. In der Praxis des MfS gab es mehrere Informanten unter dem Decknamen »Lichtblick«. Brammertz war auf jeden Fall einer von ihnen. Er hatte, so die Auskunft aus den Stasi-Unterlagen, seinen Freund »Antonius« schon 1967 »auf ideologischer Basis« angeworben. Dessen MfS-Karteikarte ist im Rahmen der Rückgabe der Rosenholzdatei vom CIA an die Birthler-Behörde bekannt geworden. Sie trägt die Registriernummer XV/205/68, datiert allerdings bereits auf den 17. August 1965, als Alfons W. noch Student in München war.

»Felix«, also »der Glückliche – als solcher hat sich der zum Zuträger avancierte Korrespondent offenbar nicht gefühlt, wie er jedenfalls nach seiner Enttarnung zur Entschuldigung vortrug. Er sah sich nach eigener Aussage durch den Älteren, der ihn angeworben hatte, moralisch unter Druck gesetzt. »Lichtblick« war früher Religionslehrer des jüngeren Freunds gewesen, als dieser offenbar noch nichts von dem Doppelleben ahnte. Pater Brammertz galt als eine Art Hausgeistlicher der Familie Waschbüsch.

Zeugen überraschten die beiden an einem Pfingstsonntag-Nachmittag im Innenhof des Hotels »La Badia«, einem umgebauten ehemaligen Kloster nahe dem umbrischen Orvieto. Die historische Papstresidenz liegt 120 Kilometer nördlich von Rom. Meister und Lehrling machten, der lockeren Freizeitkleidung nach zu schließen – der Mönch trug Jeans – nicht den Eindruck einer geistlichen Begegnung. Es roch eher nach konspirativem Treff. »Lichtblick« verzichtete auf die Kutte, wollte wohl inkognito den Tag in der Stadt genießen, »in der der Wein fließt«.

»Lichtblick« war nach eigener Darstellung schon als Weltkriegssoldat in Norwegen in die Fänge der sowjetischen Spionageabwehr des sowjetischen NKWD (ab 1943 NKGB) geraten und vermutlich von der Spezialorganisation »Smersch« (*Smert Schpionam* – Tod den Spionen) bearbeitet worden. War der Benediktinerpater der »Maulwurf«, von dem Wolf sprach, dessen Namen er aber nicht preisgab, als von einem Kontakt ganz nahe beim Papst die Rede war?

Bekannt wurde, dass der Ordensgeistliche für einige Zeit als Archivar im Staatssekretariat angestellt war. »Lichtblick« selbst verharmloste die erbetenen Dienste. Es sei ihm darum gegangen, durch Weitergabe solider Informationen die Kirche vor Fehleinschätzungen seitens der HVA zu schützen. Vielleicht glaubte er, dem seine ehemaligen Kollegen eine gewisse politische Naivität bescheinigten, letztlich noch ein gutes Werk im Sinne des Friedens getan zu haben. Er habe geglaubt, Expertisen für die Humboldt-Universität schreiben zu sollen.

Während »Lichtblick« nicht gerade mit sensationellem Material aufwarten konnte, wusste »Antonius-Felix« substanziellere Informationen zu beschaffen, etwa aus der deutschsprachigen Abteilung des Staatssekretariats. Auch andere, die nach der Öffnung der Stasi-Akten Einblick in die Tätigkeit von »Antonius« gewannen, stellten fest, dass der Journalist »in erheblichem Umfang« Informationen für den DDR-Spionagedienst geliefert hatte und keineswegs der »Bagatellfall« war, wie der Ausgang des Ermittlungsverfahrens gegen ihn schließen ließ. Gegen

Zahlung einer Geldbuße in dreistelliger Höhe wurde der Vorgang zu den Akten gelegt.

Die Sache war nach der Wende aufgeflogen. 1991 nahm das Staatssekretariat Ermittlungen auf. Was zutage kam, war nun keine schwarze Propaganda. Es hatten nicht nur Informationen den Besitzer gewechselt, sondern auch Banknoten. Als Agentenlohn sei »viel Geld geflossen«. Damit waren die Unschuldsbeteuerungen des Enttarnten dahin, er habe sich dem Druck entziehen wollen und sei nach Deutschland zurückgekehrt. Aber wenige Tage später hätten zwei Herren im Ledermantel an der Tür geklingelt mit neuen Aufträgen: der Vorsitzende der Deutschen Bischofskonferenz und der deutsche Militärbischof standen ganz oben auf der Wunschliste der Besucher der Firma »Horch und Guck«.

Mehr als einhundert Mitteilungen lieferten »Lichtblick« und »Antonius« nach Erkenntnissen der Bundesbehörde für die Stasi-Unterlagen im Laufe ihrer Spitzeltätigkeit für die Auslandsspionage der DDR. Allein im Jahr 1981: »Ergebnisse über Ostasienreise des Papstes im Hinblick auf das Verhältnis zu China«, »Haltung des Vatikans zu ausgewählten Problemen«, »Einschätzung der Personalpolitik des Papstes«, »Haltung des Papstes und des Vatikans zu den Ereignissen in Polen«.

Markus Wolf, damals Chef der DDR-Auslandsspionage, bezeichnete die Informationen, die »Antonius« lieferte, als von »geringem Wert«. Der Korrespondent sei eher als »Agent für die Zukunft« vorgesehen gewesen. Das entsprach den »U-Boot«-Plänen der östlichen Geheimdienste, wie sie ja auch für die Anwerbungspläne in den Oberschulen der DDR galten.

Waren die beiden IM aber allein auf weiter, vatikanischer Flur? Eine Äußerung aus der Gauck-Behörde, wonach sich der Verdacht erhärtet habe, dass an höchster Stelle im Vatikan für die DDR spioniert worden sei, deutete auf weitere Spione hin. Auch ein Deckname wurde genannt: »Werder.« War damit der enge Mitarbeiter gemeint, den Markus Wolf als eine »sehr gute Quelle« im Umfeld des Papstes bezeichnet hatte? Oder handelte sich doch nur um »Lichtblick«? Werner Großmann, Chef der ehemaligen HVA, bestätigt auf Anfrage, dass zwei V-Leute angeworben worden waren, einer beim Vatikan und ein zweiter von der »Vatikanpresse«.

Obwohl zum Thema »Vatikan« eine Flut von Berichten in der Stasizentrale in der Normannenstraße in Berlin eintraf, blieben die verwertbaren Auskünfte mäßig, in gewissem Sinne vergleichbar mit den Ergebnissen der Spionage des Sicherheitsdienstes der Nazis.

Das MfS habe eine eigene Einheit eingerichtet, die mit der Kirche zu tun hatte, erklärte Markus Wolf einer italienischen Tageszeitung. Diese sei aber, da sie nicht die gewünschten Ergebnisse erbrachte, wieder eingestellt worden. Fortan wurden die Kirchen von der HVA »unter ferner liefen« in einer Art Gemischtwaren-Abteilung geführt, zusammen mit Parteien, Gewerkschaften und Organisationen – ohne dass damit die nachrichtendienstliche Bedrohung dieser Objekte verharmlost werden soll. Großmann: »Wir hatten nur einen Mitarbeiter im CDU-Referat der Abteilung II mit dieser Aufgabe betraut. Nach der diplomatischen Anerkennung der DDR hatten natürlich auch Mitarbeiter von uns in der Botschaft in Rom entsprechende Aufträge, aber nur defensive, d.h. hinsichtlich Abschöpfinformationen, keinesfalls Aufträge bzw. Werbung.« Hinzugefügt werden muss: Nicht nur die Auslandsspionage unterhielt V-Leute für den Vatikan, sondern auch das Kirchenreferat der HA XX operierte mit eigenen Leuten.

Der mäßige Ertrag und der noch geringere Erfolg der Kirchenspione verhinderten jedoch nicht, dass in allen Ostblockländern kirchliche Mitarbeiter mit den Geheimdiensten zusammenarbeiteten. So erschienen Anfang 2005 im Internet ungarische Namenslisten der ehemaligen Staatssicherheit, auf der auch viele Priester standen, unter ihnen ein früherer Primas und zwei noch amtierende Bischöfe der katholischen Kirche sowie frühere Bischöfe der Calvinisten und Lutheraner. Herausgeber war das ungarische Privatinstitut »Political Capital«. Diese erste

Liste wurde zwar – zumindest teilweise – als selektiv und manipulativ angesehen, doch zweifelten kompetente Historiker »seit eh und je nicht daran, dass (auch hohe) Vertreter der Kirchen sich schwerstens kompromittiert hatten«, schreibt der außenpolitische Ressort-Chef des deutschsprachigen *Pester Lloyd*.

Aber auch andere Quellen behaupten, dass eine große Anzahl kirchlicher Persönlichkeiten betroffen gewesen seien. Die Katholiken hätten der Stasi über ihre Gespräche in Rom berichtet, die Protestanten über ihre Gespräche in Genf beim Weltrat der Kirchen und beim Lutherischen Weltbund. Ein Bericht in den ostdeutschen Stasi-Akten gibt darüber Auskunft. In der Einschätzung einer Information über die Lage der katholischen Kirche in der VR Ungarn stellt die Kirchenabteilung des MfS im April 1970 fest: »In der VR Ungarn werden, im Gegensatz zu anderen sozialistischen Ländern, alle Geistlichen auf die Verfassung vereidigt und vom Staat besoldet. Das gibt dem Staat die Möglichkeit, auf den Einsatz und die Abberufung von Geistlichen direkten Einfluss zu nehmen. Der Vatikan hat laufend bei den Verhandlungen, die vorwiegend durch den Abteilungsleiter des vatikanischen Staatssekretariats, Erzbischof Casaroli geführt wurden, versucht, diese staatliche Einflussnahme abzubauen.«

Von den Betroffenen der ersten Liste, so der *Pester Lloyd*, protestierte die katholische Kirche am vehementesten. In einer Erklärung verurteilte die Bischofskonferenz eine »Stimmungsmache um das geplante Agentengesetz«. Die Veröffentlichung von Listen, die wahrscheinlich falsch seien oder deren Ursprung unbekannt ist, diene dazu, die Kirchen zu attackieren und kirchliche Persönlichkeiten zu diffamieren. Wie auch dieses Dokument zeige, sei 15 Jahre nach der Wende die Wahrheit in dieser Frage nicht mehr festzustellen, umso weniger, da 1989 zahlreiche Akten vernichtet wurden.

Die Bischöfe erinnerten daran, dass es neben vielen Menschen, »die sich heldenhaft dem physischen und psychischen Terror widersetzten, die emigrierten oder sich zurückzogen, es auch solche gab, die dem psychischen Druck nicht standhalten konnten oder erpresst wurden«. Auch sie seien Opfer dieses unmenschlichen Systems gewesen, dessen Drahtzieher auch heute noch politische Macht innehaben. Diese Politiker hätten nicht die moralische Basis, andere Menschen zu verurteilen.

Der Sprecher der katholischen Bischofskonferenz, Weihbischof András Veres sagte in einer ersten Reaktion, die Agenten in der Kirche seien dort längst bekannt. Viele hätten sich schon in der Vergangenheit ihren Glaubensbrüdern anvertraut und andere nach der Wende um Verzeihung gebeten. »Es hat sicherlich Priester, Ordensbrüder und Laien gegeben, die sich ihren Mitmenschen gegenüber stark versündigt haben – für ihre Taten bitten wir um Entschuldigung«, schrieben die ungarischen Bischöfe.

Der Ombudsmann für Menschenrechte ließ eines der Verzeichnisse mit rund 1000 Namen im Reißwolf vernichten. Das Budapester Privat-Institut hatte die Liste vor einer geplanten Veröffentlichung zunächst dem Sachverständigen zur Bewertung übergeben. »Political Capital« argumentierte dagegen, die Liste sei auf der Grundlage von bereits öffentlich zugänglichem Archivmaterial erstellt worden.

Auch ein Richterkollegium, welches bisher Persönlichkeiten des öffentlichen Lebens auf ihre Vergangenheit untersuchen soll, protestierte in einer Stellungnahme gegen die Veröffentlichung verschiedener Agentenlisten. Die Richter beriefen sich auf ihre mehrjährige Praxis und stellten fest, dass Personen der Agententätigkeit bezichtigt wurden, die eine solche nicht ausgeübt hatten, und andere an den Pranger gestellt wurden, obwohl sie sich schon früher aus dem öffentlichen Leben zurückgezogen hatten, schrieb der *Pester Lloyd* im März 2005.

Ungarn ist keine Ausnahme. Es hat sich ebenso wie andere ehemalige Ostblockstaaten im Gegensatz zu den deutschen Bemühungen um die Stasi-Aufklärung Zeit gelassen. Sie konnten es sich leichter leisten, weil es keine Wiedervereinigung mit ihren öffentlichen und privaten Zwängen zur Vergangenheitsbewältigung gab. Auf Dauer kann die Aufarbeitung unliebsamer Überraschungen jedoch nicht verhindert werden.

Beispiel Tschechoslowakei. Der tschechische Staatssicherheitsdienst StB *(Státni Bezpecnost)*, faktisch eine Unterabteilung des KGB, ließ Erzbischof Agostino Casaroli, den späteren Außenminister und Staatssekretär des Papstes abhören. Dies hat In-nenminister Richard Sacher, der den kommunistischen Geheimdienst 1990 auflöste, enthüllt. Vermutlich war es die für Auslandsspionage zuständige Hauptverwaltung HSR *(Hlavni Sprava Rozdvedka)*, das Prager Pendant zur Ostberliner HVA.

Der Generalsekretär der Tschechischen Bischofskonferenz hat daraufhin 2003 in einem Anflug später Reue eingeräumt, mit dem Geheimdienst der kommunistischen Tschechoslowakei zusammengearbeitet zu haben. Karel Simandl musste schließlich im Oktober 2004 zurücktreten. Er hatte zwar Kontakte mit dem tschechischen Geheimdienst gestanden, aber den Umfang und die Dauer seiner Kollaboration verschwiegen.

Simandl hatte bereits als Seminarist in den 70er Jahren für den StB gearbeitet, dann in Rom tschechische Priesterstudenten bespitzelt, später Informationen über die vatikanische Bischofskongregation weitergeleitet. Der Judaslohn für das »Entgegenkommen« des Staates: Er durfte in Rom studieren und war im »Nepomucenum«, dem Kolleg der Tschechen in der Ewigen Stadt untergebracht. Man hatte ihn zwar nicht völlig »umdrehen« können, aber seine Dienste zu nutzen gewusst. Nach seiner Priesterweihe ging er als Seelsorger in die USA, arbeitete für die vatikanische Bischofskongregation und schließlich an der Apostolischen Nuntiatur in Bonn, bis er 1995 nach Prag gerufen wurde. Seine Kollaboration mit dem Staatssicherheitsdienst endete erst 1989 mit dem Zusammenbruch des kommunistischen Systems. Die Bischöfe haben sein Geständnis akzeptiert. Angeblich hielt sich der von ihm verursachte Schaden in Grenzen.

Dass Karol Wojtyla nicht erst als Papst mit diesem »Gegner aus der Kälte« zu tun bekam, liegt auf der Hand. So wurde bekannt, dass ein Vertrauter des damaligen Bischofs, Erzbischofs und späteren Kardinals von Krakau in den 50er und 60er Jahren dem polnischen Geheimdienst steckte, was ihm sein prominenter Freund erzählte. »Torano« war sein Deckname. Dieser »Torano« war nicht der Einzige, der im Krakauer Bischofshaus und in der Bischofskonferenz schnüffelte, aber der effektivste, wie das Institut des Nationalen Gedenkens IPN aus tschechischen Stasi-Akten herausgefunden hat. Bei »Torano« war Druck, genauer »Erpressung« im Spiel gewesen, die übliche Praxis gegenüber Priestern, die man zur Mitarbeit zwingen wollte. Er sei ab 1948 unter Drohungen auf den polnischen Primas, den Erzbischof von Gnesen und Warschau, Stefan Wyszynski angesetzt worden. Ihm folgte »Carmen«, ein Priester aus Krakau. Ein Kleriker, der ahnte, dass fremde Augen und Ohren ihn überwachten, äußerte gegenüber einem V-Mann der Stasi – gewiss nicht ohne Anspielung: Das Schlimmste wäre, dass sich innerhalb des Klerus Leute fänden, die aus Motiven der Rückversicherung bereit wären, dem Feind Informationen zu liefern.

18. Rote Pfarrer hausgemacht

HERAUSBRECHEN UND EINSCHLEUSEN:
WIE DIE STASI SICH THEOLOGEN HERANZOG

Das Alarmsystem im Kopf funktioniert noch immer, wenn Volker Auerbach (Name geändert) seine Geschichte erzählt. Aufgewachsen im Spitzelstaat DDR hat er sich angewöhnt, eine unsichtbare Schutzweste anzuziehen, sobald er das Haus verlässt. Auskünfte über sein Leben gibt er nur zögerlich. Sein Privatleben schützt er wie ein Tabu. Auch 15 Jahre nach der Wende möchte er anonym bleiben.

Auerbach stammt aus dem Eichsfeld, der katholischen Enklave im protestantischen Thüringen. Schon als Student hat er im atheistisch orientierten akademischen Umfeld nie ein Hehl aus seinem christlichen Glauben gemacht. Er war Sprecher der katholischen Studentengemeinde, war aktiv in Diskussionszirkeln und wusste – die Stasi war stets dabei. Es gab immer einen Zuträger. So konnte es nicht ausbleiben, dass er eines Tages vom »EAW« angesprochen wurde. Hinter der Abkürzung, einer inoffiziellen, aber allgemein verwendeten Bezeichnung im Hochschulwesen der DDR, verbarg sich der »Beauftragte für Erziehung, Ausbildung und Weiterbildung«. Dieser Funktionär, Prorektor oder Sektionsdirektor an einer Hochschule, war eine typische Schöpfung der sozialistischen Klassengesellschaft. Offiziell war er für den Studienbetrieb zuständig; aber die von der SED übertragenen »Aufgaben« umfassten sicherlich mehr.

Deutlich, weil es keinen Anlass zur Verheimlichung gab, trat diese Führungsstruktur an der Hochschule des MfS in Erscheinung. Während der Rektor als Statthalter der Partei fungierte, verantwortete der »Stellvertreter des Rektors« die Ausbildung und Erziehung. Aber das System erfasste schließlich alle Bildungsbereiche, auch wenn es sich manchmal auf Katzenpfoten an die Schüler und Studenten heranmachte – erst später die Krallen zeigte.

»Wir wissen, wie Sie denken und was Sie tun«, begann der ideologische Schulungsmeister das Gespräch mit dem katholischen Studenten. »Ihre Tätigkeit missfällt uns. Solche Leute wie Sie können wir in einer naturwissenschaftlichen Hochschule mit atheistischer Ausprägung nicht gebrauchen.«

»Er gab mir klar zu verstehen, dass ich als ›sozialistische Führungspersönlichkeit‹ nicht in Frage kam«, erinnert sich Auerbach. Aber er wurde auch nicht »ge-ext«, nicht exmatrikuliert, oder deutlicher, von der Hochschule ausgeschlossen. Er durfte weiterstudieren, wenn auch die Noten nun von der linientreuen Schulleitung gedrückt wurden. Möglicherweise hatte die Partei etwas anderes mit dem begabten, aber »unaufgeklärten« Studenten vor. »Wenn Sie schon so denken und aus katholischen Verhältnissen kommen – können Sie doch in diese Richtung gehen und Theologie studieren. Warum machen Sie das nicht?«, fragte der EAW listig.

Volker Auerbach verstand die Absicht und verzichtete lieber auf eine kirchliche Laufbahn, aber auch auf eine Karriere in der Polit-Hierarchie der DDR. Statt eines Tages vielleicht in die Nomenklatura aufzusteigen, ertrug er viele Jahre das Los des gesellschaftlichen Outcasts. Er war nicht geeignet für ein Projekt, wie es noch im letzten Jahr des SED-Staats vorgesehen war: die Kirchen zu durchsetzen, und zwar möglichst in Leitungsfunktionen.

Mit der internen Fortbildung verschaffte sich das MfS auf der Ebene der Führungskader ein gewisses akademisches Niveau, es sei denn, ranghöhere Offiziere konnten ein allgemeines Studium vorweisen. Nicht wenige der älteren Genossen stammten aus proletarischen Verhältnissen. Gewiss, der Aufstieg vom Tischler, Maurer, Schlosser – Erich Honecker hatte als Dachdecker seinen Lebensunterhalt verdient – »adelte« einen deutschen Kommunisten. Für moderne Führungsaufgaben in Partei und Staat aber reichte das nicht aus. In den Anfangsjahren hielten sich die Anforderungen offenbar noch in Grenzen, das Studienprogramm für Stasi-Mitarbeiter war auf MfS-Maß zugeschnitten, stets hautnah entlang der ideologischen Linie und auf den Klassenfeind hin orientiert.

Auf theologischem und kirchenrechtlichem Gebiet waren viele mit Kirchenfragen befasste Sachbearbeiter, wie den überlieferten Berichten leicht zu entnehmen ist, von »wenig Sachkenntnis getrübt«. Worauf es ankam, das waren zunächst einmal proletarische Herkunft und politische Zuverlässigkeit, mit anderen Worten »Linientreue«. Für Kommunisten musste von fruher Jugend an das Phänomen »Kirche und Religion« schwer durchschaubar sein. Das galt auch für Stasi-Chef Erich Mielke selbst. Sie hatten keinen richtigen »Schlüssel«, um die »fremde Türe« zu öffnen und »exakte Feindbilder« zu erarbeiten, die als Vorlage für die operativen Maßnahmen der Sicherheitsorgane dienen sollte. Erst in den 70er Jahren setzte, wie Clemens Vollnhals den aufgefundenen Dokumentationsmaterialien entnimmt, eine akademische Qualifizierung des kirchenpolitischen Apparats auf breiter Basis ein. Und Ende der 80er Jahre besitzen alle operativen Mitarbeiter der HA XX/4 einen Hochschul- oder Fachhochschulabschluss, der zumeist an der Hochschule des MfS in Potsdam-Eiche erworben worden war. Aber für den Einsatz an der »Kirchenfront« war das immer noch nicht genug.

Zwar konnte versucht werden, Theologen, Studenten und Geistliche beider Konfessionen aus ihrem Rahmen »herauszubrechen«, wie die Anwerbung von Zuträgern aus dem kirchlichen Milieu im Geheimdienstjargon genannt wurde. Die Ernte dürfte nicht zu reichlich ausgefallen sein. Insofern überrascht nicht, dass die Staatssicherheit nach anderen Wegen suchte, eigene Leute in die Kirchenverwaltungen einzuschleusen, möglichst in die Führungsetagen.

Die HVA jedenfalls war offenbar mit der Qualität des Personals, das gerade für die Auslandsaufklärung zur Verfügung stand, nicht zufrieden. Er habe es vorgezogen, für die HVA auf eigene Weise junge Leute zu rekrutieren. Die hätten aber erst heranreifen müssen, offenbarte Markus Wolf in einem Interview der römischen *Repubblica*. Überlegungen in anderen Abteilungen des MfS gingen in die gleiche Richtung. Die Abteilung XX (Staatsapparat, Kultur, Kirchen, Untergrund) der Bezirksverwaltung Erfurt des MfS verfasste noch im Jahr der Wende unter dem Datum vom 17. Januar 1989 eine »Konzeption zur Suche, Auswahl und Profilierung geeigneter IM-Kandidaten für eine langfristige inoffizielle Durchdringung kirchlicher Einrichtungen und kirchenleitender Gremien«.

Um Nachwuchs unter jungen Christen für den DDR-Geheimdienst zu gewinnen, wurden folgende Richtlinien aufgestellt, die in bestem Amtsdeutsch der DDR-Politbürokratie formuliert sind:

– »Zur Verhinderung des politischen Missbrauchs der Kirchen und Religionsgemeinschaften der DDR durch den Gegner sowie zur Sicherung der Durchsetzung der staatlichen Politik in Kirchenfragen, ist die Schaffung und der Einsatz geeigneter und perspektivvoller inoffizieller Kräfte dringend erforderlich.
– Zur Lösung dieser Aufgabenstellung bieten sich zwei Wege an, das Herausbrechen bzw. Einschleusen geeigneter IM. Beim Herausbrechen von IM ist besonders zu beachten, dass es sich fast ausnahmslos um Personen handelt, die dem Marxismus-Leninismus antagonistisch gegenüberstehen und einer ständigen und unmittelbaren Beeinflussung in religiöser, bürgerlich-ideologischer und politisch-negativer Hinsicht unterliegen. Außerdem befinden sie sich oftmals in einer Isolation gegenüber den gesellschaftlichen Entwicklungsprozessen in der DDR. Der Gewinnungsprozess solcher Personen, ihre Überprüfung und ihre aktive Einbeziehung in die Realisierung politisch-operativer Aufgabenstellungen ist nur über einen sehr langen Zeitraum möglich.

– Um eine langfristig orientierte inoffizielle Durchdringung der kirchenleitenden Gremien zu erzielen, gewinnt der Prozess des Einschleusens, als relativ selbständige Komponente neben dem Herausbrechen, immer mehr an Bedeutung. Die entsprechende Aufgabe besteht in der langfristigen Entwicklung von IM, die geeignet sind, die Aufgaben des MfS in den Kirchen der DDR zu realisieren. Dadurch wird die Besetzung von Informationszentren und Einflusspositionen in den Kirchen der DDR durch IM möglich.

– Dieser Prozess muss über die Entwicklung vorhandener bzw. neu geschaffener IM aus dem Kreis der Gemeindepfarrer nach entsprechender Überprüfung und Profilierung realisiert werden. Zugleich muss verstärkt die Möglichkeit genutzt werden, entwicklungsfähige EOS-Schüler und Abiturienten mit Berufsabschluss, die positiv zum sozialistischen Staat und zur sozialistischen Gesellschaft stehen, in die Kirchen einzuschleusen, den theoretischen Ausbildungsweg durchlaufen zu lassen und an der Basis beginnend, nach und nach, langfristig aufzubauen.

– Anzustreben sind generell führende Positionen in den Kirchenleitungen, ökumenischen Gremien und Organisationen – auch internationale Organisationen. Eine solche Zielstellung ist nur über einen sehr langfristigen, teilweise Jahrzehnte erfordernden Weg, realisierbar. Das heißt, dass der jeweilige IM-führende Mitarbeiter sich ideologisch darüber im Klaren sein muss, dass die ›Früchte‹ seiner Arbeit in späteren Jahren die Mitarbeiter ›ernten‹ werden, die nach ihm kommen.«

Mit anderen Worten: Die »auserwählten Talente« sollten sich zunächst in aller Ruhe auf ihre spätere Verwendung vorbereiten und sich später in ihren kirchlichen Funktionen so einrichten, dass nicht der geringste Verdacht auf sie fallen würde: in der ersten Phase als so genannte »Schläfer« und dann als einsatzfähige »U-Boote«. Die Suche nach künftigen Agenten im Talar oder in der Soutane und ihre Rekrutierung begannen schon in den höheren Schulklassen. Das Profil war millimeter-genau festgelegt.

Als Grundlage für die »Auswahlkriterien bei der Suche und Auswahl entsprechender IM-Kandidaten« wurden folgende »objektive Voraussetzungen« aufgelistet:

– POS/EOS-Schüler (POS: zehnklassige, allgemeinbildende Polytechnische Oberschule mit dem Abschluss der Mittleren Reife; ihr schloss sich die zweijährige EOS, die Erweiterte Oberschule an, die zur Hochschulreife, zum Abitur führte.)
– Berufsausbildung mit Abitur
– Berufswunsch – Studium Theologie, Jura, Ökonomie, Informatik, Journalismus u.a.
– abgelehnte Studienbewerber, die durch die Studienplatzumleitung in eine Sektion Theologie lanciert werden können
– möglichst männlichen Geschlechts
– christlich orientiertes Elternhaus
– Teilnahme an Taufe und Konfirmation, bzw. Firmung (kann auch im Nachhinein durch befreundete Pfarrer vollzogen werden)
– Bereitschaft zum Leben im Zölibat (Ehelosigkeit, Enthaltsamkeit) bei der katholischen Einsatzrichtung
– Verweigerung des Wehrdienstes mit der Waffe.

Als »subjektive Voraussetzungen« sollten gelten:
– Kenntnisse zum Verhalten, Auftreten und den Gepflogenheiten in kirchlich gebundenen Kreisen
– bei Nichtvorhandensein dieser Kenntnisse die Bereitschaft und die Fähigkeit zu deren Aneignung.

Auch mit der weltanschaulichen Ausrichtung ihres Nachwuchses hatten die Stasi-Werber offenbar keine allzu großen Probleme, wenn gewisse Grund-Bedingungen erfüllt wurden:
Eine politisch-ideologische Überzeugung auf der Grundlage einer loyalen Einstellung zur sozialistischen Gesellschaft bzw.

auf der Grundlage der bürgerlich-humanistischen Weltanschauung oder Bereitschaft zur Erlangung der wissenschaftlichen Weltanschauung des Marxismus-Leninismus. Aber die Kandidaten mussten auch spezifische Eigenschaften mitbringen:

- Fähigkeiten und Voraussetzungen zum konspirativen Arbeiten und Verhalten (Einhaltung der Regeln der Konspiration und Geheimhaltung, Arbeit mit operativen Legenden und Kombinationen, Vortäuschung einer verfestigten Negativhaltung zur sozialistischen Staats- und Gesellschaftsordnung und den Schutz- und Sicherheitsorganen)
- Ansatzpunkte für die Herausbildung und Festigung eines Vertrauensverhältnisses zum MfS und positive Grundeinstellung zur inoffiziellen Arbeit.

Nicht jeder IM-Kandidat musste 100 Punkte auf dieser Anforderungsliste erreichen. Aber das Profil war klar. Es hätte gut auf manche streng geführten Sekten gepasst.

Studieren sollten evangelische Anwärter an einer kirchlichen oder staatlichen Hochschule in den Fachrichtungen evangelische Theologie oder an einer kirchlichen Ausbildungseinrichtung. Für Katholiken war das Studium an der katholischen Hochschule für den Priesternachwuchs in der DDR, dem »Philosophisch-Theologischen Studium« in Erfurt vorgesehen. »Im Gegensatz zur evangelischen Kirche ist die Ausbildung und Einschleusung eines IM in den Klerus der katholischen Kirche nur über o. g. katholische Hochschule in Erfurt möglich«, heißt es in dem Entwurf.

Das plötzliche Ende des SED-Staates hat dieses Vorhaben zwar zunichte gemacht. Aber diese »Konzeption« vermittelt eine Vorstellung davon, wer die Kirche bis hinauf in den Vatikan infiltriert hätte. Man kann ermessen, was nicht nur der Kirche in Thüringen und in der DDR, sondern langfristig auch dem Apostolischen Stuhl erspart blieb. Harmlos wäre bei den »Maulwürfen« im Weinberg des Herrn allenfalls ihr Äußeres, das samtweiche Fell, um im Bild zu bleiben. Wie hätte man ahnen können, wer sich alles hinter Soutanen und Talaren versteckte und wer in dieser Maske Menschen gegenübertrat, die Vertrauen suchten in einem vom Mißtrauen vergifteten Gesellschaftssystem.

Von Anfang an mussten sich die Kirchen darauf einstellen, nicht nur einem unsichtbaren Gegner im Beichtstuhl, in der Pfarrversammlung oder an der Türe der Bischofskanzlei ausgesetzt zu sein. In der Zentrale der Staatsicherheit saßen keineswegs »Dummköpfe«. Die leitenden Offiziere des MfS hatten ein klares Ziel, einen geschulten Verstand, den sie rücksichtslos einsetzten, auch dann, wenn sie mit gepflegten Manieren in Erscheinung traten.

Auf die genannte Weise wollte sich die Staatsicherheit ihren eigenen kirchlichen Nachwuchs schaffen. Von etwa 2010 an wäre einem in den katholischen Kurienbehörden bzw. den evangelischen Kirchenkanzleien der Spion neuen Typs begegnet: der Ordinariatsrat und der Konsistorialrat der Stasi, Männer mit Priesterweihe bzw. Männer und Frauen mit Ordination, denen man vertraut hätte, ironischerweise auf beiden Seiten. Eine solch totale Unterminierung hatte nicht einmal der NS-Sicherheitsdienst geschafft.

19. Ein Priester kommt – und geht

Tondi oder der Weg eines Jesuiten
von West nach Ost und zurück

Alighero Tondi war »ohne jegliche religiöse Gesinnung. Ich war nicht einmal von der Existenz Gottes überzeugt«. Dennoch wurde er Jesuitenpater, nachdem er sich erst mit 26 Jahren 1934 hatte taufen lassen. Der 1908 Geborene, Sohn ungläubiger Eltern, die in Italien demonstrativ auf eine kirchliche Trauung verzichtet hatten, verfügte über eine ausgezeichnete Schulbildung, Studienabschluss mit der Promotion in Architektur und Bauingenieurwesen. Der Vater war Advokat und überzeugter Sozialist, der Großvater antipäpstlich eingestellt. Er hatte auf der Seite Garibaldis für die Unabhängigkeit und Freiheit Italiens gegen den Kirchenstaat gekämpft. Tondi entwickelte seine musische Begabung, studierte Malerei und stellte seine Bilder in Florenz und in Frankreich aus.

Doch »der immer enger werdende Kontakt zum Evangelium, zu christlich sozialpolitischen Büchern, zu einigen Priestern und Bischöfen« verwandelte ihn. Er konvertiert zum Katholizismus. Nach dem Militärdienst im Ingenieur-Corps (1934–1936) tritt er in den Jesuiten-Orden ein. Am 7. Februar 1936 beginnt er das Noviziat in Galloro, einem Studienkolleg der Gesellschaft Jesu etwa 30 km nördlich von Rom. Am 11. Februar 1938 legt er die »ewigen Gelübde« ab, 1943 wird er zum Priester geweiht.

Die Studien der Philosophie und Theologie an der Päpstlichen Universität »Gregoriana«, der »Universität der Jesuiten«, bestimmen seinen Werdegang. Eine »glänzende Karriere«, soweit man dies von einem Ordensmann sagen kann, steht ihm bevor. Er promoviert in beiden Disziplinen und erhält bereits

1945 erste Lehraufträge an der »Gregoriana«. Andere sagen, es habe sich um eine weniger prominente Tätigkeit gehandelt, nämlich die eines Religionslehrers am Institut für Kultur, einer Art Volkshochschule für Katechismusunterricht. Gleichzeitig übernimmt er auch die Stelle eines »Generalrevisors« für die Immobilien und Bauvorhaben des Ordens.

Dann beginnt ein neuer Abschnitt im Leben dieses durch eine verworrene Zeit geschleuderten Mannes, der zunächst zu einem Bruch führen soll. 1941 habe er von der Ordensleitung den Auftrag erhalten, ein »kulturelles Zentrum« zum Studium des Marxismus zu organisieren, schreibt Tondi in seinen Erinnerungen. Natürlich sei es Aufgabe der Einrichtung gewesen, den Marxismus zu bekämpfen. (In einer internen Mitteilung des MfS aus dem Jahre 1963 heißt es, Tondi habe einen »Lehrauftrag an der vatikanischen Hochschule »Gregoriana« zur Widerlegung des Marxismus gehabt.) Es sollten Kader ausgebildet werden, die auf einen eventuellen Vormarsch des Sozialismus vorbereitet waren. Schon damals habe der Vatikan eine solche Entwicklung für möglich gehalten, allerdings nur als Hypothese für den Fall, dass der Faschismus geschlagen werde. (In der hausinternen Auskunft des MfS vom 22. April 1963 wird zu Tondi festgestellt: »Er scheiterte angeblich an dieser Aufgabe, brach mit seiner Tätigkeit im Vatikan und kam, ca. 1956, in die DDR.«)

Offenbar war es der lange Weg Tondis auf der Suche nach der Wahrheit, der ihn Anfang der 50er Jahre erneut in eine Krise führte, in eine geistige, politische, wie private. Tondi erlebt, wie Italien in den ersten Nachkriegsjahren in einen Strudel politischer Spannungen gerissen wird. Die Kommunisten greifen nach der Macht, die Sozialisten und Christdemokraten halten dagegen. Aus dem Vatikan wird an den Fäden gezogen. Priester finden sich an allen Fronten.

Tondi ergreift Partei. In seinen Erinnerungen greift er Luigi Gedda, Vizepräsident der italienischen Katholischen Aktion an. Dieser habe 1951 geplant, eine neue Partei (Nuovo Risorgimento) ins Leben zu rufen, um Faschisten, Liberale und Monarchisten zu sammeln. Diese neue Partei habe die Christdemokraten (DC) unter Alcide De Gasperi ersetzen sollen. Denn diese habe der »hohen Kirchenführung« nicht mehr als ein Instrument gegolten, das stark genug gewesen sei, um die kirchlichen Interessen in Italien zu sichern. De Gasperi sei insgeheim mit Kapitalisten und Freimaurern einverstanden gewesen. Er habe damit der Politik und der Verwaltung Italiens geschadet und das von der Kurie geforderte Ideal ernsthaft herabgesenkt. So weit Tondi.

Am 21. April 1952 »platzt die Bombe«, wie der katholische *Avvenire* 2004 titelt. Tondi löst sich von seinem christlichen Glauben, von der Kirche und von seinem Orden. Am 30. April unterschreibt er seine Entlassungsurkunde, nachdem der Ausschluss am 24. April von der Ordensleitung beschlossen und Tondi das entsprechende Dokument einen Tag später per Einschreiben übermittelt worden war. Tondi behauptet später, die politische Polizei hätte ihn im Auftrag der Jesuiten verhaften und in ein Irrenhaus verbringen sollen. Die Beamten hätten dies aber verweigert. Eine Anschuldigung, die er nicht belegt. Tondi kann ungestört ein neues Leben führen. Er arbeitet in seinem früher erlernten Beruf als Architekt und betätigt sich als Propagandist unter der roten Fahne.

Hatte er damals schon ein heimliches Verhältnis mit einer Frau, das den Abschied aus der Gesellschaft Jesu beschleunigte? Die »Angebetete« ist Carmen Zanti, eine prominente Kommunistin, die später als kommunistische Abgeordnete für Reggio Emilia im römischen Parlament sitzt. Die beiden heiraten zivil. Das Aufgebot wurde pflichtgemäß am römischen Rathaus, dem Kapitol ausgehängt. Der Orden will davon per Zufall erfahren haben. Jedenfalls hat Carmen ihren Alighero nicht nur geehelicht, weil sie sich ideologisch näher gekommen waren, sondern auch, weil der Genosse Alighero die Dame seines Herzens durch sein »melancholisches Aussehen und seine süße Stimme« zu betören vermochte.

Der Fall wirbelt in ganz Italien Staub auf. Der Papst lässt in seinem Hausblatt, dem *Osservatore Romano,* einen offiziellen »kursiven« Kommentar veröffentlichen, in dem die Kirchenspitze die Vorgesetzten im Jesuitenorden fragt, warum sie so wenig über die ihnen anvertrauten Untergebenen wüssten? Der Rüffel trifft den Rektor der »Gregoriana«, Pater Paolo Dezza, so tief, dass er von seinem Amt zurücktritt. »Die Jesuiten versanken in Scham«, erinnert sich ein Vatikan-Geistlicher der damaligen Ereignisse.

Weitere Folgen zeitigt der Eklat nicht. Dezza wird später als Nachfolger von Ordensgeneral Pedro Arrupe mit der kommissarischen Ordensleitung betraut. Er ist Beichtvater Pauls VI. und wird zum Kardinal erhoben.

Tondi verschweigt diese Details aus seinem Privatleben in seiner Autobiografie. Er spricht lieber von einer eigenen Entscheidung. In seinem Buch *Die Jesuiten* lässt er sich allerdings auffällig heftig über die Sexuallehre der Kirche aus und über das, was Priester angeblich alles im Unterricht über das Thema Koitus und Sexualpraktiken hören mussten. Nachdem er dem Orden den Rücken gekehrt hat, schreibt Tondi giftige kirchenkritische Artikel für *L'Unità,* das Partei-Organ der KPI. Er wird sozusagen zum Gegenspieler seines gleichaltrigen, kongenialen früheren Mitbruders Riccardo Lombardi. Der Gründer der »Bewegung für eine bessere Welt«, die 1952 von Pius XII. proklamiert worden war, hält weltweit Predigten, die das Gegenteil von dem vertreten, was Tondi denkt. Dieser zieht mit »Hetzpredigten« in Norditalien übers Land und hofft in den Arbeiter-Regionen auf Publikum. Aber die Menschen wenden sich von ihm ab, wie man im Generalat der Gesellschaft Jesu nicht ohne gewisse Genugtuung vermerkt. Sie nehmen dem ehemaligen Jesuiten die »Fahnenflucht« offenbar übel. Die Kommunisten müssen ihn aus dem Verkehr ziehen.

1957 schickt Parteichef Palmiro Togliatti das Ehepaar Tondi nach Ost-Berlin. Frau Tondi arbeitet im Sekretariat der Internationalen Föderation demokratischer Frauen. Alighero erhält eine Gastdozentur an der Humboldt-Universität für italienische Kulturgeschichte und Geschichte des Vatikans. Auf eine Anfrage des ungarischen Geheimdienstes antwortet das MfS: »Hier war er bis 1962 als Gastprofessor für Philosophie an der Humboldt-Universität und in der Abteilung für ›Geschichte der Philosophie‹ als wissenschaftlicher Mitarbeiter. Anfang 1962 ist Tondi nach Rom gegangen. Dort soll er eine Villa bewohnen.«

Die Wende im Leben des prominenten Jesuiten gab Gerüchten über Tondis Vergangenheit reichlich Nahrung. Von »Fahnenflucht« des Priesters ist die Rede. Er sei ein »Spion in Soutane« gewesen, er sei der verlängerte Arm Stalins im Vatikan gewesen. Er sei von der Kommunistischen Partei Italiens gedrängt worden, Priester zu werden. An der internationalen Lenin-Schule, der »Komintern« in Moskau, habe er den letzten Schliff bekommen, sei vom KGB ausgebildet worden, um als Undercover-Agent für den sowjetischen Geheimdienst in Rom den Vatikan auszuspionieren. Als »Maulwurf« habe er jahrelang geheimes Material beschafft und sei schließlich bis zum Sekretär von Montini, dem damaligen Substituten im Staatssekretariat, aufgestiegen. Er sei im Vatikan entlarvt und sofort von seinen Aufgaben suspendiert worden.

Alles Unsinn – heißt es dazu im Vatikan. Tondi sei nie im Staatssekretariat angestellt gewesen. Sein Name tauche in keiner Personalliste aus jenen Jahren auf. Für die katholische italienische Tageszeitung *Avvenire* sind dies bis heute Desinformationen, aber sie ändern nichts an dem widersprüchlichen Bild des Exjesuiten.

Dazu trug Tondi mit allen Kräften bei. Er veröffentlichte diverse Bücher, die sich kritisch mit der Kirche im Allgemeinen und den Jesuiten im Besonderen auseinandersetzen. Die Titel entsprechen dem Geschmack der kommunistischen Propaganda: *Vatikan und Neofaschismus, Die geheime Macht der Jesuiten.* Elf Jahre des Studiums der sozialistischen Lehren sowie der katholischen Philosophie hätten »einige Gründe ergeben«, die ihn schließlich veranlassten zu gehen, teilt Tondi seinen Lesern mit. Darüber hinaus habe er Kontakte zu italienischen und französischen Kommunisten unterhalten.

Das Ergebnis seiner geistigen Ausflüge in »linke« Gefilde liest sich in seinen Erinnerungen dann so: Nur Geblendete könnten von einer Übereinstimmung von der Erziehung der Geistlichen und dem Christentum, von politischer und ökonomischer Macht des Vatikans, von gewissen religiösen Orden und Organisationen und dem Evangelium Jesu sprechen. Die Beschäftigung mit der katholischen Philosophie und Theologie hätten ihn nach und nach von der Unhaltbarkeit nicht nur des Katholizismus, »sondern jeder Form des Christentums überhaupt« überzeugt, beschreibt er seine »ideologische Entwicklung vom Katholizismus zu den Lehren von Karl Marx«.

Solche Lektüre lässt einige Parteifunktionäre in Ostberlin in die Hände klatschen. Tondis Buch soll auf Deutsch erscheinen. Der Ost-Berliner Aufbau-Verlag stellt am 25. Mai 1961 an das Ministerium für Kultur, Abteilung Literatur und Buch einen Antrag auf Druckgenehmigung. Das Buch soll in einer Auflage von 12 000 Exemplaren erscheinen. Aber die Parteiideologen bleiben misstrauisch: Ein ehemaliger Priester, zumal ein Jesuit? Schließlich in mehrfacher Hinsicht ein Renegat. Als Gutachter unterzieht Karl A. Mollmann das Manuskript einer inhaltlichen und ideologischen Kritik. Auf einer Linie mit der offiziellen Doktrin kommt er zu dem Ergebnis: Der Verfasser sei zwar überzeugt, Kommunist zu sein: Es sei zwar bekannt, dass dies politisch zutreffe, denn Tondi sei Mitglied der KPI – indessen sei sein ideologischer Standort nicht durchgängig der des Marxismus-Leninismus.

Im Spannungsfeld dieses Widerspruchs müsse das vorliegende Werk gesehen werden. Tondi könne nicht den Anspruch erheben, eine marxistisch-leninistische Analyse verschiedener Probleme des Jesuitismus zu geben. In vielem gehe der Autor von der Position eines »freidenkerischen Radikalismus bürgerlich-aufklärerischer Prägung aus, der eigenartiger Weise mit einer Art Linkskatholizismus gekoppelt sei«, urteilt Mollmann.

Er vergleicht die Ansichten Tondis mit denen einiger westlicher Vertreter dieser Art Evangelienkritik. Christentum und Katholizismus würden einerseits undialektisch als nicht wahr erklärt, ohne den tatsächlichen Hergang der Herausbildung der Religion zu zeigen. Andererseits aber werde die These von einer historischen Existenz Jesu Christi unkritisch in den Raum gestellt und der Religion und ihrer Sendung ein quasi zeitloser ethischer Gehalt zugesprochen.

Der Gutachter schrieb dem Verfasser des Antijesuiten-Buchs sozusagen hinter die Ohren: Es sei nicht richtig, den Atheismus mit Antiklerikalismus zu identifizieren. »Den Kampf gegen den politischen Klerikalismus als einer imperialistischen Erscheinung führen wir bekanntlich auch mit Gläubigen. Allein der Marxismus führt den antiklerikalen Kampf nicht von der Position einer linksinterpretierten Bibel aus, sondern immer muss vom proletarischen Klassenstandpunkt ausgegangen werden.«

So ganz wollte man auf Tondis Schrift aber nicht verzichten, bot sie doch reichlich Munition im »antiimperialistischen« Kampf, der auch die Kirche und ihre Führung im Vatikan einschloss. Tondi sollte aber nicht unerhebliche Korrekturen vornehmen, die er zum Teil akzeptierte, zum Teil nicht. So lehnte er es ab, die ihm vorgeworfene einseitige und missverständliche Einschätzung des Verhältnisses zwischen dem Vatikan und den USA zu ändern.

Alighero Tondi behauptete schon Ende der 50er Jahre in seinem gegen die Jesuiten und den Vatikan gerichteten Buch eine vatikanisch-amerikanische Liaison, die auf die Zeit des Zweiten Weltkriegs zurückgehe (siehe auch Kapitel »Der Geheimdienst des Vatikans«, S. 89). Der Vatikan sei 1940 »offizieller Freund Mussolinis und des Faschismus« gewesen, als gleichzeitig die Vereinigten Staaten der Regierung Mussolinis de facto als Gegner gegenüber gestanden seien. Daraus konstruiert Tondi ein Doppelspiel des Vatikans, denn noch im selben Jahr, im Februar, sei Myron C. Taylor, der Abgesandte Roosevelts, »mit außergewöhnlichem Aufwand« im Vatikan empfangen worden.

Eines der von Taylor befolgten Ziele habe darin bestanden, so viel Informationen wie möglich über die Opposition gegen den Nazismus und über die gegen die deutsche Kriegsmaschinerie gerichtete Sabotage in den besetzten Gebieten von Europa einzuholen sowie über die Stimmung der Zivilbevölkerung und der Wehrmacht im Reich, in Italien und den Ländern, die dem Dreimächte-Pakt beigetreten waren.

Der Vatikan habe sich seit Kriegsbeginn »bemerkenswert gut« über die Lage unterrichtet gezeigt, die im Innern der verschiedenen Länder Europas, ausgenommen in der Sowjetunion herrschte. Die Priester der kleinsten Landpfarreien wie der größten städtischen Zentren hätten den Bischöfen ihrer Diözesen genaue Berichte geliefert, »die auf die eine oder andere Weise schließlich alle nach Rom gelangten«. Bis auf wenige Würdenträger der Kirche habe niemand gewusst, wie diese Berichte die Grenzen so vieler Länder passieren konnten. Tondi kommt zu dem Schluss: »Man kann mit Sicherheit behaupten, dass Taylor eine ungeheure Menge von Informationen zur Verfügung gestellt wurde, die er sofort dem Präsidenten Roosevelt übermittelte.«

Der italienische Exjesuit beruft sich schließlich auf einen amerikanischen Journalisten. Es bestehe kein Zweifel mehr, dass für das Ausland bestimmte Propaganda der Vereinigten Staaten durch diese geheimen Kenntnisse der Lage im Innern der europäischen Länder stark beeinflusst worden sei. »Dank dieser Kenntnisse war es möglich, unsere Taktik in der günstigsten Weise darauf einzustellen, psychologische Reaktionen hervorzurufen, durch die wir die Kampfmoral beim Feind zu untergraben suchten.« Tondis Fazit: »Die Kirche lieferte, während sie sich als Freund Mussolinis zeigte, dem Gegner Nachrichten und zwar in dem beschriebenen Ausmaß.«

Als Beispiele führt er an: »Deshalb hat der Vatikan niemals die A-Bombe und die Bombenangriffe der Amerikaner auf Japan verurteilt. Das Problem des Korea-Kriegs ist vom Vatikan weder vom politischen noch vom moralischen Gesichtspunkt jemals auch nur gestreift worden. Auch hat der Vatikan niemals die Anwendung der Napalm- und Bakterienbomben und andere ähnliche Ausschreitung getadelt. Niemals hat der Vatikan ein Interesse dafür gezeigt, wie die koreanischen und chinesischen Gefangenen in den Lagern behandelt worden seien.« Das war beste antikirchliche und antiamerikanische Propaganda.

Schließlich ruft Tondi seinen ehemaligen Mitbruder, Pater Robert Leiber, gewissermaßen zum Kronzeugen an. Ihm unterstellt er die Äußerung, Amerika sei im Laufe der Zeit vielleicht gefährlicher als die Kommunisten, weil Letztere »durch eine menschliche Idee vorwärts getrieben werden«, jenes hingegen nur an seine Interessen denke. Aber jetzt, so Leiber, scheine dem Papst die kommunistische Gefahr dringlicher zu sein. Leiber beklage, dass die Kirche »leider« viel Geld von den Vereinigten Staaten erhalte. Und die Kirche brauche es auch. New Yorks Kardinal Spellman helfe nach besten Kräften und auch das Weiße Haus. Angeblich habe sich Leiber gegen solche Geschenke ausgesprochen: Es wäre sogar viel besser, die Kirche beschäftige sich weder mit Amerika noch mit Russland noch mit sonst jemanden, sondern übte frei und unabhängig nur ihr geistliches Amt aus, zitierte Tondi seinen früheren Mitbruder.

Tondi wusste vielleicht schon länger, dass Pater Leiber längst nicht mehr des Papstes »Darling« war, als der er noch in der deutschen Öffentlichkeit galt. Er war vielleicht zu gesprächig, wenn auch nur im Kreis von Vertrauten. Gleichwohl gab es offenbar Beschwerden der alliierten Diplomaten im Vatikan. Das Staatssekretariat reagierte und Pius sagte seinem Vertrauten nicht mehr alles, was diesen wiederum irritierte. Zunehmend unter einer Krankheit leidend, klangen seine Bemerkungen sarkastischer. Solche Gespräche blieben nicht unbelauscht – auch im eigenen Haus. Hatte Tondi entsprechende Kenntnisse, die er für seine Zwecke nutzte?

Bald bediente er die Wünsche seiner Auftraggeber mit schärferer Munition, die sich politisch noch besser gegen die Kirche einsetzen ließ. In seiner ungezügelten Wut auf den Orden nahm er das von den Jesuiten geleitete russische Studienkolleg in Rom aufs Korn. Vom »Russicum« aus sei im Auftrag des Vatikans die Spionagetätigkeit gegen Länder in Osteuropa koordiniert worden. Das »Russicum« war schon den Nazis ein Dorn im Auge, ebenso wird es vom KGB scharf beobachtet. Die Stasi schickt sogar eigens einen Mann nach Rom, um den deutschen Rektor des Instituts auszuhorchen. Tondi sieht wie die Geheimdienste des Ostens eine feindliche Front vor sich. Und das alles sei nichts anderes als ein Werk der Jesuiten. Wieder einmal. Die Staatsmacht hat sich auf den Orden eingeschossen.

Im Kalten Krieg galt das »Russicum« als ein Hort antikommunistischer Agitation: »Russische Emigranten« werden ganz allgemein in Rom als die Akteure ausgemacht, die vom Vatikan und seinen Institutionen gesteuert werden: vom Staatssekretariat über die Kongregationen für die Außerordentlichen Kirchlichen Angelegenheiten und der Ostkirchen, bis zur Päpstlichen Kommission für Russland. Auch die übrigen Häuser für Studierende aus den Ostblockländern, wie Weißrussen, Tschechen, Rumänen, Polen, Litauer, Ungarn, nicht zu vergessen das Deutsch-Ungarische Kolleg »Germanicum«, aber auch die Ordensniederlassungen der Jesuiten in Westdeutschland – das alles verflicht sich für die Geheimdienste in Moskau und Ost-Berlin als ein einziges, gegen den Sozialismus gerichtetes Netzwerk.

Der damalige Verlagsleiter des Aufbau-Verlages, Klaus Gysi, später Sekretär für Kirchenfragen und erster Botschafter der DDR in Italien, konnte Tondis Buch schließlich mit einer Auflage von 10 000 Exemplaren herausbringen. Tondi steuerte neue Texte bei, nicht zuletzt mit heftigen Angriffen auf den Vatikan. »Durch die emotionelle Wirkung des Buchs werden die genannten Schwächen zum Teil ausgeglichen, sodass es eine große Rolle im antiklerikalen Kampf spielen kann«, beschied eine dem Gutachten angehängte Stellungnahme dem Verlag.

Tondi aber wurde im Land des »real existierenden Sozialismus« nie richtig heimisch. Das war nicht der Kommunismus

»auf Italienisch«, der sich ihm nördlich der Alpen darbot. 1963 kehrt er desillusioniert und traumatisiert nach Italien zurück, nachdem er auf Reisen durch Polen, Russland und in die Tschechoslowakei die wahren Lebensbedingungen im »Paradies der Werktätigen« kennen gelernt hatte. Zu Hause wird er von der Partei eher »geschnitten«. Man traut ihm nicht mehr so recht über den Weg. Ist er insgeheim vielleicht doch ein gläubiger Christ geblieben?

Endlich will sich Tondi mit seiner Kirche aussöhnen. 1963 erlaubt ihm Papst Paul VI. die kirchliche Trauung nachzuholen. Die Kirche kennt diese nachträgliche Zölibatsdispens und Heiratsgenehmigung als »*sanatio in radice*« einer »Heilung in der Wurzel«, also von Anfang an. 1979 stirbt Tondis Frau. Da die Ehe kinderlos geblieben ist, darf Tondi auch sein Priesteramt wieder ausüben, er wird der Diözese Reggio Emilia zugeordnet. Er stirbt am 25. September 1984 im Alter von 76 Jahren. Über seinen Tod hinaus geistern Geschichten über den Jesuiten, der den Boden unter den Füßen verloren hatte, herum. Der Kalte Krieg hatte sein Opfer gefunden.

Zwei Italiener werden als Vatikan-Spitzel herangezogen

Tondi ist aber keineswegs der einzige italienische Sucher nach dem irdischen Paradies im realen Sozialismus. Wissentlich oder ahnungslos hatte er Landsleute mit sich gezogen, die sich wie er den italienischen Kommunisten angeschlossen hatten, in die DDR übersiedelten und bei ihrer vergeblichen Suche nach ihrem Platz zwischen den Welten Ende der 60er Jahre in die Fänge der ostdeutschen Staatssicherheit gerieten.

Ein Dr. Ugo Piacentini begleitet Tondi als Dolmetscher auf Vortragsreisen durch die DDR. Ein freischaffender italienischer Schauspieler und Dramaturg in Ost-Berlin, Enrico Migliore, besucht Tondi, um sich von dem Exjesuiten in vatikanische

Geheimnisse einweihen zu lassen. Enrico, dem die Kirchenabteilung des Ministeriums für Staatssicherheit zunächst seinen eigenen Vornamen, dann »Terli« als Decknamen verpasst, scheint sich zunächst gelehrig anzustellen. Zuerst bespitzelt er in Berlin italienische Journalisten, Künstler und Mitarbeiter des Generalkonsulats. Dann darf er nach einem internen Hickhack mit seiner deutschen Frau nach Rom übersiedeln. Doch ebenso wie Tondi kann sich auch »Terli« nicht von seiner katholischen Vergangenheit trennen. Der Inoffizielle Mitarbeiter gilt bald den Führungsoffizieren in Ost-Berlin als unergiebig. Der Umzug nach Rom endet schließlich im persönlichen Fiasko. Migliore kommt am Tiber nicht zurecht und kehrt 1975 nach Deutschland zurück, allerdings nach Westberlin, wo er sich erfolgreich gegen weitere Annäherungsversuche des MfS wehrt.

Als kontinuierlicher Mitarbeiter, aber auch nicht als ergiebiger erweist sich da schon Dr. Ugo Piacentini, der zuerst mit seinem Vornamen als IM »Ugo« geführt wird, dann zum »Emilio« mutiert wird. Der Katholik arbeitet trotz zahlreicher Rom-Besuche bis 1990 an der Berliner Humboldt-Universität und lehrt seither als Professor in der Fakultät für Wirtschaftswissenschaft in Verona.

Er pflegt die Kontakte zu Tondi, aber auch zu dessen Schicksalsgefährten als exkommunizierter Jesuit, zu Carlo Falconi, der nach Hochhuths Der Stellvertreter-Drama selbst ein Buch über Pius XII. schreibt, in dem er angeblich die historische Wahrheit des päpstlichen Schweigens ergründen will.

In erster Linie wertet »Emilio«, intern auch als IM »Vatikan« geführt, die italienische Presse aus. Die Ost-Berliner Auftraggeber loben seine Analysen und seine große Kenntnis der politischen Szene in Italien. Geheimwissen findet sich nicht auf den Tonbändern, die »Emilio« am liebsten für seine Berichte bespricht, seitdem ihm das MfS am 5. Mai 1970 ein Tonbandgerät zur Verfügung gestellt hat. Die Bänder übergibt er seinen Führungsoffizieren, entweder in einer Privatwohnung oder im Ost-Berliner »Operncafé«.

Die Staatssicherheit scheint aber mehr eigenen Landsleuten zu vertrauen als den Italienern. Zumindest an »Emilio« hat sie zwei deutsche IM »herangeführt«, »Wilhelm« und »Dieter«. Deren Identität ist noch nicht geklärt. Die Absicht scheint klar. »Dieter« arbeitet zu jener Zeit mit Piacentinis Hilfe an seiner Dissertation und lernt fleißig Italienisch. Als Wissenschaftler soll er in Rom unverdächtig eingesetzt, in Wirklichkeit aber als Vatikan-Spion aufgebaut werden. Auf Professor Piacentinis Spionage-Einweisung muss er aber bald verzichten. »Emilios« Akte wandert 1977 mit einem Sperrvermerk in den Panzerschrank, unter der Tarnbezeichnung »Rote Nelke«. Er ist zur Nomenklatura der DDR aufgestiegen, weil seine Frau für das Zentralkomitee der SED arbeitet. Politbonzen sind für die Geheimdienste der DDR aber tabu. »Emilio« ist abgeschaltet, erklärt sich aber bereit, dass man in in Ausnahmefällen anlaufen kann.

20. Dreimal Mord im Vatikan

ZWEI PÄPSTE UND EIN GARDEKOMMANDANT
STARBEN UNTER UNGEKLÄRTEN UMSTÄNDEN

Der Leibarzt setzt die Spritze im Apostolischen Palast. Sie kann das Leben Achille Rattis nicht mehr retten. Der kranke und von Schmerzen gezeichnete Papst Pius XI. stirbt am 10. November 1939. Im ärztlichen Bulletin wird als Grund Herzversagen angegeben. Eigentlich wollte Pius XI. am folgenden Tag eine der wichtigsten Reden seines 17-jährigen Pontifikats halten und die Rassenverfolgung und die Kriegsvorbereitungen der Nazis scharf verurteilen. Die Rede sollte über den von ihm eingerichteten Sender *Radio Vatikan* in alle Welt ausgestrahlt werden. Der Papst hatte eine höchst passende Begrüßung für den bevorstehenden Besuch des Reichskanzlers Adolf Hitler in Rom vorbereitet.

Der Tod hat dies verhindert und vielleicht das zögerliche Verhalten des Nachfolgers Pius XII. entscheidend vorbestimmt. Denn seit jener Todesnacht tauchen immer wieder Gerüchte auf, dass Ratti zwar leidend bis zur Gehunfähigkeit gewesen sei, aber keineswegs todkrank. Das Herzversagen sei vorgeschoben worden. Die Spritze, die der Leibarzt verabreicht hatte, sei vergiftet gewesen. Der Leibarzt des Papstes hieß Professor Francesco Petacci. Dessen Tochter war die Geliebte Benito Mussolinis, die am Kriegsende mit ihm zusammen von Partisanen gefangen und gelyncht wurde.

Hatte Petacci ein Motiv? War er von den Faschisten gezwungen worden, dem Papst ein vorzeitiges Ende zu bereiten, und hatte er sich bis zum letzten Moment gesträubt, also bis wenige Stunden vor der großen Anklagerede? Alle Spekulationen um

328

eine Verschwörung gegen den Papst bekamen in den 70er Jahren einen Namen: im so genannten *Tisserant-Krimi*. Der Franzose Eugène Tisserant war in jener Zeit einer der mächtigsten Kurienkardinäle. In einem ihm zugeschriebenen Tagebuch, das 1971 erschien und das von der französischen und italienischen Presse, darunter *Le Figaro, Paris Match, Gente, Panorama* und *Corriere della Sera*, in verschiedensten Interpretationen aufgegriffen wurde, wird ein politisches Mordkomplott vermutet.

Danach wurde Pius XI. wegen seines antifaschistischen Einsatzes ermordet, angeblich um schlimme Gegenreaktionen Hitlers auf mögliche Unruhen innerhalb der katholischen Bevölkerung zu verhindern. Jedenfalls soll sich Mussolini über den Einfluss des Papstes auf die Bevölkerung große Sorgen gemacht haben. Der Duce habe sogar mit seiner persönlichen Exkommunikation gerechnet, was in Italien weite Kreise gegen ihn mobilisiert hätte. Über einen befreundeten Jesuiten, Pater Tacchi Ventura, habe er sogar beim Papst sondieren lassen. Das Ergebnis ist nicht bekannt. Ventura dürfte ihn beruhigt haben. Möglicherweise um vom Duce abzulenken, soll Tacchi Ventura in Mussolinis Namen dem Papst nahe gelegt haben, Hitler zu exkommunizieren. Das erscheint denkbar, ist aber in vielen Punkten doch zu widersprüchlich.

Diese Interna könnten aber den Nachfolger Pius XII. zu großer Vorsicht veranlasst haben. Die Ermordung des antifaschistischen Papstes hätte Pius XI. zum Märtyrer gemacht. Er wäre zum Schutzpatron aller Katholiken aufgestiegen, die unter der Naziherrschaft litten: zu einem Heiligen der *Resistenza*, des Widerstandes.

Ganz anders liegt der Fall allerdings beim zweiten möglichen Mord im Apostolischen Palast. Wie bereits bei Pius XI. wurde auch beim lächelnden Papst Johannes Paul I. auf eine Autopsie verzichtet, mit der die Todesursache definitiv geklärt worden wäre. Bekanntermaßen scheut man im Vatikan davor zurück, als ob die pathologische Untersuchung einer Papstleiche gotteslästerlich wäre. Papst Albino Luciani starb nach 33 Tagen 1978 infolge ungeklärter Ursachen. Es wird die Allerwelts-Todesursache Herzversagen genannt.

Doch nach einem solch kurzen Pontifikat von wenig mehr als einem Monat mochte nach Bekanntwerden des Todes in Rom keiner an einen natürlichen Tod glauben. »Sie haben ihn vergiftet« … »Sie haben ihn umgebracht«, flüsterten sich die Römer zu. Das Mordkomplott beherrschte unwidersprochen die Gespräche gerade der einfachen Menschen. Aber nicht nur das. Der englische Autor David Yallop verdiente ein Vermögen mit einem romanhaft aufbereiteten Buch, in dem er den Mord an Albino Luciani als Tatsache darstellte. Das Erschreckende daran ist weniger die These selbst, mit der er das Geld verdient hat. Erschreckend ist – und die Kurie müsste über den Sachverhalt schockiert sein –, dass man ihr heutzutage noch einen Papstmord zutraut. Der Ruf der Kirchenspitze könnte kaum schlechter sein.

Die Kurie kam auf einen kuriose Idee: Sie beauftragte Peter Cornwall, in einem weiteren Roman Yallops Mordthese zu widerlegen. Und sie schoss ein Eigentor. Cornwall durfte viele geheime Dossiers lesen und bekam jede Menge Gesprächspartner. Am Ende war klar, dass kein einzelner Kardinal und kein Spitzel den armen Papst Luciani vergiftet haben konnte. Im Grunde aber waren seine Erkenntnisse in dem Buch *Wie ein Dieb in der Nacht* noch unrühmlicher für die Prälaten, die Nächstenliebe predigen und nichts davon wissen wollen. Schuld am Tod des Papstes war kein Einzeltäter, sondern das Machtinteresse der gesamten Kurienspitze.

Umgebracht, so eine schon 1978 weit verbreitete These, die im Laufe der Jahre immer wahrscheinlicher und von Cornwell letzten Endes bekräftigt wurde, hat ihn nicht Kardinalstaatssekretär Jean Villot mit einer Portion Gift im Kaffee. Gestorben ist der Papst an Überforderung und, wie man heute sagen würde, in Folge von Mobbing durch die gesamte Kurienspitze. Die konnte nämlich mit dem lächelnden Seelsorger und seiner verständlichen Katechese nichts anfangen. Als er verkündete,

Gott ist nicht nur Vater, sondern auch Mutter, muss es einigen Kurienprälaten eiskalt über den Rücken gelaufen sein. Der Papst wurde boykottiert, kaltgestellt, mit Akten zugedeckt und so lange überfordert, bis er starb. So sah es wohl aus.

Warum diesen zweiten Tod in der Reihe von politischen Intrigen und Spionage gegen den Vatikan also überhaupt erwähnen? Es gibt einen dunklen Punkt, der mit den Motiven für den gewaltsamen Tod von Pius XI. konkurrieren kann. Johannes Paul I. war ein aufrichtiger und schnurgerader Landseelsorger, auch wenn er zuvor als Patriarch von Venedig auf den Stuhl Petri gerufen wurde. Das Patriarchat ist schließlich trotz seiner großen Geschichte nicht viel größer als ein deutsches Dekanat.

Luciani entdeckte Ungereimtheiten bei der Vatikanbank, dem *Istituto per le Opere di Religione*, (IOR), die von dem amerikanischen Erzbischof Paul Marcinkus geleitet wurde. Der Skandal veruntreuter Millionen, dunkler Geschäfte mit der Mafia bzw. dem zwielichtigen Michele Sindona und der Ambrosiano-Bank des Roberto Calvi waren noch nicht bekannt. Calvi wurde später in London unter einer Themse-Brücke erhängt gefunden. Die kriminelle Blüte der Vatikanbank stand erst noch bevor, aber Marcinkus weckte schon den Verdacht unsauberer Geschäfte. Die soll der Papst entdeckt haben. Marcinkus drohte die Entmachtung. Damit wären die zwielichtigen Kontakte zur Mafia abgebrochen. Ein Motiv für den Mord an Johannes Paul I. wäre also im Mafia-Milieu gegeben gewesen.

Der dritte Mordfall ging in die Geschichte als »Mord in der Schweizer Garde« und als »Fall Estermann« ein. Hier wurde schon sehr früh im Laufe der Ermittlungen von Geheimdienstkontakten gesprochen, präziser von Arbeit für die ostdeutsche Stasi. Alois Estermann war Offizier der Schweizer Garde und damit Top-Leibwächter Johannes Pauls II. Am 4. Mai 1998, einen Tag vor der offiziellen Übernahme seines Postens als Kommandant der Schweizer Garde, war Estermann zusammen mit seiner Frau Gladys und dem Gardisten Cédric Tornay in Estermanns Privatwohnung in der Kaserne innerhalb des Vatikans erschossen aufgefunden worden. Der Vizekorporal Tornay galt als Täter, der sich anschließend selbst getötet haben soll.

Bis heute scheinen die Motive nicht ganz geklärt zu sein, sie reichen von einer Sex-Affäre bis zur Rivalität zwischen Garde und Gendarmerie, der »Vigilanza«, dem vatikanischen Polizeidienst. Estermann habe die Garde zu einer Antiterror-Einheit ausbauen und als Mann des Opus Dei den Einfluss dieser als erzreaktionär geltenden Gemeinschaft stärken wollen. Opus-Dei-Mann und Vatikan-Sprecher Joaquino Navarro-Valls verkündete aber schon wenige Stunden nach der Tat und ungewöhnlich schnell, dass es sich definitiv um ein Eifersuchtsdrama gehandelt habe. Tornay war der Mörder und damit Schluss. Alle Gegenstimmen, Eingaben und Ermittlungen, etwa des prominenten französischen Anwalts Jacques Vergès, den die Mutter des Gardisten eingeschaltet hatte, änderten daran nichts. Der Vatikan mauerte und festigte damit die Zweifel.

Was hatte er möglicherweise zu verbergen? Dem Offizier der Schweizer Garde wurde nachgesagt, bereits 1979 dem MfS seine Dienste angeboten zu haben und 1980 verpflichtet worden zu sein. Er habe von 1981 bis 1984 für Ost-Berlin gearbeitet, er sei von der Hauptverwaltung Aufklärung in unmittelbarer Nähe des Papstes platziert worden. Die Gerüchte kamen 1998 durch einen Bericht in einer polnischen Boulevard-Zeitung auf, der von der *Berliner Zeitung* aufgegriffen wurde, allerdings mit starker Skepsis. Die Warschauer Zeitung berief sich auf Aussagen von Markus Wolf. Der wies sie als Falschmeldung zurück und bezeichnete alles als Sensationsjournalismus.

Unter dem Titel *Bugie di Sangue in Vaticano* (Blutige Lügen im Vatikan) erschien im Jahre 1999 ein Buch im Mailänder Verlag Kaos Edizioni, der sich selbst als antiklerikal bezeichnet. Die Publikation wurde vier Jahre später vom Berliner Aufbau-Verlag auf Deutsch herausgebracht, der zu Zeiten der DDR dem SED-Regime die passende Literatur lieferte. Die deutsche Übersetzung fiel reißerischer aus: *Ihr habt getötet. Der Machtkampf der Logen im Vatikan.* Die Autoren des Enthüllungsberichts verstecken sich hinter dem Tarnnamen »Discepoli di Verita« (Jünger der Wahrheit«), nach Verlagsangaben eine »Gruppe von Geistlichen und Laien innerhalb des Vatikans«. Hauptinhalt des Buchs bilden die mysteriösen Umstände des gewaltsamen Tods des ranghöchsten Offiziers der Schweizer Garde.

Die Verfasser des Enthüllungsberichts versuchen nachzuweisen, dass die Toten Opfer eines Machtkampfs innerhalb der vatikanischen Mauern seien, einer blutigen Auseinandersetzung zwischen dem Opus Dei und einer »Logenseilschaft« von Freimaurern unter der hohen Geistlichkeit. Es sei um die Kontrolle über die Schweizer Garde gegangen.

Die Verfasser zeichnen das Bild einer Schattenwelt von Dunkelmännern und kriminellen Machenschaften, mafiösen Strukturen und illegalen Bankgeschäften, verschwiegenen Salons, in denen homoerotische Ausschweifungen gepflegt werden, und rechtsradikalen Zirkeln, die ihre Fäden innerhalb der Kurie wie in die italienische Politik hinein ziehen. Und allgegenwärtig ist der italienische militärische Auslandsgeheimdienst SISMI, der mit den vatikanischen Sicherheitsorganen zusammenspielt.

Die Kurie hielt diese »News« für so abenteuerlich, dass Vatikan-Sprecher Navarro-Valls sie nicht für kommentierungswürdig hielt. Andererseits waren östliche Nachrichtendienste, voran der KGB, gerade in jenen Jahren – nicht zuletzt wegen der »polnischen Situation« – äußerst interessiert daran zu erfahren, wie im Papstpalast gedacht und entschieden wurde. Vom italienischen Geheimdienst ist bekannt, dass er mindestens 55 Abhörprotokolle von Wanzen im Vatikan gesammelt hat.

Der Verdacht erhielt im Dezember 2002 neue Nahrung durch ein Buch des italienischen Untersuchungsrichters Ferdinando Imposimato, der zeitweise die Ermittlungen zum Anschlag auf Papst Johannes Paul II. am 13. Mai 1981 auf dem Petersplatz geführt hatte. Imposimato berief sich auf Gespräche mit Markus Wolf und Oberstleutnant Günter Bohnsack, der für Desinformation zuständig war. Der italienische Buchautor zitiert Bohnsack: Estermann sei noch während seiner Militärzeit in der

Schweiz Mitte der 70er Jahre von Wolf rekrutiert worden, um in die Schweizer Garde eingeschleust zu werden. Estermann sei kein Offizier, sondern ein einfacher Agent der HVA gewesen unter dem Decknamen »Werder«.

Dieser Darstellung widersprach Bohnsack in einem Gespräch mit Werner Kaltefleiter. Sein Eindruck sei gewesen, dass er nur die von Imposimato vorgelegten Fragen habe bestätigen sollen. Er habe all diese Fragen verneint. Nach einer neueren Mitteilung von Bohnsack gibt es keine Beweise für die Agententätigkeit Estermanns. Auch die Äußerungen Wolfs beurteilte er skeptisch. Gleichlautende Decknamen wurden laut Bohnsack »hundertfach« verwendet.

Die Lektüre erinnert an das im gleichen Zeitraum veröffentlichte Buch *Wir klagen an*, in dem sich zwanzig vatikanische Prälaten über Missstände in der Kurie auslassen, über Intrigen und Nepotismus, wie sie in einer von Männern geformten exklusiven Gesellschaft mit strengen hierarchischen Formen und Substrukturen nicht außergewöhnlich zu sein scheinen. Auch die Verfasser dieses Bestsellers tragen eine Maske, treten im Autorenkollektiv als »Millenari« auf. Was die »Jahrtausendmänner« aus den Winkeln und Hinterzimmern des Vatikans zusammengekehrt haben, dürfte sich in ebenso langer Zeit dort angehäuft haben, wie es der Tarnname der Verfasser des Sündenkatalogs wohl andeuten will.

Den vorläufigen Schlusspunkt der Recherchen setzt die Mitteilung von Werner Großmann vom 1. März 2005: »Mit Sicherheit kann ich Ihnen sagen, dass der Offizier der Schweizer Garde, Estermann, zu keiner Zeit für uns tätig war. Erkenntnisse, ob er für andere Dienste (Ost wie West) arbeitete, gab und gibt es bei uns nicht.« Auch Markus Wolf dementierte in der italienischen Tageszeitung *La Repubblica* vom 11. April 2005 entschieden: »Nein. Er nicht.«

21. Das Ende der polnischen Strippenzieher

Schon gleich nach dem Tod von Papst Johannes Paul II. wurden Spione und Agenten enttarnt

Der Anruf kam von ganz oben, aus dem Vorzimmer des Papstes. Stanislaw Dziwisz, der Privatsekretär von Papst Johannes Paul II., lässt sich 1984 zu seinem polnischen Landsmann, dem Ordenspriester Konrad Stanislaw Hejmo durchstellen. Hejmo ist nicht überrascht. Die beiden Polen in Rom kennen sich aus Krakauer Tagen. Dziwisz, der dort schon dem Kardinal Wojtyla gedient hatte, war von diesem in den Papstpalast mitgenommen worden. Hejmo kam ein Jahr später, 1979 nach, als eine Art Öffentlichkeitsreferent der polnischen Bischöfe. Er sollte sie aus Rom mit Informationen beliefern und umgekehrt Journalisten in Rom mit Nachrichten über die Kirche in Polen und mit Hintergrundinformationen aus dem päpstlichen Umfeld versorgen. Er gehörte zu jenen Polen, die nach Karol Wojtylas Wahl, nicht immer zur Freude der Italiener, plötzlich überall anzutreffen waren. »Polnische Wirtschaft« spöttelten die Römer und meinten Beziehungskisten.

Das Telefonat aus dem Apostolischen Palast hatte einen erfreulichen Inhalt. Pater Konrad möge doch herüberkommen. Er sei zum Mittagessen beim Papst eingeladen. Mit ihm weitere Priester aus Polen, die im Vatikan und in Rom tätig seien. Bei Tisch standen sicherlich keine offiziellen Themen im Mittelpunkt. Man war schließlich unter sich. Man redete wohl eher über dieses und jenes und kam auch auf das Thema »Schutzengel« zu sprechen, wobei allerdings nicht die himmlischen Boten gemeint waren. Diese Art »Schutzpatrone« kannte man von zu Hause. Jeder polnische Priester habe einen solchen geheimen »Engel«, erinnerte der Papst Wojtyla seine Landsleute. Sie sollten auf der Hut sein. Agenten der polnischen Staatssicherheit seien allgegenwärtig. Saß sogar einer mitten unter ihnen am Mittagstisch? Sollte wahr sein, was nach dem Tod des polnischen Papstes an die Öffentlichkeit kam? Denn kaum war die Wachablösung nach dem Tod von Papst Johannes Paul II. am 2. April vollzogen und Kardinal Joseph Ratzinger, der Präfekt der Glaubenskongregation, zum Nachfolger gewählt worden, wurde die internationale Presse durch eine sensationelle Nachricht aus Warschau alarmiert: Pater Hejmo selbst soll Spion gewesen sein. Gerade noch hatte der hoch gewachsene Pater, dessen mächtige Gestalt in der weißen Kutte selbst in der dichtesten Menge unübersehbar war, eine Gruppe polnischer Pilger zur ersten Generalaudienz von Papst Benedikt XVI. auf den Petersplatz begleitet.

In Polen war das Institut des Nationalen Gedenkens (IPN) bei dem Geistlichen fündig geworden, der schon immer als eine etwas schillernde Figur durch die vatikanische Landschaft lief, immer möglichst dicht am Papst. Nun war er aufgeflogen: Dominikanerpater Konrad Hejmo soll jahrelang andere Geistliche bespitzelt haben.

In einem merkwürdig erscheinenden »Timing« gab das Institut des Nationalen Gedenkens (IPN) *Institut Pamieci Narodowej* bekannt, der polnische Dominikanerpriester habe schon in den 70er Jahren für den polnischen Geheimdienst SB gearbeitet, sich dazu in Kreisen der »Solidarnosc« und im Umfeld des 1984 ermordeten Priesters Jerzy Popieluszko bewegt. Der Warschauer Arbeiterseelsorger Popieluszko war als Kritiker des Kriegsrechts und des Verbots der Gewerkschaftsbewegung vom polnischen Staatssicherheitsdienst auf grausame Weise umgebracht worden.

Wie das IPN nun mitteilte, stand der Ordenspriester, der sich mit dem Krakauer Erzbischof freundschaftlich verbunden fühlte, seit 1975 in Kontakt mit den polnischen Sicherheitsorganen.

Die Rekonstruktion scheint lückenlos. Nach der Wahl des Landsmannes auf den Stuhl Petri ging auch Pater Konrad auf Empfehlung des polnischen Primas Stefan Wyszinski nach Rom und versorgte zunächst die polnische Bischofskonferenz mit Presseschauen. Der journalistisch offenbar recht aktive Ordensmann habe daneben weiter auch seine geheimen Auftraggeber vom Spionagedienst im Innenministerium bedient und Geld entgegengenommen.

Hejmo kannte viele polnische Priester in der Ewigen Stadt und war so unscheinbar nicht, wie heute der Eindruck erweckt werden soll. Er war bekannt wie »ein bunter Hund«, unter Journalisten, die den Papst nach Polen begleiteten, rund um St. Peter und auch bei Hofe. Pater Hejmo arbeitete an verschiedenen Stellen, wenn man die diversen Presseberichte zusammenstellt: bei *Radio Vatikan*, im Pressebüro des polnischen Episkopats, schrieb Berichte über die polnische Kirche, die er auch an Journalisten verteilte und fertigte Übersetzungen von Predigten des Papstes ins Polnische an. »Er war immer dort, wo der Papst eine Messe las«, weiß die *BILD-Zeitung* zu berichten. In den letzten Lebensmonaten des Papstes war er es, der die Medien laufend mit Informationen über den Gesundheitszustand und den Krankheitsverlauf von Johannes Paul II. versorgte.

Von 1984 an betreute er die Pilger im polnischen Pilgerzentrum *Corda Cordi*, in einem Gebäudetrakt des Generalats der Salvatorianer an der Via Pankratius Pfeiffer. Nicht nur auf Sichtweite befand er sich damit zum Vatikan. Er dürfte es leicht gehabt haben, sich vor allem im »polnischen Umfeld« des Papstes zu bewegen. Er habe Zugang zu anderen engen Vertrauten des Papstes gehabt, berichtete das polnische Fernsehen.

Dass ein solcher Kirchenmann für östliche Geheimdienste wie gerufen kam, liegt auf der Hand. Hejmo dürfte nicht Unrecht haben, wenn er meint, dass er wohl nicht der Einzige war – besonders nicht in jenen »kritischen Jahren« in Polen. Schon

1980, vor dem Attentat auf den Papst, lernte er einen gewissen Andrzej M. kennen, aber nicht dessen wahre Absichten. War das Pater Hejmos »Schutzengel«, der Agent M. des polnischen Geheimdienstes? Andrzej sei inzwischen an Krebs gestorben. Dessen Familie, die in der Nähe von Köln wohnt, bat Hejmo, ihren Namen nicht preiszugeben, woran er sich hält. Der polnische Ordenspriester gibt sich aber weiter arglos, nachdem er angeblich enttarnt wurde. Er habe »in gutem Glauben« gehandelt, indem er eigene Berichte für die polnische Kirche an einen in Deutschland lebenden Polen weitergab, berichtet die *Neue Zürcher Zeitung* interessanterweise in einem Artikel ihres Prager Korrespondenten vom 28. April 2005.

Pater Hejmo wies, zur Rede gestellt, alle Anschuldigungen entschieden zurück. Es handele sich um absurde Unterstellungen. Er sei ausgenutzt worden, ohne zu wissen von wem. Sein Landsmann habe großes Interesse an der Kirche und dem Vatikan gezeigt und schon mal ein Tonband mitgebracht. Er habe Artikel abgeholt, »die ich für die Polnische Bischofskonferenz über das Pontifikat von Johannes Paul II. verfasste.«

Der gewisse Herr »M.«, dessen Wohnsitz einmal mit Köln, dann wiederum mit Bremen angegeben wird, soll zweimal im Monat nach Rom gereist sein, um sich mit Vertrauensleuten im Vatikan zu treffen. Traf er sich dort nicht nur mit Hejmo, sondern auch mit »Lichtblick«, also dem Benediktinerpater Brammertz, der für das MfS arbeitete? Zappelten die beiden im Netz des Warschauer wie des Ostberliner Geheimdienstes?

Werner Großmann, letzter Chef des Auslandsnachrichtendienstes der Ostberliner Staatssicherheit, ärgert es, dass bei jeder Meldung solcher Art sofort sein ehemaliger Bereich in Verdacht gerät, als hätte es nicht auch andere Nachrichtendienste gegeben. Fakt ist, dass die Polen ihre eigenen Leute in der Bundesrepublik hatten und auf die »brüderliche Hilfe« der Ostberliner Genossen nicht angewiesen waren. Dass polnische Agenten vor allem in Westdeutschland und in den USA operierten, dürfte sowohl in Pullach wie in Ost-Berlin aufmerksam verfolgt worden sein. Ein ehemaliger leitender MfS-Offizier behauptet heute zwar, das MfS habe über die polnischen nachrichtendienstlichen Aktivitäten, von Ausnahmen abgesehen, keine Einzelheiten erfahren, aber das klingt wenig überzeugend.

Zurück zu Pater Hejmo. Der Ordensprovinzial der Dominikaner in Polen nahm Einsicht in die Akten seines gesprächigen Mitbruders und zeigte sich »schockiert«. Er beorderte Pater Konrad zunächst einmal zurück nach Polen, wo er während der Zeit der vatikanischen Sedisvakanz nach dem Tod Johannes Pauls II. immerhin noch häufig im polnischen Fernsehen auftrat.

Vielleicht wurde der aus Südpolen stammende Bauernsohn, der mit 16 Jahren zu den Dominikanern ging, Theologie und Sozialwissenschaft studierte, das Opfer seines eigenen Ehrgeizes. Nachrichtendienste wissen die Schwachstellen in den Biografien der Leute zu nutzen, die ihnen ins Netz gehen. Jedenfalls widerlegte das polnische Institut IPN Hejmos hartnäckiges Leugnen. Die Nachforschungen hätten ein 700 Seiten starkes Dossier ergeben, war aus Warschau zu hören. Hejmo sei unter den Decknamen »Hejnal« und »Dominik« geführt worden, allerdings nicht als »Agent«, sondern als »operativer Kontakt«. Das würde heißen, dass er »nur« als Quelle abgeschöpft wurde, ohne selbst Spitzelaufträge ausgeführt zu haben.

Aber er soll Geld und Geschenke angenommen haben, wie das IPN nachzuweisen sucht. Das bewiesen von Hejmo unterschriebene Quittungen, die in den polnischen Stasi-Unterlagen gefunden worden seien. Auch darauf hatte der geschwätzige Ordensmann eine Antwort. Er habe damals als armer Student in Rom Geld von polnischen Priestern genommen, die ihm den geheimnisvollen Landsmann in Köln empfohlen haben sollen. Waren diese geistlichen Mitbrüder geheime Mittelsmänner des polnischen V-Manns in Deutschland?

Alle Unschuldsbeteuerungen halfen offenbar nichts. Das Beweismaterial des IPN war wohl erdrückend. Nach vorübergehender Suspension wurde Hejmo Anfang Juni 2005 von der Bischofskonferenz endgültig als Leiter des polnischen Pilgerzentrums am Vatikan abgesetzt. Der Ordensprovinzial der Dominikaner in Polen, Pater Maciej Zieba, entschuldigte sich »bei allen, die durch Pater Hejmo und seine Geheimdiensttätigkeit geschädigt worden waren«. Trotz allem wird der polnische Ordensmann vom IPN offenbar nur als kleines Licht eingestuft, der »nichts Weltbewegendes« weitergegeben habe. Zwar bewegte er sich im Umfeld des Papstes, zählte angeblich aber nicht zum inneren Zirkel. Hejmo habe in seiner Funktion keinen Zugang zu besonderen oder gar geheimen vatikanischen Informationen gehabt, hieß es beschwichtigend.

Italienische Medien deuteten vorsichtig an, dass in diesem Zusammenhang weitere Namen aus dem polnischen Personenkreis im Apostolischen Palast in Verdacht geraten könnten. Auch die selbst ernannten »Freunde des Papstes« wurden jetzt näher unter die Lupe genommen. In der polnischen Presse tauchte der Name eines V-Manns mit dem Decknamen »Delta« auf, bei dem sich um einen dieser Papstfreunde handeln soll, die mit Karol Wojtyla aus gemeinsamen Studienjahren verbunden waren.

Hejmo war also kein Einzelfall. In den 70er und 80er Jahren sollen rund 4000 polnische Priester im Auftrag des Geheimdienstes im In- und Ausland tätig gewesen sein. Bei Pater Hejmo lief ein Spiel seitens der kirchlichen Seite ab, das man schon von vielen vergleichbaren Fällen kennt, immer wenn ein Agent enttarnt wird. Und das funktioniert so: Abschwächen, relativieren, zum Gegenangriff starten und den Betroffenen »in der Versenkung« verschwinden lassen, d. h. ihn auf einen stillen Posten abschieben, in ein abgelegenes Kloster oder Ähnliches versetzen. Das IPN musste sich vom Ordensprovinzialat vorhalten lassen, sich angesichts einer Vielzahl von Fällen »sehr selektiv« auf Pater Hejmo gestürzt zu haben. (Ähnlich reagierte der ungarische Episkopat.) Ein polnischer Dominikaner verstieg sich zu der Behauptung, das Warschauer Institut habe »einfach mal auf sich aufmerksam machen wollen, um auch künftig staatliche Subventionen zu bekommen«.

Stimmen, die den armen, an falsche Freunde geratenen Ordenspriester zu verteidigen suchten, ließen also nicht lange auf sich warten. Man witterte hinter der ganzen Affäre ein Spiel antiklerikaler Kreise in Polen, die den Tod des Papstes auszunutzen versuchten, um »wie in alten Zeiten« den Einfluss der Kirche auf die Politik einzudämmen, indem man Hass gegen den Klerus schürte. Immer neue Vermutungen gerieten in die Blätter.

Nicht die politischen Geheimdienste aus Ost-Berlin oder aus Warschau hätten ihre Finger im Spiel gehabt, sondern das polnische Militär. Ein Offizier aus dem Warschauer Pakt, so hieß es etwas ungenau, habe dem IPN das Material zur Verfügung gestellt. In Rom wurde über die Absichten gerätselt. Es könnte eine späte Revanche an Johannes Paul II. nach dessen Tod dahinter stecken.

Dies dachte wohl auch der ehemalige Privatsekretär des Papstes, Erzbischof Stanislaw Dziwisz (inzwischen Nachfolger seines »Chefs« in Krakau mit der Aussicht auf den roten Kardinalshut). Pater Hejmo hatte sich nach Bekanntwerden der Affäre um ihn dem päpstlichen Privatsekretär anvertraut, dem »guten Freund«, als den Hejmo die einstige graue Eminenz im Vatikan bezeichnet. Dabei soll Dziwisz sich in dem Sinn geäußert haben, dass der Spionagefall um Pater Konrad in Wirklichkeit auf den verstorbenen Landsmann ziele, sagte Pater Hejmo gegenüber der Zeitung *La Repubblica*. Ihm, Dziwisz, scheine es »komisch«, dass gerade jetzt Spekulationen über die Amtszeit von Johannes Paul II. aufträten. Man wolle offenbar den positiven Eindruck zerstören, den sein Tod geweckt habe. Ein zweiter Anschlag auf den polnischen Papst, postum?

Weitere Enthüllungen, weitere Geheimdienstdokumente sind zu erwarten – und weitere Gerüchte und Spekulationen. Die Schattenwelt der Spionage liefert den Stoff. So küren zwar Ende 2005 die Polen in Umfragen ihren verstorbenen Papst Johannes Paul II. zum Mann des Jahres, und in Rom wie in Krakau wird das Procedere zur Seligsprechung beschleunigt. Zur selben Zeit tröpfeln jedoch weitere Enthüllungen aus dem Institut des Nationalen Gedenkens (IPN).

Fest steht, dass Pater Hejmo bisher der bekannteste, aber doch nur einer unter mehreren Spionen im Umfeld des polnischen Papstes gewesen ist. Die Geheimdienste haben vermutlich dank polnischer Spione in nächster Nähe des Papstes mehr gewusst, als sich der Normalmensch vorstellen kann. Sensationen hat das IPN nicht zu vermelden, aber Details, die eine totale Überwachung des Papstes nahelegen. Der Historiker Marek Lesota hat in den Akten einen Papst-Spion mit Decknamen »Pedagog« entdeckt, dessen Klarnamen noch ermittelt wird. Der »Pädagoge« hat penibel berichtet, was der Papst nach dem Aufstehen gebetet, welche Socken er angezogen und was er mit seinen Freunden geplaudert hat.

22. Der barfüßige Papst

Der Jumbojet ist im Anflug auf den römischen Flughafen Ciampino. Der Papst kehrt von einer seiner Auslandsreisen zurück und wirft einen Blick auf seinen Vatikanstaat, der sich rechts unten zum Greifen nahe abzeichnet. Sein irdisches Territorium verlöre sich fast im Häusergewirr der Tiberstadt, schaute da nicht die Kuppel von St. Peter herauf.

Vom Balkon vor dem Staatssekretariat, wo höhere Prälaten häufig die Massen auf dem Platz beobachten, schaut gleichzeitig ein Mitarbeiter hinauf zu der Papstmaschine. Er schaut wie so oft in den blauen römischen Himmel, wenn Flugzeuge über die Stadt ziehen. Noch nie war ihm der Gedanke gekommen, dass ein Attentäter oder ein islamistisches Selbstmordkommando vom Himmel her den Vatikan bedrohen könnte.

Die letzte Bedrohung des Vatikans gab es gegen Ende des Zweiten Weltkriegs, als deutsche Fallschirmjäger befürchtet wurden. Doch auch diese Angst stellte sich als unbegründet heraus. Nur als britische und amerikanische Bomber die Ewige Stadt anflogen, kam es zu einigen Verwüstungen im San-Lorenzo-Viertel. Aber jetzt, mitten im Frieden, sechs Jahrzehnte nach dem Zweiten Weltkrieg, besteht da eine reale Bedrohung wie die vom 11. September in New York? In Rom gab es lange Zeit kein so strenges Überflugverbot wie etwa über Paris oder andere westliche Hauptstädte. Nehmen die Italiener die Drohungen nicht so ernst, die immer wieder in den Medien erscheinen?

Ein gut unterrichteter Monsignore macht eine abfällige Geste: »Was wollen die Moslems denn? Die interessiert doch der

Vatikan nicht.« Der Heilige Stuhl ist für viele Staaten zu einem Relikt aus alten Zeiten geworden, als in Rom noch die Fäden aus den wichtigsten Hauptstädten der Welt zusammenliefen und dort auch gezogen wurden. Hier wurden Verbindungen über alle Gräben hinweg geknüpft. Es war die hohe Zeit der diskreten päpstlichen Diplomatie. »*Acqua passata, tempi remoti*« – Schnee von gestern. Lang zurückliegende Zeiten, frei übersetzt. Dabei lässt der Prälat etwas Wehmut durchklingen. Der Monsignore wünscht sich zwar eine effizientere Kurienstruktur, aber mehr, um die zunehmende Arbeitslast besser bewältigen zu können und um Doppelarbeit und Gegeneinander der einzelnen Kongregationen, Räte und Kommissionen zu unterbinden. Islamistische Bedrohung spielt dabei keine Rolle.

Dennoch könnte man eine solche Gefahr aus manchen Ereignissen in den Pontifikaten seit Paul VI. herauslesen. Papst Paul VI. wurde schon bei seiner Reise ins Heilige Land in den 60er Jahren angefeindet. Er wurde es noch einmal in Indien ebenso wie sein Nachnachfolger Johannes Paul II., der auf seinen Spuren wandelte. Welche Absichten könnten mögliche Attentäter mit ihrem Angriff verbinden? Würde er dem Kirchenoberhaupt, dessen Zugehörigkeit zur westlichen Kultur bzw. der herausragenden geschichtlichen Bedeutung für diese gelten, oder müsste der Papst stellvertretend für etwas büßen, was mit ihm und der Kirche überhaupt nichts zu tun hat?

Der gefährlichste Anschlag auf einen Papst war bislang der Mordversuch des Türken Ali Mehmet Agca am 13. Mai 1981 an Johannes Paul II. Alle Hinweise auf Motive und Hintermänner schließen einen islamischen Hintergrund fast völlig aus. Gelegentlich wird von Auftragebern fabuliert, die in Teheran säßen. Spekulationen über das Attentat lassen nun mal keine Theorie aus, und sei diese noch so abwegig. Wobei nicht vergessen werden soll, dass es durchaus Verschwörungen von Moslems gegen den Papst gab, die aber eigentlich nichts mit der Person und dem Amt des Heiligen Vaters zu tun hatten.

1995 besuchte Johannes Paul II. die Philippinen. In Manila

war die Spannung fast greifbar. Drei Personen wurden verhaftet, weil sie verdächtigt wurden, einen Anschlag gegen den Papst vorbreitet zu haben. Die Ermittlungen führten zu dem »Bojinka-Project«, von dem die Welt zu diesem Zeitpunkt nichts wusste und damals auch nicht viel wissen wollte, weil es im fernen Asien spielte. Dort planten Terroristen, elf Flugzeuge in der Luft explodieren zu lassen und eines gegen die Zentrale der CIA zu richten. Die Polizei nahm zwei Männer fest, einen Pakistaner und einen Marokkaner.

Am 12. April 1997 wurden kurz vor der Ankunft des Papstes in Sarajewo mehrere Sprengladungen unter einer Brücke auf der Hauptstraße zur Innenstadt gefunden, die bei der Passage des Papstes in die Luft gehen sollten. Vier islamistische Integralisten werden verdächtigt, dann wieder die Grauen Wölfe, zu denen auch Ali Agca zählte.

Im Oktober 1999 bereiste Johannes Paul II. Indien. Die Polizei ging davon aus, dass ausländische Terroristen, Anhänger von Osama bin Laden, den Papst ermorden wollten. Delhi ist aber überzeugt, dass es gar nicht um den Papst ging, sondern darum, die indische Regierung zu diskreditieren.

Im Frühjahr 2003 wird in Rawalpindi in Pakistan Khalid Shaikh Mohammed ohne Widerstand verhaftet. Er gehört zur Al Kaida und soll bereits hinter den Anschlagsplänen von Manila gesteckt haben. Seither ist nichts mehr von ihm zu hören. Seine Motive bleiben unklar.

In Rom hat sich inzwischen eine Meinung durchgesetzt, die den Papst und den Vatikan als nicht besonders hoch gefährdet einschätzt. Papst Johannes Paul II. habe schließlich zum Zeichen des Respekts barfuß die Omajjaden-Moschee in Damaskus betreten. Er habe zu seinen Friedensgebeten Vertreter des Islam eingeladen. Er habe jede Form von Krieg als ein Scheitern der Menschen verurteilt und klar gemacht, dass sich niemand bei jeglicher Kriegsführung auf ihn berufen könne, was sein Nachfolger Joseph Ratzinger allerdings nicht so konsequent mitgetragen hat. Schließlich habe Wojtyla alles in seinen Kräften Stehende unternommen, den Irak-Krieg zu verhindern. Die Grenzen seines Einflusses und der päpstlichen Autorität zeigten sich dort am deutlichsten. Nicht einmal der katholische spanische Ministerpräsident Aznar folgte seinem Kirchenoberhaupt, geschweige denn US-Präsident George W. Bush. Einen solchen Friedensboten zu liquidieren, müsste sich verheerend und kontraproduktiv für die Attentäter auswirken.

Papst Johannes Paul II. genoss in den islamischen Ländern sicherlich ein vergleichsweise hohes Ansehen. Ob sich Benedikt XVI. ein gleiches Ansehen erarbeiten kann, bleibt abzuwarten. Immerhin sehen auch überzeugte Moslems in ihm einen Kirchenmann, der seinen Glauben mindestens so ernst wie ein tiefgläubiger Moslem nimmt und die angebliche westliche Dekadenz im Umgang mit Gott, den von Ratzinger immer wieder gegeißelten Relativismus, vehement bekämpft.

Muslimische Radikale bleiben deshalb zwar eine Bedrohung für jeden Staat, in diesem allgemeinen Sinn auch für den Papst. Es gibt aber keine spezifische Gefahr, die sich am Papstamt festmacht. Glauco Benigni, ein Nachfahre jenes Benigni, der anfangs des 20. Jahrhunderts einen Informationsdienst im Vatikan organisiert hatte, der oft als Geheimdienst missverstanden wird, hat in seinem Buch über die *Schutzengel des Papstes* eine schlimmere Version angesprochen, die sich mit den Analysen der bisherigen Drohungen deckt. Nicht die Islamisten selbst könnten dem Papst gefährlich werden, sondern Kräfte, die ein Interesse daran hätten, den Islamisten eine mörderische Schuld in die Schuhe zu schieben, um dann noch härter gegen islamische Staaten zuschlagen zu können. Man mag es nicht denken, aber solche Spekulationen ganz ausschließen wollten Benigni und seine Gesprächspartner im Sicherheitsdienst des Vatikans nicht. Immerhin haben unsere Recherchen bisher keinen Hinweis auf eine islamische oder von muslimischen Staaten geführte Spionage im Vatikan ergeben.

23. Wenn Benedikt XVI. provoziert

Aus den unterschiedlichsten Gründen haben Geheimdienste
aus der ganzen Welt immer wieder versucht, den Vatikan
und den Papst auszuspionieren. Motiviert wurden sie fast ausschließlich von der Angst ihrer Auftraggeber. Die hatten mit
dem Papst und dem christlichen Glauben so gut wie nie etwas
im Sinn. Sie fürchteten nur den Einfluss des Kirchenoberhauptes, der bedeutendsten moralischen Autorität dieser Zeit, auf
die Regierungen, auf die Menschen und ihre Gewissen.

Manche Auftraggeber zielten mit ihren Spionen weniger gegen die katholische Kirche. Ihre Lehre, ihre Ethik und Moral
waren ihnen letztlich egal. Sie witterten subversive Kräfte, die
ihre Herrschaft unterminieren könnten. Der Papst und seine
»Funktionäre«, die Priester, wurden als Spione, als fremde
Macht abgestempelt, die sich anmaßend in die inneren Angelegenheiten fremder Staaten einmischten. Als Regimegegner
oder Klassenkämpfer konnte man sie leicht diskreditieren. Die
Kirchengegner ignorierten absichtlich, dass diese römische Instanz nichts anderes wollte, als den Menschen die Grundfreiheit
zu sichern, ihren Glauben zu leben: dass sich die katholische
Kirche entfalten kann, Gottesdienste feiern, ihre Lehre verkünden und die Sakramente spenden darf.

Wer dies bekämpft, hat Angst vor der Freiheit der ihm anvertrauten Menschen. Er entlarvt sich selbst als Unterdrücker.
Solche Gewaltsysteme bestehen heute vorwiegend in den Teilen der Welt, die im Gegensatz zu den bestimmenden Mächten
des 20. Jahrhunderts noch nie christlich geprägt waren. Es gibt

sie in islamischen Staaten und asiatischen Systemen, in China oder Myanmar, in Indonesien oder im Sudan. In fast allen diesen Ländern wird die Religion als Mittel der Unterdrückung benutzt, um pure Machtgier zu vertuschen. Allerdings hat der Papst auch in Staaten mit überwiegend christlichen Wurzeln an Einfluss eingebüßt. Die Menschen folgen den katholischen Dogmen und seinen Verpflichtungen nicht mehr blind, wie sie es vielleicht vor den 60er Jahren des 20. Jahrhunderts noch taten. Sie sehnen sich zwar nach Werten, nach Religion und Orientierung. Heute vielleicht sogar mehr als damals. Sie suchen sie aber kaum noch in kirchlichen Institutionen, besonders wenn die durch den Papst repräsentiert werden. Daran ändert auch das hohe persönliche Ansehen nichts, das Johannes Paul II. und Benedikt XVI. genießen.

Parallel zum sinkenden Einfluss des Vatikans haben sich offensichtlich auch die Spione im Vatikan und die geheimdienstlichen Aktivitäten gegen die römische Kirchenzentrale verringert. Der Zusammenbruch des Sowjet-Imperiums hat offenbart, wie dicht das Netz gewesen ist und wie viele nützliche Idioten, Verblendete oder irregeleitete Weltverbesserer sich aus ideellen oder materiellen Gründen als Informanten und Agenten verdingt haben. Genützt hat es ihnen weder individuell viel, noch haben sie den Zusammenbruch des Unrechtssystems verhindern können.

In der Rückschau zeigt sich, dass Spionage gegen und im Vatikan ernsthaft und partiell erfolgreich nur von den Staaten betrieben wurde, die eine nennenswerte katholische Bevölkerung aufweisen. Für ein buddhistisches, hinduistisches, konfuzianisches oder islamisches Land ist der Mann in Rom so weit weg von der eigenen Wirklichkeit, dass sein Handeln, wenn überhaupt, nur am Rande wahrgenommen wird, also zu vernachlässigen ist. Selbst wenn eine katholische Minderheit einige Hunderttausend oder wie im Riesenreich China sogar Millionen ausmacht, werden sie vom Regime nicht als ein gefährlicher Block wahrgenommen, der einem Heiligen Vater in Rom gegen die eigenen Staatsinteressen folgen würde. Gerade in China spielen die vom Staat kontrollierte Patriotische Vereinigung, der chinesische katholische Kirchenersatz, und die Rom gehorchende katholische Untergrundkirche heute weniger eine Rolle als ideologischer Gegner. Man nutzt sie aber gerne als politisches Druckmittel gegen Taiwan. Das Motto lautet: Der Heilige Stuhl solle sich bitte von dem Inselstaat, dessen Territorium von Peking als Teil der Volksrepublik beansprucht wird, lossagen. Dann könne man über alles andere sprechen.

Der Ost-West-Konflikt ist ausgestanden. Wozu also noch den Vatikan ausspionieren? Politisch bringt es nicht viel, weil der Papst sich nicht instrumentalisieren lässt. Wirtschaftlich, wo sich häufig selbst befreundete Staaten ausspionieren, ist beim Vatikan Fehlanzeige. Für den Heiligen Stuhl stellt sich die Frage nach den Geheimdiensten ganz anders und zwar auf zwei Ebenen.

Je geringer die politischen Rücksichten sind, die der Vatikans beachten muss, desto freier kann er die eigene Botschaft vertreten und verkünden. Er muss jetzt weder eine tödliche Bedrohung durch einen Diktator wie Adolf Hitler fürchten, noch muss er auf imperiale Interessen, z. B. der Amerikaner, Rücksicht nehmen. Die Kirche kann sich heute freier denn je als Anwalt der Menschenrechte in Position bringen und wäre als neutraler Schiedsrichter die ideale Anlaufstelle für alle Streitfälle. Wer keine eigenen Interessen mehr hat, kann umso glaubwürdiger vermitteln.

Was liegt deshalb näher für interessierte Regierungen, als sich frühzeitig über päpstliche Absichten zu informieren, um sich auf ein Papstwort einzustellen, bevor es alle Welt kennt, oder sogar es zu den eigenen Gunsten zu beeinflussen zu versuchen. Benedikt XVI. hat schnell zu erkennen gegeben, dass er sich durchaus politisch einzumischen gedenkt. Ob die Regierungen aber auf diesen Papst hören, ist eine andere Frage. Sein Vorgänger Johannes Paul II. hat erfahren müssen, dass sich selbst katholische Politiker durch den Papst nicht von Kriegsabsichten haben abbringen lassen. Der deutsche Papst ist in diesem Punkt allerdings mehr Realpolitiker. Vielleicht reizt gerade diese neue Positionierung, ihn ins politische Geschäft einzubinden.

Mit Joseph Ratzinger könnten die Richtlinien der von Agostino Casaroli, einem der prominentesten Vatikandiplomaten der Nachkriegszeit, definierten vatikanischen Politik als einer »Diplomatie der Seelsorge« neu ausgerichtet werden. Es geht dann nicht mehr nur darum, was einer seiner Nachfolger im Amt des vatikanischen »Außenministers«, der frühere Nuntius in Bonn und Berlin, Giovanni Lajolo als die »demütige Aussaat des Friedens« bezeichnet hat. Die Kirche lege keinen Wert darauf, meinte Lajolo, eine führende Rolle auf der Bühne der internationalen Politik zu spielen.

Politische Führung wird sie gewiss in Zukunft nicht mehr beanspruchen können. Aber ihre Rolle verändert sich dennoch, weil sich die internationale Politik in der wirtschaftlich globalisierten Welt ändert. Die Globalisierung zwingt die Politik der Nationalstaaten in die Abhängigkeit von multinationalen Organisationen. Weltweit operierende Konzerne und Wirtschaftsinteressen versuchen, politisches Handeln zu diktieren. Die Kirche kann sich da nicht mehr allein als Friedensmacht präsentieren. Gegen moderne Menschenverachtung durch das Diktat des Profits könnte die Kirche mindestens genauso herausgefordert sein wie als Friedensstifterin. Sie muss sich fragen, ob sie mit ihrem Instrumentarium darauf vorbereitet ist. Der diplomatische Dienst des Heiligen Stuhls steht ebenso auf dem Prüfstand wie das zentralistische System der Kirche überhaupt.

Über Jahrhunderte haben sich Papst und Kirche auf eine gewisse Macht, eine politische wie eine moralische stützen können. Die Kirche hat dabei nie gelernt, sich mit ihren Positionen als eine unter vielen gesellschaftlichen Kräften durchsetzen zu müssen. Auch die Gläubigen muss sie heute vom Wert christlichen Handelns argumentativ überzeugen und nicht versuchen, die christlichen Werte gesetzlich zu verordnen.

Die Klagen über den fehlenden Gottesbezug in der europäischen Verfassung, der als ein Affront gegen die Kirche interpretiert wird, ist ein Beispiel dafür, dass die Führungskräfte ihre eigenen Gläubigen noch immer nicht ernst nehmen. Wären sie sich ihrer sicher, könnte sie auf alle Paragraphen und Präambeln verzichten. Die Menschen würden von sich aus im christlichen Sinne handeln und durch Taten klarstellen, was christliches Abendland bedeutet. In Frankreich gibt es zwar keine christliche Partei, aber eine ganze Reihe christliche Politiker, obwohl doch Kirche und Staat säuberlich getrennt sind.

Diese neue Glaubwürdigkeit fordert vom Vatikan auch Machtverzicht. Das System der päpstlichen Diplomatie, das ganze Nuntiaturwesen sollte zur Disposition gestellt werden. Der Verzicht darauf dürfte nicht leicht fallen, selbst einem Papst Benedikt XVI. nicht, der um die Probleme der Kurie seit einem Vierteljahrhundert weiß. Ob er Hand an den Apparat legen will, ist fraglich. Immerhin kennt er die Bischöfe der ganzen Welt nicht nur aus den bisweilen denunziatorischen Diplomatenberichten. Josef Ratzinger hat als Präfekt der Glaubenskongregation immer ein offenes Ohr für alle Bischöfe gehabt, die zu den alle fünf Jahre vorgeschriebenen *Ad-limina*-Besuchen in den Vatikan kommen.

Nuntiaturen sind ein Machtinstrument aus feudalistischen Zeiten. Dennoch hat es bisher kein Papst aus der Hand geben wollen. Über die Nuntien betreibt er das Wichtigste, was es in allen Machtstrukturen gibt: Personalpolitik. Kenner der Diözesen in Afrika begründen den Mangel an qualifizierten Oberhirten auch mit den ständigen Einmischungen des Vatikans. Opportunisten hätten die besten Chancen, etwas zu werden. Der Weg führe fast immer über den Nuntius. Hinter dieser Aufgabe treten alle anderen traditionellen Rollen der Papstbotschafter zurück.

In der globalisierten Welt, die die »katholische« weltumfassende Kirche als ihre ureigene Heimat fühlt, braucht es weniger ständige Gesandte Roms. Das sehen auch die Staaten so, weil die Regierenden den direkten Kontakt vorziehen und bei Bedarf alles an ihre Experten delegieren. Manche Botschaft ist deshalb mehr Reisebüro der heimischen Regierungen und Parlamente als eine klassische diplomatische Vertretung. Eigene Experten hätte der Papst in jedem Land auch ohne Nuntien. Das sind die Bischöfe mit ihren Apparaten.

Das gilt sogar für Staaten, mit denen es immer noch heikle Beziehungsprobleme gibt, die ungelöst sind: Nicht päpstliche Nuntien haben die ersten Kontakte zu Peking geknüpft, die trotz einiger Rückschläge, etwa bei der verhinderten Teilnahme von chinesischen Oberhirten an der Bischofssynode im Oktober 2005 in Rom, jetzt aussichtsreich erscheinen. Es waren Gruppen und Organisationen, die den Weg bereitet haben, wie etwa die Gemeinschaft Sant' Egidio mit ihrem Netz aus Kontakten und Bekanntschaften. Nicht zu vergessen ist der am 21. Juni 2005 verstorbene frühere Erzbischof von Manila, Jaime Sin, ein Filipino chinesischer Abstammung mit direkten familiären Beziehungen zum Festland. Hinzu kamen direkte Gespräche der vatikanischen Kurienabteilungen mit ihrem chinesischen Gegenüber. Der Vatikan exerziert also schon punktuell vor, was hier als Zukunftsaufgabe angesprochen wird.

Von Geheimdiensten ist im Zusammenhang mit China bisher nichts zu hören gewesen. Es ist die letzte, leider offen bleibende Frage dieses Buches, ob es taiwanesische Spionage im Vatikan gegeben hat. Hat Taiwan mit nachrichtendienstlichen Methoden versucht, eine Verständigung zwischen dem Heiligen Stuhl und Peking zu Lasten der Inselchinesen zu verhindern? Doch auch in diesem Fall darf man davon ausgehen, dass der Vatikan nicht von sich aus die Dinge bewegen kann, sondern die Freiräume nützt, die die Mächtigen der Welt beim Verfolgen ihrer Ziele der Kirche eröffnen oder überlassen.

Heikel könnten die Fragen für Rom werden, wenn der wirtschaftliche Aufschwung Chinas trotz aller Repression den Ruf nach Demokratie und Freiheit im Reich der Mitte unüberhörbar fördern und eine Wende erzwingen würde. Pekings Repression dürfte sich dann gegen alle »Klassenfeinde« richten, deren es habhaft wird, darunter auch die Katholiken, die angeblich einer ausländischen Macht gehorchen. Wie die Vergangenheit lehrt, braucht es dazu keine Wühlarbeit von Spitzeln und Spionen im und um den Vatikan.

Die Instanz Nuntius in den nationalen Kirchen auszuschließen, hieße letzten Endes den Gemeinden die Wahl ihrer Oberhirten selbst zu überlassen. Was sicher wünschenswert wäre. Ein wirklicher Repräsentant der Kirche kann nur der Bischof sein, der von seiner Gemeinschaft getragen ist und deshalb am besten auch zumindest von Wahlgremien seiner Diözese zum Oberhirten gewählt wird. In manchen Ländern wird der Nuntius schon heute an den Rand gedrängt, auch das ist ein Zeichen der Schwäche. Ein mächtiger Kardinal in der Hauptstadt ist den Regierenden als ständiger Partner lieber als ein ferner Papst, der nicht über ein lokales Beziehungsnetz verfügt und damit nichts nützt, aber auch nicht schadet. Solche Verhältnisse bestehen auf den Philippinen wie in Südamerika.

Wenn der Papst keine Geheimdiplomatie mehr braucht, machen sich seine Botschafter überflüssig. Ein Visum für den Vatikan, das sie ausstellen müssten, gibt es sowieso nicht. Die Vorsitzenden der Bischofskonferenzen könnten die Vertretung bei den jeweiligen Staaten ebenso gut übernehmen wie die Berichterstattung nach Rom, wenn diese in einer wünschenswert weniger zentralistischen Kirche überhaupt notwendig ist. Ein derartiger Machtverzicht würde den Papst freistellen für seinen religiösen Auftrag und ihn als Sprecher der gesamten Christenheit, als *Primus inter Pares* und als Mahner profilieren. Das Ende des konstantinischen Zeitalters mit allen weltlichen Ansprüchen des Papstes wäre endlich eingeläutet. Die Geheimdienste haben dem schon vorgegriffen, ohne sich dessen bewusst zu sein.

Der Vatikan ist nach der Erkenntnis von Spitzenvertretern seines diplomatischen Apparats schon länger keine attraktive Adresse für nachrichtendienstliche Arbeit mehr. Schon seit Jahren spüren es die Journalisten. Über päpstliche Dokumente wurde früher eifrig recherchiert. Eine Indiskretion aus dem Vatikan konnte ein *Scoop* sein. Jeder wollte als Erster wissen, was der Papst der Menschheit zu sagen hatte. Früher waren das Schlagzeilen, und gegen Indiskretionen ließen die Kardinäle sogar ermitteln. Heute sind sie froh, wenn päpstliche Stellungnahmen in den Medien überhaupt abgedruckt werden. Ausnahmen bilden nur Skandale am päpstlichen Hof, besonders Sittenskandale. Um die zu entdecken braucht es aber keine Spione. Investigative Journalisten reichen dafür völlig aus. Die Geheimniskrämerei des Vatikans erschwert zwar deren Arbeit. Manchmal hilft ihnen aber unerwartet ein Kurienmitarbeiter, der mit einem Missstand nicht mehr leben und deshalb an die Öffentlichkeit gehen will.

Andere Kräfte haben es besser verstanden, wie mit den Medien Wirkung zu erzielen ist. Sie spielen ihnen aus unterschiedlichsten Motiven Geheimwissen zu. Das jüngste Beispiel steuerte jener Kardinal bei, der sein Konklavetagebuch gezielt für das italienische Monatsblatt *Limes* liegen ließ, um zu zeigen, dass Joseph Ratzinger nur mit der schwachen Mehrheit von 84 Stimmen gewählt wurde.

Benedikts Autorität wird der unbekannte Kardinal damit nicht schmälern können. Er korrigiert nur das Bild. Die Sensation wurde relativiert. Am Ende kümmern nur noch Kirchenhistoriker die Zahlen. Joseph Ratzinger hat sich jedenfalls von der Meldung nicht beeindrucken lassen. Er hat im ersten Jahr seines Pontifikats zahlreiche Zeichen gesetzt. Die Regierungen werden ihn beobachten. Wenn sie in Benedikt XVI. eine Instanz erkennen, der ihre Kreise stört, werden sie ihn diskret und wie gehabt auch »nachrichtendienstlich« und desinformativ bearbeiten. Es wäre schließlich nicht das erste Mal, dass eine Initiative des Papstes durch eine geschickt in die Medien gespielte Enthüllung eines Skandals über einen Bischof diskreditiert wird, selbst wenn beide nichts miteinander zu tun haben. Dem Ansehen der Kirche wollen viele schaden, gerade wenn ihre Botschaft nicht passt.

Bibliografie

EINE AUSWAHL

David Alvarez/Robert A. Graham, SJ: Nothing Sacred. Nazi Espionage against the Vatican. 1939–1945. Cass Series: Studies in Intelligence. London/Portland, Oregon 1997, Reprint 2003

Wladyslaw Bartoszewski (Hg.): Die Kraft des Augenblicks. Begegnungen mit Papst Johannes Paul II. Verlag Herder. Freiburg im Breisgau 2004

Glauco Benigni: Gli angeli custodi del Papa, Libreria UTET Torino 2004

Carl Bernstein and Marco Politi: His Holiness. John Paul II. and the hidden history of our time. Doubleday. New York. 1996

Gerhard Besier: Die Kirchen und das Dritte Reich. Spaltungen und Abwehrkämpfe. 1934–1937. Propyläen Verlag. Berlin, München 2001

Gerhard Besier/Stephan Wolf (Hg.): »Pfarrer, Christen und Katholiken.« Das Ministerium für Staatssicherheit der ehemaligen DDR und die Kirchen. Neukirchener Verlag des Erziehungsvereins GmbH. Neukirchen-Vluyn 1991

Peter Black: Ernst Kaltenbrunner. Vasall Himmlers: Eine SS-Karriere. Deutsche Übersetzung. Verlag Ferdinand Schöningh. Paderborn 1991

Günter Buchstab/Brigitte Kaff/Hans-Otto Kleinmann (Hrsg.): Christliche Demokraten gegen Hitler. Aus Verfolgung und Widerstand zur Union. Herausgegeben im Auftrag der Konrad-Adenauer-Stiftung e.V., Verlag Herder. Freiburg im Breisgau 2004

Andreas von Bülow: Im Namen des Staates. CIA, BND und die kriminellen Machenschaften der Geheimdienste. Piper-Verlag. München 1998

P. Benedikt Busch: Corbinian Hofmeister (1891–1966) Abt von Metten. In: Lebensbilder aus der Geschichte des Bistums Regensburg, herausgegeben von Georg Schwaiger, Verlag des Vereins für Regensburger Bistumsgeschichte. Regensburg 1989

Agostino Kardinal Casaroli: Der Heilige Stuhl und die Völkergemeinschaft. Reden und Aufsätze. Duncker & Humblot. Berlin 1981

Owen Chadwick: Britain and the Vatican during the Second World War. Cambridge University Press. Cambridge 1986

Lucas Delattre: Fritz Kolbe. Der wichtigste Spion des Zweiten Weltkriegs. R. Piper Verlag. München 2004

Günther Deschner: Reinhard Heydrich. Statthalter der totalen Macht. Bechtle Verlag. Esslingen am Neckar 1977

Karlheinz Deschner: Die Politik der Päpste im 20. Jahrhundert. Erweiterte, aktualisierte Neuausgabe von »Ein Jahrhundert Heilsgeschichte« I und II. Rowohlt. Reinbeck 1991

Harold C. Deutsch: Verschwörung gegen den Krieg. Der Widerstand in den Jahren 1939–1940. C. H. Beck. München 1969

Wolfgang Dierker: Himmlers Glaubenskrieger. Der Sicherheitsdienst der SS und seine Religionspolitik 1933–1941. Veröffentlichungen der Kommission für Zeitgeschichte. Reihe B: Forschungen. Band 92. Betreut von Ulrich von Hehl. Verlag F. Schöningh. Paderborn 2002

Klaus Eichner/Ernst Langrock: Der Drahtzieher. Vernon Walters – Ein Geheimdienstgeneral des Kalten Krieges. Edition Zeitgeschichte, Band 17. Kai Homilius Verlag. Berlin 2005

Michael F. Feldkamp: Pius XII. und Deutschland. Verlag Vandenhoeck und Ruprecht. KLEINE REIHE V&R 4026. Göttingen 2000

Rena Giefer/Thomas Giefer: Die Rattenlinie. Fluchtwege der Nazis. Eine Dokumentation. 3. Aufl. Beltz-Athenäum Verlag. Weinheim 1995

Peter Godman: Der Vatikan und Hitler. Die geheimen Archive. Droemersche Verlagsanstalt Th. Knaur Nachf. München 2004

Robert A. Graham, SJ: Vatican Diplomacy. A study of Church and State on the international plane. Princeton University Press. Princeton, New Jersey 1959

Richard Hammer: The Vatican Connection. Holt, Rinehart and Winston, New York 1982

Friedrich Heer: Gottes erste Liebe. Die Juden im Spannungsfeld der Geschichte. Verlag Ullstein. Frankfurt/Main, Berlin1986. (Hier zur Politik Pius XII.)

Hanno Helbling: Politik der Päpste. Der Vatikan im Weltgeschehen. 1958 bis1978. Verlag Ullstein. Berlin 1981

Oliver Herfeldt: Schwarze Kapelle. Spionagefall Berlin–Vatikan. Verlag Welsermühl, Wels 1960

Baldur Hermans (Hrsg.): Zwang und Zuwendung. Katholische Kirche und Zwangsarbeit im Ruhrgebiet. Verlag Kamp. Bochum 2003

Michael Hesemann: Hitlers Religion. Die fatale Heilslehre des Nationalsozialismus. Pattloch Verlag. München 2004

Theodor Heuss: Tagebuchbriefe 1955–1963. Eine Auswahl von Briefen an Toni Stolper, herausgegeben und eingeleitet von Eberhard Pikart. Theodor Heuss Archiv. Stuttgart 1970. Ausgabe: Deutscher Bücherbund. Stuttgart, Hamburg

Heinz Höhne: Der Orden unter dem Totenkopf. Die Geschichte der SS. C. Bertelsmann Verlag. München 1957. Lizenzausgabe Weltbild Verlag. Augsburg 2000

Wilhelm Hoettl: The Secret Front. The Inside Story of Nazi Political Espionage. Paperback Edition. Phoenix Press. London 2000

Ellic Howe: Die schwarze Propaganda. Ein Insider-Bericht über die geheimsten Operationen des britischen Geheimdienstes im Zweiten Weltkrieg. Verlag C. H. Beck. München 1983

»Inter Arma Caritas«. L'Ufficio Informazioni Vaticano per i Prigionieri di Guerra istituito da Pio XII (1939–1947). Collectanea Archivi Vaticani No 52. Zwei Bände. Archivio Segreto Vaticano. Cittá del Vaticano 2004

Alexander Jakowlew: Die Abgründe meines Jahrhunderts. Aus dem Russischen von Friedrich Hitzer. Faber & Faber. Leipzig 2003

Wojciech Jaruzelski: Hinter den Türen der Macht. Der Anfang vom Ende einer Herrschaft. Militzke Verlag. Leipzig 1996

Johannes Paul II.: Geschenk und Geheimnis. Zum 50. Jahr meiner Priesterweihe. Verlag Styria. Graz, Wien, Köln 1997

Johannes Paul II.: Erinnerung und Identität. Gespräche an der Schwelle zwischen den Jahrtausenden. Deutsch von Ingrid Stampa. Weltbild Verlag. Augsburg 2005

Detlef Junker: Power and Mission. Was Amerika antreibt. Verlag Herder. Freiburg im Breisgau 2003

Albrecht von Kessel: Verborgene Saat. Aufzeichnungen aus dem Widerstand 1933 bis 1945. Herausgegeben von Peter Steinbach. Verlag Ullstein. Frankfurt/Main, Berlin.1992

Ernst Klee: Persilscheine und falsche Pässe. Wie die Kirchen den Nazis halfen. Fischer Taschenbuch Verlag. Frankfurt 1991

Klemens von Klemperer: Die verlassenen Verschwörer. Der deutsche Widerstand auf der Suche nach Verbündeten 1938 bis 1945. Wolf Jobst Siedler Verlag. Berlin 1994

Egmont R. Koch/Oliver Schröm: Verschwörung im Zeichen des Kreuzes. Die Ritter vom Heiligen Grabe. Orbis Verlag, Sonderausgabe 2002. Originalausgabe: Das Geheimnis der Ritter vom Heiligen Grabe. Hoffmann und Campe. Hamburg 1995

Erich Kosthorst: Die deutsche Opposition gegen Hitler zwischen Polen- und Frankreichfeldzug. Heft 8 der Schriftenreihe der Bundeszentrale f. Heimatdienst. 3. bearb. Auflage, Bonn 1957

Wolfgang Krieger (Hg.): Geheimdienste in der Weltgeschichte. Spionage und verdeckte Aktionen von der Antike bis zur Gegenwart. Verlag C. H. Beck. München 2003

Heinrich Krone: Tagebücher. Erster Band: 1945–1961. Bearbeitet von Hans-Otto Kleinmann. Droste Verlag. Düsseldorf 1995

Michael Kubina/ Manfred Wilke (Hg.): »Hart und kompromisslos durchgreifen.« Die SED contra Polen 1980/81. Geheimakten der SED-Führung über die Unterdrückung der polnischen Demokratiebewegung. Akademie Verlag. Berlin 1995

Joachim Kuropka (Hg.): Geistliche und Gestapo. Klerus zwischen Staatsallmacht und kirchlicher Hierarchie. Aus der Reihe Anpassung – Selbstbehauptung – Widerstand. Band 23. LIT-Verlag. Münster 2004

Leopold Ledl: Der Fall Ledl. Im Auftrag des Vatikans. Ein Bericht. FAMA-Verlag. Wien 1989

Sr. M. Pascalina Lehnert. Ich durfte ihm dienen: Erinnerungen an Papst

Pius XII. Verlag Johann Wilhelm Naumann. 9. Auflage. Würzburg 1991

M. Malinski: Johannes Paul II. Sein Leben, von einem Freund erzählt. Verlag Herder. Freiburg 1979

Josef Müller: Bis zur letzten Konsequenz. Ein Leben für Frieden und Freiheit. Süddeutscher Verlag. München 1975

Klaus-Jürgen Müller/David N. Dilks (Hrsg.): Großbritannien und der deutsche Widerstand 1933–1945. Verlag Ferdinand Schöningh. Paderborn 1994

Nikodim, Metropolit von Leningrad und Nowgorod: Johannes XXIII. Ein unbequemer Optimist. Herausgegeben von Robert Hotz. Mit einem Geleitwort von Franz Kardinal König. Benziger Verlag. Zürich 1978

Wilhelm Patin: Beiträge zur Geschichte der Deutsch-Vatikanischen Beziehungen in den letzten Jahrzehnten. Quellen und Darstellungen zur politischen Kirche. Sonderband A. Als Manuskript gedruckt – Nur für den Dienstgebrauch. Nordland Verlag. Berlin 1942 (Faksimile-Druck)

Gerhard Paul/Klaus-Michael Mallmann (Hrsg.): Die Gestapo im Zweiten Weltkrieg. »Heimatfront« und besetztes Europa. Primus Verlag. Wissenschaftliche Buchgesellschaft. Darmstadt 2000

Gerhard Paul/Klaus-Michael Mallmann (Hrsg.): Die Gestapo. Mythos und Realität. Mit einem Vorwort von Peter Steinbach. Wissenschaftliche Buchgesellschaft. Darmstadt 1995

Henry Picker: Hitlers Tischgespräche im Führerhauptquartier. Bibliothek der Zeitgeschichte. Verlag Ullstein. Frankfurt/M; Berlin 1993

Hans Preuschoff: Pater Eduard Gehrmann SVD (1888–1960). Diener der Kirche in zwei Diktaturen. Zeitschrift für die Geschichte und Altertumskunde Ermlands. Beiheft 4 (S. 72–77) Historischer Verein für Ermland. Münster/Westfalen 1984

Mieczyslaw Rakowski: Es begann in Polen. Der Anfang vom Ende des Ostblocks. Hoffmann & Campe Verlag. Hamburg 1995

Mary Ellen Reese: Der deutsche Geheimdienst. Organisation Gehlen. Vorwort von Heinz Höhne. Rowohlt Berlin Verlag. Berlin 1992

Gerhart M. Riegner: Niemals verzweifeln. Sechzig Jahre für das jüdische Volk und die Menschenrechte. Bleicher Verlag. Gerlingen 2001

Ludwig Ring-Eifel: Weltmacht Vatikan. Päpste machen Politik. Pattloch Verlag. München 2004

Helmut Roewer/Stefan Schäfer/Matthias Uhl: Lexikon der Geheimdienste im 20. Jahrhundert. F. A. Herbig Verlagsbuchhandlung. München 2003

Reinhard Rürup (Hg.): Topographie des Terrors. Gestapo, SS und Reichssicherheitshauptamt auf dem »Prinz-Albrecht-Gelände«. Eine Dokumentation. 9. verbesserte Auflage. Verlag Willmuth Arenhövel. Berlin 1993

Walter Schellenberg: Aufzeichnungen. Die Memoiren des letzten Geheimdienstchefs unter Hitler. Limes Verlag. Wiesbaden und München 1979

Helmut Schmidt: Die Deutschen und ihre Nachbarn. Menschen und Mächte II. Wolf Jobst Siedler Verlag. Berlin 1990

Helmut Schmidt: Weggefährten. Erinnerungen und Reflexionen. Wolf Jobst Siedler Verlag. Berlin 1996

Reimund Schnabel: Missbrauchte Mikrophone. Deutsche Rundfunkpropaganda im Zweiten Weltkrieg. Eine Dokumentation. Europa Verlag. Wien 1967

Klaus Scholder: Die Kirchen und das Dritte Reich. Band 2. Das Jahr der Ernüchterung 1934. Barmen und Rom. Propyläen Taschenbuch 2000. Wolf Jobst Siedler Verlag. Berlin 1985

Hugo Schwendenwein: Das neue Kirchenrecht. Gesamtdarstellung. Verlag Styria. Graz 1983

Ronald Smelser/Enrico Syring (Hrsg.): Die SS. Elite unter dem Totenkopf. 30 Lebensläufe. Verlag Ferdinand Schöningh. Paderborn 2000

Kevin P. Spicer: Gespaltene Loyalität.»Braune Priester« im Dritten Reich am Beispiel der Diözese Berlin. In: Historisches Jahrbuch (Hjb) 122. Jahrgang. (S. 287–320) Verlag Karl Alber. Freiburg, München 2002

Hansjakob Stehle: Die Ostpolitik des Vatikans. 1917–1975. R. Piper Verlag. München 1975

Hansjakob Stehle: Geheimdiplomatie im Vatikan. Die Päpste und die Kommunisten. Benziger Verlag. Zürich 1993

Hansjakob Stehle: Graue Eminenzen, dunkle Existenzen. Geheimgeschichten aus vatikanischen und anderen Hinterhöfen. Patmos-Verlag Düsseldorf 1998

Rudolf Ströbinger: A-54. Spion mit drei Gesichtern. Paul List Verlag. München 1966

Tad Szulc: Pope John Paul II. The Biography. A Lisa Drew Book. Scribner. New York 1995

Gordon Thomas: Die Mossad-Akte. Israels Geheimdienst und seine Schattenkrieger. Aus dem Amerikanischen von Hans Binder. Lichtenberg Verlag. München 1999

Harold H. Tittmann Jr. (Edited and with an Introduction by Harold H. Tittmann III): Inside the Vatican of Pius XII. The Memoir of an American Diplomat during World War II. Image Books. New York 2004

Udo Ulfkotte: Verschlußsache BND. 2. Auflage. Heyne Sachbuch Nr. 19/618. Wilhelm Heyne Verlag. München 1997

Helmut Wagner: Schöne Grüße aus Pullach. Operationen des BND gegen die DDR. Verlag Das Neue Berlin (edition ost). Berlin 2001

George Weigel: Witness to Hope. The Biography of Pope John Paul II. Cliff Street Books, HarperCollins Publishers. New York 1999

Ernst von Weizsäcker: Erinnerungen. Hrg. von Richard von Weizsäcker. Paul List Verlag. München, Leipzig, Freiburg i. Br. 1950

Richard von Weizsäcker: Vier Zeiten. Erinnerungen. Wolf Jobst Siedler Verlag. Berlin 1997

Michael Wildt (Hg.): SD – Nachrichtendienst, politische Elite und Mordeinheit. Der Sicherheitsdienst des Reichsführers SS. Hamburger Edition. Hamburg 2003

Michael Wildt: Generation des Unbedingten. Das Führungskorps des Reichssicherheitshauptamtes. Hamburger Edition. Hamburg 2002

Heinrich Winkler: Der lange Weg nach Westen. Bd. II – Deutsche Geschichte vom »Dritten Reich« bis zur Wiedervereinigung«. Verlag C. H. Beck. München 2000

Eduard Winter: Die Sowjetunion und der Vatikan. Teil 3 der Trilogie »Rußland und das Papsttum«. Akademie der Wissenschaften der DDR. Zentralinstitut für Geschichte. Quellen und Studien zur Geschichte Osteuropas. Herausgegeben von Eduard Winter und Heinz Lemke in Zusammenarbeit mit Alfred Anderle, Conrad Grau, Günter Rosenfeld und Fritz Straube. Redaktionssekretär: Günther Jarosch. Band VI. Teil 3. Akademie Verlag. Berlin 1972

Bernhard Wittek: Der britische Ätherkrieg gegen das Dritte Reich. Die deutschsprachigen Kriegssendungen der British Broadcasting Corporation, Verlag C. J. Fahle. Münster/Westfalen 1962

David A. Yallop: Im Namen Gottes? Der mysteriöse Tod des 33-Tage-Papstes Johannes Paul I. Tatsachen und Hintergründe. Droemersche Verlagsanstalt Th. Knaur Nachf. München 1989

Register

A

Adenauer, Konrad, dt. Bundeskanzler 205, 209f., 245
Adolph, Walter 121f.
Adschubej, Aleksi 211, 223
Adschubeja, Rada 211
Agca, Mehmet Ali 269, 280ff., 284, 287, 289ff., 344f.
Ahlers, Conrad 237, 241
Aijwasow, Todor 291
Al Kaida 345
Alberti, Leon Battista 98
Alessandrini, Federico 19
Alfieri, Dino 184
Alvarez, David 54, 355
Ambrosius, Bischof von Mailand, Kirchenvater 108
Amé, Cesar 160ff.
Anderle, Alfred 360
Andropow, Jurij W. 268, 282, 285
Antonow, Sergej 291
Antonowa, Rosita 291
Arrupe, Pedro, Ordensgeneral SJ 318
Ascher, Gabriel 53ff., 80, 162, 175
Attolico di Adelfa, Graf Bernard 125f.
Auerbach, Volker 308
Axen, Hermann 263, 270, 290
Aznar, José Mária, span. Ministerpräsident 346

B

Badoglio, Pietro 161
Bagci, Omer 291
Barbie, Klaus 195
Bartoszewski, Wladyslaw 355
Barzel, Rainer 238
Beck, Ludwig, Generaloberst 77, 130f., 137f., 144, 146f.
Bell, George, Bischof 133
Benedikt XV., Papst, Giacomo della Chiesa 94, 107, 139
Benedikt XVI., Papst, Joseph Ratzinger 10, 16, 18, 20ff., 63, 99, 336, 346–351
Benelli, Giovanni, Erzbischof, Substitut 220, 235, 239, 265
Bengsch, Alfred, Erzbischof, Kardinal 22, 243, 249, 252ff.
Benigni, Glauco, 346, 355
Benigni, Umberto 94
Bergen, Diego von 86, 100, 103, 116, 125f., 140ff., 176f.
Berger, Hans 240
Berggrav, Eivind 133
Bernardini, Filippo 180
Bernstein, Carl 294, 296, 355
Besier, Gerhard 355
Best, S. Payne, Captain 145f.
Bibow, Eckhard, Sektionschef 253, 255
Birkner 44
Birthler-Behörde 299
Black, Peter 355
Blet, Pierre, SJ 12
Bogye, Janos 242
Bohnsack, Günter 333
Bolz, Eugen 79
Bonhoeffer, Dietrich 130, 132f., 159
Bormann, Martin 40, 70, 158, 199
Brammertz, Eugen Karl, OSB 17, 299
Brandt, Willy, dt. Bundeskanzler 233f., 236ff., 242
Brauchitsch, Walther von, Generaloberst 134, 138
Braun, Sigismund von 167
Brechenmacher, Thomas 188
Breschnew, Leonid 268, 273, 276, 279, 284
Breschnew-Doktrin 273
Brookhart, Simon W. 159
Bruce, David 186f.
Brunello, Aristide, Prälat 228
Brüning, Heinrich 45
Brzezinski, Zbigniew 270, 286f.
Buchstab, Günter 355

Bülow, Andreas von 356
Buonaroti 155, 170
Burckhardt, Carl Jacob 181
Busch, Benedikt 355
Bush, George W., am. Präsident 213, 346

C

Caggiano, Antonio, Kardinal 203
Calvi, Roberto 331
Canaris, Wilhelm, Admiral 55, 74, 78, 80, 130f., 145, 158ff.
Carter, Jimmy, am. Präsident 286
Casaroli, Agostino, Kardinal 15, 24f., 212, 216, 218, 224f., 235, 239, 243, 245, 248–264, 286, 293, 303, 305, 350, 355
Casey, William 126, 283
Castro, Fidel 212, 214
Celebi, Mussa Seidar 291
Celenk, Bekir, 291
Celik, Oral 291
Cesarani, David 202f.
Chadwick, Owen 171f., 355
Chamberlain, Arthur Neville, brit. Premier 146
Chojnacki, Sczesny 127
Chruschtschow, Nikita Sergejewitsch 208, 211, 214ff., 223f.
Churchill, Winston 135, 142, 145
Ciano, Galeazzo, Graf 74, 173, 178
Cicognani, Amleto 162
Clark, William, 293
Constantini, Erzbischof 86
Cornwall, Peter 330
Cousins, Norman 213f.

D

d'Herbigny, Michel, SJ 109ff.
Datus, Leonhard, 98
De Gaspari, Alcide 206, 317
De Meglio 122
Delattre, Lucas 355
Dell'Aqua, Angelo 214
Delmer, Sefton 166
Delp, Alfred, SJ 131
Deschner, Günther 355
Deschner, Karlheinz 355

Deutsch, Harold C., 80, 138, 152f., 356
Dezza, Paolo, SJ, Kardinal 318
Di Mistura, Marquese 228
Dierker, Wolfgang 70, 356
Dilks, David N. 358
Dissemond, Paul 21f.
Dohnanyi, Hans von 55, 77, 130, 132, 138, 160
Dollmann, Eugen 164
Donovan, William Joseph, General 134, 136, 187, 213
Döpfner, Julius, Kardinal 16, 245, 249, 258
Dragonovic, Krunoslav 195, 197
Dulles, Allen Welsh 126ff., 134f., 166, 181
Dulles, John Foster 127
Dziwisz, Stanislaw, Erzbischof 280ff., 335, 341

E

Eichmann, Adolf 40, 42, 201f.
Eichner, Klaus 356
Einsiedler, Josef, Abt 129
Eisenhower, Dwight D., am. General und Präsident 127
Elling, Georg 53, 81
Elser, Georg 146
Estermann, Alois 331f., 334
Estermann, Gladys 331
Eugen III., Papst, Bernardo Paganelli di Montemagno 97
Evreinoff, Alexander (Alessandro), Bischof 115ff.

F

Falconi, Carlo 326
Faulhaber, Michael, Erzbischof, Kardinal 42, 45,103
Feldkamp, Michael F. 163, 356
Fischer, Oskar, DDR-Außenminister 249f., 254, 257, 260f., 263f.
Franken, Paul 153f.
Freytag von Loringhoven, Wessel, Freiherr 159ff.
Frings, Joseph, Erzbischof, Kardinal 186

G

Galen, Clemens August, Graf von, Bischof, Kardinal 122
Gauck-Behörde 301
Gedda, Luigi, 316
Gehlen, Johannes 226
Gehlen, Reinhard 223, 228, 360
Gehmert, Manfred 274
Gehre, Ludwig 159
Gehrmann, Eduard 107f., 111, 121f., 358
Genscher, Hans Dietrich, dt. Außenminister 259
Geppert, SS-Untersturmführer 66
Gerstenmaier, Eugen 131
Giefer, Rena 356
Giefer, Thomas 356
Gisevius, Hans Bernd 127
Godfrey, William, Erzbischof 143
Godman, Peter 356
Goebbels, Josef 52f., 135, 146, 163
Goerdeler, Carl Friedrich 130, 146
Goldmann, Nahum 186
Goldstein, Eliezer 199
Goodman, Melvin A. 283
Gorbatschow, Michail 268f., 276f., 284f.
Göring, Hermann 44, 147, 175
Gotz, Jakot 197
Graham, Robert A., SJ 12, 53f., 86, 137, 139, 152, 156f., 166, 189, 197, 355f.
Grau, Conrad 360
Gröber, Konrad, 122
Gromyko, Andrej 224, 296
Großmann, Werner 302, 334, 338
Guariglia, Baron Raffaele 178
Gumpel, Peter 12, 157, 163f.
Gürtner, Franz, Reichsjustizminister 130
Gysi, Klaus, DDR-Botschafter 250ff., 261ff., 324

H

Haig, Alexander, US-General und Außenminister 93, 293, 295f.,
Halder, Franz 138
Halifax, Viscount, Edward Wood, brit. Außenminister 53, 143, 146

Hammer, Richard 356
Hannappel, Norbert, SAC 199f.
Hartl, Albert 24, 36ff., 39f., 41ff., 44, 64f., 70, 81, 85, 90, 105
Hass, Karl 195, 201
Hassell, Ulrich von 130
Heer, Friedrich 356
Hejmo, Konrad Stanislaw, OP 335–342
Helbling, Hanno 247ff., 257, 261, 356
Helfferich, Oberst 160
Helldorf, Wolf-Heinrich Graf von 131
Herfeldt, Oliver 356
Hermans, Baldur 356
Hermes, Peter 267
Hesemann, Michael 356
Heuss, Theodor 356
Heydrich, Reinhard 36f., 39, 70ff., 78, 80, 84, 104, 112, 145, 198, 355
Himmler, Heinrich 36f., 112, 129, 135, 164, 175, 355f.
Hitler, Adolf 36, 45, 48, 65, 70, 74, 76ff., 102, 104, 126–132, 134f., 137, 139f., 144, 146f., 152f., 156, 159, 161, 163f., 166, 169, 171, 175, 177, 189, 190, 195, 328f., 349, 355–360
Hitzer, Friedrich 358
Hlond, August Josef, Erzbischof, Kardinal 51, 83, 185
Hochhuth, Rolf 179, 184
Hoettl, Wilhelm 356
Höfer, Josef 240
Hoffmann, Heinz 274
Hofmeister, Corbinian, Abt, OSB 78, 355
Höhne, Heinz 36, 161, 356, 358
Holtzman, Elizabeth 187
Honecker, Erich 263f., 272–277, 308
Höttl, Wilhelm 105ff.
Howe, Ellic 356
Hudal, Alois, Bischof 40, 59, 83, 194f.
Hull, Cordell 123

I

Imposimato, Ferdinando 333
Inman, Bobby Ray 293
Innitzer, Theodor, Kardinal 183
Ipekci, Abdi 286

J

Jakowlew, Alexander N. 207, 230f.,
  282, 285, 357
Jarosch, Günther 360
Jaruzelski, Wojchiech, General 267,
  275, 280, 357
Johannes Paul I., Papst, Albino
  Luciani 192, 209, 265, 329, 331,
  360
Johannes Paul II., Papst, Karol Wojtyla 10, 15, 19f., 31, 79, 89, 98f.,
  232, 266ff., 270, 275, 279–282,
  287, 289, 292, 295f., 333–339, 341,
  344ff., 348f., 355, 357ff.
Johannes XXIII., Papst, Angelo Guiseppe Roncalli 97, 192, 205–217,
  212, 217, 221, 223f., 245, 296, 358
Junker, Detlef 357

K

Kaas, Ludwig, Prälat 55, 78ff., 101,
  136, 138, 151, 153, 229
Kaff, Brigitte 355
Kaltefleiter, Werner 276, 279, 334
Kaltenbrunner, Ernst 36, 70, 355
Kania, Stanislaw 273ff.
Kappler, Herbert 47, 68, 131, 158,
  165, 198, 201,
Keitel, Wilhelm, Generalfeldmar-
  schall 161
Keller, Hermann, OSB 73–77, 79ff.
Kennedy, John F., am. Präsident 207,
  214ff.
Kerrl, Hanns, Reichskirchenminister
  40
Kessel, Albrecht von 129, 131ff., 167,
  357
Kesselring, Albert, Generalfeldmar-
  schall 155ff., 158
Khomeini, Ayatollah Ruholla 290
Kiesinger, Kurt Georg, dt. Bundes-
  kanzler 53, 238f.

Kissinger, Henry 287
Klausener, Erich 72, 122
Klee, Ernst 201, 357
Kleinmann, Hans-Otto 355, 357
Klement, Ricardo 202 ~ siehe auch:
  Eichmann, Adolf
Klemperer, Klemens von 357
Koch, Egmont R. 357
Kolbe, Fritz 128f., 355
Kolumbus-Ritter 60
König, Franz, Kardinal 211, 216, 358
Konrad III., von Hohenstaufen, dt.
  König 97
Kordt, Erich 133, 151
Kordt, Theodor 133
Kosthorst, Erich 153, 357
Krahé, Heinrich Josef 240
Krieger, Wolfgang 357
Krolikowski, Werner, DDR-Staats-
  sekretär 263
Krone, Heinrich 206, 210, 223, 357
Kubina, Michael 357
Kuklinski, Ryszard, Oberst 270
Kulikow, Viktor G., sowj. Marschall
  275
Kunze, Heinz 84, 91
Kuropka, Joachim 357

L

La Vista, Vincent 196f.
Labella, Commendatore 155
Labella, Ermanzia 155f., 167ff.
Labella, Pietro 169
Labella, Vincenzo 168
Lacoste, Pierre, Admiral 99, 287
Lahousen, Erwin, Edler von Viv-
  remont, dt. General 159–162
Lajolo, Giovanni, Erzbischof 25, 350
Langemann, Agent 227f.
Langrock, Ernst 356
Leber, Julius 131
Ledit, Josef, SJ 111ff.
Ledl, Leopold 357
Ledochowski, Wladimir Halke von,
  Ordensgeneral SJ 51, 66, 105ff.,
  149f.
Lehmann, DDR-Botschafter 258f.
Lehnert, Pascalina M. 79f., 357

Leiber, Robert, SJ 44, 50f., 55, 78ff., 83, 99ff., 118, 138ff., 148–154, 323
Lemke, Heinz 362
Lenin, Wladímir Iljítsch Uljánov 102, 109, 282, 285, 319
Leo XIII., Papst, Vincenzo Gioacchino Pecci 63
Lesota, Marek 342
Lill, Rudolf 229
Lombardi, Riccardo, SJ 318
Longo, Luigi 221f.
Looß, Helmut 50, 64, 82
Lübke, Heinrich, dt. Bundespräsident 210, 229
Luciani, Albino 329ff. ~ siehe: Johannes Paul I.
Lückrath, Agent 227
Lukaschek, Hans 131

M

Macharski, Franciszek, Kardinal 281
Mackensen, Hans Georg von, Botschafter 92, 100, 117, 140, 150f., 156, 174
Maglione, Luigi, Kardinalstaatssekretär 97, 124, 147, 162, 171, 173, 178, 181f., 189
Malinski, M. 358
Mallmann, Klaus-Michael 358
Malvezzi, Graf 93, 181
Mantarov, Jordan 286
Marchetti, Pater SJ 66
Marcinkus, Paul, Erzbischof 331
Marenches, Alexandre, Comte de 98, 288
Mariaux, Walter 139
Martella, Ilario 288
Martini, Lee 294
Marx, Karl 320
Mayer, Paul Augustin, dt. Kurienkardinal, OSB 78f.
Mazowiecki, Tadeusz 267
Mc Giveney, Michael 60
Mc Cone, John 207
Mc Nichola, John Timothy 120
Meisner, Joachim, Kardinal 22
Mengele, Josef 201

Mertes, Alois 267
Mielke, Erich 22f, 230, 291, 309
Mierendorf, Carlo 131
Migliore, Enrico 325, 326
Mindszenty, József, Kardinalsprimas von Ungarn 212, 216
Mitrochin, Wassilij Nikititsch 283
Mohammed, Khalid Shaikh 345
Mollmann, Karl A. 320
Moltke, Helmuth James Graf von 130ff.
Montgomery, Bernard Law, brit. General 167
Montini, Giovanni Battista 55, 59, 96, 124ff., 147, 175, 181f., 193, 195, 197, 200, 207, 217f., 221ff., 265, 319 ~ siehe auch: Paul VI.
Morlion, Felix 213f.
Morsey, Rudolf 229
Muckermann, Friedrich, SJ 50, 54, 83, 111
Müller, Heinrich, Chef der Gestapo 40, 195
Müller, Johannes Erich 55
Müller, Josef, Rechtsanwalt 76–80, 138f., 147–153, 358
Müller, Klaus-Jürgen 358
Mussolini, Benito 27, 47f., 74, 100, 124, 153, 160f., 164, 167, 171f., 223, 321f., 328f.

N

Nansen, Fridjof 204
Navarro-Valls, Joaquino 289, 332f.
Nenni, Pietro 222
Neuhäusler, Johann, Prälat 77, 139
Nicholson, Jim 294
Niemöller, Martin 78
Nieuwenhuys 147, 150
Nikodim, Metropolit 209f., 358
Noots, Hubert 148

O

Orsenigo, Césare, Apostolischer Nuntius 55, 58, 121
Osborne, Francis d'Arcy 138f., 143, 146f., 151f., 167–173, 178
Oschwald, Hanspeter 243, 298

Oster, Hans, Generalmajor 55, 77, 79, 127, 130–133, 138, 142, 144, 146f., 149, 151, 159f.
Ottaviani, Alfredo, Kardinal 205, 215

P
Pacelli, Eugenio, Apostolischer Nuntius, Kardinalstaatsekretär 77, 102, 109f., 119ff., 139, 195, 200 ~ siehe auch: Pius XII.
Papée, Kazimierz 167
Papen, Franz von 176f., 189ff.
Parwanow, Georgij 289
Pastor, Ludwig 100
Patin, Wilhelm August 37, 42, 358
Paul VI., Giovanni Battista Montini 31, 44, 46, 50, 96, 99, 192f., 217f., 221, 223, 224, 225, 234–242, 248, 257, 261, 265f., 318, 325, 344 ~ siehe auch: Montini
Paul, Gerhard 358
Pavelic, Ante 195
Perón, Juan Domingo, arg. Präsident 203
Petacci, Francesco 328
Pétains, Philippe, Marschall, franz. Staatchef 167
Pfeffer, Osias 197
Pfeiffer, Pankratius, Generaloberer SDS 164f., 337
Philipps, William 93
Piacentini, Ugo 325ff.
Piazza, Giovanni 117
Picker, Henry 358
Picot, Werner 44
Pius IX., Papst, Giovanni Maria Mastei-Ferretti 234
Pius X., Papst, Giuseppe Melchiorre Sarto 94, 108
Pius XI., Papst, Achille Ratti 58, 65f., 103, 107, 109, 114, 119, 195, 328f., 331
Pius XII., Papst, Eugenio Pacelli 31, 44, 46, 50, 63, 66, 76f., 79f., 84, 96, 99, 101f., 106, 115, 117, 119, 122f., 126, 129, 135–156, 160–169, 173f., 176, 178ff., 182–185, 188, 200, 203, 207, 216f., 221, 228, 267,

318, 326, 329, 356ff. ~ siehe auch: Pacelli
Podgorny, Nikolai Wiktorowitsch 224f.
Poggi, Luigi, Kardinal 289
Politi, Marco 355
Popieluszko, Jerzy 336
Prettner-Cippico, Eduardo 242,
Preuschoff, Hans 121f., 359
Preysing, Konrad Graf von, Bischof 45, 121, 176f., 186
Priebke, Erich 201
Priore, Rosario 288

R
Radziwill, Fürst 61
Rahn, Rudolf 158
Raitz von Frentz, Edmund Freiherr 59, 61–65,
Rakowski, Mieczyslaw 358
Ratti, Achille 328 ~ siehe auch Pius XI.
Ratzinger, Joseph 88, 336, 345f., 350f., 354 ~ siehe auch: Benedikt XVI.
Rauff, Walter 201
Reagan, Ronald, am. Präsident 93, 126, 280, 283, 293–296
Reese, Mary Ellen 29, 358
Reichwein, Adolf 131
Reifert, Gerhard 17
Ribbentrop, Joachim von 43, 81, 129, 141f., 150f., 163, 188
Riegner, Gerhard M. 92, 127, 180f., 186, 358
Ring-Eifel, Ludwig 358
Rivas, Gonzalo Montt 186
Rizzo, Francesco Babusio 178
Roberts, Sir Frank 144
Roewer, Helmut 358
Rohleder, Joachim 55
Roncalli, Angelo Guiseppe 188–191, 205, 207, 215, 217 ~ siehe auch: Johannes XXIII.
Roosevelt, Franklin D., am. Präsident 60, 118f., 123, 135ff., 145, 162, 322
Rosenfeld, Günter 360
Roth, Joseph 40, 44, 105

Roux, Charles 64
Rürup, Reinhard 358

S

Sacharow, Andrei 285
Sacher, Richard 305
Sack, Karl 159
Sapieha, Adam Stefan, Kardinal
  183
Saragat, Guiseppe 222
Sauerbruch, Ferdinand 128
Savov, Dimiter 286
Scavizzi, Pirro, Kaplan 179, 183
Schäfer, Stefan 358
Schaffran, Gerhard, Bischof 21, 255
Schauff, Johannes 229
Scheel, Walter, dt. Außenminister
  und Bundespräsident 240
Schellenberg, Walter 50, 78, 81,
  117f., 145, 358
Schmidt, Helmut, dt. Bundeskanzler
  240, 259, 277, 359
Schnabel, Reimund 359
Scholder, Klaus 37, 359
Schönfeld, Hans 133
Schreiber, Georg 128
Schröm, Oliver 357
Schulte, Eduard 127f., 186
Schwaiger, Georg 355
Schweigl, Josef, 111
Schwendenwein, Hugo 359
Seigewasser, Hans 254f., 260
Seper, Franjo, Kardinal 15, 18
Silvestrini, Achille, Kardinal 197,
  225, 250, 293
Simaldl, Karel 305
Sin, Jaime, Erzbischof 352
Sindermann, Horst 251, 254
Sindona, Michele 331
Siri, Guiseppe, Erzbischof, Kardinal
  192, 265
Six, Franz 42, 114
Slipiy, Joszef, Großerzbischof 216
Smelser, Ronald 359
Sodano, Angelo, Kardinalstaatssek-
  tretär 251–255, 279
Solidarnosc (Solidarität) 267, 275,
  278, 294, 297

Solschenizyn, Alexander 285
Spaak, Paul Henry 147
Spellmann, Francis, Kardinal 118,
  136, 207
Spellucci, Josef 235
Spicer, Kevin P. 71, 359
St.-Raphael-Verein 200
Stalin, Josef Wissarionowitsch
  Dschugaschwili 109, 111, 115, 117,
  119f., 129, 282, 319
Stampa, Ingrid 358
Stangl, Franz 201
Stauffenberg, Claus Graf Schenk
  von 131, 159
Stehle, Hansjakob 17f., 109, 242f., 359
Stein, Edith 185
Stein, Rosa 185
Steinbach, Peter 131f., 134, 359
Steltzer, Theodor 131, 133
Stephanie, Bernhardus 97
Stepinac, Alojzije, Kardinal 216
Stepkes, Fritz 121
Stevens, Richard, Major 146
Stöckle, Hermann Maria, Monsig-
  nore 82
Stojanow, Dimiter, General 291f.
Stolz, Anselm, OSB 79f.
Stotzingen, Fidelis Freiherr von,
  Abtprimas OSB 59
Straube, Fritz 360
Strauß, Franz Josef 238
Ströbinger, Rudolf 359
Strünck, Theodor 159
Suslow, Michail A. 284
Swerdlew, Stefan, KDS-Oberst 282,
  293
Syring, Enrico 359
Szulc, Tad 359

T

Tardini, Domenico, Kardinal-
  staatssekretär 96f., 119, 210, 267
Taylor, Myron C. 117, 119, 123ff.,
  181f., 321f.
Thomas, SS-Gruppenführer 39
Thomas, Georg, General 137
Thomas, Gordon 359
Tiso, Jozef, Monsignore 167

Tisserant, Eugène, Kardinal 116f.,
228, 329
Tittmann, Harold H. 93, 123f., 162,
167, 170–173, 178, 182, 359
Togliatti, Palmiro 318
Tokarczuk, Ignacy, Bischof 268
Tondi, Alighero 315–326
Tornay, Cédric 331f.
Tresckow, Henning von 131
Trott zu Solz, Adam von 131f.
Trott zu Solz, Levin von 142
Tschebrikow, Viktor M. 268
Tschiang Kai Tschek 26
Tschitscherin, Grigori 110
Turowski, Wojciech 202

U
Uhl, Matthias 358
Ulbricht, Walter 24
Ulfkotte, Udo 93, 359
Unternehmen Radetzky 198

V
Van Rood, Maria Margareta 146
Vassalli, Giuliano 165
Veltheim, Oberst von, dt. Botschafts-
attachée 92
Venlo-Zwischenfall 145f.
Ventura, Tacchi 329
Veres, András 304
Vergès, Jacques 332
Vermes, Roland von 228
Verner, Paul 249, 252, 258, 264
Villot, Jean, Kardinalstaatssekretär
236, 239, 248, 330
Vittorio Emmanuele III., ital. König
160
Vollnhals, Clemens 231, 309

W
Wächter, Otto Gustav von 201
Wagner, Gustav 201
Wagner, Helmut 359
Waldmann, Eric 228
Walsh, Edmund 107f.
Walters, Vernon 294f., 356

Wanke, Joachim 21
Waschbüsch, Alfons 299
Waschbüsch, Eugen 17
Wassilew, Sheljo 291
Weber, Anton, SAC 198–202
Wehner, Herbert 229
Weigel, George 359
Weizsäcker, Ernst von 96, 129, 133,
135f., 151, 157f., 162, 167, 177,
359
Weizsäcker, Richard von 359f.
Wells, Sumner 123, 182
Wibald, Abt von Corvey und Stablo
97
Wildt, Michael 360
Wilhelmina, Königin der Nieder-
lande 146
Wilke, Manfred 357
Winkler, Heinrich 360
Winter, Eduard 104f., 112, 360
Wirsing, Giselher 50
Wittek, Bernhard 360
Wlodzimierz ~ siehe: Ledochowski,
Wladimir Graf Halke von
Wojtyla, Karol 232, 265f., 272, 305,
335f., 340 ~ siehe auch: Johannes
Paul II.
Wolf, Markus 282, 299ff., 310, 333f.
Wolf, Stefan 355
Wolff, Karl, SS-General 158, 163–
166
Wüstenberg, Bruno, Prälat 210
Wyszynski, Stefan, Kardinal 239,
268, 280, 306, 337

Y
Yallop, David A. 330, 360
Yorck von Wartenburg, Peter, Graf
130, 132

Z
Zabinski, Andrzej 273
Zähringer, Damasus, Erzabt OSB 79
Zanti, Carmen 317
Zieba, Maciej, OP 340